periplaneta

Marien Loha: „Baking Bad – In roten Pfützen spielt man nicht"
2. Auflage, Juni 2020, Periplaneta Berlin, Edition Totengräber

Inh. Marion Alexa Müller, Bornholmer Str. 81a, 10439 Berlin
www.periplaneta.com

Lektorat: Thomas Manegold
Schlusskorrektur: Vanessa Franke
Cover: Marion Alexa Müller
Satz & Layout: Thomas Manegold

Gedruckt und gebunden in Deutschland
Gedruckt auf FSC- und PEFC-zertifiziertem Werkdruckpapier

print ISBN: 978-3-95996-061-8
epub ISBN: 978-3-95996-062-5

Marien Loha

Baking Bad

In roten Pfützen spielt man nicht

periplaneta

Die Beine angezogen, der Oberkörper gekrümmt, den Kopf in einem unmenschlichen Winkel auf die rechte Brust gedrückt. Seine Brustwarze könnte fast in seine Wange stechen. Aber das Hemd hat er ja noch an, im Gegensatz zu seiner Hose. Die Wirbel am Nacken treten stark hervor, als wollten sie die blasse Haut durchstoßen. Bei dem Anblick meint man fast, ein lautes Knacken zu hören. Eines von diesen Geräuschen, die so ein unangenehmes Kribbeln den Rücken rauf und runter wandern lassen. Die fettigen Haare kleben an seinem feisten Kopf. Mit dem Rücken liegt er auf einem Verbandskasten. Eine dreckverkrustete rostige Bohrmaschine liegt in seinem Schritt

Unglückshose & Kaugummis

(Eddy) Ich renne, was das Zeug hält. Na ja … besser gesagt renne ich, wie der, der die Hose hält. Genau genommen hab ich sie sogar an. Sitzt super! Wie maßgeschneidert. Nicht zu eng im Schritt, nicht zu lang an den Beinen und auch am Bund genau richtig. Sie scheuert auch kein bisschen beim Rennen.

Plötzlich springt mir ein kleiner Körper auf den Rücken. Zwei Arme kreuzen sich vor meinem Hals, sie würgen und ziehen mich nach hinten. Gleichzeitig spüre ich, wie zwei Beine meinen Bauch umschlingen, etwas trifft mich empfindlich in die Weichteile.

Wie unfair! So ein unfreiwilliger Huckepacklauf während einer Flucht ist nicht gerecht! Ähh … o.k. … ich tu jetzt einfach mal so, als wenn nix wär, und renne weiter. Aber irgendwie wollen meine Beine nicht so recht mitmachen. Verdammt, ich werde langsamer! Weiter, weiter, weiter! Ein Schritt vor den andern. Und noch einen.

Ich knicke mit dem linken Fuß um und breche zusammen. Das Pack springt von meiner Hucke. Huckepacklauf beendet. Meine Flucht damit leider auch.

Der dreckige Asphalt ist das Letzte, was ich sehe. Ich spüre genau, wie sich kleine Steinchen und vermutlich auch ein paar Glassplitter in meine Wange drücken.

„Ohh Mann … wenigstens bin ich nicht mit der Nase aufgekommen", denke ich noch und verliere das Bewusstsein.

Dabei hatte mein Tag so gut begonnen. Ich hab nämlich einen neuen Postboten, bis jetzt ganz sympathisch. Endlich hatte die Post meine zahllosen Briefe erhört! Der alte trachtete mir doch schon seit Jahren nach dem morgendlichen Frieden. Viele Briefe stellte er mir einfach nicht zu, las sie wahrscheinlich noch und verbrannte sie dann lachend in seinem Kamin. Ja! Mit Sicherheit hat er einen Kamin, der hinterhältige Sack, oder mindestens einen von diesen feuerfesten Mülleimern, die so sauschwer zu bekommen sind.

Bei meinem Ex-Schwiegervater dachte ich kurz, er besäße so einen feuerfesten Mülleimer. Jedoch schmolz der metallisch anmutende Eimer gleich beim ersten Versuch, etwas darin zu verbrennen, innerhalb weniger Sekunden in sich zusammen und hinterließ eine qualmende Pfütze auf dem Parkett, die sich als hässlicher Fleck darauf verewigte. Und mir wurde damals natürlich die Schuld daran gegeben. Sogar von Klara. Unverschämtheit! Was kann ich dafür, wenn sich ihr Vater so ein billiges Imitat andrehen lässt? Er brüllte mich sogar an, ich sei ein armer Irrer, solle mich bloß von seiner Tochter fernhalten und überhaupt hätte er sofort gewusst, dass ich zu nix tauge! Frechheit!

Dabei bin ich wirklich sehr vorausschauend. Ich hab mir letztens beim Zahnarzt extra so einen kleinen Mundspiegel geklaut. Diesen Spiegel hab ich seitdem immer bei mir, auch wenn ich unterwegs bin. Man kann nie wissen, wann man mal um eine Ecke lunzen muss, um potentielle zwielichtige Gestalten auszumachen oder so. Vor einer Ecke zu wissen, was dahinter auf einen wartet, hat viele Vorteile.

Auf meinem Nachhauseweg hat mir das heute allerdings gar nichts genutzt.

Zwischen meiner Wohnung und meiner Arbeitsstätte liegt ein verlassenes Fabrikgelände. Es ist nicht nur der kürzeste Weg, sondern auch der sicherste. Auch wenn das unglaubwürdig erscheinen mag. Es ist sicher – denn dort sind keine Menschen. Ein Gebäude kann mir nix tun. Auf der Hauptstraße kann ich dagegen nie alle Leute gleichzeitig im Auge behalten, irgendwas entgeht einem da immer.

Als ich vorsichtig um eine der wenigen Ecken guckte, entdeckte ich nur ein Auto, der Platz zwischen den Hallen war menschenleer. Auf dem Fahrersitz schlief ein Mann. Mhm … was genau mich geritten hat, näher ranzugehen, weiß ich auch nicht, Neugier vermutlich.

Ich klopfte vorsichtig an die Scheibe. Keine Reaktion. Seine Hose war offen. Wieso war seine Hose offen? Hatte er sich hier einen runtergeholt und war danach eingeschlafen?

Aber sein Ding war eingepackt und ich konnte nirgendwo ein Taschentuch sehen. Er war sogar noch angeschnallt. Sehr vorbildlich. Safety first! Auch beim Onanieren.

Vorsichtig öffnete ich die Tür. Nichts passierte. Ich stupste ihn an. Er schlief wie ein Stein. Seine Hose sah neu aus … im Gegensatz zu meiner. Ja, vielleicht … Ich stellte mich seitlich neben die offene Fahrertür, ging in die Hocke und tat so, als würde ich auf einem imaginären Sitz neben ihm Platz nehmen.

Ganz schön anstrengend. Meine Oberschenkel begannen, bereits nach ein paar Sekunden zu brennen. *Wie halten Frauen das nur aus, wenn sie so auf Klo gehen und die verkeimte Brille nicht berühren wollen?* Ich erhob mich wieder und rieb meine Schenkel. Gut, wir hatten ungefähr die gleiche Größe. Sein Oberkörper war zwar viel kräftiger als meiner, aber der Hosenbund saß unterhalb seiner kleinen Wampe. Müsste passen.

Ich schaute mich um. Niemand zu seh'n. Na denn! Vorsichtig zog ich an seiner Hose und hielt immer wieder inne, um zu gucken, ob er nicht doch aufwachte. *So wird das nix.*

Ich hievte erst das eine, dann das andere Bein aus dem Wagen. Sein Oberkörper rutschte Richtung Beifahrersitz, wurde aber auf halber Strecke abrupt vom Gurt gestoppt. Sah ganz schön unbequem aus, wie er da so hing. Also ich könnte so nicht schlafen.

Seine Schuhe waren im Weg. Wie kann man nur doppelte Knoten in seine Schnürsenkel machen? Nach einigem Knibbeln brach mir auch noch ein Fingernagel ab. *Scheiße verdammt!*

Ich zog ihm die Schuhe aus. Saßen ganz schön fest. Dass er bei dem Gerüttel nicht wach wurde … der musste voll wie 'n Eimer sein. *Ah, geschafft!*

Dann die Hose. Sie roch sogar noch neu. Ich zog meine Hose aus und seine an. Passte super. Ich hatte nur noch mein Zeug aus meinen alten Taschen gekramt. Naja, o.k., die Taschentücher und die Kaugummis konnte er haben.

Boah, jetzt ihm die Hose wieder anziehen?! Gar kein Bock drauf. Sollte er sich doch fragen, wie er es im Suff geschafft hatte, seine Hose zu verlieren und eine andere zu besorgen, die er aber dann offenbar nicht mehr anziehen konnte.

Ich richtete ihn wieder etwas in seinem Sitz auf, legte ihm meine alte Hose auf den Schoß und machte die Tür zu. Ich war schon um die Ecke, da blieb ich abrupt stehen und ging noch mal zurück. Die Kaugummis hatten immerhin einen Euro gekostet!

„Ey! Was machst'n du da?!", brüllte mich jemand von hinten an, als ich grade in meiner alten Hose nach den Kaugummis wühlte. Augenblicklich brach mir der kalte Schweiß aus und ohne mich umzusehen, begann ich zu rennen. Rennen. Weglaufen. Wenn ich etwas konnte, dann das.

Ich sehe Licht. Zwar nur verschwommen, aber immerhin. Wo bin ich? Zwei Schatten schieben sich ins Bild. Ich versuche die Lippen zu öffnen, aber sie sind wie zugeklebt. Oh Mann … was ist passiert? Der weiche, fremde Stoff, der sich an meine Beine schmiegt, lässt die Erinnerung zurückkehren. Die Hose. Die Kaugummis. Scheiße! Was hat mich nur geritten, mit diesem Mann die Hosen zu tauschen?

Ich blinzele. Aus den Schatten werden zwei völlig identische Gestalten. Ich sehe wohl doppelt. Ich verdrehe die Augen, probiere alles Mögliche, aber die beiden Gestalten bleiben. O.k., dann sieht das die Realität anscheinend wirklich so vor. Zwillinge.

Bin ich in den Siebzigern aufgewacht? Sie haben schwarze, stark lockige Haare, aber kurz, vielleicht Dauerwellen – erinnern mich an Monchhichis, bis auf die buschigen Schnauzbärte. Ihre Gesichter sehen irgendwie seltsam aus. Verhärmt, leicht eingefallen und ihre Köpfe erscheinen zu groß für ihre Körper. Oder liegt das nur an meiner Perspektive?

„Aufgewacht, Schlafmütze!“, näselt der eine Monchhichi mit einer viel zu hohen Stimme und begrüßt mich mit einem werbespotreifen Lächeln.

Ich versuche, mich aufzusetzen. Aus den Zwillingen werden Vierlinge und ich kippe erneut um. In meinem Kopf scheint irgendwas gegen irgendwas Krieg zu führen. Explosionen, Feuer, Lichtblitze, immer wieder Explosionen. Ich weiß zwar nicht, wie sich ein gespaltener Schädel anfühlt, aber so ähnlich stelle ich es mir vor.

„Was ist passiert?“, will ich fragen. Heraus kommt aber mehr so was wie: „Whspse?“

Sie verstehen mich trotzdem. „Du bist auf den Kopf gefallen“, sagt der andere. Seine Stimme ist auch hoch, aber er näselt nicht.

„Und du blutest aus dem Ohr, aber ich glaub, das ist nicht so schlimm“, sagt der mit der näselnden Stimme.

Schön, dass er glaubt, es sei nicht so schlimm, wenn mir mein Gehirn aus den Ohren läuft. Ich probiere noch mal, mich aufzurichten. Klappt ganz gut. Nachdem die Umgebung aufgehört hat, sich zu drehen, stelle ich fest, dass ich im Sitzen den beiden auf den Bauchnabel gucken kann.

„Gott, seid ihr klein!“, rufe ich immer noch nuschelnd aus. Aber immerhin, ich hab meine Stimme wieder.

Dafür fange ich mir einen Tritt in den Bauch von dem einen und eine schallende Ohrfeige von dem anderen ein. Nachdem Ohr, Wange und Bauch eine Wartenummer gezogen und sich brav in die

Schmerzensschlange hinter den gespaltenen Schädel eingereiht haben, fangen die Zwillinge an, vor mir hin und her zu gehen.

„Einfach so hier rumzuschleichen …", sagt der Rechte.

„… und ganz frech rumzuschnüffeln", sagt der Linke.

Nee, der Rechte … quatsch, der Linke … ach verdammt, hört doch mal auf, hin- und herzulaufen! Taufe den einen Nase, wegen seiner näselnden Stimme und den anderen Zwille, wegen … ja, keine Ahnung, wegen Zwilling, denk ich.

„Mischst dich einfach so ein …", sagt Nase.

„… und klaust unserm Herb da drüben die Hose …", sagt Zwille.

Mann, geht ihr mir auf'n Keks mit eurem wechselseitigen Geschwafel.

„Gar nicht nett von dir."

„Wir sollten dich dafür bestrafen."

Wo denn eigentlich einmischen? Für was bestrafen? „Wa… was wollt ihr von mir? Die Hose könnt ihr wieder haben, kein Problem", versuche ich, sie zu beschwichtigen.

„Was sollen wir denn mit der scheiß Hose, Mann?!", keift Nase.

Ich schaue sie abschätzend an und sage zu meinem eigenen Bedauern: „Stimmt. Würde vermutlich eh nicht passen."

Ich hebe die Hände, um mich vor etwaigen Attacken zu schützen, aber es kommen keine.

„Mann, Mann, Mann. Wird auch noch frech. Was machen wir bloß mit ihm? Das wird dem Boss gar nicht gefallen, oder Zipp?"

„Ganz bestimmt nicht Flipp! Ganz bestimmt nicht."

O.k., also, Nase heißt eigentlich Flipp und Zwille heißt Zipp. Ach kommt schon! Zwei Zwillingszwerge mit schwarzem Lockenkopf und Riesenschnauzer namens Zipp und Flipp, das kann doch nicht euer Ernst sein, oder?! Ich glaub, ich belasse es lieber bei Nase und Zwille, sonst lach' ich die beiden noch aus und mich damit direkt ins Grab.

„Er ist Zeuge", sagt Nase.

„Und der Boss mag keine Zeugen", ergänzt Zwille.

Mein gemartertes Gehirn wacht nun doch auf, von einer Panikwelle getrieben. In wahnsinniger Geschwindigkeit stammele ich: „Ähh … ich … ich hab nix gesehen, ich schwör's! Nur ein Auto und einen besoffenen Typen. Naja … und da … da hab ich mir in einer Kurzschlussreaktion seine Hose gekrallt und bin abgehauen. Mehr war da nicht, ehrlich! Dass er euer Kumpel ist, wusste ich nicht. Aber ich … ich hab ihm doch auch meine Hose dagelassen. Sogar die Taschentücher hab ich dringelassen und die Kaugummis. Tut mir leid, echt lei…"

„Schnauze!", bellt mich Nase an. Die beiden gucken sich an und jeder zieht die jeweils dem anderen zugewandte Augenbraue hoch.

„Wie war das? Du hast dem ... ‚Besoffenen' ... die Hose geklaut?", fragt Zwille und kommt einen Schritt auf mich zu.

„Ja, ja! Nur die Hose. Ich schwör's! Ich geb sie ihm wieder, er kann auch meine behalten, wenn er will. Ich hab's nicht weit. Ach ... so ‚n bisschen in Unterhose spazieren gehen, hat bestimmt was Erfrischendes. Hehe!"

Diese Zwerge machen mir Angst. Zwille kommt noch einen Schritt näher.

„Auch die Kaugummis!!! Wenn er will, kann er auch die Kaugummis behalten. Gegen den schlechten Alkoholatem. Hilft bei Verkehrskontrollen und auch ge..."

Zwille legt mir einen Finger auf die Lippen. „Pssst. Du plapperst zu viel. Die Hose is' uns scheißegal, ehrlich. Aber du hättest unsern Herb einfach nicht so sehen dürfen."

„Isch dosch nisch schlimm, isch dosch jeda ma beschoffen", nuschel ich unter seinem Finger hervor.

Nase fängt an, unterdrückt zu kichern. Zwille dreht sich kurz zu ihm um, sie grinsen sich an und er wendet sich wieder mir zu. „Nun, die Sache ist die: Herb ist nicht besoffen." Er kommt ganz nah an mein Ohr und flüstert hinein: „Er ist tot." Dann lacht er leise und richtet sich wieder auf.

„Ach nein ... quatsch, das hätt ich doch gemerkt."

„Überzeug dich selbst", sagt Zwille und zuckt mit den Schultern.

Vorsichtig stehe ich auf und gehe schwankend zum Auto. Meine Fresse, sind die beiden klein. Ich bin selbst kein Riese, aber mindestens eineinhalb Köpfe größer als sie.

Ich schaue mir den schlafenden Herb an. „Nein ... der ist doch nicht tot", sage ich bestimmt.

„Ach, und woher hat er dann die schicke Halskette?", fragt Zwille.

Ich schaue mir seinen Hals an. „Was für 'ne ...?" Ein Schauder überkommt mich. Seinen Hals ziert ein feiner blauer Strich, an einigen Stellen ist er sogar blutig aufgerissen. Oh mein Gott! Ich hab die Hose eines Toten an! Ich taumle ein paar Schritte rückwärts. Das laute Lachen der beiden hallt zwischen den Wänden der Lagerhallen.

„Ach du Scheiße! Er hat's echt nicht gecheckt", feixt Nase.

Ich renne los.

„Stehen bleiben oder deine neue Hose kriegt einen rötlichen Used Look!", ruft Zwille.

Wie angewurzelt bleibe ich stehen. Nicht wegen dem, was er gesagt hat, der Sinn erschließt sich mir grade nicht. Aber dieses Geräusch. Langsam drehe ich mich um. Die beiden zielen auf mich.

Ich hab noch nie Waffen in echt gesehen. Und dann auch noch so nahe. Eine neue Angstwelle überrollt mich. Mir wird schwindelig und ich kippe seitwärts auf den Asphalt. Schon wieder.

„Mann, Mann, Mann, zwei Aufschläge innerhalb von 'ner halben Stunde. Du musst ja ‚nen ganz schön dicken Schädel haben", drängt sich eine Stimme in mein Bewusstsein.

Fuck! Mein Kopf! Ich stöhne, werde gepackt und über den Asphalt geschleift. Oh Mann, meine schöne neue Hose.

Ich werde gegen eine Wand gelehnt und an der Schulter festgehalten, damit ich nicht seitlich wegkippe. Jemand verpasst mir drei Ohrfeigen. Jedes Mal zündet eine kleine Napalmbombe in meinem Schädel und die entsprechenden Lichteffekte auf der Netzhaut gibt's gleich gratis dazu.

„Nisch!", nuschel ich gequält, versuche schwach die Ohrfeigen mit den Armen abzuwehren und öffne die Augen.

„Ahh, bist ja schon wieder wach", sagt Nase vergnügt. „Wir haben immer noch ein Problem."

„Du hast den toten Herb gesehen."

„Du hast uns gesehen."

„Und das können wir leider nicht zulassen."

Mein Verstand funktioniert zwar noch nicht richtig, aber ich vermute, die beiden haben was gegen mich. „Eigentlich hab ich den *besoffenen* Herb gesehen. Auf den *toten* Herb habt ihr mich erst aufmerksam gemacht."

„Sei's drum. Das ändert nichts", sagt Zwille.

„Komm, machen wir ihn kalt, beseitigen alles und hauen ab. Ich hab Hunger", quengelt Nase.

„Gut, gut. Hast recht. Wir sollten dem Boss sowieso schon längst seinen Nachmittagskuchen gebracht haben."

Beide ziehen ihre Waffen, gehen ein paar Schritte rückwärts und legen auf mich an. Auf einen Schlag werde ich wieder klar. Die Todesangst kriecht mir wie eine schwere Schlange auf die Schultern und umschlingt mich. Würgt mich. Schneidet mir die Luft ab. Tu was! Irgendwas!!!

„Ohh, Moment", sagt Zwille und nimmt die Waffe runter.

Meine Lunge presst mit einem Mal die Luft raus. Mir war gar nicht bewusst, dass ich die Luft angehalten habe. Ich atme. Zwille nimmt zwei Schalldämpfer aus der Jackentasche und reicht einen Nase. Sich selbst schraubt er auch einen auf.

„Ich nehm sein linkes, du sein rechtes Auge. O.k.?" Nase lacht.

Augenblicklich schnürt mir die Angst wieder die Luft ab. Ähh … *was* machen die im Fernsehen immer? Denk nach, verdammt! Der Held befreit sich doch immer irgendwie.

Aber ich bin kein Held. Trotzdem! Was macht der Held? Wirft mit irgendwas, zieht ihnen die Beine weg oder ist schneller, als die Waffen schießen können, zur Seite und in Deckung gesprungen.

Es liegt nichts in der Nähe, die beiden stehen viel zu weit weg, um sie zu erreichen und die nächste Deckung ist die Ecke der Halle fünfzig Meter entfernt. Sieht schlecht aus. Scheiß Wirklichkeit!

„Warte mal", sagt Nase, nimmt die Waffe runter und dreht sich zu Zwille um.

Meine Chance! Aber ich kann mich kein Stück rühren.

„Wenn wir jetzt sein Gehirn hier verteilen, müssen wir das alles noch saubermachen", gibt er zu bedenken.

„Ähhm … dann erschießt mich doch einfach nicht", werfe ich versuchshalber ein.

„Schnauze", sagen beide wie aus einem Mund. Sie überlegen. Zwille tippt sich mit dem Lauf der Waffe an die Stirn und ruft: „Ich hab's!"

Leider ist das nicht der Moment, wo sich ein Schuss aus seiner Kanone löst und ihm ein blutiges Facelifting verpasst. Wäre ja auch zu schön gewesen. Er zielt wieder auf mich und fuchtelt mit seiner Waffe. „Los, ins Auto!"

Wozu, wenn ich eh gleich sterbe? Nur, weil ihr putzfaul seid!? Als ich mich nicht bewege, gibt Nase seine Waffe an Zwille und schleift mich ins Auto auf den Beifahrersitz. Er schmeißt die Tür zu und bleibt davor stehen. Seine Waffe nimmt er wieder an sich und zielt erneut auf mich. Ich mache das Radio an.

„Ey, Finger weg da!"

Ich ignoriere ihn und suche weiter nach passender Sterbemusik. Etwas Episches wäre schön oder so ein richtig guter alter Rocksong. Ich zappe die Sender durch. War ja klar, wenn man mal die passende Musik braucht, läuft im Radio nur Grütze.

Die Tür hinter mir öffnet sich. Ich drehe mich um und blicke Nase ins Gesicht. „Wir haben beschlossen …"

Mich nicht umzubringen!

„… dich doch lieber mit dem Draht zu erwürgen, wie den guten, alten Herb da neben dir."

Mist.

„Das macht keinen Krach, weniger Spuren, keine Hülsen und nicht zuletzt sparen wir uns Munition. Kostet ja schließlich alles Geld", erklärt er mit einem sanften Lächeln, als würde er mir grade erzählen, dass er aus ökologischem Bewusstsein lieber mit dem Fahrrad als mit dem Auto zur Arbeit fährt und jetzt auch nur noch Stoffbeutel und Glasflaschen benutzt. In aller Seelenruhe schlingt er sich den Draht um die behandschuhte Hand.

Ausweg … Ich brauche einen Ausweg! Meine Gedanken rasen, aber sie ergeben keinen Sinn. Da ist keine Leere im Angesicht des nahenden Todes oder eine nie dagewesene Klarheit, sondern einfach nur ein heilloses Durcheinander.

Ich schalte noch einmal durch die Sender und bleibe bei den Nachrichten hängen. Naja, wenigstens eine beruhigende Stimme zum Abschied. Auch wenn sie nur Schlechtes berichtet. Nachrichten halt. Ich schließe die Augen und lehne mich zurück.

Nein, Moment mal! Warum ergebe ich mich hier so einfach? Ist Ersticken nicht viel schlimmer, als erschossen zu werden? Das dauert doch ewig. O.k., bei „drei" stoße ich die Tür auf und renne los. Und wenn nur eine 0,001-prozentige Wahrscheinlichkeit besteht, dass ich fliehen kann, weil die Waffen der beiden klemmen, weil ihre Magazine aus derselben kleinen Charge stammen, wo die Patronen nur um einige Mikrometer unpassend sind, weil ein unkonzentrierter Fabrikarbeiter die Patronenmaschine falsch eingestellt hat, weil er am Morgen rausgefunden hat, dass seine Frau mit dem Nachbarn vögelt, weil sie ausbrechen wollte aus ihrem langweiligen Alltagsleben, weil ihr Mann ein starker Trinker ist, ihr acht Jahre alter Sohn zurückgeblieben ist, da er ja auch schon vor der Zeugung stark trank und beide auch während der Schwangerschaft geraucht haben, sogar in der Wohnung … oder was weiß ich, dann muss ich das nutzen.

Und naja … wenn sie mich dann doch abknallen, so hab ich wenigstens einen schnellen Tod und die beiden müssen meine Überreste vom Asphalt kratzen. Ha! Und ich schwöre, dass ich richtig schwer weggehe! Frei nach dem Fußballermotto: „Wenn wir schon nicht gewinnen können, so treten wir ihnen wenigstens den Rasen kaputt!"

Eins … Meine Hand gleitet langsam zum Türgriff.

Zwei … Ich umschließe den Türgriff. Meine Augen sind immer noch geschlossen. Ich spanne jeden Muskel. Ein Handy klingelt.

…

Jetzt steckt er im Kofferraum. Wie klassisch. Die Kofferraumklappe schlägt zu. Die Finger sind noch dazwischen.

Der arme schwarze Junge

(Jafar) Ich klopfe an die schwere lila Holztür. Zweimal, Pause. Einmal, Pause. Dreimal. Von drinnen brüllt Kyrios abgehackt: „Gott … verdammte … Scheiße … Jafar … was … ist?!“

Das erstickte Gejammer und Schnaufen ist bis hier draußen zu hören. Die Männer unten am Eingang berichteten schon, dass einer der Botenjungen Mist gebaut hat.

„Jetzt wird ihn sich der Boss so richtig vornehmen“, haben sie sich zwinkernd zugerufen, dabei eindeutige Beckenbewegungen gemacht und derbe gelacht.

Ich entgegnete ruhig: „Schluss mit dem Gegacker. Oder wollt ihr, dass ich ihm erzähle, was ihr hier plappert?“ Augenblicklich war Stille. Die Angst vor Kyrios ist hier ständig existent, sie lässt sich nicht weglachen.

Angst. Sie kriecht in die Köpfe und bleibt dort. Und wer sie vergisst, den erinnere ich daran. Nicht weil es mir Spaß macht, sondern weil Angst praktisch ist. Sie ist ein Werkzeug. Und Werkzeuge setzt man ein.

„Ich muss mit dir reden. Es ist wichtig“, sage ich durch die Tür. Früher hätte ich nicht einfach anklopfen und so einen Satz sagen können, erst recht nicht während Kyrios' momentaner Beschäftigung. Vermutlich hätte die Tür ein paar Löcher bekommen und ich gleich mit. Heute hagelt es lediglich Flüche und übelste Verwünschungen.

„Warte! … Gleich!“

Vor auf den Tag genau drei Jahren stand ich zum ersten Mal vor dieser Tür. Heute schätzt mich Kyrios sehr und ich bin empfindlichst darauf bedacht, dass es so bleibt.

Anfänglich war einiges an Arschkriecharbeit nötig, aber ich bin schon immer geschickt im Umgang mit Worten gewesen. Zudem gefielen ihm meine Ideen – beziehungsweise meine Gabe, ihn glauben zu lassen, es wären seine. Hierarchie und Struktur waren damals quasi nicht vorhanden. Es gab wenige, die sich zu behaupten wussten und noch weniger kluge Köpfe. Insofern war mein Aufstieg nicht schwer.

Kyrios. Im Altgriechischen bedeutete das Wort nicht nur „Herr", sondern wurde manchmal sogar als Synonym für „Gott" verwendet. Kyrios. Lächerlich. Aber in gewisser Weise verstehe ich, warum er seinen richtigen Namen abgelegt hat. Mit so einem Namen lässt sich kein solches Netzwerk aus Angst aufbauen. Zumindest hätte man einige Startschwierigkeiten und müsste mehr Leuten weh tun. Es war nicht leicht, etwas über Kyrios' Vergangenheit herauszufinden. Aber notwendig. Hauptsache, er erfährt es nie.

„Komm endlich rein!", ruft er stark schnaufend von drinnen.

Sein riesiger Oberkörper gleicht einem stark beanspruchten Blasebalg, so heftig atmet er. Seine Hände, mit denen er grade sein Hemd zuknöpft, sind hingegen völlig ruhig. Es stört ihn nicht, dass sein Teil immer noch steil aufgerichtet aus seiner Hose herausragt.

Der Botenjunge liegt starr über den Schreibtisch gebeugt, das Gesicht in den Händen vergraben und schluchzt. Das passiert, wenn man sich mit den falschen Leuten einlässt und dann versagt. Es war sein Fehler und vorher war es seine Entscheidung, hier zu arbeiten. Das Leben ist grausam und niemand hilft einem, außer man selbst. Wenn mich mein Leben eins gelehrt hat, dann das. Meine Geschichte als Film würde alle Zuschauer im Kino tief betroffen machen, während sie ihr Popcorn fressen. Aber unverfilmt beweint niemand das schlimme Schicksal eines armen schwarzen Jungen.

Nun bin ich hier, er ist hier, er hat einen Fehler gemacht und Kyrios hat ihn gefickt.

„Verpiss dich, Bursche!", blafft Kyrios.

Der Junge richtet sich langsam und unter schmerzhaftem Stöhnen auf, zieht seine Hose hoch und humpelt gesenkten Blickes nach draußen. Er wird die nächsten Tage nicht sitzen oder lange laufen können. Ich werde anweisen, ihn nicht für Botengänge einzusetzen, soll er irgendwo anders aushelfen, wo er sich nicht so häufig bücken muss.

Vor zwei Jahren habe ich durchsetzt, dass keine Minderjährigen mehr aufgenommen werden. Es ist praktischer, wenn sie volljährig sind. Dann sind sie schon mit der Regelschule fertig. Vorher sind uns die Behörden manchmal gefährlich nahegekommen, wenn sie wissen wollten, was die Jungs und Mädels so treiben, statt im Unterricht zu sitzen. Und es gibt auch so schon genug Stellen, die bestochen oder eingeschüchtert werden müssen, damit sie nicht genauer hinschauen.

Ich warte, bis Kyrios eingepackt hat und mich zum Reden auffordert. Solange er die Sache nicht gefährdet, kann Kyrios meinetwegen ficken, wen oder was er will. Don't fuck Kyrios! He fucks you! Ob er auch Tiere ficken würde, weiß ich nicht, ich hab so was weder gesehen noch gehört. Denkbar wäre es aber. Beim Menschen ist ihm das Geschlecht egal. Das, zusammen mit seiner massigen Statur und seiner überall hier präsenten Lieblingsfarbe, haben ihm diesen Spitznamen eingebracht. Ich selbst habe die Saat dafür in die Welt gesetzt und zugesehen, wie sie wuchs, blühte und sich neu weitertrug. Der Name hat sich verbreitet wie Unkraut und heute ist er in jedermanns Kopf. Eine gewisse Freude hat es mir schon bereitet, aber hauptsächlich war es ein weiterer Zug, um Kyrios zu diffamieren. Es ist nicht erbaulich, wenn man als Schreckgespenst, das man sein will, den Namen „Die dicke lila Tunte" trägt.

Es soll ihn wurmen, ihn provozieren, ihm peinlich sein. Der Name wird aus Angst vor Kyrios selten ausgesprochen, doch es reicht, dass ihn fast jeder kennt und in Gedanken benutzt. Seine Empfindsamkeit, was seinen Namen betrifft, hat sich damit noch potenziert. Gewalttaten und sogar Morde wurden verübt, nur weil ihn jemand nicht als Kyrios betitelte. Selbst „Boss" ist ihm zuwider. Es gibt Gerüchte um blutrünstige Vergeltungsmaßnahmen. Nicht mal die Hälfte davon ist wahr, aber es hat einige gegeben. Ein vorhersehbarer Nebeneffekt der Verleumdungskampagne. Die, die ihn dicke lila Tunte nennen, wissen, was ihnen blüht, wenn er es erfahren würde und die, die es in nicht wussten, hätten es besser wissen sollen.

Inzwischen sitzt er noch immer stark schnaufend hinter seinem massiven dunklen Schreibtisch. „Der Herr", „Gott".

„Was ist so wichtig?!"

„Es gibt Entwicklungen im Westen, die unserer sofortigen Aufmerksamkeit bedürfen."

Er haut mit der flachen Hand auf den Tisch. „Kacke, Jafar! Sag mir einfach, was Sache ist!!!"

„Zwei unserer Männer wurden platt gemacht."

„Wie platt?"

„Der eine krankenhausplatt, der andere würmchenplatt."

„Würmchenplatt?"

„Spielt mit den Würmern. Guckt sich das Gras von unten an."

Er zieht die Schultern nach oben und schaut mich verärgert an. „Dann sag doch einfach tot, Jafar! Was ist daran so schwer? Tot!"

Ich senke meinen Blick, sage „Entschuldigung" und denke etwas ganz anderes. Manchmal kann ich es mir nicht verkneifen, ihn zu reizen.

„Wer?" Es interessiert ihn nicht, wen es erwischt hat.

„Das weiß ich noch nicht. Hab aber schon Leute auf der Straße, die das rausfinden sollen. Sobald wir etwas hören, müssen wir sofort handeln. Das ist schon der dritte Vorfall im Westen innerhalb von zwei Wochen. Absolut inakzeptabel!", erörtere ich.

Er überlegt und massiert sich die Schläfen. Ich schaue den wabernden Bewegungen seiner Stirnfalten zu.

„Mhh ... ich hab keine direkten Feinde im Westen. Mit allen Gangs dort hab ich Duldungsvereinbarungen, solange wir uns nicht in die Quere kommen. Fickst du mich nicht, fick ich dich nicht. Warum jetzt diese Übergriffe? Was haben die Jungs dort gemacht?"

Immer wieder interessant, wie schnell dieser Mann vom absolut Wahnsinnigen zum kühlen Denker wechseln kann. Sein zweites Ich ist jedoch nicht minder gefährlich und grausam. Nur mit diesem Ich konnte er die Organisation aufbauen und sich so lange behaupten.

„Nur die üblichen kleinen Drogendeals im nicht zugeordneten Verkaufsgebiet."

„Einfacher Raub? Oder irgendein Junkie, der kaputt genug ist, Dealer zu überfallen?", gibt er zu bedenken.

„Denke ich nicht. Zu brutal. Sogar dann, wenn sie sich gegen den Überfall gewehrt hätten. Was ich, die Loyalität der Männer in allen Ehren, für unwahrscheinlich halte. Wenn die 'ne kalte Kanone am Sack spüren, lassen die sich nicht auf einen Kampf ein."

„Seltsam ... die Handschrift einer Gang ist das aber auch nicht ... Was denkst du?"

Wenn Kyrios einen nach seiner Meinung fragt, hat man es innerhalb der Organisation geschafft. Schnell kämpfe ich die unterschwellige Rührung nieder, die ich dabei immer wieder empfinde. Solche Gefühle dürfen nicht aufkommen. Stolz ja, Dankbarkeit nein.

„Ausreißer vielleicht?"

„Aber aus welchem Bereich? Polizei?"

„Vielleicht. Wäre zumindest die naheliegendste Variante. Ich prüfe das."

„Aber warum im Westen? Und warum so brutal?" Wenn er so nachdenkt, ist seine Feindseligkeit meist wie weggeblasen. Kann aber ebenso schnell wieder ausbrechen.

„Gute Frage", rutscht es mir raus.

„Das weiß ich selbst, du ...!" Er hält einen Fluch zurück. Wie verschreckt er mich anschaut.

So was darf dir nicht passieren. Du kennst ihn doch! Ich nicke und will gehen, bevor seine Laune wieder komplett umschlägt.

„Schick mir die Putzschlampe her! Der Botenjunge hat meinen ganzen Tisch voll getropft mit seinem Geheule und Gesabber."

Bin ich deine Sekretärin oder was? Siehst du irgendwo ein Minirock und angeklebte Fingernägel, du … Ruhig … das bringt nix. Ich zücke mein Handy.

„Benutz das verdammte Ding auf meinem Tisch, war teuer genug!", blafft er und zeigt auf seine Konferenztelefonanlage. Ich rufe unten an und frage nach Lin. Zum Glück ist sie grade im Gebäude. Klar kann auch jeder andere, der halbwegs bei Verstand ist, einen Schreibtisch abwischen, aber wenn der dann eine winzige Stelle übersieht, Schlieren macht oder Kyrios sonst was daran missfällt, wird der Tisch auf die eine oder andere Weise gleich wieder besudelt und nicht, dass ihm dann schlussendlich noch einfällt, mich den Tisch saubermachen zu lassen. Lin ist da die allererste Wahl. Am besten, er bindet sie gleich hier oben fest, so oft, wie er hier alles geputzt haben will. Er hat einen fast fanatischen Sauberkeitsfimmel, der in letzter Zeit immer schlimmer wird. In diesem Punkt passen die beiden also perfekt zueinander.

„Wo bleiben eigentlich die Zwillinge mit meinem Kuchen?" Er schaut auf seine Uhr. „Sie hätten schon vor zwei Minuten hier sein sollen!" Sein Gesicht nimmt eine rötliche Färbung an.

Schnell wähle ich die Nummer der Zwillinge auf dem Konferenztelefon. „Ist bestimmt nur was dazwischen gekommen, Stau, Verkehrskontrolle oder so."

Du weißt, man kann ihn in dieser Phase nicht beruhigen, warum versuchst du es also? Das kann böse enden. Sehr böse. Sein Zorn könnte sich auf dich richten. Du bist zwar nicht schuld, aber nun mal grade da, das reicht schon.

Ich stelle auf Lautsprecher, damit er seine Wut direkt verbal an den beiden auslassen kann. Während es tutet, hole ich aus meiner Tasche ein einzeln eingeschweißtes Minitörtchen, das ich für solche Fälle immer bei mir habe. So wie Postboten immer Leckerlis für die aggressiven Kampfhunde dabei haben sollten, habe ich Minitörtchen.

Ich reiche es ihm, bevor hier gleich noch jemand vergewaltigt wird. Sofort reißt er hektisch die Folie auf und stopft es sich in einem Stück in den Mund, wie ein Junkie, der endlich seinen nächsten Schuss bekommt.

Vier Finger ragen aus dem schmalen Schlitz zwischen Kofferraumklappe und Karosserie. Zeige-, Mittel- und Ringfinger zeigen im Fünfundsiebzig-Grad-Winkel nach oben. Worauf sie wohl deuten? Nur der kleine Finger hängt etwas schlaff da. Sein mittleres Fingergelenk ist zertrümmert. Bei den andern drei hat die Klappe lediglich das untere Fingerglied gebrochen. Haut und Fleisch sind bei allen bis auf den Knochen aufgerissen. Aber das stört den Besitzer wohl nicht mehr.

Sie sind überall

(Lin) Schweißgebadet wache ich auf. Dreck! Was hab ich grade geträumt? Schemen, einzelne Bilder und ein dumpfer Schmerz – weit weg. Ich versuche, mich zu erinnern, doch es klappt nicht. Zwecklos. Immer dieselbe Pupu. Wie in Trance wanke ich ins Bad. Aus dem Spiegelschrank nehme ich ein paar Tabletten, werfe sie ein und schlucke sie trocken hinunter. Viele können das nicht. Jahrelange Übung.

Ich mache den Schrank zu und betrachte mein Spiegelbild. Du warst mal schön. So schön. Dreck! Bist eigentlich viel zu jung, um wie der eigene Geist auszusehen. Die Haut spannt sich über meinen Schädel. Trocken, rissig. Blass, fleckig. Die Augen scheinen sich in meinen Höhlen zu verkriechen, erst recht, wenn das Licht so fällt wie jetzt grade. Wenn es dunkel ist, kann man den Übergang zwischen Schatten und Augenringen kaum ausmachen. Pupu! Das bin doch nicht ich! Oder? Ich fasse mir in die Haare. Es sind so wenig und sie … sie sind dünn, so dünn. Sie waren mal füllig und stark, doch jetzt … Ich wende meinen Blick ab und drehe den Wasserhahn auf.

Ich zögere. Meine Hände. Die Hände einer uralten Frau. Voller Altersflecken. Ignorieren. Ich greife in den Wasserstrahl, beuge mein Gesicht nach unten und spritze mir Wasser ins Gesicht.

Ich wache erneut auf. Was zur Hölle?!

„Hey Putzi, aufsteh'n!" Ein Typ steht vor meinem Bett und hält ein leeres Wasserglas in der Hand.

„Dreck! Musste das sein?", frage ich schlaftrunken und wische mein nasses Gesicht an meinem T-Shirt ab. Erst langsam klärt sich mein Geist und kriegt sofort eine Stinkwut auf den Mistkerl.

„Hab probiert, dich wachzurütteln, hast nicht reagiert. Voll weggetreten. Hast was gefaselt von ‚so hässlich, so dünn, so hässlich'." Er äfft eine hohe weibliche Stimme nach. Gelingt ihm erstaunlich gut. Würde ihn ja gerne damit aufziehen, aber ich hab grad keine Lust auf das Echo. Pipi! Ich sollte wirklich nicht mehr so oft in der Organisation schlafen. Mein Schlaf ist teilweise so tief, dass ich nur schwer wach werde. Wer weiß, wie oft sie mich schon im Schlaf befummelt haben und nicht, dass ihnen irgendwann noch mehr einfällt. Aber wo soll ich sonst hin? In meine alte Wohnung, in der ich im Traum aufgewacht bin … es war doch ein Traum oder? Dreck! Nicht drüber nachdenken, Lin! Nicht drüber nachdenken! Die Wohnung habe ich schon lange nicht mehr. Ich schlief mal hier und mal dort, an mal mehr und mal weniger sicheren Orten. So bin ich auch hier gelandet. Man darf hier schlafen. Die Frage ist nur, was man als Gegenleistung erbringt. Aber verdammte Pupu, in mein altes Gewerbe wollte ich nach dem Entzug auf keinen Fall zurück. Ich könnte natürlich, immerhin sehe ich noch gut genug aus. Aber es ist so … so schmutzig, so widerlich. Mir läuft es kalt den Rücken runter. Dreck! Dann doch lieber Hilfsarbeiten und Putzen. Und zu putzen gibt es hier 'ne Menge. Man kann hier rund um die Uhr bis in alle Ewigkeit mit den aggressivsten Putz- und Desinfektionsmitteln durchrennen und wird trotzdem nie fertig.

Der Typ versperrt die Tür der Besenkammer, die sie hier Schlafzimmer nennen.

„Gehst du bitte aus dem Weg, ich will ins Bad, verdammt", sage ich müde. Müde, ein Zustand, der mein Leben prägt. Kurz nach dem Aufstehen ist noch eine vergleichsweise angenehme Zeit. Die restliche Zeit geht ohne meine Tabletten gar nichts mehr.

„Die Tunte will dich sehen und du sollst dein ‚Handwerkszeug' mitbringen." Er feixt über diesen „grandiosen" Witz. Pipi! Hier markierst du den Dicken, aber wenn Kyrios wüsste, dass du ihn Tunte nennst, wärst du am Arsch. Oder besser gesagt, er wäre am Arsch. Und zwar an deinem. Ich lächele grimmig. Vermutlich denkt er, dass ich seinem Witz etwas geheuchelte Anerkennung schenke. Denk doch, was du willst, du hirnloser Affe!

„Mann, Pupu noch mal! Darf ich trotzdem kurz ins Bad?", frage ich genervt.

„Nein! Sofort hat er gesagt!" Er packt mich am Arm und zerrt mich nach draußen. Dreck! Jetzt auch noch 'ne kleine Machtdemonstration — wird sicher ein toller Tag. Eigentlich gibt es so gut wie keine Übergriffe. Jafar hat ein Auge darauf, dass die Männer nicht freidrehen. Jeder kann sich einmal im Monat umsonst bei den Huren auslassen. Aber alle anderen sind tabu.

Erst als wir vorm Büro stehen, lässt er mich los. Ich richte meine Kleidung, so gut es eben geht. Kleidung, in der man vor zehn Minuten noch geschlafen hat. Dann löse ich einen Haargummi von meinem Handgelenk, um meine Haare zusammenzubinden. Meine Hände greifen ins Leere. Mist verdammt! Ich kann mich einfach nicht an die kurzen Haare gewöhnen. Für mich sind sie immer noch da, so wie Phantomschmerzen. Nachdem mich letzte Woche einer dieser Macker an meinen Haaren durch den Flur gezerrt hat, hab ich sie mir sofort danach geschoren. Kurze Zeit später habe ich es natürlich bereut, aber währenddessen war ich einfach nur wütend. Danach habe ich geweint, fast die ganze Nacht. Dreck! Auch jetzt schmerzt es noch. Auf meine Haare war ich immer sehr stolz. Lang, voll und so rot, dass sie jedem den Kopf verdrehen konnten. Sie waren etwas blasser geworden, aber immer noch schön, trotz der Medikamente. Ich fahre mir über die Stoppeln. Es fühlt sich an, als würde ich jemand anderem über den Kopf streichen. Der Kopf meines Bruders hat sich so angefühlt. Er hatte fast immer kurz geschorene Haare, denn sobald sie länger wurden, hatte er ständig Zeug aus dem Wald in den Haaren, Kleber darin oder schnitt sich selbst Muster rein. Also schor Mutter sie oft. Ich mochte das Gefühl. Wie ein Igel fühlte es sich an, das dachte ich, obwohl ich noch nie einen gestreichelt hatte. Ich rieb oft einfach nur meine Wange an seinem Kopf und schloss die Augen. Das kribbelte so schön.

Ein Lächeln stiehlt sich auf mein Gesicht, eins von der herzlichen Sorte, selten in diesen Tagen. Ich verdränge die Gedanken an meine Familie. Dreck! Ich weiß, wo sie enden würden.

Der Kerl schubst mich ins Büro und verschwindet wortlos wieder. Jafar blickt kurz auf und bedeutet mir zu warten. Der Boss und er führen grade ein Telefongespräch über Lautsprecher. Klingt nach Zipp, einem der Zwillinge. Schmierige Mistkerle, aber leider hoch angesehen in der Organisation.

Zipp sagt grade: „… verstanden, so machen wir's. In einer Dreiviertelstunde müssten wir dann da sein. Entschuldigt nochmals die Verzögerung, aber dieser Typ hat ein …"

„Ja, ja, beeilt euch!", fährt ihn der Boss an und legt auf. Pipi! Seinem Gesichtsausdruck nach zu urteilen, hätte er vermutlich am liebsten mit einem Hörer das Telefon zertrümmert. Aber das ist bei diesem spacigen Ding wohl nur schwer möglich. Es ist als Konferenztelefon konzipiert und zum einfachen Telefonieren gibt es nur ein kleines Headset. Eigentlich hätte ich ja gerne gesehen, wie er mit dem fiebsligen Ding probiert, das Telefon zu zertrümmern. Das Beängstigende ist, dass er es vermutlich geschafft hätte.

Dreck! Es ist nicht gut, jetzt hier zu sein. Als schwächstes Wesen im Raum würde ich bei einem Ausbruch dran glauben müssen. Das schwächste Glied bekommt das Glied von Kyrios zu spüren. Ich muss bitter auflachen bei diesem Wortwitz.

„Was?!", schreit Kyrios, meinen Gluckser offenbar für eine Wortmeldung haltend.

„Sie wollten mich sprechen", sage ich leise und betrachte meine Schuhe. Mist!

„Seit wann will ich mit dir reden? Du sollst hier putzen! Aber beeil dich gefälligst!"

Verdammtes Kuttelgesicht! Ich renne raus und hole den Putzwagen aus der Kammer am Ende des Flurs. Ich liebe zwar ihren Effekt, aber ich hasse den Geruch von Putzmitteln. Denn ich weiß, wie es ist, den ganzen Tag nur die beißenden Dämpfe in der Nase zu haben und auch noch mehrere Stunden nach der Arbeit nichts anderes zu riechen. Wortlos mache ich mich an die Arbeit. Jafar gibt mir dankenswerterweise mit einem Kopfnicken zu verstehen, dass ich mit dem Schreibtisch anfangen soll.

Die beiden setzen sich in die Sofaecke an der rechten Wand und reden über irgendwas. Ich blende es komplett aus. Nicht nur, dass es mich nicht interessiert und ich wahrscheinlich nicht mal die Hälfte verstehen würde, es ist auch hilfreich während der Arbeit. Pupu! Wenn mich der Straßenstrich eins gelehrt hat, dann, mich vollkommen zurückzuziehen. Eine feindselige Umwelt ist leichter zu ertragen, indem man sie ausblendet.

Wenn man an der Finsternis sowieso nix ändern kann, bringt es verdammt noch mal nichts, nach einem Lichtstrahl Ausschau zu halten. Lieber gleich die Augen zumachen. Die Mädchen, die den Sonnenstrahl suchten, den strahlenden weißen Ritter auf dem Einhorn unterm Regenbogen, hatten definitiv zu oft Pretty Woman gesehen. Wer sich an Träumen festkrallt, überlebt nicht lange. Bevor man sich etwas so sehr wünscht und dann daran zerbricht, dass man es nicht bekommt, wünsche ich mir lieber gar nichts.

Dreck! Ich will gar nicht wissen, wovon die Schlieren auf Kyrios Schreibtisch kommen. Ich mache einfach sauber und arbeite mich routiniert durchs Zimmer. Stupide. Einfach nichts denken, nur machen. Wie eine verdammte Putzmaschine.

Ich bin so vertieft, dass ich gar nicht checke, wie die beiden aufhören zu reden und mich ansehen. Erst als der Boss zum wiederholten Male „Verschwinde jetzt!" in meine Richtung brüllt, erwache ich aus meiner Trance. Ohh, verdammt! Drecksmist, verdammter! Ich hab gar nicht mitgekriegt, dass es längst losgegangen ist. Mir ist schwindelig.

„Was ist? Bist du taub?! Verpiss dich endlich!" Er steht auf. Jafar bleibt ruhig sitzen. Er kann oder will offenbar nicht eingreifen. Kyrios packt mich am Arm und schüttelt mich.

„Hast du mich verstanden? Genug geputzt!" Als er mich wieder loslässt, sprühe ich meinen Arm an der Stelle mit Reiniger ein und rubbele daran herum. Dreckskerl!

Einen Moment ist er verdutzt, dann bekommt sein Gesicht eine dunkelrote Färbung. „Hältst du meine Berührungen etwa für schmutzig?! Ich zeig dir gleich mal …"

Sein Mund bewegt sich weiter, aber seine Stimme geht in ein lautes Piepen über. Ich sehe den Geifer, der in meine Richtung fliegt, und gucke weg. Einfach ignorieren. Plötzlich packt er mein Gesicht und dreht es wieder zu sich. Ich höre ihn immer noch nicht. Dieser Fussel auf seinem Jackett. Ich nehme ihn zwischen Daumen und Zeigefinger und schnipse ihn weg. Dreck! Ich verliere völlig die Kontrolle, kann aber nichts dagegen machen. Wo sind meine Tabletten? Warum hab ich heute keine genommen? Hab ich welche bei? Wie kann man nur so viele Fusseln auf seiner Kleidung haben? Und dann noch so große, die sich so deutlich vom Stoff abheben. Dass ihn das nicht selber stört. Diesmal schlägt er meine Hand weg und schreit weiter auf mich ein, unhörbar für mich.

Verdammte Pipi! Ich muss die Tabletten unten gelassen haben. Na klar, dieser Strunzer hat mich ja auch aus dem Bett direkt hierher geschleppt.

Der Boss riecht nach Schweiß, so stark nach Schweiß. Capo kommt ins Zimmer getapst, vermutlich angelockt vom Geschrei seines Herrchens. Dieses dreckige Vieh. Verdammt! Nicht dran denken, Lin, nicht dran denken! Kämpf dagegen an!

Capo hinterlässt lauter Tapsen auf dem Parkett. Wo treibt sich dieses Tier nur immer rum? Ich lasse Kyrios stehen, schnappe mir den Wischmopp, schubse Capo beiseite und wische hastig die Spuren weg. Triumphierend drehe ich mich um und sehe grade noch, dass Kyrios dicht hinter mir steht, dann wird alles schwarz.

Die Beule an seinem Kopf wächst in Zeitlupe.
Seitlich, circa drei Zentimeter über dem Ohr

Der Tote

(Monto) Kein Mucks. Bewegungslos. Muss mich ja auch nicht mehr bewegen. Einige Notwendigkeiten sind gegangen, andere gekommen. Ich hasse Observationen! Todeslangweilig, diese Mauer anzustarren. Ich könnte ja die Einschusslöcher zählen …

Fertig. Jetzt ist mir wieder langweilig. Wehe, wenn das hier wieder nix … Kommt die Ratte da etwa zu mir? „Xxxsss!!!" Oh verdammt! Nicht bewegen … keinen Laut … nicht atmen. Ach ja … die nicht mehr vorhandenen Notwendigkeiten. Tot ist man echt besser dran. Die Mauer wird nicht grade spannender … Ich hasse Observationen!

Die Spitze des Metalls bohrt sich in das weiche Fleisch. Als wäre der Stoff dazwischen nicht existent. Wie unangenehm.

Leichentetris & Backe, backe, lila

... Drei!

(Eddy) Ich stoße die Tür auf und rolle mich aus dem Wagen. Gut, o.k. ... da ich die Tür so schwungvoll aufgestoßen hab und meine, vom Am-Türgriff-Festkrallen starren Finger sich da irgendwie verhakt haben, werde ich zurückgerissen und kippe einfach nur seitlich aus dem Auto.

So behände wie möglich springe ich auf und knicke gleich wieder zusammen. Zwille hat mir von hinten in die Kniekehle getreten. Mit der Pieke. Ein Schmerz durchzuckt mich, als stünde mein Bein in Flammen, dann kribbelt es eklig.

„Ich würd ja gern sagen ‚guter Versuch', aber das wäre gelogen", lacht er und führt sein klingelndes Handy zum Ohr. Sofort verkriecht sich sein Lächeln in seinem Schnauzer. Seine Stimme hat ihren überheblichen Tonfall verloren und er stammelt unsicher vor sich hin. Offenbar wird er immer wieder von der Gegenstelle unterbrochen, manchmal kann ich so was wie Geschrei hören, aber was das Gegenüber sagt, verstehe ich nicht.

„Ja, wir … wir sind gleich da versprochen! Es gab … unerwartete Komplikation. Aber wir können das erklären, wir … ja den Auftrag haben wir erledigt … naja es … es gab einen Zeugen … wir sind grad dabei, das zu klären … Was für? ... Ja, normaler Typ halt, Mitte dreißig, würd ich sagen …" Zwille mustert mich und beschreibt mein Aussehen.

Was spielt das denn für eine Rolle? Leiche ist Leiche. Na toll, jetzt bin ich schon so weit, mich selbst als Leiche zu bezeichnen. Versuche unauffällig, mein Bein zu belasten. Nein, Stehen ist immer noch nicht drin.

„… ist ziemlich nervös, aber gut, wir sind halt auch furchterregend", sagt Zwille und lächelt mich wölfisch an.

Zwei Witzfiguren seid ihr! Ohne eure Waffen wärt ihr nix!

„Was der …? Keine Ahnung, ist das … ja, ich frag' ihn. Hey du! Kannst du irgendwas?"

Ich schaue ihn verdattert an.

„Na los, nicht so schüchtern, spuck's aus! Bist du zu irgendwas zu gebrauchen? Bist irgendwo einflussreich, hast gute Kontakte? Kannst du was besonders gut? Autos reparieren, mit Computern umgehen, Meth kochen …"

„Backen!", platzt es spontan aus mir raus.

„Du kannst Meth backen?" Zwille verzieht ungläubig sein Gesicht.

„Nein … ähh … nein, ich kann backen. Ich bin Bäcker, genauer gesagt: Konditormeister. Kuchen, Torten und so'n Zeug. Ich arbeite …" Warum erzähle ich denen das eigentlich?

„Ja, er sagt, er ist Konditormeister, macht Kuchen, Torten und so."

Scheinbar kommt vom anderen Ende lange nix. Was soll das werden?

„Ja … ja, o.k., verstanden. Dann dauert's noch ‚n bisschen länger, aber in einer Dreiviertelstunde müssten wir dann da sein. Bitte entschuldigt nochmals die Verzögerung, aber dieser Typ hat ein …" Offenbar hat sein Gesprächspartner aufgelegt. Zwille steckt das Handy zurück in die Tasche und schaut mich an, als hätte ich ihm grade die Ballpartnerin ausgespannt.

„Was ‚n los?", fragt Nase.

„Kyrios sagt, wir sollen ihn mitnehmen."

„Tja, das heißt dann wohl, du bleibst am Leben. Vorerst. Ob das besser für dich ist, wirst du später noch sehen." Nase grinst mich an. Offenbar gewinnt er irgendeinem Gedanken eine Menge Freude ab. Zwille scheint diesen Gedanken zu erraten und zu teilen. Na toll ... etwas, was den beiden solche Vorfreude bereitet, kann nicht gesund für mich sein.

„Wer ist Kyrios?", stammele ich nur, um mit irgendwas ihr beängstigendes Gedankenschwelgen zu unterbrechen.

„Das wirst du bald erfahren. Aber jetzt ist keine Zeit zum Trödeln, wir müssen los."

Zwille tritt mir in die Seite. Stöhnend stehe ich auf.

„Steck den guten Herb in den Kofferraum."

„Bitte was?"

„Du hast schon verstanden und jetzt los!" Mit seinem Pistolenlauf tippt er auf die imaginäre Uhr an seinem Handgelenk. Leider löst sich wieder kein zufälliger Schuss.

Ich ... die Leiche anfassen? Obwohl, vorhin hab ich sie ja auch schon angefasst. Nase tritt mir in den Arsch und mich damit Richtung Fahrertür.

„Wow, dass du mit dem Bein überhaupt so hoch kommst", entfährt es mir und ich ohrfeige mich innerlich sofort für meine schnelle Zunge.

„Jetzt werd nicht frech! Der Boss hat nicht gesagt, in welchem Zustand wir dich abliefern sollen", zischt er mich an. „Und jetzt zack zack!"

Ich schnalle Herb ab und ziehe ihn aus dem Wagen. Er entgleitet mir und fällt wie ein nasser Sack auf den Boden. Uhh … ich schlucke und fasse ihm unter die Achseln. Plötzlich fängt er an zu kichern und schlägt die Augen auf. „Hihi, das kitzelt." Dann starrt er mich entgeistert an. „Hey, was‚n hier los?! Alta, was machst‚n du hier mit mir? Und wieso hab ich keine Hose an?"

Ich schüttele die Bilder aus meinem Kopf. Mhh, irgendwie ein seltsames Gefühl, mit so einem kalten, schlaffen Körper zu hantieren. So schleife ich ihn bis zum Kofferraum, den Nase schon aufhält.

„Da passt er doch niemals rein", stelle ich fest. Der Kofferraum ist nicht sonderlich groß und noch dazu voller Kram. Hauptsächlich Werkzeug, aber auch ein nur halb versenkter Pannenreifen, Verbandskasten, Warndreieck …

„Ach, das geht schon, dann räum halt erst mal das Zeug raus."

Ich leere den Kofferraum und hebe Herb hinein, gnädigerweise fassen Nase und Zwille jetzt doch mal mit an. Seine Beine gucken ab den Knien an der Seite raus.

„Sag ich ja."

„Ach du hast doch keine Ahnung. Lass mich mal", erwidert Nase und schiebt mich beiseite.

Ich rechne fast damit, dass er eine Kettensäge aus der Hosentasche zieht, um Herb einzukürzen. So martialisch wird's dann aber doch nicht. Er klappt ihm die Beine etwas ein, den Nacken auch und quetscht den Körper dermaßen seltsam verdreht in den Kofferraum, dass man schon vom Hingucken einen Termin beim Orthopäden machen will. Vermutlich wird Herb dauerhafte Haltungsschäden davontragen.

Nase klatscht sich die Hände ab und ist offenbar hochzufrieden. „Siehste, so macht man das! Und nun pack den ganzen Scheiß da wieder rein."

„Wie soll das denn jetzt noch gehen?"

„Du gehst mir echt auf die Eier! Hör auf, ständig alles in Frage zu stellen. Mach einfach!"

Ich fange an, jede Lücke mit Zeug zu füllen. Manchmal muss ich Herbs Gliedmaßen noch etwas verrücken. Hochkonzentriert verstaue ich verschiedene Lineale, Zirkel und anderen Kleinkram, der vorher in einer Tüte war. Da, hinterm Nacken, ist noch eine freie Stelle und den

Verbandskasten krieg ich hier unters Hohlkreuz geschoben, als wäre es dafür gemacht. Dass ich heute noch Leichentetris spielen würde, hätte ich heute Morgen beim Aufstehen echt nicht gedacht. Ich bin richtig stolz, alles untergekriegt zu haben. Sogar die Zwillinge nicken anerkennend.

Ich lächele zufrieden. Das Lächeln verschwindet jedoch sofort wieder, als die Erkenntnis durchsickert, was für einer Aufgabe ich mich da grade so akribisch gewidmet habe. Das Bild von dem verdrehten Körper mit all dem Kleinkram dort im Kofferraum brennt sich tief in mein Gedächtnis und verursacht ein äußerst schlechtes Gefühl in meiner Magengegend. Schnell schlage ich die Klappe zu. Ein unangenehmes Knacken ertönt, die Klappe schwingt wieder auf. Das Geräusch brechender Finger hallt in meinen Ohren nach und mir läuft ein furchtbares Kribbeln über den Rücken. Die beiden lachen sich einen ab, während ich angeekelt mit dem Schuh die abgeknickten Finger zurück in die Krimskramsmenschmasse im Kofferraum schiebe. Klappe zu, Herb tot.

Der kalte Schauer hat sich auf meinem Rücken festgesetzt. Genau in der Mitte und will einfach nicht verschwinden. Ein widerliches Gefühl. Jetzt lauf doch endlich mal weiter!

„Los ab! Genug Zeit verplempert, der Boss is' ohnehin schon stinksauer", sagt Zwille.

„Wenn wir Glück haben, lässt er es an ihm aus."

Wir fahren los. Ich sitze auf dem Rücksitz, starre aus dem Fenster und versuche mir nix anmerken zu lassen und meine Gedanken zu ordnen. Wir halten vor der Bäckerei. Nein … wie haben sie das nur rausgefunden?!

„Was wollt ihr hier?! Meine Kollegen haben mit der Sache nichts zu tun! Sie wissen von nix, das verspreche ich euch! Hoch und heilig! Wie … wie sollte ich denn mit ihnen Kontakt aufgenommen haben? Ich hatte doch mein Handy nie … bitte, das müsst ihr mir glauben!!!"

Die beiden schauen mich nur verständnislos an.

„Hä?!", bringt Nase hervor. Dann zieht er die Augenbrauen hoch und ruft überrascht: „Ach, du arbeitest hier!"

Jetzt war es an mir „Hä?!" zu sagen.

„Na dann bringen wir dem Boss doch gleich mal was mit, was du gebacken hast, dann kann er es an dir auslassen, wenn es ihm nicht schmeckt." Nase grinst. „Na, was hast du denn heute kredenzt?"

„Wir haben heute frische Walnusskaramelltorte, Schokoingwerkuchen, Rumkugeln, Spritzkuchen und verschiedene Obstkuchen mit

Butterstreuseln", bete ich runter. Verdammt! Nase lacht und steigt aus. Zwille bleibt bei mir auf der Rückbank sitzen.

„Ach … ihr wusstet gar nicht, dass ich hier arbeite?"

„Nee, wir holen fast immer von hier was Süßes für den Boss." Dann setzt er noch verbittert hinzu: „Nahezu jeden verschissenen Nachmittag."

Irgendwas scheint ihm daran nicht zu behagen. Also, ich würd ja lieber Kuchen holen, als Leute umbringen und in Kofferräume stopfen, aber gut, jedem das Seine. Komisch, dass ich die beiden noch nie im Laden gesehen hab. Obwohl, an der Theke helfe ich ja nur aus, wenn ich hinten fertig bin und nachmittags hab ich schon Feierabend.

Kurze Zeit später kommt Nase mit einer mittelgroßen braunen Papiertüte zurück.

„Was hast du geholt?", frage ich. Nase schaut mich im Rückspiegel an wie ein Bauer, den das Schwein grade gefragt hat, wie viel Zeit ihm denn noch bleibt. Seine Gesichtsmuskeln zucken wild durcheinander. Plötzlich dreht er sich ruckartig um, zückt seine Waffe und presst sie mir an die Stirn. „Alter! Noch eine dumme Frage und ich schieß dir die Zehen einzeln ab!"

Zwei Minuten später fahren wir weiter. Mann ... in der Welt der beiden scheint zum Bäcker gehen so was wie die Höchststrafe zu sein. Ich halte die Klappe und schaue wieder aus dem Fenster. Meine Gedanken kreisen, aber ich lande immer wieder bei dem Warum. Warum ich? Warum musste ich es sein?

Da bin ich nun schon immer so vorsichtig und trotzdem passiert ausgerechnet mir so was. Beschließe, wenn ich hier irgendwie wieder rauskommen sollte, nie wieder einen Fuß vor die Tür zu setzten. Naaah … das ist auch keine Lösung. Vielleicht doch ein Auto kaufen, um sicherer von A nach B zu kommen?

Wenn ich es gegen Laufen abwäge, könnte das tatsächlich sicherer sein. Obwohl, ich könnte natürlich auch überfallen werden. Zack, einfach an der Ampel aus dem Auto gezerrt. Oder, wenn ich eine Panne habe, weil irgendjemand direkt vor mir Krähenfüße auf die Straße gelegt hat. Dann muss ich beim Auto bleiben, bis der Pannendienst kommt, und bin ein leichtes Opfer. Und die Bomben erst. Wie konnte ich die Autobomben vergessen?! Jedes Mal beim Anlassen dieses Spiel mit dem Tod. Bei jeder Schlüsseldrehung setzt sich das Glücksrad erneut in Bewegung. Dreht und dreht. Klack, klack, klack, klack, klack. Es wird immer langsamer. Jetzt bloß nicht auf ‚BUMM!' stehenbleiben!

Aber was könnte ich tun? Von Zuhause arbeiten? Damit hätte ich aber auch irgendwie arge Probleme. Backen, Torten verzieren, Cremes anrühren sind die einzigen Sachen, die mir wirklich richtig Spaß machen. Es sind die einzigen Momente, in denen ich meine Umwelt mal voll und ganz vergessen kann. Das will ich nicht aufgeben. Eine eigene Backstube aufmachen und direkt darüber wohnen, das wär's! Aber denk mal nicht so viel nach, Eddy! Noch bist du aus dem Schlamassel hier nicht raus. Ähh ... Schlamassel? Ein verfluchter dampfender Haufen Scheiße! Das ist das!

Die Straßen, auf denen wir fahren, werden immer leerer. Wir nähern uns der Innenstadt. In anderen Städten oft ein schöner Ort. Eine Altstadt mit Touristenzentrum, Fußgängerzonen, Einkaufscenter und so Zeug. Unsere Innenstadt könnte man eher als Eingeweide der Stadt bezeichnen. Zumindest dem Aussehen und Geruch nach zu urteilen. Die Häuser sind heruntergekommen, die Straßen schäbig und verdreckt. Gerüchten zufolge kommt in bestimmte Teile der Innenstadt nicht mal die Müllabfuhr – und auch keine Polizei oder sonstige Beamte. Natürlich nicht offiziell, aber man munkelt, es gäbe fast so was wie autarke Gebiete. Ich war hier nur ein paarmal in meiner Jugend. Damals kamen wir uns ganz groß vor, hier abzuhängen. Bis wir irgendwann für unser Abhängen ganz groß vermöbelt wurden. Seit dem bin ich nicht mehr hier gewesen. Vermöbeln lassen kann ich mich ja überall.

Wir halten vor einem massiven Eisentor in einer hohen, roten Backsteinmauer.

„Warum dauert das so lange?“, regt sich Nase auf.

Ich schaue links und rechts die Straße entlang. Niemand zu sehen. Zumindest nicht für meine ungeübten Augen, die Lebenszeichen nur auf dem Bürgersteig und der Straße suchen, nicht zwischen Mülltonnen, in Gassen und im Schatten liegenden Hauseingängen. Alles ist voller Graffiti. Keine Hauswand ist unbeschmiert. In mehreren Lagen klebt sich wellende Farbe an den Fassaden, sogar an den oberen Stockwerken.

Umso erstaunlicher ist die rote Backsteinmauer. Kein einziger Klecks Farbe. Sie präsentiert sich blitzeblank. Sieht lediglich etwas mitgenommen aus – oder rustikal, wie man heute sagen würde. Hier und da sind ein paar bröckelige Steine. Mhh … wer weiß, vielleicht sind es auch Einschusslöcher. Nicht dran denken!

Endlich schiebt sich das Tor auf und wir fahren hindurch auf einen kleinen Platz mit mehreren Garagen.

Ein riesiges, klobiges Gebäude vor uns dominiert das Bild. Es ist auch aus rotem Backstein, in ähnlichem Zustand wie die Mauer, nur sieht es noch viel düsterer aus. Wie hoch es ist, lässt sich schwer schätzen. Fensterreihen gibt es nur zwei, aber die liegen weit auseinander und für zwei Stockwerke ist der Bau viel zu hoch. Noch überragt wird der Klotz von einem gemauerten runden Schornstein, der entweder aus dem hinteren Teil des Gebäudes kommt oder direkt dahinter steht, das lässt sich von hier aus nicht genau ausmachen. Der Situation angemessen also ein sehr bedrohlicher Bau.

„Um Herb kümmern wir uns später, lass erst mal zu Kyrios hochgehen."

„Gut, endlich den Ballast loswerden", lacht Nase.

Naja … so viel Kuchen hat er nun auch nicht gekauft. Von der Eingangstür bin ich etwas enttäuscht. Sie ist grade mal so groß wie eine normale Tür und ganz unscheinbar an der linken Ecke des Gebäudes. Eigentlich hatte ich eine riesige Doppeltür genau mittig erwartet. Aus altem Holz mit Eisenbeschlägen. Oder wenigstens ein ordentlich quietschendes Stahltor, das unter großem Getöse vor mir auf- und direkt hinter mir wieder zugeht. Mhh … vielleicht gibt es ja eins an der Seite, was mir später noch vorgeführt wird.

Wir kommen in einen kleinen Raum, in dem nix weiter steht als zwei Stühle, ein winziger Klapptisch, einige Monitore und ein Pult mit ein paar Knöpfen an der Wand. Zwei finster dreinblickende Gestalten schauen von ihren Karten auf, einer von ihnen hat die Hand an der Waffe. Na, immerhin die beiden Wachen sind so, wie man das aus den Krimis kennt.

„Sind wieder da", sagt Zwille überflüssigerweise.

Die beiden Typen glotzen uns an. Man sieht die Frage auf ihren Gesichtern, aber scheinbar trauen sie sich nicht, sie auszusprechen.

„Guten Tag", sage ich um die Stimmung etwas aufzulockern und fange mir sofort einen Ellenbogenstoß in die Rippen ein.

„Weiter! Los!", bellt mich Nase an.

Ich werde durch den Vorraum in eine große, hohe Halle geführt. Hier und da stehen Sofas, Sessel, Stühle und Tische herum, einige Schränke an den Wänden. Alles wild durcheinandergewürfelt, was offenbar der Sperrmüll so hergab. Eine Handvoll Leute scheint sich hier zu langweilen. Zwei schauen interessiert, die anderen ignorieren uns. Wir gehen an mehreren Türen vorbei, dann einen Gang entlang, der in den hinteren Teil des Gebäudes führt, hin zu einer Metalltreppe auf einen kleinen Steg, der an einer Tür in der Wand endet.

Nase öffnet die Stahltür und schubst mich in einen Gang mit weiteren Türen. Vor einer davon bleiben wir stehen.

Also, wenn ich mir eine Tür in diesem Gang hätte aussuchen dürfen, hätte ich, allein schon aus purer Neugier, auch die hier genommen. An sich unterscheidet sie sich nicht von den anderen, außer, dass sie in einem dunklen, kräftigen Lila gestrichen ist. Hochglanzlack. Zwille bewegt grade seine Fingerknöchel Richtung Holz, als die Tür unvermittelt aufschwingt. Ein schwarzer Mann steht dahinter, eine Frau an der Hand.

Mhh … Hand in Hand mit einer Frau, die allerdings bewusstlos auf dem Boden liegt. Die Frau hat fast eine Glatze und sieht auch sonst ziemlich mitgenommen aus. Mitgenommen, aber irgendwie auch … schön, soweit erkennbar. Vielleicht ist es aber auch nur der Dornröscheneffekt.

Die Zwillinge werden auf einmal spürbar nervös. Der Mann schaut beide abwechselnd an und verharrt bei jedem ein paar Sekunden. Ich war noch nie ein Meister im Lesen von Menschen, nicht mal Lehrling, aber dieser Kerl macht mir Angst. Die Zwillinge halten zwar seinem Blick stand, fühlen sich aber auch sichtlich unwohl.

„Ihr seid zu spät", sagt der Mann tonlos und geht dann, die Frau, deren Hand er in der Hand hält, hinter sich herschleifend, an uns vorbei. Zwille und Nase schubsen mich in den Raum und bauen sich hinter mir auf, als wollten sie mich als Kugelfang benutzen.

Der Raum ist sehr dunkel, was hauptsächlich an den Wänden liegt, die genauso lila gestrichen sind wie die Tür, nur in matt. Auch die Möbel sind aus irgendeinem dunklen Holz.

In einer Ecke des Raumes steht ein kleines weißes Pferd mit schwarzen Flecken und frisst aus einem goldenen Hundenapf. Das ist definitiv das kleinste Pferd, was ich jemals gesehen habe. Oder ist es doch ein deformierter Hund? Oder irgendeine komische Züchtung oder ein Mutant? Heutzutage ist ja nahezu alles möglich und bei diesen kranken Leuten würde mich nix wundern.

„Starr nicht so! Sonst sind deine Augäpfel das Nächste, was in Capos Fressnapf landet!", begrüßt mich eine kräftige dunkle Stimme, die von dem Mann hinter dem Schreibtisch kommt.

Ich glaube, meine Wahrnehmung ist wirklich arg geschädigt. Um was das Pferd zu klein ist, ist dieser Mann zu groß. Was für eine Masse von Mensch! Gib ihm eine riesige Axt und Pelzkleidung und er würde in einen Wikingerfilm passen. Nur der Bart fehlt. Dass es überhaupt einen Anzug in seiner Größe gibt. Oder hat er den einem Gorilla im

Zirkus geklaut? Lila Samt, was auch sonst. Dazu ein weißes, zerknittertes Hemd. Aus dem aufgeknöpften Kragen quillt sein dicker Hals hervor, der in einen breiten Kopf übergeht. Mein Blick bleibt kurz an seinen Augen hängen und senkt sich dann sofort, wegen des wahnsinnigen Feuers darin. Ich tippe mal darauf, dass das Kyrios ist.

„Habt ihr mir was mitgebracht?!", blafft er und wir alle zucken leicht zusammen.

Die beiden schalten sehr langsam, und als es klickt, tritt Nase schnell hervor und legt ihm die Tüte vom Bäcker auf den Tisch. Dann deutet er auf mich und sagt: „Das ist der Kerl, der uns gesehen hat. Der ..."

„Ach! Wirklich?! Ich dachte, das wäre der neue Jockey für Capo ... Verpisst euch, verdammt!"

Hähh ... wie? Auf dem Vieh kann man reiten?! Die Zwillinge drehen sich blitzschnell um und verschwinden. Ich will ihnen folgen.

„Du nicht! Hinsetzen!"

War ja klar. Ich setze mich auf einen lilafarbenen Ledersessel gegenüber dem Schreibtisch, warte und schwitze. Mein rechtes Bein zappelt nervös und verursacht ein leises Quietschen auf dem Lederbezug. Ich hoffe, er hört es nicht. Doch der Dicke hat nur Augen für die Tüte. Er reißt sie auf und beginnt, im Wechsel Walnusstorte und Pflaumenkuchen in sich reinzustopfen. Es ist, als würde ich einem Fixer dabei zusehen, wie er sich einen Schuss setzt. Er entspannt sich zunehmend. Auch der Wahnsinn in seinen Augen wird etwas schwächer. Hoffentlich bedeutet das was Gutes für mich.

Sein Kuchenschaufeln wird immer langsamer und man könnte es jetzt fast als Essen bezeichnen. Will er mich mit damit quälen? Meine Nerven wollen gerade kollabieren, als er endlich einen Ton, außer Schmatzen, rausbringt.

„Du bist also Konditormeister?" Seine Stimme ist immer noch schroff, hat aber etwas an Gewalt und Lautstärke verloren. Ähh ... was soll die Frage?

In einem Gangsterfilm wäre doch jetzt der Part gekommen, wo er mir ans Herz legt, das Gesehene ganz schnell zu vergessen. Weil er sich ansonsten vergessen würde und dafür sorgen müsste, dass ich für immer vergessen werde. Oder eine nette kleine Geschichte über diese Dalmatiner-Pferd-Kreuzung, der das herkömmliche Futter überhaupt nicht schmeckt, aber kleine neugierige Konditormeister, die man bei lebendigem Leib durch den Fleischwolf gedreht hat, ihr doch sehr munden würden.

„Ähhm ... ja", antworte ich zaghaft.

„Ja? Guuut." Er zieht das Wort in die Länge und scheint nachzudenken. Dabei lässt er mich keinen Moment aus den Augen. Ich möchte seinem Blick standhalten, gleite jedoch immer wieder ab zu seinen Wangen, Ohren, Haaren oder sonst wohin. Auf ihn muss ich wohl sehr gehetzt wirken. Naja, ich bin gehetzt. Fast unmerklich zieht sich sein linker Mundwinkel nach oben. Irgendwas scheint ihm zu gefallen und das macht mir noch viel mehr Angst als sein Blick.

„Du arbeitest für mich." Er intoniert es wie eine klare Feststellung.

„Ich … arbeite für Sie?"

„Hast du Hörprobleme oder was?! Du arbeitest jetzt für mich, für Kyrios. Merk dir das! Zu deiner alten Arbeit brauchst du nicht mehr gehen, ich schicke jemanden, der das klärt."

Oh, wie gnädig. Danke, dass ich meinem Chef nicht selber erzählen muss, dass ich von einem Haufen durchgeknallter Gangster gefangengehalten werde und deshalb leider nicht mehr auf Arbeit erscheinen kann. Vielleicht krieg ich ja eine Arbeitsunfähigkeitsbescheinung von der Verbrechervereinigung oder so.

„Wo hast du vorher gearbeitet?"

Ich überlege fieberhaft. Tausend Bilder schießen mir durch den Kopf. Von der brennenden Bäckerei. Meinen blutüberströmten Kollegen, erstochen mit ihren eigenen Werkzeugen und seien sie noch so stumpf. Aber wie sie das mit dem Schneebesen … Reiß dich zusammen, Eddy! Du denkst schon wieder nur das Schlechteste! Es ergibt doch gar keinen Sinn, sie umzubringen – viel zu viel Aufsehen. Aber denken diese Leute denn überhaupt logisch?

„Spuck's aus!"

„P … Pa … ‚Palin', Bäckerei ‚Palin'", stammele ich, unfähig, ihm was vorzulügen.

Er schaut auf die braune Papiertüte und tippt mit seinem feisten Zeigefinger auf den Schriftzug. „Das ist doch die hier."

„R … richtig … ja. Die beiden kaufen wohl öfters dort, reiner Zufall."

„Ha! Jetzt sag mir nicht, dass das auch noch dein Kuchen war."

„D … doch, war es."

Er haut auf den Tisch und sein Kaffeebecher fällt um. Er scheint es nicht zu bemerken. Mit einem für mich nicht einzuordnenden breiten Grinsen entblößt er seine makellos weißen Zähne. Irgendwie scheinen die hier einen guten Zahnarzt zu haben. Dann lacht er schnaufend los. „Ha! Ha! Der war wirklich lecker! Ja … das wird gut!", sagt er mehr zu sich selbst als zu mir.

„Ähh … Das freut mich. Die Zwillinge hofften, Sie würden es an mir auslassen, wenn es nicht so wäre." Dezent, ganz dezent. Ich bin unglaublich stolz auf diesen Satz. Vielleicht ist es steigender Mut oder einfach nur der Wunsch, den Zwillingen eins auszuwischen.

Er hebt eine massige Braue. „So? Hofften sie, ja? Damit haben sie dir wohl eher geholfen als geschadet. Es erspart mir, auf eine Kostenprobe deines Könnens warten zu müssen. Du wirst mein Leibkonditor."

„Leib…konditor?"

„Wirklich schwerhörig, wie?! Natürlich Konditor! Dachtest du, ich will dich als Pferdefriseur beschäftigen?"

Mhh … der hat es ja mit seinem komischen Vieh und leicht reizbar ist er obendrein. Wenn man vom Teufel spricht. Da kommt der niedliche Dämon angetrabt und stellt sich neben Kyrios. Das Ding ist echt winzig. Es reicht nicht mal ganz bis zur Lehne.

Er streichelt ihm über den Kopf. Es sieht wirklich aus wie ein zu klein geratenes Pferd. Zu oft gewaschen vielleicht. Etwas rundlicher, der Kopf zu überproportional für den Körper, aber trotzdem klar erkennbar ein Pferd. Weißes Fell mit schwarzen Punkten und eine zottelige Mähne. Sieht flauschig aus. Aber ich befürchte, dass mir nach einer Überprüfung dieser These mindestens eine Hand fehlt.

„Hör auf so zu glotzen! Noch nie ein Zwergpony gesehen?!"

„Ehrlich gesagt, nein."

„Das war keine Frage!!!" Erstaunlich, dass sich die Kraft und Wut nicht in seine Hand überträgt und er dem Tier den Kopf zerquetscht. Aber er streichelt einfach weiter in aller Ruhe. Komisch, dass es nicht vor Schreck wegrennt. Aber vermutlich ist es das Rumbrüllen gewohnt oder inzwischen taub.

Er schlägt auf einen Knopf einer futuristisch anmutenden Apparatur und brüllt: „Irgendjemand in mein Büro!"

Ich vermute eine Art Gegensprechanlage dahinter, obwohl er das bei seinem Organ fast nicht nötig hätte. Seinen Mund bewegt er allerdings kein Stück in Richtung des Gerätes, er schreit einfach so in den Raum. Er schnauft schon wieder ziemlich stark. Die beruhigende Wirkung des Kuchens scheint fast verflogen zu sein.

„Wie heißt du?", fragt er unvermittelt.

„Ed… Edward", sage ich hin- und hergerissen, ob ich ihm meinen richtigen Namen verraten soll.

„Edward?! Is' ja ,n Scheißname. Du heißt Eddy!"

„E… Eddy. Ja, so heiße ich auch bei Kollegen und so", sage ich kleinlaut. Das stimmt sogar. Ich benutze selbst meist auch Eddy und verrate ungern meinen richtigen Namen. Zu schnell kann jemand sonst meine Adresse in Erfahrung bringen.

Und außerdem ist es nicht verkehrt, Kyrios das zu sagen, nicht dass die bei „Palin" angeben, keinen Edward bei sich zu beschäftigen. Was dann passieren könnte, will ich mir lieber nicht ausmalen. Tue es aber trotzdem, ist ja klar. Mein Kopfkino lässt sich leider selten von einer spontanen Inszenierung abhalten und zensiert sich schon gar nicht. Zum Glück geht in diesem Moment die Tür auf.

Ein abgeranzt aussehender Typ kommt rein. Er ist ziemlich hibbelig und nervös, das scheint wohl bei allen so zu sein, die hier reinkommen. Meine Vermutung, dass Kyrios nicht nur verbal ausfallend ist, sondern auch cholerisch ist, scheint sich zu bestätigen.

Kyrios beachtet weder den Neuankömmling noch mich, abwesend schaut er irgendwohin. Seine Stimme jedoch ist so kraftvoll und einschüchternd wie eh und je. „Bring ihn nach unten und wirf ein Auge auf ihn. Er soll warten, bis man ihn holt. Und sag Jafar, er soll zu mir kommen."

Mhh … das war dann wohl das Gespräch. Der Typ packt mich unsanft am Arm und führt mich wieder in die große Halle, wo er mich in einer Ecke auf eine Couch setzt, die definitiv schon mal bessere Tage erlebt hat.

Da sitze ich nun. Allein mit meinen Gedanken und einer Couchfeder in der rechten Arschbacke, wie aus einem Film gerissen und in einen anderen hineingesetzt. Mir gefällt weder der eine noch der andere. Wenigstens hab ich keinen Eintritt bezahlt. Aber bezahlen würde ich wohl noch, soviel ist gewiss. Was ist da oben grade abgelaufen?

Panik steigt in mir auf. Bis jetzt wurde sie wohl von der Geschwindigkeit und Skurrilität der Ereignisse unter der Oberfläche gehalten. Doch jetzt bricht sie hervor. Ich muss raus! Ich muss hier weg!!! Der Schwarze kommt ganz nah an mir vorbei und bedenkt mich mit seinem ausdruckslosen Blick. Das unangenehme Gefühl, er könne meine Gedanken lesen, macht sich breit. Diese Augen. Er geht die Treppe hinauf, wirft noch einmal einen Blick auf mich und verschwindet durch die Tür.

Es gibt Dinge in dem Gebäude, die möchte man lieber nicht wissen. Vorgänge. Gerätschaften.

Schluckreflex & Die Einweisung

(Jafar) Damit muss man rechnen, wenn man Capo umschubst. Klar, dass Kyrios da ausflippt. Lin kann von Glück reden, dass er sie nur niedergeschlagen und nicht noch weiter auf sie eingeprügelt hat. Sonst wäre von ihrem zarten Körper jetzt nur noch eine unförmige Masse übrig. Doch Capos Wohlbefinden ist ihm viel wichtiger und er umsorgt ihn auf lächerlich mütterliche Art. Es ist das einzige Lebewesen, dem er überhaupt so etwas wie Liebe entgegenbringt. Alle anderen bekommen Wut, Hass, Zorn und dergleichen ab. Wenn ich daran denke, wie er damals Capo bekommen hat, das war …

Dass er aber auch immer gleich austicken muss.

Lin ist nicht so dämlich wie die anderen und zudem sehr fleißig. Aber solche Argumente kannst du Kyrios in so einem Moment nicht bringen. Trotz ihrer Macken ist sie vielseitig einsetzbar, die Tabletten sind spottbillig und keine putzt so gründlich und schnell wie sie. Vielleicht kriegen wir sie ja wieder hin.

Oben am Treppenabsatz rufe ich einen der Faulenzer aus der Halle zu mir. Er trägt sie zurück in ihre Kammer und ich gehe zur Sicherheit hinterher. Nicht, dass er auf dumme Gedanken kommt. So was brauchen wir hier nicht. Wenn wir von etwas genug haben, dann von Männern mit dummen Gedanken. Und von Koks.

„Vorsicht", sage ich, als er ihren Kopf gegen den Türrahmen stößt. Dann wirft er sie aufs Bett, wobei ihr T-Shirt hochrutscht. Er gafft ihr breit grinsend auf die Brüste. Ich versetze ihm einen Klaps auf den Hinterkopf und sage ruhig: „‚Vorsicht' ist dir ein Begriff? Verschwinde und mach' dich irgendwo nützlich." Das erinnert die Leute an ihre Kindheit und macht sie fügsamer als ein Schlag ins Gesicht.

Lin sieht gut aus, obwohl sie ausgemergelt ist. Ich ziehe ihr das T-Shirt zurecht. Dann leere ich ihre Tasche über dem Boden aus und suche nach ihren Tabletten. Schiebe ihr zwei davon in den Mund und gieße etwas Wasser hinterher. Sie schluckt alles in ihrem Halbdelirium runter. Der Schluckreflex ist gut ausgeprägt bei ehemaligen Nutten.

Der Kerl sieht fertig aus. Hoffentlich ist er aufnahmefähig. Bisher saß er ruhig in der Halle in der Ecke, aber die Jungs meinten auch, dass er ab und zu gehetzt aufblickte und zusammenfuhr, wenn er ihren Blicken begegnete.

Deshalb sind wir nun in einem extra Raum, weg von den anderen. Ich sollte behutsam mit ihm umgehen. Es nützt niemandem, wenn er einen Kollaps erleidet.

„Eddy, bist du anwesend?“ Er hört auf, die Wand hinter mir anzustarren.

„Ähh … ja … na klar“, stammelt er und blinzelt mehrmals, als müsse er sich stark konzentrieren, um mich anzuschauen.

„Ich bin Jafar. Ich weiß, es ist heute eine Menge passiert, aber denk' darüber nicht mehr so viel nach. Es führt zu nichts und was geschehen ist, lässt sich nicht mehr rückgängig machen, auch nicht durch noch so viel Grübeln.“ Das muss an Nettigkeiten vorerst reichen. „Lass uns über deine Zukunft reden. Ich habe mich mit Kyrios beraten, du hast ihn ja bereits kennengelernt.“

Er schluckt sichtbar und nickt. Dann bringt er zaghaft hervor: „Ähhm … ist er immer so … so …“

„Reizbar? Cholerisch? Unberechenbar?“, schlage ich vor. Er nickt wieder. „Fast immer. Solange du ihn nicht aufregst, hast du kein Problem.“ Nach kurzem Überlegen füge ich hinzu: „Es sei denn, du erwischst ihn in einem ungünstigen Moment.“

Du musst die Angst aufrechterhalten. Er soll ja nicht denken, das hier wäre alles ein großer lieblicher Streichelzoo mit Zuckerwatteständen und kandierten Äpfeln.

„Wa… was passiert in einem ungünstigen Moment?“, fragt er spürbar verängstigt.

„Find's nicht raus.“ Die Gerüchte hört er früh genug. „Zum eigentlichen Thema. Kyrios liebt Süßes. Kuchen, Torten, alles. Deshalb will er dich als Leibkonditor beschäftigen. Damit bist du für seine gute Laune zuständig und somit für unser aller Wohl. Wenn du dich gut machst, habe ich später weitere Aufgaben für dich.“

„Was für ...?“

Ich unterbreche ihn: „Später, wie gesagt. Nun, du wirst hier in der Küche arbeiten und täglich mindestens eine Leckerei zubereiten. Die sollte pünktlich fünfzehn Uhr fertig sein und muss spätestens eine Stunde später vor Kyrios auf dem Tisch stehen, wo auch immer er sich grade aufhält. Wir kümmern uns darum, dass du bei deinem alten Arbeitgeber nicht vermisst wirst.“

„J… ja das hat er auch schon gesagt. Aber … wie?“

„Das geht dich nichts an.“

Soll er sich ruhig grausame Szenen ausmalen. Wir werden einfach die Wahrheit sagen. Er sei in eine andere Bäckerei gewechselt, und wenn sie Zicken machen, gibt es eine Abfindung oder eine Abreibung. Je nachdem.

Eine Menge Arbeit, nur damit Kyrios seinen eigenen Konditor bekommt. Aber vielleicht löst das auch ein paar Probleme. Die Ausraster und seine cholerische Art sind mir egal, solange sie sich nicht gegen mich richten, aber er ist so verschissen unberechenbar, das kann alle in den Abgrund reißen … Ok, es wäre besser, du beendest dein eigenes Denken und Eddys Grübeln.

„Soweit alles verstanden?"

„Ähh ... ja. Wo bekomme ich die Sachen her, die ich brauche?", fragt er. Er fängt an mitzudenken und sich mit der Situation abzufinden. Gut so.

„Du wirst mit unserem Koch Lucky zusammenarbeiten. Er kümmert sich um die Einkäufe und alles, was mit der Küche zu tun hat. Wenn du nix zu tun hast, wirst du ihm helfen, umgekehrt genauso. Ihr seid ab jetzt das Küchenteam."

„Da… darf ich … ansonsten nach Hause?"

Diese Frage muss ich mit Kyrios immer wieder diskutieren. Meiner Meinung nach führt das Einsperren von Mitarbeitern zu mehr Problemen als der geringe Kontrollverlust, wenn man sie an der langen Leine lässt. Vorausgesetzt, ich kann die Leine auch ganz schnell wieder mit einem Knopfdruck einziehen oder notfalls auch mal an der Laterne festbinden. Und für diesen Zweck gibt es Informationen. Informationen und die gute alte Angst.

„Gib mir deine Brieftasche", fordere ich ihn auf.

„B… ähhh, was?" Er weicht zurück, als ich fordernd meine Hand ausstrecke, als könnte sie ihn jeden Moment anfallen und töten. Kann sie auch.

„Du hast mich verstanden. Dieses ständige Nachfragen musst du dir abgewöhnen. Die wenigsten hier haben die Geduld dafür."

„Aber ich …" Er starrt mich mit großen erschrockenen Augen an.

Ich blicke seelenruhig zurück, halte ihm weiter meine Hand hin und warte. Langsam zieht er resigniert sein Portemonnaie aus der Tasche und legt es in meine flache Hand.

Ich notiere mir Adresse, Name und Geburtsdatum aus seinem Ausweis und noch einige andere Daten. Kontonummer, Führerscheinnummer, et cetera.

„Die hier brauchst du nicht mehr." Ich ziehe die Bonuskarte einer Kaufhalle raus und schnipse sie in die Ecke.

„Hey, aber meine Treuesterne!"

„Die Aktion ist abgelaufen. Aber ich kann dich beruhigen, das Messerset ist nicht brauchbar gewesen." Ich blicke auf meine Notizen.

„Edison? Kyrios meinte, du heißt Edward."

„Ich … ähh … ich …" Er sieht noch verschreckter aus als ohnehin schon.

„Darüber kann ich hinwegsehen und Kyrios muss das nicht wissen." Vertrauen und Angst, auch das eine hilfreiche Kombination. „Du kannst nach der Arbeit nach Hause gehen. Sieh es als Vertrauensvorschuss. Aber sei versichert, wenn du Dummheiten machst, kriegen wir das raus und werden dich finden. Egal, wo du dich versteckst."

Er glotzt wie ein Kaninchen und widerspricht nicht. Gut so.

„Angekommen?"

Er nickt zaghaft.

„Du kannst auch hier schlafen. Wir haben Zimmer. Sie sind spartanisch, aber ausreichend."

„Ähh danke. Aber … ich … nein danke. Wann muss ich morgen hier sein?"

„Um acht. Ich werde Lucky Bescheid sagen. Dann habt ihr am ersten Tag etwas Zeit, euch einzufinden und du kannst noch einkaufen, was dir fehlt."

„O.k. … kann ich jetzt gehen?"

„Keine lästigen Fragen mehr?" Vielleicht ist er doch pragmatischer, als ich dachte.

„Naja ... eine vielleicht …", traut er sich.

Jetzt bin ich aber gespannt.

„Also … naja, darf ich die Hose behalten?"

Ich muss tatsächlich kurz trocken auflachen. Das ist seine Frage? Soll er doch. Wenn er jetzt ohne Hose den Raum verlässt, würde das nur wieder Gerede geben …

„Du kannst sie behalten und jetzt hau ab."

Es ist kalt an diesem Ort. Bitterkalt. Klirrend kalt. Kalt wie der Tod.
Aber wen juckt das schon. Die schwarzen Plastiksäcke bestimmt nicht.

Teilchenphysik

(Lin) Schwarz. Dunkel. Riecht leicht … muffig. Kann ich überhaupt noch denken?

Ich trudele. Ich taumele. Jetzt renne ich, aber finde keinen einzigen Ort, der nicht schmutzig ist. Dreck! Mein Kopf schmerzt so sehr, dass ich ihn am liebsten abnehmen würde. Ich trommele mir an die Schädeldecke und schreie. Schreie und schreie so lange, bis ich nicht mehr kann. Überall dieser Dreck!

Ein Traum? Erinnerungen? Aber ich kann nicht aufwachen. Nur ein Traum. Aber wo bin ich? Und warum ist alles so schmutzig? Es haftet an mir, es ist überall!

Plötzlich bin ich wieder im Krankenhaus. Werde rausgeworfen. Kein Geld, keine Versicherung, nicht mehr in offensichtlicher Lebensgefahr. Raus. Darf nicht mehr rein. Aber dort ist es sauber und die Welt ist dreckig!

Ich irre wieder durch die Stadt von Arzt zu Arzt, keiner lässt mich in die Reinheit. Ich will das nicht noch mal erleben! Neeeeiiiiin!

Ich kauere wieder auf der Schwelle der Tür. Sie gehört zu einer sauberen Arztpraxis und ich versuche, den Boden im Treppenhaus nicht zu berühren. Jetzt bin ich im Behandlungszimmer. In tiefen Zügen atme ich die frische Luft ein. Alles so schön sauber. Ich immer noch dreckig. Da! Der Desinfektionsmittelspender am Waschbecken. Plötzlich bin ich nackt und reibe mich überall mit dem Desinfektionsmittel ein, immer und immer wieder. Es kribbelt. Brennt an den empfindlichen Stellen. Dann fallen mir entsetzt meine Haare ein. Mit fahrigen Fingern fummele ich den Behälter aus dem Spender an der Wand und kippe mir das Zeug über die Haare, bis sie vollständig durchtränkt sind. Es brennt unerträglich in Augen und Nase. Zu viel, zu viel! Ich weine und wasche mir immer wieder das Gesicht mit dem Desinfektionsmittel, um meine vertränten Wangen wieder sauber zu kriegen. Ich kippe es mir in die Ohren, spüle meinen Mund damit aus. Nur der Gedanke, mit meiner Kotze wieder alles dreckig zu machen, unterdrückt den Brechreiz. Ich glaube, der Boden ist auch nicht wirklich sauber?! Wenn ich meine Füße abreibe und sie wieder aufsetze, dann … Ich laufe zur Liege und rolle meterweise Unterlegpapier von der Rolle am Kopfende ab, bis ich eine saubere Lage erreiche. Ich reibe mich wieder ab, setze mich auf die Liege, reibe Beine und Füße ab und nehme sie hoch.

Nur noch eine kleine Pfütze bedeckt den Boden der Desinfektionsmittelflasche. Aber ganz ruhig, alles ist gut, alles ist sauber. Du bist sauber, das Papier ist sauber. Die Luft ist sauber. Sie muss es sein, schließlich ist das eine Arztpraxis. Aber die Patienten? Sitzen nebenan und atmen. All die Teilchen und der Staub auf ihrer Kleidung machen sich auf den Weg und kommen hier rein. Ich muss die Schlitze unter der Tür verstopfen, damit sie hier nicht reinkommen. Kurz bevor ich den Boden berühre, fällt mir ein, dass ich kaum noch Desinfektionszeug habe. Nackt, hilflos sitze ich da, außerstande, irgendwas zu tun. Panik, solche Panik. Ich schwitze. Dreck! Schweiß!

Man schwitzt ja auch Giftstoffe mit aus. Schweiß ist dreckig. Unglaublich intensiv steigt mir mein eigener Schweiß in die Nase. Beißt mir in die Schleimhäute.

Ich will das nicht! Es soll aufhören! Das kenne ich doch schon! Aufwachen verdammt!!!

Die Schwester macht die Tür auf und lässt die ganzen Keime und Partikel rein.

Sie bekommt riesige Augen. Plötzlich ist sie bei mir und redete auf mich ein. Ich verstehe kein Wort, sehe nur den Dreck zwischen ihren Zähnen, rieche ihren Atem und sehe die mikroskopisch kleinen Teilchen, die bei jedem Wort aus ihrem Mund auf mich zufliegen. Ich schließe die Augen, schreie und warte auf den Aufprall.

Die Haut spannt sich an der Stelle. Die Haare biegen sich zur Seite. Durch das Dehnen der Haut kann man die kleinen Kuhlen sehen, aus denen jedes einzelne Haar entspringt. Erste Risse bilden sich. Schnell füllen sie sich mit Blut. Die Risse gehen von der Spitze der Beule aus. Nun platzt die Haut an dieser Stelle endgültig auf. Vulkanausbruch rot-weiß. Auch ein bisschen rosa. In Sekundenbruchteilen blättert sich die Haut auf zu einer roten fleischigen Blüte. In ihrem Kelch glitzert es metallisch.

Der Tote – Teil 2

(Monto) Bewegungslos hocke ich im Hauseingang, schräg gegenüber vom alten Krematorium.

Der Tipp vom Punzer war todrichtig. Die Zwillinge, die vorhin mit dem Auto ankamen, kenne ich von diversen Beschreibungen. Den dritten Typen konnte ich von meiner Position aus nicht sehen. Egal, Hauptsache, es passiert mal was ... Obwohl im Moment grade mal wieder nix passiert.

Ich kann diese ständigen Observationen auf den Tod nicht ausstehen. Aber es kann bei der Verbrechensbekämpfung eben nicht immer nur Action und Spannung geben.

Früher mochte ich weder Spannung, noch Action und schon gar nicht stundenlanges ... Egal. Abgeschlossen. Tot. Wie ich.

Der Unfall hat vieles verändert und tatsächlich ... Konzentration, nicht abschweifen!

Seit einer Dreiviertelstunde hadere ich mit der Entscheidung, ob ich mir nicht lieber eine höher gelegene Position suchen sollte. Dann könnte ich sehen, was auf dem Hof hinter der Mauer los ist. Denn die Backsteinmauer wird garantiert nicht anfangen, plötzlich Verbrechen zu begehen. Aber wenn ich mich jetzt aufmache, um einen neuen Beobachtungsposten zu beziehen, verpasse ich garantiert etwas. Wie, wenn man sich eine Zigarette anzündet und genau dann der Bus kommt. Aber ich bin Nichtraucher, also … Obwohl es jetzt auch egal wäre. Aber funktioniert das überhaupt? Rauchen? Ich will nicht noch länger hier rumsitzen! Was für eine verfickte Zwickmühle! Quasi eine Fickmühle. Ich muss lachen. Upsi. Ruhig!

Kurzentschlossen stehe ich auf, um ins Haus und nach oben zu gehen, als im selben Moment ein Knattern vom Hof ertönt. Ich verkrieche mich wieder in den Schatten des Hauseingangs. Inzwischen ist es dunkel. Die Straßenbeleuchtung funktioniert in dieser Gegend eher sporadisch. Optimale Bedingungen. Die Nacht ist todeskalt, aber ohne Atem, den man dann als Dampfwolke sehen könnte, bin ich so gut wie unsichtbar.

Das Tor schwingt auf und ein Mann auf einer dunklen Vespa kommt rausgefahren, ohne am abgesenkten Bordstein anzuhalten und viel zu schnell, aber immerhin mit Helm. Wenn ich jetzt im Dienst wäre. Aber das bin ich ja nicht. Zumindest nicht offiziell. Ich schalte das Funkgerät an und spreche leise hinein: „An dir müsste gleich eine Vespa vorbeikommen. Verfolgen!" War die wirklich lila? Könnte in diesem Dämmerlicht natürlich … Der Mann scheint es eilig zu haben.

„Verstanden … sehe ihn. Sag mal, is' das Teil lila?!"

„Könnte sein, ja. Egal. Verfolgen." Eigentlich redet man nicht so viel über Funk. So wurde uns das beigebracht. Aber Frank meinte, er hätte die Funkgeräte relativ sicher hingebastelt. Was auch immer das heißt. Frequenzen, Algorithmus, blabla. Ich vertraue ihm da mal. Außerdem gehören Funkstationen, soweit ich weiß, noch nicht zur gängigen Gangsterausstattung.

„Ich häng' dran", knarzt es aus dem Funkgerät. Ich hoffe, dass damit diese Aktion hier wenigstens einen Sinn bekommt.

„Ich hab keine Lust mehr, ich geh' zum Wagen und stoße dann zu dir."

„O.k."

Ich raffe die Decke zusammen und schlinge sie mir um den Körper. Penner fallen hier nicht auf. Langsam humpele ich die Straße runter. Ich schlurfe um die Ecke, trete auf einen Fitzel der Decke, verheddere mich und falle der Länge nach hin, voll aufs Gesicht. Warum wickel ich mich auch so ein, dass ich die Hände nicht frei habe?

Ich drehe mich auf den Rücken und schaue in die Sterne. Es ist wirklich eine sternenklare Nacht. Selten in der Stadt. Blut läuft aus meiner Nase. Warmes Blut … Wie kann das sein? Mir wird schwindelig und kurz schwarz vor Augen.

Ich richte mich auf. Was ist passiert? Ach ja, ich wollte zum Auto. Da ich nun um die Ecke bin, kann ich einen schnelleren Gang riskieren. Ich steige ins Auto, frage Frank nach seiner Position und fahre dort hin. Schon von weitem sehe ich Frank an eine Laterne gelehnt. Er beobachtet ein Haus.

Bevor er mich bemerken kann, fahre ich rechts ran, funke ihn an: „Du Idiot, komm weg da, so kann dich doch jeder sehen!" Er schaut sich um, entdeckt mich nach kurzer Suche und kommt zu mir ins Auto.

„Warum blutet deine Nase, Monto?"

„Lenk nicht ab, erzähl mir lieber, was passiert ist!" Was für ein

Quatsch. Ich würde es doch merken, wenn … Ich fasse an meine Nase und betrachte die dunkle klebrige Flüssigkeit an meinen Fingern. Wie ist das ...? Mir wird schwarz vor Augen.

Dann sehe ich wieder das Blut. Wie ist das möglich? Obwohl, was ist in meinem Zustand schon unmöglich? Egal. Wer weiß, wo das Blut herkommt. Vielleicht ist es noch in den Zellen …

„Also, was hast du gesehen?", presse ich unter dem Taschentuch hervor, mit dem ich mich abwische. Frank hört auf, mich anzustarren und beginnt stockend zu berichten.

„Naja, ich hab das Moped bis hierher verfolgt. Ohne Zwischenfall. Es ist übrigens wirklich lila. Der Typ schien mir total fertig zu sein. Er ist viel zu schnell gefahren und hat sich mehrmals verfahren, was mir aber erst bewusst wurde, nachdem ich sein Ziel kannte. Außerdem hat er sein Moped nicht angeschlossen."

Interessant aber nicht weltbewegend. Vielleicht kannte er nur den Weg nicht genau oder war in Gedanken oder hat eine seltene Tropenkrankheit, kurz vorm Kollaps und musste ...

„Was machen wir jetzt?", fragt Frank.

„Hast du gesehen, wo das Licht angegangen ist?", frage ich zurück.

„Äh, nein, es ist nirgendwo Licht angegangen. Nicht mal im Treppenhaus."

„Vielleicht liegt seine Wohnung zur Rückseite."

„Ja, vielleicht." Frank schaut zum Haus und ich überlege, was wir jetzt machen sollen.

„Haben wir einen Sender bei?", frage ich.

„Keinen guten, wir müssten uns schon in einem Kilometer Umkreis vom Sender befinden."

„Naja, das muss dann halt erst mal reichen. Gib her, ich bring ihn an." Ich steige aus dem Auto und torkele schlurfend zu einer Hauswand. Dort stütze ich mich an der Mauer ab, um den Anschein eines Besoffenen zu wahren. Dann gehe ich in Schlangenlinien auf das Haus zu und tue so, als würde ich mich vor der Vespa übergeben. Meiner Meinung nach hat es kein Gegenstand verdient, lila angemalt zu werden. Das ist wie einen Mann schminken und in Frauenkleider stecken, während er schläft.

„Und, was machen wir jetzt?", fragt Frank, als ich wieder zurück bin.

„Ich fahr nach Hause. Hab morgen Frühdienst. Organisier du bitte morgen die Überwachung von dem Burschen. Wir sehen uns dann abends."

„Da hab ich Dienst, aber ich werde vorher alle unterrichten."

„O.k. Mach das."

Frank steigt aus und ich fahre los. Ich bin kaputt und fühl mich halb tot. Woher kommt das nur? Ich verstehe so vieles noch nicht, werde es vermutlich nie verstehen. Viele Dinge passen einfach nicht … oder es ist vielleicht gar nicht so, wie …

Ich komme wieder zur Besinnung und sehe verschwommen die auf der Gegenspur parkenden Autos schnell näher kommen.

Unheimliches lauert hinter offenen Türen. Nicht bestimmt für die Augen zivilisierter Menschen und den gesunden Verstand. Vorgänge spielen sich hinter diesen Türen ab. Gerätschaften kommen zum Einsatz.

Wenn zwei sich streiten & Der Morgen danach

(Eddy) Ich starre an die Decke und mein Herz hört einfach nicht auf, zu rasen. Liege ich seit heute Morgen im Bett? Hab ich mir das alles nur eingebildet? Die Hose auf dem Stuhl neben meinem Bett sagt: „Nee, nee, is' schon alles wirklich so."

„Och nöö … aber vielleicht … bist du ja auch nur Einbildung."

Sie zuckt nur mit den Beinen. „Glaub doch, was du willst."

Ahhhhhhh!!! Ich kann nicht mehr, mir platzt der Kopf! Ich setze mich auf und leg mich gleich wieder hin. Draußen klappt eine Autotür.

Scheiße, sie kommen! Kommen, um mich wieder in dieses Haus zu schleppen.

Ich traue mich nicht, aus dem Fenster zu sehen, aus Angst, draußen auf der Straße die Zwillinge oder Kyrios höchstselbst zu erblicken.

Noch eine Autotür. Verdammte Ungewissheit!

Ich lasse mich vom Bett auf den Boden gleiten und krieche zum Fenster. Ihh … ich sollte echt mal wieder staubsaugen. Fange an, eine Staubfluse vor mir her zu pusten, weil einen Weg an ihr vorbei zu suchen, ist mir grade zu mühsam.

Am Fenster angekommen lehne ich mich mit dem Rücken gegen die Wand, so machen die das doch in den Filmen. Okay … entweder lunze ich kurz in gehockter Position aus dem Fenster oder ich drücke mich an der Wand neben dem Fenster hoch und versuche von dort seitlich nach draußen zu gucken.

Ich entscheide mich für Variante zwei, der Blickwinkel ist günstiger.

Die Reste meines Denkvermögens behaupten, dass es im Zimmer dunkel und draußen auf der Straße hell ist, ich also eh nicht gesehen werden kann, solange ich nicht zu nahe ans Fenster in den Lichtschein der Laternen trete. Aber ich komm mir jetzt besser nicht mit Logik. Werfe einen kurzen Blick nach draußen und presse mich sofort wieder zurück an die Wand. Mein Herz rast.

Auf der Straße steht jemand … oder … etwas … Scheiße! Der Blick war einfach zu kurz. Vorsichtig … Ein Obdachloser torkelt in die Richtung meiner Haustür. Nein, das können nicht die Gangster sein. Sich zu tarnen wäre viel zu viel Mühe. Sie würden Türen eintreten oder Schlösser knacken und mich betäuben oder sonst wie ausschalten und ins Auto verfrachten.

Der Penner ist jetzt außerhalb meines Blickfeldes, sonst ist alles ruhig auf der Straße. Mhh … zumindest auf den ersten Blick ruhig. Ich hocke mich wieder unters Fenster und schlängele meine Hand nach oben bis zum Fenstergriff. Dabei versuche ich meinen Arm immer durch den Fensterrahmen verdecken zu lassen und öffne das Fenster einen Spalt. Würggeräusche. Wenn ich die richtig orte, scheint sich der Penner grade in meinen Hauseingang zu übergeben. Na toll.

Offenbar findet er das lila Moped genauso zum Kotzen wie ich. Na, wenigstens bin ich noch zu Scherzen aufgelegt. Naja … so schlimm finde ich es eigentlich gar nicht. Im Prinzip kann ich froh sein, dass sie mir ein Vehikel gegeben haben, mit dem ich schnell aus dem Ghetto rauskomme. Woher ich den Schneid nahm, darauf zu bestehen, weiß ich nicht. Vielleicht wog die Angst vor den Gefahren der nächtlichen Innenstadt mehr als die vor den Gangstern. Die hatten mir bis dahin immerhin noch nix getan und wollten mich ja auch bei sich beschäftigen.

Der etwas debile Türsteher erklärte mir ungefragt: „Hier. Von einem uns'rer Lieferjung'n. Hab'n's lila angemalt. Kyrios mag lila."

Oh Mann … was für ein Irrwitz, mich einfach so als Leibkonditor und Küchenhilfe einzustellen. Was auch immer eine Anstellung bei diesen Gangstern für mich bedeutet, aber gewiss nix Gutes.

Mhh … doch was mach' ich jetzt?

Da morgen einfach reinspazieren, als würde ich einen normalen Arbeitstag beginnen? Ausreisen? Mich verstecken? Aber dieser Jafar hatte mir deutlich gemacht, was dann passieren würde.

Ein Teil von mir will weglaufen und ein anderer Teil will es als nüchterne Beschäftigung betrachten. Ahhh, verdammt! Da kriegt man ja Kopfschmerzen! Ich bette meinen Kopf zwischen die Hände und drücke zu. Davon werden die Kopfschmerzen jedoch nur schlimmer. Ich atme tief durch. Ruhig bleiben. Nachdenken.

Im Geiste setze ich mich in den symbolischen Sessel und mache den metaphorischen Fernseher an. Grade läuft „Mein Leben", Folge 12187, „Der Wahnsinnstag". Ich sehe, mir wurde bisher kein ernsthaftes Leid angetan. Offenbar werde ich gebraucht. Missbraucht bisher noch nicht, könnte passieren, wahrscheinlich, muss aber nicht. Einen Ausweg sehe ich nicht. Alle sind unvernünftig. Vorausgesetzt, ich deute die Aussagen von diesem Jafar richtig und sie treffen zu, ist weder Flucht noch Polizei oder sonst etwas Ähnliches eine gesundheitsfördernde Option.

Was will ich? Mein Leben gesund und möglichst sicher verbringen und etwas tun, was mir Freude macht. Diese Ziele sind nur über einen Weg zu erreichen, alle anderen haben die Gangster versperrt und weiß der Teufel was passiert, wenn ich versuche, die Barrieren zu umgehen. Fernseher aus. Fortsetzung folgt …

Sooo … jetzt muss ich mir das nur noch selbst verklickern.

Noch ein paarmal tief durchatmen. Gut. Also ist es beschlossene Sache. Von draußen höre ich Motorengeräusche. Ganz ruhig, das hat nichts mit dir zu tun. Du wohnst an einer Straße, in einer Stadt. Da fahren Autos, da haben Leute Spätschicht, gehen Zigaretten holen, um dem postkoitalen Gespräch zu entgehen oder schaffen ihre Leichen aus dem Keller. Also bleib cool!

Ich mache das Fenster zu. Auf dieselbe Weise, wie ich es geöffnet habe, sicher ist sicher. Stolpere ins Bad. Im Flur ist es stockduster, aber ich bin halt radikaler Stromsparer. Dass man dann von draußen kein Licht sieht und nicht darauf schließen kann, dass ich zuhause bin, ist natürlich nur ein unbedeutender Nebeneffekt. Ich lege mich wieder ins Bett und die Erschöpfung befreit mich zum Glück recht bald von meinen Gedanken.

Eigentlich hab ich mich auf den Aufwachmoment gefreut. Auf diesen erlösenden Moment, in dem man denkt: „Fuck! Was für ein Traum!"

Aber er kam nicht. Ich wachte auf mit der Gewissheit, dass alles wirklich passiert ist. Und mit dem Gefühl, auf Arbeit gehen zu müssen. Diesem Montagsfeeling.

Aufstehen. Morgenroutine. Los.

Der lila Roller ist weg. Scheiße! Ein Schloss gab es nicht dazu. Aber wer klaut denn so was? Kein guter Start beim neuen Arbeitgeber, wenn einem gleich am ersten Tag das Dienstfahrzeug abhandenkommt. Schlechter Start … Ahh! Bei diesem speziellen Arbeitgeber will ich mir die Konsequenzen lieber gar nicht erst ausmalen. Verdammt, ich muss los! Bevor „Zuspätkommen" auf der Liste meiner Verfehlungen verewigt wird.

Ich rufe mir ein Taxi, das mich bis zu einer Ecke kutschiert, die der Fahrer grade noch so für sicher hält. Diese Grenze legt allerdings jeder anders aus. Der hier ist anscheinend eher der vorsichtige Typ.

„Gegen einen kleinen Gefahrenkostenaufschlag könnte ich natürlich …"

Ja, bin ich Krösus, oder was? Den Rest des Weges muss ich also laufen. Jedes Mal, wenn aus irgendeiner Ecke ein Penner kommt, um mich anzubetteln, mache ich einen Bogen um ihn und verfalle in einen nervösen Trab. Ein kleiner Junge tritt so plötzlich aus einem Hauseingang direkt vor mich, dass ich zu Tode erschrecke.

„N bisschen Kleingeld, der Herr?", pfeift er zwischen seinen Milchzahnlücken hervor.

„Tut mir leid, Kleiner", entschuldige ich mich schulterzuckend im eiligen Vorbeigehen.

Etwas Hartes trifft mich am Rücken. Der Rotzbengel bewirft mich doch tatsächlich mit Steinen! Dann fliegt auch noch eine Tüte Hundescheiße hinterher. Zum Glück kann er nicht sonderlich gut zielen oder ist einfach zu schwach zum Werfen. Vermutlich hat er die Haufen in einer besseren Gegend extra als Wurfgeschosse gesammelt.

Am Tor angekommen suche ich nach einer Klingel oder irgend so was, finde jedoch nichts. Panik steigt in mir auf und ich blicke mich gehetzt um. Ohhh … völlig schutzlos. Mann, was mache ich hier eigentlich? Warum bin ich nicht längst auf Mauritius?

Der anfängliche Schreck wegen des sich plötzlich öffnenden Tores schlägt schnell in Erleichterung um und ich quetsche mich hindurch, als es weit genug offen steht.

Ein anderer Türsteher als gestern Abend sitzt in dem kleinen Vorraum, und lässt mich wortlos passieren. Offenbar ging ein Bild von mir rum oder so.

Die Halle ist noch menschenleer. Ich blicke mich ratlos um und gehe zurück in den Vorraum. Der Schrank im Trainingsanzug schaut mich ausdruckslos an.

Nach gefühlten zehn Minuten finde ich endlich meine Stimme wieder … na gut, Stimmchen: „Ähhhm … ich sollte heute herkommen und in der Küche helfen, wo muss ich hin?"

„Den Gang entlang bis zum Ende, dort die rechte Tür."

Mhh … ich überlege, ihn noch nach einem Besucherausweis zu fragen, aber er sieht nicht so aus, als wäre er zu Scherzen aufgelegt.

Im Gang frage ich mich, wie die es nur schaffen das Gebäude von innen noch bedrohlicher aussehen zu lassen als von außen. Eine innenarchitektonische Meisterleistung. Nee … bestimmt nicht nur meine Nerven.

Ein starker Hauch von Verfall. Aber trotzdem ist es sauber, zumindest der Boden. An den Türen blättert die Farbe ab, und an den Wänden ist entweder keine mehr oder es war noch nie welche dran. Dafür wurde der Putz an einigen Stellen willkürlich weggelassen. Dahinter kommt dasselbe Mauerwerk wie draußen zum Vorschein. Die Löcher sind so realistisch ausgefranst worden, dass man meinen könnte, der Putz wäre einfach in großen Stücken abgefallen … Wahnsinn. Ich bleibe vor besagter Küchentür stehen und hole tief Luft. Dahinter hör ich es schon klappern.

„Nett habt ihr's hier, ihr müsst mir unbedingt die Visitenkarte eures Innenarchitekten geben." Jaa … das wäre ein cooler Spruch für den ersten Auftritt. So machen Gangster das doch oder? Ich schiebe die Tür auf.

„Nett habt ihhhh…" Erschrocken fahre ich zusammen.

Gummibären! Hüpfen!!! ÜBERALL!!! Im Tutu. Tuut tuut!

„Hi, ich bin Lucky!", sagt der … der Mann und streckt mir seine Hand entgegen.

Ich kann mich keinen Millimeter rühren. Stocksteif, wie die alte Mauzi, die im Winter auf der Vortreppe für immer eingeschlafen war.

„Ja, ja, schon klar. Gewöhn dich nur erst mal an den Anblick, den wirst du jetzt nämlich öfter ertragen müssen, hehehe!" Er lacht, wobei er in sehr schnellen Intervallen durch Nase und Mund ein und ausatmet. Dazu ertönen leichte Fiepgeräusche. Mhh … Er scheint freundlich zu sein. Noch unsicheren Schrittes gehe ich auf ihn zu und gebe ihm die Hand. Ohh … seine Hände …

„H… Hi, ich bin Edi… Edward … Eddy."

„Freut mich Ediedwardeddy." Er lacht wieder und ich bekomme eine Ahnung, warum man ihn Lucky nennt. An die Gummibären im Tutu hat er sich anscheinend schon gewöhnt oder vielleicht bilde ich sie mir auch nur ein.

„Setz dich! … Ach nee, wir haben hier ja gar nichts zum Sitzen. Dann lehn dich einfach an die Arbeitsplatte, bevor du uns noch kollabierst. Bist ja kreidebleich. Hast du ‚n Monster gesehen, oder was?" Wieder lacht er herzlich.

„Ja, ja, ich kann einen schon ganz schön mitnehmen, was? Da kommst du hier nichtsahnend rein und BAM!!! Oh mein Gott! What the hell!!!" Er fuchtelt wild in der Gegend herum und ahmt eine übertriebene Trickfilmkarikatur nach, die eine unangenehme Überraschung erlebt. Oha … Ich hätte es nicht für möglich gehalten, dass man eine Trickfilmkarikatur noch übertriebener darstellen kann, aber er schafft's. Anschließend hält er die Hände schützend vor sein Gesicht, als würde er einen grausigen Anblick nicht ertragen. Er hätte Schauspieler werden sollen. Von einem Moment auf den nächsten steht er wieder normal und ganz ruhig da.

„Ja, das kann einen schon fertigmachen“, sagt er mitfühlend und nickt wissend.

„Ähhh … nein … ähhm … so ist das gar nicht“, verteidige ich mich, so wie man abstreitet, einen Menschen mit Behinderung angeglotzt zu haben. „Gut … naja … du hast mich schon ein bisschen erschreckt, aber so schlimm is…“

„Hehe! Keine Bange, keine Bange. Alles bestens. Ich nehm dir das nich' krumm. Ich weiß schon. Stell mich im Baucontainer auf'n Weihnachtsmarkt und schreib Gruselkabinett drüber. Hehe! Stell noch ,n paar Verzerrspiegel rein und du kannst mindestens das Doppelte verlangen!“ Er lacht, schon wieder. Mhh … aber irgendwie wirkt seine ganze Selbstverarsche und Heiterkeit nicht aufgesetzt. Er macht einen ehrlichen Eindruck.

Wieder etwas gefasster betrachte ich mein Gegenüber. Normale Größe, aber total ausgemergelt. Er trägt ein Basecap rückwärts aufgesetzt (wer macht denn so was noch?) und es sieht nicht so aus, als wären noch allzu viele Haare darunter. Am hervorstechendsten sind seine Augen. Sie quillen wirklich aus seinen Augenhöhlen hervor. Glubschaugen. Nicht so krass, wie bei einigen Leuten, die ich mal im Internet gesehen hab, aber doch ausreichend für eine kurze Schockstarre. Da kommt man rein und wird von einer dürren Gestalt widerlich aufdringlich angeglotzt! Seine Haut ist beinahe krebsrot und hat viele helle Flecken. Ein besonders ausgefranster Fleck prangt ihm mitten auf der rechten Wange. Sieht aus wie der Schatten eines Gummibären im Tutu. Und dann seine Hände. Mal ganz davon abgesehen, dass sie total schwitzig sind, sehen sie aus wie die von einem Gecko. Das sind die Viecher, die an Scheiben kleben können. Naja … natürlich können das viele Tiere, wenn man sie nur doll genug gegen die Scheibe wirft, aber Geckos können das von ganz allein. Die Fingerspitzen sind jeweils etwas dicker als der Rest vom Finger. Wie die Karikatur eines Fingers, auf den man mit einem Hammer draufgehauen hat. Schweiß glitzert auf seiner Stirn.

Sie liegt mir auf der Zunge, die obligatorische Frage, ob es ihm gutgeht.

„O.k. willst du die Kurzversion hören? Vorher bist du sowieso zu abgelenkt und wir können nicht anfangen.“ Ohh … okay … Ich nicke nur.

„Sagt dir ‚Basedow' was?“

„Nö.“

„Egal. Cooler Typ, guter Wissenschaftler, guter Arzt. Leider haben Ärzte immer das Pech, dass nicht tolle neue Tier- oder Pflanzenarten, sondern Viren, Bakterien oder Krankheiten nach ihnen benannt werden. Hehe! Herr Basedow lieh seinen Namen einer speziellen Erkrankung der Schilddrüse. Morbus Basedow!" Feierlich ruft er den Namen aus und stampft dabei mit dem Fuß auf, als würde er sich grade mit Adelstitel bei König Artus und den Rittern der Tafelrunde vorstellen. „Is' schon ein fieses Ding, mit dem ich da gesegnet wurde. Hat allerhand lustige Nebenwirkungen. Zuoberst ist wohl die Hyperthyreose zu nennen." Er freut sich sichtlich über die Verwendung dieses Fremdwortes und grinst breit. Plötzlich zieht er einen Kochlöffel aus dem Schürzenbund, hält ihn mir unter die Nase und stellt mir die Quizfrage mit passender Intonierung:

„Was ist das Gegenteil von Schilddrüsenunterfunktion???"

„Ähh … Überfunktion?"

„RICHTIG!!! Die Ähüberfunktion!!!" Täuschend echt imitiert er eine tobende Menge, pfeift und klatscht. „Der Kandidat hat tausend Punkte! Das heißt, er muss nachher keine Zwiebeln schneiden!" Schlagartig wird er wieder ruhig. „Ja, diese nette Schilddrüsenüberfunktion flutet meinen Körper nun mit allerlei Kram, den er nicht unbedingt in so hoher Menge gebrauchen kann und ich laufe dadurch quasi schneller als normal, auf Hochtouren könnte man sagen. Wie ein Duracell-Hase auf Speed."

Er kichert und imitiert wild durch die Gegend hoppelnd besagten Hasen. Was mir wiederum ein Lachen entlockt.

„Die Hyperthyreose, also dieses Überfunktionsdingens, ihrerseits hat wiederum einen bunten Strauß an tollen Nebenwirkungen. Jaaaa, der Beipackzettel ist lang. Erhöhter Stoffwechsel, ich kann fressen, was und wie viel ich will, ehrlich! Und seh trotzdem aus wie ,n Supermodel nach 'nem Monat weißer Diät. Ich, neben so 'nem Tutenchamun im Museum, würde gar nich' auffallen. Hehe! Die weißen Flecken auf der Haut, der Rest leicht gerötet, wegen dem hohen Blutdruck, Diabetes, Akropachie", dabei klimpert er mit den Fingern auf einem imaginären Klavier in der Luft, „hab ich übrigens auch an den Zehen. Ach ja, und natürlich nicht zu vergessen … die Glubschaugen!!!" Er kommt mit dem Gesicht ganz nah an meins, reißt die Augen auf und grinst verrückt.

„Sorry!" Er lacht schon wieder los. „Ach ja, Haarausfall hab ich vergessen, aber dafür gibt's ja 'ne einfache Lösung", sagt er und lüftet seine Kappe, setzt sie aber gleich wieder auf. „Ja, hab nur leider keinen Glatzenkopf, einfach 'ne zu blöde Schädelform dafür. So is' eben das Käppi meine Frisur."

Ähhmmm … Ich weiß nicht, was ich sagen soll und mir entfleucht eins von diesen dämlichen Tut-mir-leids.

Er bekommt eine ernste Miene und schaut mich verdutzt an. „Wieso? Was kannst du denn für meine Krankheiten? Was hast du mir zu sagen?!"

„Nein … ähh ... du weißt schon, wie ich das meine … so generell eben."

„Dir tut es also ‚so generell eben' leid, dass ich so im Arsch bin?"

Dass er nicht mehr lächelt, verunsichert mich nur noch mehr. Doch lange hält er das offenbar nicht durch und von leichtem Zucken begleitet schleicht sich das Lächeln langsam wieder auf sein Gesicht.

„Schon klar, schon klar. Nehm dich doch nur auf'n Arm. Aber jetzt erzähl' mal deine Story. Was machst du hier? Jafar hat mir nicht viel gesagt, außer, dass du ab jetzt hier verpflichtet bist."

Ich erzähle ihm alles von Anfang an und lasse nichts aus. Vielleicht ein Fehler, aber … was sollte schon noch Schlimmeres passieren. Obwohl … so einiges gibt es da bestimmt noch. Aber ich glaub … ja … ich mag Lucky.

Ob er während meiner Ausführung aufmerksam ist, lässt sich nicht mit Sicherheit feststellen. Aber normale Mimik und Gestik bei jemandem zu interpretieren, der ständig zappelt und dem die Augen leicht hervortreten, ist auch schwierig. Aus einem Impuls oder schlicht der Unfähigkeit heraus, meinen Redefluss zu stoppen, erzähle ich ihm auch noch das mit dem geklauten Moped.

„Ja und dann bin ich heute Morgen mit dem Taxi hier hergefahren. Ende der Geschichte."

„Du meinst wohl: Fortsetzung folgt. Das Ende ist schließlich noch offen, mein Freund. Tja, Shit happens! Und nicht zu knapp würd ich sagen", resümiert er meinen fast fünfzehnminütigen Vortrag. Mhh … so kann man es natürlich auch sehen. Aus dem Mund eines so kaputten Menschen hat diese Feststellung sogar irgendwie was Ermutigendes.

„Naja, jetzt biste hier und wir fangen besser mal an, bevor wir in Verzug geraten. Beim Kochen können wir ja weiter schnacken." Er klatscht in die Hände und beginnt mich einzuweisen.

Lederhandschuhe setzt man am Besten dann ein, wenn ihr Gebrauch jahreszeitbedingt keinen rationalen Sinn ergibt. Der Umgang muss natürlich geübt sein. Körpersprache ist dabei essentiell. Ruhe ausstrahlen. Die Handschuhe ganz langsam aus der Tasche ziehen, am Besten hängen sie dort etwas heraus, damit sie schon vorher, wenn auch nur unbewusst, sichtbar sind. Wie eine dezente Drohung. Dann behutsam anziehen. Penibel darauf achten, dass auch jeder Finger richtig sitzt und lieber einmal mehr als zu wenig zurechtzupfen. Alles sehr bedächtig. Dem Objekt dabei keinerlei Aufmerksamkeit schenken. Lediglich voll konzentriert die Handschuhe überziehen. Die Prozedur sollte so lange dauern wie möglich, ohne dabei lächerlich zu wirken. Das gibt dem Objekt Zeit nachzudenken und sorgt für eine Potenzierung der Angst.
Das Handschuhmodel ist auch sehr wichtig. In der jahrelangen Praxis hat sich das schwarze glatte Leder behauptet. Das macht den meisten Eindruck.
Weder Rauleder noch Farben wie Braun, Grau oder Beige können da mithalten. Erstaunlicherweise nicht mal, wenn das beigefarbene Leder schon eindeutig rote Verfärbungen aufweist.
Schlichte schwarze Glattlederhandschuhe sind die richtige Wahl.
Gummihandschuhe tun es zur Not auch, aber das ist mehr was für Leute, die Angst vorm Zahnarzt haben oder vorm Urologen.

Bound to take your life

(Jafar) Meine Nerven zu strapazieren, ist wahrlich nicht leicht. Aber wenn Kyrios mal wieder einen seiner sinnlosen und zeitraubenden Befehle gibt und sich auch partout nicht davon abbringen lässt, könnt' ich …

Ruhig Jafar, das bringt nichts. Ich atme tief durch und mein Puls geht runter. Jahrelanges Training. Mit genug Willen kann man alles. Wer Meditation für Esoterik hält, ist ein Narr oder hat schlicht nicht die Willensstärke dafür.

Früher warst du auch nicht so, aber das Leben lehrt einen, nicht wahr? Oder es leert einen. Aber lieber vom Leben lehren als leeren lassen.

Ich fahre schon eine halbe Stunde auf der Landstraße und suche den Feldweg, den Kyrios mir beschrieben hat. Reine Zeitverschwendung, extra hier raus zu fahren. Ich würde den auch allein zum Reden bringen. Erprobte Methode. Ich sehe zu den schwarzen Lederhandschuhen auf dem Beifahrersitz. Dezent, aber wirkungsvoll.

Das da muss der Feldweg sein. Holprig lässt er mit tiefen Bodenwellen nicht nur das Auto ächzen, sondern entlockt auch dem Kofferraum mannigfaltige Geräusche.

Ich mache das Radio an.

„I see the bad moon arising. I see trouble on the way", singe ich leise mit. Ich mag CCR. Die Alten sind doch immer noch die Besten.

"Don't go around tonight. Well, it's bound to take your life. There's a bad moon on the rise." Ich pfeife den Gitarrenriff mit und ignoriere die dumpfen Schreie bei jedem Huckel.

Der besagte Waldrand und Kyrios' Auto erscheinen vor mir. Ich halte an, mache Radio und Motor aus. Diese Stille. Das Rauschen des Blättermeers und … Hinten rumpelt es und dumpfe Schreie ertönen. Ich mache das Radio an und klopfe den Takt auf dem Lenkrad mit.

Nach circa fünf Minuten kommt Kyrios aus dem lichten Wald gestapft. Capo trabt hinter ihm her. Ich steige aus, nicke ihm zu und öffne den Kofferraum.

Er sieht extrem kaputt aus und seine Nase blutet. Das war vorher noch nicht. Offenbar hat es ihn da drin ganz schön durchgeschüttelt. Dabei ist der Kofferraum so eng. Ich zerre ihn raus und stelle ihn aufrecht hin. Er fällt um. Beine eingeschlafen. Das passiert. Unpraktisch, wenn man seinen Sturz nicht mit den Händen abstützen kann.

„Na komm, aufgestanden", ermuntere ich ihn. Er rappelt sich hoch, was mit auf dem Rücken gefesselten Händen nicht leicht ist. Er knickt noch mehrmals ein, während er vor mir hergeht. Ich brauche ihm nicht zu drohen, er käme nicht weit und das weiß er.

Verdutzt schaut er zwischen Kyrios und Capo hin und her. Ein verstörender Anblick, selbst wenn man es gewohnt ist. Kyrios in seinem dunkellila-farbenen Samtanzug und dazu der im Vergleich winzige weiß-schwarz-gescheckte Capo.

„Was?!", knurrt Kyrios und taxiert ihn. Der Kerl wendet sofort den Blick ab.

„Wie schon am Telefon gesagt, hab ich unseren Freund hier im Grenzgebiet aufgegriffen, er hat in einer Gasse Drogen verkauft. Seiner Aussage nach ist er Mitglied der Ammo Gang im Westen. Er trägt zwar nicht ihre Zeichen, aber passen würde es. Und da der Vorfall gestern in der Nähe ihres Gebietes stattfand, hab ich ihn eingepackt." Siehst du nicht Kyrios' Blick? Oh, wie nachlässig. Naja, passiert ist pass…

„Wieso zum Teufel beginnst du einen Satz mit ‚Wie schon am Telefon gesagt' und erzählst mir dann den gleichen Scheiß noch mal, Jafar?! Er soll reden!"

Mit einem Ruck reiße ich ihm das Klebeband vom Mund. Nur Teile seines Vollbartes überleben diese Prozedur. Ein ungleichmäßiges Rechteck, in dem sich nur noch vereinzelte Barthaare befinden, umrahmt nun seine geröteten Lippen. Ein paar Hautstellen bluten leicht. Gutes Klebeband. Einer der Jungs hat es letztens im Angebot besorgt, ich werde ihn bei Gelegenheit fragen, wo und welche Marke.

Der Typ plappert los: „Ohh fuck!!! Das hat weh getan, Mann! Was wollt ihr von mir? Im Grenzgebiet dürfen beide Parteien verkaufen, so lautet das Abkommen!"

„Schnauze!", brüllt Kyrios und klatscht ihm mit dem Handrücken eine. Man könnte meinen, es sei ein eher milder Schlag, aber der Handrücken ist härter als die Handfläche und in Kyrios' Fall kommt noch die enorme Schwungkraft seines massigen Arms und die Größe der Hand hinzu. Der Typ wimmert, sagt aber nichts weiter.

Kyrios wischt sich an einem Taschentuch die Hand ab. „Gestern gab es einen Vorfall im Grenzgebiet. Zwei unserer Männer wurden brutal zugerichtet und ausgeraubt, einer ist tot, der andere liegt im Krankenhaus. Was weißt du darüber?!"

„Da … davon weiß ich nix! Damit hatten wir nix zu tun!", stößt er verängstigt hervor.

„Woher weißt du, dass ihr damit nichts zu tun hattet, wenn du nichts davon weißt?"

„Ich … Ich … Ehrlich, ich … bitte, Sie wissen doch, wie ich das meine!"

„Sooo? Weiß ich das?" Wenn Kyrios jemanden verhört, muss er den Psychopaten nicht spielen. Trotzdem hätte ich das auch allein hinbekommen.

„Weißt du, wer ich bin?", fragt Kyrios plötzlich ganz ruhig. Jetzt geht das wieder los.

„Ich … ich denke schon."

„Hör auf zu denken, Junge!" Er gibt dem Typen zwei knallharte Ohrfeigen. „Du sollst wissen, nicht denken! Ich! Bin! Kyrios!" Bei jedem Wort tippt er ihm mit dem Zeigefinger hart auf die Stirn. „Und ich hoffe, du weißt, was das heißt. Und selbst wenn nicht, Capo hier isst gerne Finger. Die knabbert er wie kleine Möhrchen. Nicht wahr, Capo?" Er streichelt dem Tier über den Kopf und zieht ihm sanft die Lippen auseinander um sein Gebiss zu zeigen. Zur Unterstützung bleckt er seine eigenen Zähne und beißt schnell mehrmals hintereinander zu. Klack! Klack! Klack! Klack! Klack!

„Ja. Jaaa … ich weiß, wer Sie sind, aber … aber von dem Rest weiß ich nichts! Wirklich!", jammert er. Ich habe ein sehr feines Gespür dafür, wenn der Moment eintritt, an dem jemand gebrochen ist. Jetzt! Er wimmert, er flennt und beteuert wieder und wieder, von nichts zu wissen. So unbefriedigend das auch ist, ich glaube ihm. Kyrios hat dieses Gespür jedoch nicht. Ihn aufzuhalten ist nicht ratsam.

Er schlägt ihn nicht sehr lange. Bei Kyrios Schlägen sind nicht viele notwendig. Seine großen fleischigen Hände, Körpermasse und Kraft sind sehr effizient. Noch drei Schläge und drei abschließende Worte: „Scheiß … kleiner … Junkie!!!" Kyrios richtet sich auf, tritt ihn noch zweimal und lässt dann von ihm ab. Wieder säubert er sich mit dem Taschentuch. „Scheiß Blut! Geht einfach nicht ab!"

Jetzt wendet er sich mir zu.

„Das war völlig nutzlos! Verdammt, Jafar!!!"

„Nicht ganz. Jetzt wissen wir, dass es nicht die Ammos waren."

Völlig nutzlos.

„Einen Scheiß wissen wir! Wir wissen nur, dass dieser Penner hier offensichtlich nichts weiß. Fuck!" Verkneife dir lieber das wusste.

Er schlägt auf die Motorhaube meines Autos. Kann er bitte sein eigenes Auto demolieren? Ich versuche, ihn zu beschwichtigen. „Alle Fühler sind ausgestreckt, die Männer sind auf der Straße, die Mädchen haben ihre Ohren überall da, wo ihre Fotzen hinkommen und ich bin auch ständig unterwegs. Es wird sich schon was ergeben."

Kyrios lässt das unkommentiert und scheint in Gedanken. „Geh mal zum Punzer", sagt er schließlich etwas ruhiger.

„Zu dem Typen, der letztens die Ledergarnitur für dein Büro angefertigt hat?"

„Nee, zu dem der die Lederkorsetts der Queen anfertigt! Natürlich zu dem, verdammt! Oder kennst du vielleicht noch einen Punzer in der Stadt?!"

Was fragst du auch so doof?

„Der Typ fertigt auch die Lederjacken der meisten Gangs, macht vielleicht auch noch andere Aufträge, wie bei mir. Kann nicht schaden mal anzuklopfen", erklärt er weiter.

Daran habe ich nicht gedacht. Klingt nach einer vielversprechenden Quelle. Und wenn nicht für jetzt, dann auf alle Fälle für später. „Gute Idee."

„Spar dir den Honig!"

Dumm von dir anzunehmen, Kyrios würde sich jetzt durch Schmeicheleien beruhigen lassen.

Ich deute auf das Häufchen Elend am Boden. „Den nehm' ich mit und tu ihn in die Kühlung, bis wir wieder genug haben." Kyrios nickt nur und macht die Beifahrertür für Capo auf. Den Sitz hat er durch einen fest eingebauten Korb mit großem Kissen ersetzen lassen. Ich warte sehnsüchtigst auf den Tag, an dem das Vieh bei einer Vollbremsung an die Frontscheibe klatscht.

Er dreht sich noch einmal zu mir. „Ich brauch' den Punzer noch!"

Das war unnötig. Ich werde ihn auch so mit Samthandschuhen anfassen. Mit undurchsichtigen Figuren, über die man nur wenig weiß, geht man vorsichtig um. Nur weil sie wie Bauern aussehen, heißt es nicht, dass unter dem Lumpenmantel nicht doch ein Springer steckt. Ich kann auch einen Springer töten, aber der Verlust könnte dazu führen, dass die beteiligten Spieler außerhalb des Spielbretts aufeinander losgehen. Und ich will keinen Bandenkrieg provozieren.

„Du bist zwar ein Bauer, trotzdem musst du verschwinden", stelle ich fest, während ich ihn zum Kofferraum schleife. „Denn, wenn ich dich jetzt zurückbringe und du allen erzählst, dass wir dich grundlos verschleppt und übel vermöbelt haben, könnte das trotzdem zu Spannungen führen. Und Spannungen können sich überspannen und zu Krieg führen. Und Krieg wollen wir doch alle nicht." Ich klappe den Kofferraum zu. „Ist zu teuer."

Verbrannt. Dunkler giftiger Qualm füllt langsam den kleinen Raum.
Unbemerkt. Ganz gemächlich kriecht der Rauch durch die undichten Stellen der Tür.

Pferdedalmatiner

(Lin) Oh Pupu! Fiese kleine Käfer scheinen sich in meinem Kopf eingenistet zu haben. Und sind dort fleißig am Gängegraben. Die Trauminhalte verblassen langsam. Dreck! So intensiv hatte ich mich noch nie daran erinnert. Warum ausgerechnet … ach ja. Häppchenweise kommen die Erinnerungen an heute Morgen zurück.

Ich suche meinen Körper ab, aber außer dem schmerzenden Kopf kann ich keine Verletzungen feststellen. Erstaunlich, dass ich überhaupt noch lebe, normalerweise tastet niemand derart ungestraft Capo an. Pupu! Und wieso geht's mir eigentlich so … normal? Die letzte Tablette habe ich gestern Abend kurz vorm Einschlafen genommen und … verdammt, wie viel Zeit ist eigentlich vergangen? Ich werfe einen Blick auf die Uhr: Kurz vor Mittag und ich habe Hunger. Nach einer längst überfälligen Dusche und mit frischen Klamotten gehe ich in die Küche.

„Hey Lucky, wann … Pipi! Wer bist du denn?!" Der Honk ist mir hier noch nie begegnet. Dreck! Sieht der erschrocken aus. Er macht mehrmals den Mund auf und zu. Och, wie niedlich, ein ganz Schüchterner. Er geht mir jetzt schon auf die Nerven.

„Hallooоho?! Dreck! Bist du stumm oder so? Oder wurdest du als Mogli-Kind von Fischen großgezogen?" Mann, hab ich heute wieder 'ne Laune. Vorsicht, nur weil der Typ offensichtlich in der Küche hilft, weiß ich nicht, wie hoch er in der Organisation angesehen ist. Ich versuche, eine etwas neutralere Miene aufzusetzen: „Hi, ich bin Lin."

„D … du … du sahst gestern noch ziemlich bewusstlos aus", platzt er heraus und schüttelt gleich darauf fast unmerklich den Kopf. Offenbar wollte er das gar nicht sagen. Dreck! Das kenn' ich gut.

„Auch die Bewusstlosen wachen irgendwann wieder auf, zumindest meistens. Woher weißt du eigentlich davon?"

„Ähhm … ich hab dich gestern kurz gesehen, als Jafar dich aus … Kyrios Büro geschleift hat." Ahh, Jafar hat Kyrios also offenbar mal wieder von Schlimmerem abgehalten. Pupu! Nach meiner bescheidenen Einschätzung ist Jafar in diesem Laden der Einzige mit einem kühlen Kopf und hält den Laden … Moment mal …

„Dreck, verdammter! Gestern?!“, platzt es ungläubig aus mir raus.

„Ähh … ja … ja gestern, auf'n frühen Abend, würd ich sagen.“

„Ach du Pupu! Und da hab ich so lange gepennt?!“ Er sagt nichts dazu und starrt mich nur weiter an, als wäre ich die erste Frau, die er jemals gesehen hat. Oder vielleicht ist es auch nur der riesige blaue Fleck, der auf meiner rechten Wange prangt. Aber wenn der Vorfall gestern Abend war, würde das ja bedeuten, dass ich gestern erst gegen Nachmittag aufgewacht bin. Dreck! Vielleicht sollte ich vorm Schlafen doch keine Tabletten mehr nehmen. Aber dann schlafe ich nicht gut.

Lucky kommt mit einem Plastikwäschekorb voll Lebensmitteln aus der Lagertür.

„Moin Lin. Ach du meine Fresse! Wer hat dir denn den saftigen Schmatzer verpasst?! Also in Blau hatte ich die noch nie, hehe.“ Allzeit fröhlich unsere Trauergestalt. Auch, wenn mir seine permanente Fröhlichkeit manchmal auf die Nerven geht, mag ich Lucky. Er schafft es immer wieder, mir ein Lächeln abzuringen, was wirklich nicht leicht ist.

„Drecks Aktion. Hab meine Tabletten nicht genommen, bin ausgetickt, hab Capo umgeschubst und das hat Kyrios nicht so gut aufgenommen“, fasse ich trocken zusammen.

„Na dann herzlichen Glückwunsch, dass du überhaupt noch unter uns weilst. Fürs Capo-Umschubsing is' so ‚n Rohrschachtest im Gesicht noch 'ne zarte Streicheleinheit.“ Ich lächle nur gequält.

„Ähhm … sagt mal … was ist dieses ‚Capo‘ eigentlich für ein Vieh? Ich hab vorher noch nie was von Zwergponys gehört“, schaltet sich dieser Vollpfosten zaghaft ein.

„Ach ja, Lin das ist übrigens Eddy. Eddy, Lin. Er ist unsere neue Küchenmagd, Schrägstrich Leibkonditor, für Kyrios.“

„Leibkonditor? Pupu! Womit zur Hölle hast du dir denn den Titel verdient?“

Er lässt die Schultern hängen und macht ein ziemlich bedröppeltes Gesicht.

„Lass ihn! Er is 'n netter Kerl. Hat sich aber in einen ziemlich großen Scheißhaufen reinmanövriert.“

„Na dann Eddy, herzlich willkommen in unserer bescheidenen Pupuhaufensammelstelle.“ Ich klopfe ihm auf die Schulter, was ihn leicht zusammenzucken lässt. Lucky lacht, wie immer. „Der is' gut! Ja, so könnte man's sagen, wir sammeln hier in der Organisation wirklich die aller dicksten und stinkendsten Haufen, die das verschissene

Leben so ausgeschissen hat. Ein richtiger Scheißhaufenmagnet, quasi. Hehe."

„Nee, im Ernst, wenn Lucky sagt, du bist o.k., dann willkommen. Obwohl diese Auszeichnung vermutlich nicht gut für dich ist. Pupu! Die Netten haben es hier nicht leicht."

„Jetzt mach ihm mal nicht noch mehr Angst, als er ohnehin schon hat. Keine Sorge Eddy, bisher ist es doch ganz gut für dich gelaufen."

„Verdammter Mist! Ja, du hättest ja auch Putze werden können", werfe ich verbittert ein.

„Och Lin, jetzt nicht wieder schlechte Laune verbreiten!" Kurzerhand tritt Lucky vor mich und zieht mir die Mundwinkel nach oben. Was mich zusammenfahren lässt, weil meine Wange immer noch schmerzt. Er entschuldigt sich überschwänglich und pustet mir auf die Wange. Dreck! Eine an sich liebe Geste, würde er nicht so aus dem Mund stinken.

„Aber um zu deiner Frage zurückzukommen", wendet Lucky sich plötzlich wieder an Eddy. „Capo ist ein Zwergpony. Das ist keine Pferdehundkreuzung oder so was, nee, Zwergponys gibt's wirklich. Die Geschichte ist echt der Hammer, sag ich euch." Er räuspert sich und setzt eine Erzählermiene auf. „Capo, das Zwergpony. Wie kommt es wohl, dass jemand wie Kyrios überhaupt so etwas wie Liebe für ein Lebewesen empfinden kann? Es gibt Gerüchte, es wird getuschelt und geflüstert. Jaaa, und einige Fakten hab ich auch im Internet recherchiert!" Lucky ist wieder voll in seinem Element der Selbstdarstellung. Er gestikuliert, als würde er in einem voll ausverkauften altehrwürdigen Theatersaal grade ein Märchen vortragen.

„Es ergab sich dereinst, dass eine kleine Pferderasse gezüchtet wurde. Einfach so, weil der Mensch es konnte. Man nannte sie die Falabella. Sie dienten keinem Zweck, lediglich der Belustigung der über der Schöpfung erhabenen Menschen. Viel später erst wurden die Falabellas aufgrund ihrer Klugheit und Empfindsamkeit zum besten Freund derjenigen ausgebildet, die ihr Augenlicht auf tragische Weiße verloren hatten." Kurze Pause. Offenbar wartet Lucky, bis wir seine Worte verarbeitet haben.

Eddy ist überraschenderweise schneller als ich. „Wie? Soll das heißen, die Viecher sind so was wie Blindenhunde?", fragt er entgeistert. Das ist mir auch neu.

„Pssst! Ja, Blindenhunde. Obwohl sie keine Hunde sind, schienen sie für diese Aufgabe bestens geeignet. So ergab es sich, dass ein blinder Innenarchitekt …"

„Pipi! Erzähl kein Stuss, Lucky! Ein blinder Innenarchitekt, pfff!“, fahre ich ihm dazwischen. Dreck! Je länger das geht, desto mehr nervt mich Luckys Erzählart.

„O.k., o.k., ich weiß nicht, was er war“, gibt er zu und räuspert sich. „Der blinde Mann besaß ein solches Falabella. Sie lebten glücklich und zufrieden. Bis eines Tages, aus einem mir unbekannten Grunde, der Frieden ihres Daseins jäh von Kyrios und seinen Mannen gestört wurde. Der Blinde wurde auf grausame Weise vor den Augen des Tieres herniedergestreckt. Ohh, wie furchtbar! Welch tragisches Schicksal! Welch …“

„Dreck! Lucky, du machst mich wahnsinnig! Erzähl endlich normal!“ Er ignoriert mich.

„Doch als Kyrios seine Waffe auf das ach so wehrlose Tier richtete, trat es wild um sich und trampelte, so klein es auch es war, einen von Kyrios' Mannen nieder. Und dann, so berichtet man, hat es auch noch seine Notdurft auf dem niedergetrampelten Mann verrichtet.“

„Puhh … echt? Es hat ihn angepinkelt?“, fragt jetzt wieder Eddy dazwischen.

„Jaaa! Herrgott, hört ihr mir denn gar nicht zu?! Diese Tat offenbarte eine Seite in Kyrios' Seele, die keiner, womöglich nicht mal er selbst, bisher gekannt. Er senkte seine Waffe und nahm das Tier zu sich. Das wehrlose Tier, das sein Herrchen auf so tragische Art verlor, bekam nun einen neuen Herrn. Kyrios. Von anderen stets als Biester wahrgenommen, scheinen beide, Herrchen wie Haustier, nur gemeinsam ruhig und liebevoll zu sein. Ende.“ Pipi! Eddy beginnt tatsächlich vorsichtig zu applaudieren, was ich irgendwie witzig finde. Ich klatsche mit. Lucky freut sich sichtlich und verbeugt sich tief vor uns.

Ich blicke ihn skeptisch an. „Und das ist wirklich so passiert?“

„So erzählt man's zumindest. Abgefahr'n, wa?“

„Ähh … und … sehen die Dinger alle aus wie Pferdedalmatiner mit langem flauschigem Fell?“, fragt Eddy.

„Nee, da is' wie bei Pferden alles an Scheckungen, Farben und Felllänge möglich.“

„Weiß denn irgendjemand, warum er es behalten hat? Dreck! Ich fand es ja schon immer unvorstellbar, dass sich jemand wie Kyrios ein verdammtes Haustier hält und sich dann auch noch so liebevoll darum kümmert.“

„Ja, schon ein seltsamer Anblick. Der riesige grimmige Fleischberg und das Zwergpony, das ihm grade mal bis knapp übers Knie geht. Hehe!“

„Ahh … habt ihr … naja … habt ihr nicht Angst, hier so offen zu reden?“, flüstert Eddy und blickt leicht gehetzt zur Tür.

„Ach!“, winkt Lucky ab. Da er nichts weiter sagt und Eddy immer noch so ängstlich dreinblickt, ergänze ich: „Kyrios sitzt da oben und bewegt sich verdammt selten von dort weg, fast nur, um mit Capo Gassi zu gehen. Pupu! Und die andern interessiert es herzlich wenig, die reden ja selbst so. Der Einzige wäre Jafar, aber der belässt es meist bei Ermahnungen, wenn er Leute beim Lästern erwischt.“

Eddy schaut immer noch nicht sonderlich erleichtert aus. Was für ein verdammter Angsthase.

„So, ich würd gern noch weiter plaudern, aber das Essen wartet“, sagt Lucky.

„Ohh, Mist! Mein Biskuitboden!“, ruft Eddy und rennt zum Ofen. So ein Honk! Na dann lass ich die beiden Mal allein. Mal schauen, was heute dringend zu putzen ist, sonst helf ich den beiden vielleicht nachher noch beim Saubermachen.

Die warme Hand ruht auf der durch die Außentemperatur kühlen Türklinke. In den Rillen zwischen Fingernägeln und Haut schimmert es dunkel. Auch in einigen der tieferen Falten auf dem Handrücken klebt es noch. So langsam gerinnt das Blut schon. Wenn das passiert, kriegt man es nur schwerlich wieder aus den Zwischenräumen. Aber die Rückstände kann man auch gut als Zeichen intensiver Gartenarbeit ausgeben. Ob nun Erde oder Blut zwischen den Fingern zerrinnt.

(Zu(r))Stosszeit

(Monto) Ich stehe zwischen einem Haufen beschissener Möchtegerngangster. Herrgott, die meisten von denen sind vermutlich nicht mal achtzehn. Darauf waren wir echt nicht vorbereitet. Rocker, ja. Gangmitglieder, ja. Selbst ein Schwulenclub wäre mir bei der Farbe des Mopeds … Ich zücke meinen Ausweis.

„Polizei! Wem gehört die lila Vespa da draußen?" Einfach offiziell auftreten. Unser Mann ist hier eh garantiert nicht. Fuck! Scheint eine Art Jugendclub zu sein. Die Wände sind mehrlagig mit Graffitis besprüht, das Licht gedimmt. Im Raum verteilt steht ein Sammelsurium aus Sofas, Stühlen und Tischen. Ein billiger Kickertisch in einer Ecke, in der andern eine alte Musikanlage mit riesigen Boxen. Wenn sie doch nur Musik spielen würde und nicht … Alle gaffen uns an. Manche funkeln feindselig, setzen aber sofort einen teilnahmslosen Gesichtsausdruck auf, sobald ich sie direkt angucke.

Irgendeiner dieser kleinen Pisser wird das Moped in pubertärem Übermut geklaut haben … Ach guck, da springt er auch schon auf. Seelenruhig schauen wir ihm zu, wie er mehrere Tische umrempelt und dann kurz vor der Hintertür auf die Fresse fliegt, weil ihm seine übergroße und viel zu weite Baggyhose runtergerutscht ist. Wir rühren uns nicht. Schnell rappelt er sich wieder auf, hält mit einer Hand seine Hose fest und mit der anderen reißt er die Hintertür auf. Alle starren uns an. Was?! Habt ihr erwartet, dass wir ihm ins Bein schießen, damit er nicht mehr fliehen kann oder …

Ich werfe Jim einen genervten Blick zu. Der kann sich ein Grinsen nicht verkneifen.

Ein paar Sekunden später kommt Patrice mit dem strampelnden Jungen im Schlepptau zur Hintertür rein. Sie ist stärker als ihre zierliche Figur vermuten lässt. Außerdem eignen sich Kapuzenpullover hervorragend zum Festhalten von kleinen Pissern.

„Raus?", fragt mich Patrice.

Ich nicke. Vor der Tür frage ich ihn der Form halber: „So Junge, ist das deine Vespa?"

„Nein, Mann! Die hab ich noch nie gesehn. Ahh, lass mich los! Verdammte H…" Weiter kommt er nicht, weil Patrice ihm mit seiner eigenen Kapuze den Hals abschnürt. Auch dafür sind die echt gut.

„Na, na Junge, das ist Beamtenbeleidigung. Vorsicht, nicht, dass die Liste noch länger wird. Patrice lass locker." Sie lässt los und der Junge schnappt nach Luft.

„So, du hast die hier also noch nie gesehen? Und da drinnen ist dir grade einfach nur eingefallen, dass du doch eigentlich um neun zuhause sein sollst oder was?"

„Ich … ich … hab …" Tja, um gute Ausreden zu erfinden, wäre es von Vorteil auch mal zur Schule zu gehen, Kleiner.

„Das wird doch nix. Komm ich helf dir. Du hast Schiss gekriegt, weil du das Moped geklaut hast, und wolltest abhauen. Oder willst du mir etwa weismachen, dass wir an dem Ding nicht deine Fingerabdrücke finden werden?" Als wenn ich da welche nehmen würde. Viel zu viel Arbeit. Aber das kennen sie halt alle aus dem Fernsehen und damit können sie wenigstens was anfangen. Er lässt den Kopf hängen.

„Ich … ich hab's gestern Nacht geklaut, ja", nuschelt er. Wie bescheuert bist du eigentlich, Kleiner, dass du ein lila Moped klaust? Ich meine, wenn ich schon ein Fahrzeug klaue, dann doch etwas Unauffälliges oder wenigstens was Cooles, das …

„Na, also geht doch. Wir beschlagnahmen das Moped und du wirst angezeigt. Irgendwann bekommst du dann eine Vorladung, kommst vor Gericht et cetera pp., kennst du ja vielleicht schon. Jim, nimm doch bitte die Personalien des jungen Herrn auf." Jetzt ist es an Jim, mich genervt anzugucken. Ich bedeute ihm mit einer Geste, es einfach zu machen. Er signalisiert mir wiederum, dass er nicht mal was zu Schreiben dabei hat, weil wir doch eigentlich auch gar nicht dienstlich unterwegs sind. Ich rolle mit den Augen.

„Patrice, hast du was zum Schreiben?", frage ich.

„Ähhh … sorry Chef, muss ich wohl auf der Wache vergessen haben", sagt sie etwas verwirrt. Ich hab auch nichts dabei. Der Junge guckt verdutzt zwischen uns hin und her.

„Hast du was zum Schreiben?", frage ich ihn resigniert und halte mich grade so davon ab, ihn zu fragen, ob er überhaupt schreiben kann.

„Ne, aber die im Club vielleicht." Ich gucke Jim an. Der guckt mich an. Mein Blick wird fordernder. Jim dreht sich um und läuft leise fluchend auf die Tür des Jugendclubs zu.

„Hören Sie, ich hab's nur geklaut, um Vicky eine Freude zu machen. Die mag Türkis."

„Das is' aber Lila. Türkis ist 'ne Mischung aus Grün und Blau", wirft Patrice trocken ein.

„Oh fuck!", ist alles, was er antwortet, dann lässt er wieder den Kopf hängen.

Nachdem wir die Personalien des kleinen Gauners mit einem dicken goldenen Permanentmarker auf einem Stück Küchenrolle notiert haben, nehme ich den Jungen noch mal ins Gebet. Ein unangenehm stechendes Gefühl von Erziehungsverantwortung zwingt mich dazu, obwohl ich nicht glaube, dass meine Ansprache … Ich predige ihm ein paar Rechte vor, die mir grad so einfallen, erzähl ihm, dass Diebstahl ein schweres Vergehen ist, und was er für Strafen zu erwarten hat. Dass mein Gequatsche kaum Sinn ergibt und nichts mit korrekter Polizeivorgehensweise zu tun hat, ist egal. Ich will ihm nur Angst machen. Er soll zuhause sitzen und sich die nächsten Wochen ständig fragen, wann der böse Brief kommt und was seine Eltern dazu sagen werden, falls er welche hat …

Patrice fährt mit dem Moped schon mal voraus in die Zentrale. Jim zerknüllt nach ein paar Metern das Stück Küchenpapier und wirft es weg.

„Wie todesdreist bist du denn! Wirf es verdammt noch mal in den Mülleimer, unsere Stadt ist schon dreckig genug!", fahre ich ihn gereizt an.

„Warum? Das ist Zellstoff, das verrottet und außerdem ist hier kein Mülleimer."

„Scheiß mich nicht an, verdammt!"

Er schaut mich völlig verdattert an und hebt den kleinen weißen Ball wieder auf.

Seit dem Unfall schlafe ich nicht sonderlich viel und bin leicht reizbar. Dass ich überhaupt noch Schlaf brauche, ist eines der vielen Rätsel, auf die ich keine Antwort habe.

Von der Zentrale aus rufe ich Frank an, um ihn das Nummernschild überprüfen zu lassen. Dass wir daran gestern nicht gedacht haben, zeigt nur mal wieder wie fertig …

Interessant, die Nummer existiert nicht im System. Auch Fahrzeugnummer oder sonstige Erkennungszeichen konnten wir am Moped nicht finden.

„Das Teil ist hundertpro schon vorher geklaut worden. Denn ich bezweifle stark, dass diese Jugendlichen sich innerhalb eines Tages ein gefaktes Nummernschild besorgt und dann auch noch die Fahrzeugnummer sauber entfernt haben", teilt mir Frank seine Meinung am Telefon mit.

„Ja, denk ich auch. Eine verfickte Sackgasse! Naja, dann müssen wir eben noch mal zu seiner Wohnung, warten, bis er nach Hause kommt und dann freundlich an die Tür klopfen. Aber nicht mehr heute. Und um ihn zu beschatten, haben wir zu wenig Leute."

Klar, mit mehr Leuten ließe sich mehr bewerkstelligen, aber ich muss jetzt schon auf viel zu viele Leute aufpassen. Erst kam Frank und der überredete mich, immer wieder andere ins Boot zu holen. Jetzt trage ich die Verantwortung für ein ganzes Team. Ein Team besteht aus Menschen. Und die können sterben.

Todmüde reibe ich mir die Schläfen. Früher half das. Meine Haut ist ganz schmierig von der Anti-Aging-Creme, aber es muss sein. Nicht, dass mir die Haut wie in den Filmen irgendwann nur noch in Fetzen vom fauligen … Bisher funktioniert's, deshalb behalte ich es bei, auch wenn es bedeutet, mich mehrmals täglich am ganzen Körper mit diesem todesteuren Scheiß einzuschmieren.

„Bringt ihr beide dieses lila Drecksteil ins Lager und holt gleich alle Ausrüstung für den Überfall", sage ich zu Jim und Patrice.

„Wollen wir den heute wirklich noch durchziehen?", fragt Patrice leicht quengelnd.

„Ja natürlich! Zwietracht sät sich schließlich nicht von allein." Es war Franks Idee. Ich mag es eher einfach, muss aber zugeben, dass einfach nicht immer das Beste ist und Frank ein wesentlich besserer Taktiker ist als ich. Wir überfallen ein oder zwei Leute einer Bande, rauben sie aus und verschwinden. Dabei konzentrieren wir uns oft auf die Organisation. Die ist keine Gang mehr, aber eine wirkliche Mafia ist sie, soweit wir wissen, auch noch nicht. Aber ganz sicher der mit Abstand größte organisierte Verbrecherhaufen hier in der Stadt.

Sie sollen nervös werden und sich Fragen stellen. Misstrauen.

Ich wollte vorher jeweils einen Gangster irgendeiner in der Gegend operierenden Gruppe töten und zu denen der Organisation legen, um den direkten Bezug herzustellen, aber Frank meinte, es sei besser, keinerlei Spuren zu hinterlassen. So kann die Organisation selbst entscheiden, welcher Gang sie den Überfall zutrauen. Oder war es sogar irgendjemand aus den eigenen Reihen? Seiner Meinung nach würde das viel mehr Unruhe stiften. Würden wir den Schuldigen gleich mitliefern, gäbe es eine einfache Vergeltungsmaßnahme und die Gang, die wir als Sündenbock präsentierten, würde nach dem Grund fragen. Doch so kapiert keiner, was eigentlich abgeht und alle dürfen beim großen Sonntagsrätsel mitraten: Wer ist der Mörder?

Wenn wir Glück haben, kocht das Mistrauen irgendwann über und bleibt als Gewalt auf der Herdplatte kleben. Und wenn sich Gewalt da erst mal so richtig schön festgebrannt hat, kriegt man die so schnell nicht wieder ab. Ergebnis: Alle bekriegen sich gegenseitig.

So die Theorie.

Ich, Jim und Patrice sitzen im Van und warten. Als der Punzer anruft, um uns Bericht zu erstatten, klingt er wie immer sehr nervös.

„Hallo, ich bin's."

„Weiß ich, schieß los", antworte ich knapp.

„Also ich durfte leider nicht in alle Räume. In denen, wo grade … na du weißt schon … wenn die Damen eben grade Besuch haben." Gott, so oft wie es den Punzer arbeitsbedingt in Puffs und Fetischclubs verschlägt, sollte man meinen er wäre …

„Sag mir einfach, wie viele Männer du drinnen gesehen hast, die Freier nicht mitgezählt, und wo sie sich aufhalten."

„Ja, ja, natürlich. Also, einer an der Tür, zwei saßen im großen Vorzimmer, davon hat mich einer durch die Räumlichkeiten begleitet. Ob er jetzt wieder im Vorzimmer sitzt, weiß ich nicht. Und einer sitzt im oberen Stockwerk im Flur." Verdammte Scheiße!

„Danke." Ich lege auf. Fuck! So langsam wird die Organisation offensichtlich nervös. Obwohl wir bisher nur im Westen zugeschlagen haben und das hier das erste Ziel im Süden ist, scheint die Sicherheit verstärkt worden zu sein. Denn ich glaube nicht, dass vier Männer für ein kleines schäbiges Bordell … Also vier zu drei. Besser gesagt drei zu drei, denn den Typen vor der Tür können wir ohne großes Aufsehen erledigen. Die zwei im Vorraum, wenn überhaupt noch beide dasitzen, sind schon eher ein Problem. Wir müssen sie zügig überrumpeln. Dann bleibt nur zu hoffen … Fuck! Wenn der oben im Flur gewarnt wird, dann … Egal. Wird er nicht.

Ich hab mir das Gebäude vorhin von außen angesehen. Leider keine Feuerleiter oder so was und die Fenster unten sind alle vernagelt. Bleibt uns also nur die Eingangstür.

„Sollen wir die Sache abblasen?", fragt Patrice.

„Quatsch! Die schaffen wir doch locker, stimmt's Monto?", erwidert Jim.

„Schnauze, ich überlege!" Zu viele tödliche Unbekannte. Aber ich will auch nicht unverrichteter Dinge wieder abziehen. Vielleicht nur den Türsteher im Vorbeifahren … Das hätte zumindest was von einem richtigen Gangüberfall. Nur leider unbefriedigend. Ach Scheiß drauf! Das Adrenalin kocht bereits.

„Also, wir erledigen den Türsteher, leise. Das macht Jim, ich komm mit. Wir spielen die besoffenen Kumpel, die im Puff einen draufmachen wollen. Aber denk an den Schusswinkel, nicht, dass die Kugeln schon durch die Tür fliegen oder in die Mauer knallen. Ich werd seine Aufmerksamkeit auf mich lenken, vielleicht während er mich durchsucht. Den Körper fangen wir ab, bevor er auf den Boden klatscht. Patrice stößt zu uns, wir schaffen ihn in die Gasse und verstecken ihn grob. Dann gehen wir alle zusammen so leise wie möglich rein und bedeuten sofort den Kerlen im Vorraum, ruhig zu sein. Der Typ im Obergeschoss darf nicht aufmerksam werden. Wir flüstern den Typen unten, dass wir nur einen ihrer Freier einsacken wollen. Einer von uns geht hoch, erledigt den im Flur, was dann für die unten das Zeichen ist, die andern auch abzuknallen."

„Wirkt das nicht viel zu professionell für einen Gangüberfall?", fragt Patrice. Fuck! Jetzt kau mir hier nicht noch meine eigenen Bedenken vor!

„Ja, aber nur so sind wir auf der sicheren Seite. Wild rumballern, Knochen brechen, Zähne rausschlagen ist hier viel zu riskant." Doch Patrice bohrt weiter:

„Aber warum machen wir es dann? Der Punzer war doch da drin, damit wir gegebenenfalls ab…"

„Egal jetzt! Unser Ziel ist, Verwirrung zu stiften und Chaos auszulösen. Soll sich die Organisation doch den Kopf darüber zerbrechen, warum ein Überfall auf einmal so tödlich präzise ablief. Sollen sie meinetwegen Schiss bekommen, dass jemand …" Ruhig.

„Also, wie immer wird eingesackt, was auch andere mitnehmen würden, nur in die Zimmer gehen wir nicht. Ich will nicht, dass ein Haufen hysterisch kreischender Nutten da wild durch die Gegend stolpert."

„Was wenn sie aus ihren Zimmern kommen oder welche im Vorraum sind?" Jim nennt da einen wichtigen Punkt, so viel Nachdenken passt eigentlich gar nicht zu ihm. Egal!

„Einfach in Schach halten und notfalls ausknocken, aber sanft."

„Wie willst du denn jemanden sanft ausknocken?", fragt Patrice. Ich zucke nur mit den Schultern. Hab kein Bock mehr nachzudenken. Ich will jetzt endlich zuschlagen!

„Noch Fragen?" Patrice sieht so aus, sagt aber nichts und Jim hat schon die Hand an der Schiebetür. Draußen ziehen Jim und ich unsere Schusswesten aus und geben sie Patrice. Unsere Skimasken und Waffengürtel kriegt sie auch noch.

„Schön drauf aufpassen", sagt Jim überflüssigerweise.

Wir schrauben unsere Schalldämpfer auf und stecken die Waffe jeweils hinten in den Bund unserer Hosen. Hu, ist das kalt. Hab versehentlich den Bund der Unterhose mit erwischt. Seit wann spüre ich eigentlich …

So, mit der Unterhose zwischen Lauf und Haut geht das schon besser. Ich hasse diese Gangstermanier. Außerdem hab ich dabei immer Angst, mir ein zweites Loch in …

„In Ordnung. Patrice, warte an der Ecke, von da kannst du uns sehen und dann aufschließen, sobald der Typ erledigt ist." Ich und Jim schlendern unkontrolliert über die Straße zu dem unscheinbaren Mehrfamilienhaus. Diese aneinandergereihten Blöcke, nur von Straßen unterbrochen.

„Eyjeaha! Wir brauch'n dring'nd was zu ficken!!!", rufe ich lallend von weitem. Die Fenster zur Straße im zweiten Stock sind alle zu und komplett mit Vorhängen verhangen. Die Sorge vor Spannern und Zuhörern während der Stoßzeiten scheint größer als die vor Frischluftmangel. Im dritten und vierten Stock ist kein einziges Licht an. Durchaus möglich, dass dort auch gar keiner wohnt. In der Stadt herrscht alles andere als Wohnungsmangel und beschissene, billige Gegenden gibt es genug, da muss man nicht unbedingt auch noch über einem Puff wohnen.

„Könn ihhhr uns daaaaa vielleischt irgendwie behilflisch sein?", fügt Jim hinzu, als wir schon fast beim Türsteher sind. Ich stelle mich etwas wankend links vor ihn. Jim nimmt den Arm von meiner Schulter und tut so als würde ihn das einen erheblichen Teil seines Gleichgewichts kosten. Er stolpert nach rechts. Der Türsteher guckt uns abwechselnd an und weist mit einem Nicken nach drinnen. Fuck! Er will uns gar nicht durchsuchen. Scheiß Position, er hat uns beide im Blick. Ich mache einen wackeligen Schritt auf ihn zu und stütze mich mit der linken Hand an seiner rechten Schulter ab. Dem Druck nachgebend, dreht er sich leicht zu mir.

„Sach maaaa … habt ihr …" weiter brauche ich nicht zu reden, denn Jim hat ihm ins linke Ohr geschossen. Schnell greife ich unter die Arme des Türstehers.

„Hilf mir doch!", presse ich hervor, denn der Typ ist verdammt schwer. Zusammen tragen wir ihn in die Gasse neben dem Haus, wo auch Patrice zu uns stößt.

Bäh! Meine ganze linke Hand und der Ärmel sind voll blutigem Matsch. Warum lege ich ihm auch die Hand ausgerechnet auf die Seite, wo die Kugel ausgetreten ist.

„Patrice leg endlich das Zeug weg und mach den Müllcontainer auf!" Ich schwitze unglaublich und will diesen Typen keinen Moment länger tragen. Warum mein Stoffwechsel offenbar noch funktioniert, was mich ja überhaupt erst in die Lage versetzt zu schwitzen, ist mir … Dass ich essen und trinken muss, ist mir ja schon recht früh aufgefallen. Mittlerweile hab ich mich mit dieser irrealen Tatsache ab … Endlich öffnet Patrice den Deckel und wir versuchen, den schweren Körper zu dritt in den Container zu hieven.

„Ey, was macht 'n ihr …" Der Bierbauch, der plötzlich am Eingang der Gasse aufgetaucht ist, fummelt hektisch an seiner Trainingsjacke. Keine Ahnung, was er da versucht. Um an die Waffe im Hosenbund zu kommen, hätte er nur die Jacke ein Stück hochziehen müssen. Ich gebe drei Schüsse in kurzer Folge auf ihn ab. Patrice hat etwas später gezogen und drückt nun mehr reflexartig einmal ab. Er geht zu Boden. So wie Jim.

Da Patrice und ich unsere Waffen gezogen haben, konnte nur noch Jim die Leiche des Türstehers daran hindern, von der Kante des Containers wieder runterzukippen. Naja …

Patrice fängt an zu feixen und auch ich kann es mir nur schlecht verkneifen. Schnell sichern wir die Straße, nicht, dass noch mehr Überraschungen auf uns warten.

„Nimm du den Typen hier, ich helfe Jim, bevor er uns noch erstickt", sage ich zu Patrice. Doch als ich wieder bei Jim bin, hat der den Fleischberg schon von sich runter gerollt und betrachtet jetzt angewidert seine Klamotten. Ich grinse.

„Ja, ja lacht ihr nur! Verdammte Scheiße! Oh, der Typ stinkt vielleicht nach Schweiß und außerdem hat er mich total vollgeblutet!"

„Hey, mir erging's doch nicht anders, guck dir meinen Ärmel an. Und meine Hand", sage ich immer noch feixend. Dann werde ich wieder ernst.

„Außerdem mussten wir zuerst die Straße sichern. Fuck! Zum Glück war der Typ zu dämlich, seine Waffe zu ziehen. Wäre er schon mit gezogener Waffe um die Ecke gekommen, wären wir jetzt mindestens einer weniger." Jim brabbelt irgendwas Unverständliches und wir machen uns erneut daran, die Leichen in den Container zu wuchten. Patrice sieht etwas blass aus, also frage ich, ob alles o.k. ist.

„Ja, ja geht schon. Ich muss mich noch daran gewöhnen."

„Daran gewöhnt man sich eigentlich nie so richtig", sage ich und belasse es dabei. Tödlicher Ort für eine Therapiesitzung.

Patrice ist noch nicht lange dabei. Müsste aber eigentlich in ihrer Zeit bei der Spezialeinheit schon einiges gesehen haben. Jim empfahl sie für unsere Gruppe, weil sie bei einem Einsatz irgendeinen Typen aus einem Kinderpornoring fast totgeprügelt hatte. Dass sie es nicht geschafft hat, lag an ihren Kollegen, die sie davon abhielten. Ihre kleine Schwester wurde entführt, als sie neun war, und ist wahrscheinlich in einem dieser Sümpfe untergegangen. Wie in den meisten Fällen hat man es nie herausgefunden. Es folgte ihre Versetzung an den Schreibtisch und ihr Einstieg bei uns.

Damals habe ich anonym bei ihr vorgefühlt. Dann ein kleiner Testauftrag und anschließend erst mal eine Weile warten. Nix passierte und sie wollte nur endlich mitmachen. Klar ist das keine große Sicherheit, aber wenn die Dienstaufsicht auf uns aufmerksam wird, bezweifle ich, dass sie sich die Mühe einer verdeckten Ermittlung machen würde.

Ein ähnliches Vorgehen habe ich bei allen durch.

Nur Frank, der stolperte durch Zufall in eine Aktion von mir und da ich ja keinem Kollegen was antun kann, habe ich versucht, es ihm zu erklären. Und er wollte unbedingt mitmachen. Seine Beweggründe kenne ich nicht. Ihn abzuweisen erschien mir unsicherer, als ihn mitmischen zu lassen. Seitdem lieferte Frank einen großen Beitrag zum Aufbau unserer kleinen Truppe und zu ihrer Geheimhaltung. Als Informatik- und Technikspezialist ist er dafür …

„Jetzt bin ich doch froh, dass die keine Feuertreppe oder Fenster zu der Seite haben. Sonst wäre unser kleines Scharmützel trotz Schalldämpfer nicht unbemerkt geblieben", sage ich, um uns alle wieder ins Hier und Jetzt zu holen. Inzwischen haben wir unsere Ausrüstung wieder angelegt und ich zupfe grade meine Skimaske zurecht, da ich sie verkehrt herum übergezogen habe.

„Was, wenn sie es doch bemerkt haben und da drinnen auf uns warten?", fragt Patrice und versucht die Besorgnis in ihrer Stimme zu unterdrücken.

„Laut dem Punzer sind es nur noch zwei, wir sind zu dritt", erwidere ich kurz und knapp.

Da pflichtet ihr Jim überraschend bei: „Wenn sie uns auflauern, ist das egal. Drei Leute in einem Eingang. Ein leichtes Ziel."

Kein Bock auf solche Diskussionen. Ich geh da jetzt rein, mit oder … Ein Versuch noch.

„O.k., ich geh vor. Wenn was passiert, seid ihr schnell wieder auf der Straße und habt den Hauseingang als Deckung."

„Und wenn dir was passiert?", fragt Patrice, nun doch hörbar besorgt.

„Mir kann doch … Ich hab doch 'ne Weste und 'ne Pistole und bin auch schnell wieder draußen. Falls sie überhaupt auf uns warten. Und dass die nicht grade die Besten im Umgang mit der Waffe sind, haben wir ja gesehen. Es wird alles glattgehen. Die schaukeln sich da drin gemütlich die Eier oder lassen sie sich schaukeln." Hoffentlich ist damit die Diskussion beendet, bevor ich … Die beiden Schauen mich an. Oaaahh! Ich geh wirklich gleich alleine! Nicht, dass denen da drin doch noch auffällt, dass ihr Kollege nicht wiederkommt, von was auch immer er hier …

Jim nickt schließlich und sagt: „O.k., ich decke links über deine Schulter, bin ja sowieso etwas größer, und Patrice von rechts, leicht gehockt."

„So machen wir's! Jetzt los!", sage ich schnell, um weitere Diskussionen zu unterbinden. So was würde mir im Alleingang todsicher nicht passieren. Allerdings muss ich eingestehen, dass ich dann auch nie so viel geschafft … Ich grinse grimmig, während ich mir Kyrios vorstelle, wie er wütend sein Büro zerlegt und seine eigenen Leute und die Organisation gleich mit. Ich habe ihn noch nie zu Gesicht bekommen, aber man hört Gerüchte. Die dicke lila Tunte. Was für ein irrwitziger Name für einen so grausamen Mann.

Meine linke Hand ruht auf der Türklinke, die andere hält die Waffe.

Deine Zeit ist vorbei, Tunte. Jetzt scheiß ich dir in die Suppe!

Es ist kalt hier. Zuhause liegt sein kranker Vater. Er muss ständig umsorgt werden und die Halbtagspflege ist nicht billig, obwohl sie illegal hier ist. Es war wahrlich nicht leicht, bei diesem Vater aufzuwachsen. Wie soll man auch wachsen, wenn man immer wieder kleingeprügelt wird? Doch er liebt ihn trotzdem.

Er hatte nie was Richtiges gelernt, arbeitete mal hier mal dort, nichts Einträgliches. Der einzig feste Job sind die paar Unterrichtsstunden in der Grundschule. Doch auch der ist unsicher. Seine Unterlagen sind nicht sonderlich gut gefälscht. Das Geld reicht weder vorne, noch hinten, noch ... ach, eigentlich nirgendwo. Zudem noch die Unterhaltszahlungen an seine Ex-Frau. Er ist sich ziemlich sicher, dass der Bengel nicht von ihm ist. Er will fort, weit fort. Mit Clarissa. Er hätte nie gedacht, dass sich mal solche Gefühle in ihm regen würden. Aber wie das halt manchmal so ist. Und nur deswegen macht er es. Nur des Geldes wegen. Nur die Tür bewachen, nichts weiter. Noch reicht es nicht, aber bald, so sagt er sich. Bald sind sie weg. Nun muss er sich um all das keine Sorgen mehr machen. Denn die schwarzen Säcke kennen keine Sorgen.

Stummfilmklassiker neu interpretiert

(Jafar) Grade noch rieb ich behutsam den Ingwer in die Kürbissuppe, zog den scharfen, leicht beißenden Geruch ein und nun bin ich auf dem Weg zu einem Blutbad im Puff.

Jetzt wird die Suppe kalt. Und abgeschmeckt hast du sie auch noch nicht. Etwas Muskat und Curcuma fehlen bestimmt noch. Pfeffer natürlich, um noch eine etwas andere Schärfe reinzubekommen, außerdem wichtig für die Fettverdauung und damit die gesunden Stoffe im Curcuma besser aufgenommen werden können. Vielleicht noch Kreuzkümmel. Ärgerlich. Wenn du bereits vorher gewürzt hättest, könnten die Aromen schon einziehen und die Unterbrechung hätte wenigstens einen positiven Nebeneffekt.

Angeblich gab es vor einer knappen Viertelstunde ein Massaker in einem unserer Puffs. Ich habe die Zwillinge vorgeschickt. Sie stutzten, als ich ihnen sagte, sie sollen mit zwei vollen Wagen und schwerem Kaliber anrücken. Sicher ist sicher. Was das Mädchen mir am Telefon vorheulte, klang übel, selbst wenn nur die Hälfte davon stimmt.

In meinen Ohren hallt noch Kyrios Befehl nach: „... deine persönliche Verantwortung!"

Und nun gab es scheinbar wieder einen Überfall. Wenn alles stimmt, der schlimmste bisher. Vier Männer waren dort. Zwei männliche Leichen gibt es auf jeden Fall, mehr war dem hysterischen Schluchzen nicht zu entnehmen. Und Clark oder Clarissa, wie er genannt werden wollte, haben sie auch umgelegt. Es ist zwar der erste Vorfall im Süden, doch ich glaube nicht an Zufälle. Es gibt sicher einen Zusammenhang.

Wenn es wirklich die Banden sind, die sich gegen euch richten, dann könnten die im Süden die Überfälle im Westen spitzgekriegt und als Zeichen von Schwäche interpretiert haben. Und nun wollen sie wissen, wie es um die Stärke der Organisation bestellt ist, und starten ihrerseits einen blutigen Testballon.

Möglich. Wenn dem so ist, werden wir den Ballon ganz schnell platzen lassen und das Blut wird herausspritzen. Aber wessen Blut? In der Stadt gibt es viele Banden, Clubs und Vereine. Ohne konkrete Anhaltspunkte zurückzuschlagen, kann leicht zu einem Krieg führen.

Scheiße! Bei jedem Vorfall das gleiche Dilemma!

Meine Fingerknöchel sind ganz hell von der festen Umklammerung des Lenkrads. Ruhig. Ohne Fakten ist Nachdenken sinnlos. Ich kriege das hin. Wenn ich da bin, werde ich herausfinden, wer es war, es verbreiten und angemessen zurückschlagen. Und Kyrios kann mir gar nichts, dafür bin ich viel zu wichtig. *Hoffst du.*

Zwei Männer stehen vor dem Haus. Die großen Ausbuchtungen der Jacken weisen auf schwere Artillerie hin. Die Arme vor der Brust und eine Hand unter der offenen Jacke. Die beiden machen mir Platz. Meine Augen registrieren die Spritzer links vom Eingang.

Drinnen herrscht das Chaos. Clarissas lange Beine versperren den Übergang vom kleinen Flur zum Vorraum. Ihre ehemals pinke Rüschenbluse hat zwei Löcher in Brusthöhe. Sie auch. Wir kannten uns. Wir waren die einzigen schwarzen Jungs in der Klasse, das verbindet. Immer wieder seltsam, ihn in diesem Aufzug zu sehen. In diese engen, schwarzen Leggings gezwängt, unter denen sich deutlich seine Genitalien abzeichnen. Und dazu diese lächerliche Bluse. Die Glatze ist mir neu, sonst trägt er immer eine Perücke. Die Organisation hat einen guten Zuhälter verloren.

Ich steige über ihn hinweg. Überall stehen und sitzen die Männer rum. Die Nutten haben sich in Arbeitskleidung auf der Treppe versammelt. Die Männer werfen ihnen immer wieder lüsterne Blicke zu. Freier kann ich keine ausmachen, alle geflohen. Das bringt eine scheiß Publicity und viel Aufarbeitung. Unwahrscheinlich, dass irgendwer petzt. Wer plaudert schon aus, dass er sich in einem illegalen Puff aufgehalten und dann Zeuge eines Massakers wurde. Aber wir müssen trotzdem alle aufspüren und auf Stillschweigen einschwören. Sicher ist sicher.

Die Zwillinge kommen auf mich zu. „Wir haben alles so gelassen und gewartet, bis du ankommst", sagt Flipp.

Doch zuerst die Mädchen, bevor den Jungs noch einer abgeht.

„Verschwindet nach oben in eure Zimmer und wartet da."

„Die wollen da nicht mehr hoch, da liegt 'ne Leiche mit Kopfschuss im Flur", erklärt Zipp.

Ich wende den Blick keinen Moment von den Mädchen ab.

„Liegen in den Zimmern auch Leichen?"

„Ha! Höchstens der Laich von den Freiern." Die Zwillinge und einige der Männer lachen.

„Los ab! Geht nach oben und macht die Türen zu!", werde ich etwas lauter. Langsam fügen sie sich, gehen hoch und funkeln mich dabei böse an.

„Mosert weiter so rum und wir haben gleich noch mehr Leichen!"

Mann, die Situation zerrt aber echt an deinen Nerven.

Tief Luft holen. Den Raum sondieren. Einschussloch in der Wand über dem Sofa, ein Mann mit eingetretenem Schädel neben dem Übergang zum Flur, Clarissa halb im Flur.

Ich gehe nach oben. Einige Nutten schließen erschrocken ihre Türen. Ein Mann mit Kopfschuss liegt im linken Flur, ein umgekippter Hocker und eine riesen Sauerei daneben.

„Sind das beides unsere?", frage ich, als ich wieder unten bin.

„Der oben, ja. Bei der Matschbirne kann man's nicht zweifelsfrei erkennen", antwortet Zipp. Wieder lachen einige, diesmal hört man das Unbehagen aber deutlich raus.

„Wo sind die andern beiden?"

„Zumindest nicht hier drin, wir haben alles durchsucht. Vielleicht geflohen oder …"

„Dann geht raus und sucht sie! Irgendwo müssen sie ja sein. Neben dem Eingang sind Blutspuren. Schaut euch mal in der Gasse neben dem Haus um. Aber vorsichtig."

Die Zwillinge deuten einigen Männern an, mitzukommen. Ich setze mich derweil auf den Stuhl hinter den Tresen und reibe mir die Schläfen. Was für ein Scheißtag.

Mit Blick auf den Monitor fällt es mir wieder ein. Vor knapp zwei Jahren haben wir die Bordelle mit Kameras ausgestattet. Eine kleine Investition in das Angst-Informations-Netzwerk. Zu wissen, wer hier ein und ausgeht und was sie so treiben, sind mächtige Informationen. „Guten Tag Euer Ehren, schickes Video. Erstaunlich, diese HD-Kameras heutzutage. Verzeihen Sie mir bitte die Anmerkung, aber normalerweise bezahlt man eine Nutte doch, um sie zu ficken und nicht um sich ficken zu lassen. Nun ja, jedem das Seine, nicht wahr? Und, was macht die Arbeit? Spannende Fälle momentan. Natürlich bin ich nicht mit allen Sachverhalten so umfassend vertraut wie Sie, denke jedoch, dass einige der Beweise auf sehr wackligen Beinen stehen und dringend noch mal einer Prüfung bedürfen. Nicht, dass sie sich am Ende noch als völlig haltlos herausstellen und Euer Ehren sich dann, Gott bewahre, fürchterlich blamieren. Das wäre doch sehr ärgerlich. Finden sie nicht auch?" Eine gute Investition in die Zukunft.

Die Kameras sind gut versteckt. Eine im Vorraum, eine oben im Flur, eine in jedem Zimmer. Draußen habe ich keine anbringen lassen. Aber sie waren auch nicht für die Aufzeichnung von Überfällen gedacht. So blöd ist normalerweise niemand.

Diese Entscheidung musst du nun wohl revidieren.

Die Kamera für den Vorraum zeigt direkt auf den Übergang zum Flur, erfasst in der linken Peripherie den Tresen und rechts die Sofaecke. Der Rest ist freier Raum.

Ich lasse die Aufnahme schneller ablaufen. Unangemessenerweise untermalt mein Gehirn die Szene wie bei einem alten Schwarzweißfilm mit hektischer Klaviermusik.

Die zwei Wachen sitzen rum, zappeln, laufen rum, spielen Karten. Ab und zu kommt auch noch einer von oben. Clarissa wuselt umher, empfängt Freier, zuppelt an sich rum, faulenzt hinterm Tresen, geht nach oben. Freier kommen und gehen. Die sollen andere später überprüfen. Irgendwann geht Clarissa in den Flur, vermutlich aufs Klo. Einer der Männer verschwindet auch in die Richtung. Die Eingangstür ist nicht einsehbar, die Kamera hängt dafür zu weit oben. Also entweder ein Stelldichein mit Clarissa oder er ist rausgegangen, rauchen, pissen, mit dem Türsteher quatschen oder so. Von der Zeit her müsste bald … Da flitzen plötzlich Leute mit Skimasken und gezogenen Waffen in den Raum. Stopp. Zurück. Normale Geschwindigkeit.

Die Kameras haben leider nur in den Räumen Ton. Freier werden gegenüber ihren „Befreierinnen" manchmal sehr gesprächig. Wie blöd muss man sein? Ekstase und vorgespielte Vertrautheit und die denken, dass Nutten die perfekten Geheimniswahrer sind.

Film ab. Ein vermummter Mann taucht im Flur auf, guckt kurz um die Ecke, dann läuft er zügig mit gezogener Waffe auf den Wachposten zu, der sich keinen Millimeter bewegt und immer noch seine Zeitung in der Hand hält. Hat er ihn nicht bemerkt?

Direkt hinter dem Mann betreten zwei weitere Gestalten den

Vorraum. Eine davon könnte von der Statur her eine Frau sein. Sie sichern nach allen Seiten. Ihr ganzer Auftritt wirkt souverän. Und auch die Ausrüstung ist sehr professionell. Fuck, was sind das für Typen?

Der erste Mann beugt sich runter zu unserem. Wenn er ihm nicht grade zärtlich am Ohrläppchen knabbern will, flüstert er ihm wohl was zu. Dann richtet er sich wieder auf. Kurze Zeit später gehen die anderen zwei die Treppe hoch. Guck ich später an. Kurz sieht es fast aus wie ein Standbild. Dann wendet sich der Mann plötzlich Richtung Flur. Unser Wachposten reagiert. Er drückt den Lauf der auf ihn gerichteten Waffe weg und stürzt sich auf den Angreifer. Es entsteht ein Handgemenge und im nächsten Moment steht Clarissa im Raum. Erst fuchtelt sie hysterisch mit den Armen, dann zerrt sie fahrig an ihrer Tasche herum. Als sie diese endlich geöffnet hat, greift sie rein, holt etwas Unerkennbares hervor und zielt auf die am Boden kämpfenden Männer. Ich weiß, dass Clarissa immer einen winzigen Revolver bei sich trug, für übergriffige Perverslinge, wie sie sagte. Meines Wissens nach hatte sie ihn noch nie benutzt. Vermutlich bedauerte sie das.

Sie scheint mehrmals abzudrücken. Das Ding hat ja kaum einen Mündungsblitz. Die Ereignisse sind auch in normaler Abspielgeschwindigkeit noch sehr schnell. Und so läuft in meinen Gedanken nach wie vor die Stummfilm-Klaviermusik.

Clarissa tritt auf die beiden Männer ein. Jeder Tritt wird begleitet von einem harten Klavieranschlag mit mindestens acht Fingern. Plötzlich rückt Clarissa nach hinten und sackt in sich zusammen. Auf ihrer Bluse breitet sich Rot aus. Dädömmm!!!

Wiedereinsetzen der Musik und die zwei Männer im Handgemenge. Die vermeintliche Frau aus dem Angriffsteam taucht auf und tritt auf den Wachmann ein. Lange. Der andere löst sich von ihm, geht in die Hocke und dreht sich hektisch mit der Waffe hin und her. Dabei zuckt er mehrmals zusammen. Er schreit irgendwas Richtung Treppe. Der Mann steht auf, er humpelt etwas. Dann kommt der Dritte von der Treppe in den Raum und alle hauen ab. Tamtadadamta Tamtam!!! Ende.

Scheiße verdammt! Okay, jetzt die Aufnahmen aus dem zweiten Stock. Die zwei Angreifer tauchen am Flureingang auf, zielen auf jeweils eine Seite vom Flur und erledigen gezielt die nichtsahnende Wache. Sie kontrollieren, ob er tot ist, blicken ruckartig Richtung Treppe und rennen los. Doch sie erreichen den Treppenabsatz nicht, da im selben Augenblick die ersten Türen aufgehen. Chaos.

Die beiden decken hektisch den Flur ab und rufen irgendwas.

Im Geiste synchronisiere ich: „Geht verdammt noch mal zurück in eure Löcher, ihr Huren!"

„Und ihr Schweine kriecht zurück in ihre Löcher, sonst hagelt's! Verstanden?!"

Sie verschwinden und kurz darauf rennen im Flur die Nutten hysterisch durcheinander.

Die Aufnahmen aus den Räumen haben zwar Ton, aber ich denke, da ist nichts Wichtiges drauf. Außerdem muss die zur Identifizierung der Freier eh jemand durchgucken.

Ich schließe die Augen und lasse mich in die Lehne des Bürostuhls fallen. Ruhig.

Wer sind diese Typen? Fast zu professionell für eine der kleineren Gangs oder sonstige Popelvereine. Ich tippe eher auf einen der Größeren. Aber dass sie so einfach die Verträge brechen … viel schlauer bin ich jetzt nicht. Sie tragen keine Embleme oder Erkennungszeichen. Zwei Männer, eine Frau. Frauen auf der Straße außerhalb des horizontalen Gewerbes sind selten. Eine Frau in einem Angriffsteam … äußerst selten. Ein Anhaltspunkt. Wir haben keine detaillierten Informationen über das Personal der anderen Big Player in der Stadt. Also dezent rumfragen, ob es irgendwo eine Frau gibt, die auch für Muskelarbeit herangezogen wird.

Was noch? Sicher sind die andern beiden Wachen auch tot. Keine Überlebenden bei den meisten Überfällen. Und selbst die Überlebenden wussten nie etwas Aufschlussreiches oder waren nicht mehr in der Lage, etwas zu berichten. Diese Kaltblütigkeit. Und diese Brutalität. Hier bei dem mit dem zermatschten Schädel. Das widerspricht sich und bietet keinen klaren Anhaltspunkt. Die gelegentliche Brutalität macht mir am meisten zu schaffen. Es hat nichts Professionelles an sich, einem Typen den Kopf einzutreten und das offenbar bis weit über den Todeszeitpunkt hinaus. Oder die Opfer bis zur Unkenntlichkeit zusammenzuschlagen. Wo liegt hier der Sinn? Es sind Emotionen im Spiel. Wut. Hass. Ein persönlicher Feldzug? Aber von wem?

Ich muss wohl weiter Klinken putzen, mit Leuten reden und danach wieder die Klinke putzen. Noch mehr Leute auf die Straße schicken. Die dezimieren sich jedoch zusehends. Auch, weil wir immer mehr Wachen für unsere Objekte abstellen. Wir werden wohl noch mehr unserer Reserve einziehen müssen. Alte Mitglieder, manche werden nur unter Druck bereit sein, erneut ihren Beitrag zu leisten. Leute, die irgendwie mit uns verbunden sind und die man allein schon dadurch erpressen kann. Süchtige aller Art. Kreditnehmer. Bordellbesucher. Normale Leute eben. Ich sehe Lehrer, die nachts vor unseren Gebäuden Wache stehen, Zeitungsausträger, die kleine Extra-Beilagen in ausgewählten Zeitungen verteilen. Nur damit wir unsere eigenen Leute woanders einsetzen können. Was für ein Irrwitz.

„Jafar" Flipps näselnde Stimme durchdringt meine Gedanken. „Neben der Tür sind Blutspritzer, wie du gesagt hast. Die Spuren führen in die Gasse. Dort ist noch viel mehr Blut und alles führt zu einem Müllcontainer. Und Überraschung! Drin liegen zwei unserer Jungs. Einer mit Kopfschuss, der andere mit durchschossener Brust."

Ich atme tief durch. „Vermutlich der Türsteher und die zweite Wache von hier unten. Ich hab ihn auf der Videoaufzeichnung rausgehen sehen. Bestimmt wollte er nur kurz pinkeln, da Clarissa das Klo besetzt hatte oder der Türsteher war schon weg, und er wollte nach dem rechten sehen", versuche ich das Bild zu komplettieren.

„Beim Pissen erschossen, was für ,n beschissener … bepisster Tod", kommentiert Flipp.

„Neee, er wurde doch in die Brust geschossen. Beim Pinkeln wären die Einschüsse im Rücken. Oder denkst du, er hat versucht die Angreifer anzupinkeln?", kombiniert Zipp.

„Ach?! Und wenn er grade am Pissen war, ein Geräusch hörte und sich mit dem Schwanz in der Hand umdrehte?", keift Flipp zurück.

„Das …"

„Schnauze ihr zwei", fahre ich ruhig dazwischen. Ich hab jetzt nicht den Nerv für ihre ständigen Zankereien. Ich bette den Kopf in die Hände und hole ein paarmal tief Luft.

Hier ist nichts mehr für mich zu tun.

„Den Rest überlasse ich eurer Verantwortung. Fragt noch mal die Mädels, ob sie irgendwas gesehen oder gehört haben. Vielleicht haben sich die Angreifer unterhalten, Namen gesagt oder so. Checkt auch die Aufnahmen von den Räumen. Dabei ist nur interessant, ob man etwas aus dem Flur hört und welche Freier anwesend waren, also konzentriert euch darauf und holt euch keinen runter. Entsorgt die Leichen, macht sauber und alles andere klären wir später."

Sie wirken nicht begeistert.

„Wir sollen allen Ernstes die Sauerei hier saubermachen?!", quengelt Flipp.

„Du musst zuhören. Ich sagte ‚eure Verantwortung', wie ihr das handhabt, interessiert mich nicht."

Hinter den Türen. Erst kalt, dann heiß, dann warm. Ein banaler Vorgang, der einen um den Verstand bringen kann. Wer erfindet solche Gerätschaften?

In roten Pfützen spielt man nicht

(Eddy) Meine ohnehin seltene innere Ruhe wird jäh durch die Türklingel gestört. Kurz vor Mitternacht. Panik. So später Besuch kann nix Gutes bedeuten. Dabei hatte der Tag für einen so seltsamen Einklang in mir gesorgt und mich die Sorgen fast vergessen lassen.

Mit Lucky ist es ein richtig angenehmes Arbeiten gewesen. Ich wurde immer ruhiger, hab sogar gelacht und Witze gerissen. Es war beinahe … schön. Auch diese Lin ist irgendwie … nett.

Auf Drängen von Lin und nach Luckys mehrfacher Versicherung, dass sie vertrauenswürdig sei, erörterte ich beim Mittag noch mal die Vorkommnisse des gestrigen Tages.

Ohh Mann … ist das wirklich erst zwei Tage her? Nicht mal ganz. Vor achtundvierzig Stunden habe ich hier geschlafen. Vor vierundvierzig Stunden ging ich zur Arbeit in die Bäckerei und vor grade mal vierunddreißig Stunden hat sich mein gesamtes Leben auf den Kopf gestellt. Mit welcher Leichtigkeit sich die Hand aufs Spielfeld senken kann, um die Figuren zu verrücken, umzustoßen oder wegzuschnipsen.

Als ich Kyrios dann heute meine Tortenkreation und Kekse brachte, hatte ich weiche Knie. Aber er beachtete mich kaum. Ich stellte die Platte ab, er murmelte etwas und ich war wieder draußen.

Als ich dann zuhause ankam, war ich doch irgendwie ziemlich erleichtert. Also, ich hatte einen Tag im Gangstermilieu verbracht und mir ist nicht nur nichts passiert, sondern ich hab auch noch nette Menschen kennengelernt. Zugegeben, das kann auch täuschen und es sind nur zwei von vielen, aber dem Rest muss ich halt einfach versuchen, aus dem Weg zu gehen. Pahhh … einfach …

So wie es der Tag geschafft hat, ein Gebäude der Gelassenheit in mir aufzubauen, so schafft es nun die näselnde Stimme aus der Gegensprechanlage, es wieder einstürzen zu lassen. Und so wie ich Nase bisher kennengelernt habe, tanzt er danach noch dämlich grinsend auf den Trümmern herum. Vermutlich Ringelreihen mit seinem Bruder.

„Halloooo!!! Warum dauert das so lange?! Sag was, du Wicht!“, quäkt es aus dem Hörer.

Ich stöhne. Offenbar zu laut.

„Häää? Was war das?"

„Hallo", sage ich resigniert.

„Na endlich. Komm runter, wir haben Arbeit für dich!"

„Ähh … jetzt?!"

„Nee, ich campe hier unten bis morgen und fahr dich dann. Natürlich jetzt, du Idiot!!!"

„O… O.k."

Was nun? Flüchten? Immer wieder dieselbe Frage. Leider auch dieselbe Antwort. Zwecklos. Ich ziehe mich an und gehe runter.

Nase wartet mit einem anderen Typen vor der Haustür.

„Wo ist Zwille?", frage ich.

„Wer ist Zwille?"

„Na dein Bru…" Ohh verdammt … habe ich grade … er heißt doch … ja, wie eigentlich? Und Nase? Mhh … ich hab beide Namen vergessen. Aber Nase hilft mir sogleich auf die Sprünge. Unangenehmerweise zieht er mich dafür an meinem Ohr zu sich herunter. Er ergreift mich aber nicht am Ohrläppchen, sondern oben an dem knorpeligen Teil der Ohrmuschel und verdreht es beim Ziehen. Das tut verdammt weh.

„Mein Bruder heißt Zipp! Und Ich heiße Flipp! Verstanden?!", presst er zwischen knirschenden Zähnen hervor. Mir entfährt ein Grunzen. Halb aus Belustigung, halb aus Schmerz. Leider fasst Flipp es offenbar als Belustigung auf.

„Ach findest du unsere Namen wirklich so lustig? Hättest du vielleicht bessere für uns?"

Er dreht seine Hand noch ein Stück weiter und ein unglaublicher Schmerz durchfährt meinen Kopf. Automatisch versuche ich, mich mit zu drehen und knicke dabei ein.

Ohren zu und du… Wer war das?! Tell me whyyy!!!

Tränen schießen mir in die Augen. Hastig versichere ich ihm, dass alles in Ordnung ist mit ihren Namen und ich mich nur nicht mehr genau erinnern konnte.

Nach einer Ewigkeit lässt er endlich los. Nach einer zweiten Ewigkeit geht der Schmerz zum Glück in ein Kribbeln über und jetzt fühlt es sich nur noch wie starker Sonnenbrand an. Vermutlich sieht es auch entsprechend aus.

Mit immer noch tränenden Augen werde ich auf die Rückbank des Autos bugsiert.

Eigentlich wollte ich noch etwas damit warten, mir ans Ohr zu greifen, aber die Panik, ob es überhaupt noch da ist, treibt mich dazu. Wer weiß, vielleicht ist es ja nur Phantomschmerz und Nase … ähh Flipp, Flipp, Flipp, merk dir das! Vielleicht hält er es in Wirklichkeit noch immer in der Hand. Flipp dreht sich zu mir um.

„Haha, ich hab dein Ohr! Ist jetzt mein Ohr!" Er hält mir ein blutiges Etwas hin.

Kranke Fantasie. Erleichtert ertaste ich mein Ohr. Glüht wirklich wie Sonnenbrand, scheint aber ansonsten heil zu sein.

Eine Hand legt sich auf meine Schulter. Ich fahre zusammen. Und da Flipp von vorne brüllt „Was is'?!", hab ich offenbar auch aufgeschrien.

„Ähh … nix … alles o.k.", sage ich kleinlaut, versuche meinen tränenden Blick zu klären und lasse ihn von der Hand, über den Arm, bis zu dem Körper, der daran hängt, wandern. Lin lächelt mich müde an.

„Schreckhaft heute, was?"

„Ähmm … ‚Heute'?", erwidere ich sarkastisch. Wo auch immer ich das hernehme.

„Alles klar?", fragt sie und ich höre, glaube ich, mehr Besorgnis in ihrer Stimme als wirklich darin liegt.

„Ähh… ja, geht schon. Hätte nicht gedacht, dass man am Ohr so viel Schmerzen fühlt."

„Schmerzen fühlt man nur im Kopf. Aber das Ohr ist eben ein verflucht empfindliches Körperteil. Das geht aber auch in die andere Richtung. Pupu! Lass dir mal die Ohren massieren, das ist göttlich."

Ihr Blick schweift in die Ferne und ich sehe zum ersten Mal, was damit gemeint ist, wenn einer schreibt, dass ein leichtes Lächeln nur beginnt, irgendwelche Lippen zu umspielen. Sieht schön aus. Lächeln macht schön. Ich bekomme unglaublich Lust, ihr die Ohren zu massieren. Nur damit sie weiter lächelt. Doch ich Depp zerstöre natürlich den Zauber.

„Weißt du, was hier los ist?"

„Pipi! Nö. Sie meinten nur, es gibt was zu putzen. Das erklärt meine Anwesenheit, aber ob es nun für dich was zu backen gibt oder was du sonst machen sollst weiß ich nicht."

„Häää … was zu putzen? Mitten in der Nacht?"

„Dreck! Who knows." Sie zuckt mit den Achseln. Ihre Brüste heben und senken sich unter ihrem Strickpullover.

„Hört auf zu quatschen dahinten!", fährt uns Flipp an.

Lin verdreht die Augen, zieht kurz einen Mundwinkel nach oben und wendet sich dem Fenster zu. Ich starre auf den dunkelgrauen Stoff der Nackenstütze vor mir. Und wie Sie sehen, sehen Sie nichts.

Mhh … Langweilig. Doch immer noch besser als sich Gedanken über meine Situation … Zack! Da sind sie wieder. Aber ernsthaft, was wollen die mitten in der Nacht von mir? Hat Kyrios plötzlich Mitternachtsheißhunger?

Wir fahren Richtung Süden, also nicht zum Hauptgebäude der Organisation. Die Angst saugt sich an meinem Nacken fest und lässt mich die ganze Fahrt über nicht los. Dass drei Männer in der dunklen Gasse, an der wir nun halten, ein menschengroßes Paket aus zwei zusammengeklebten großen schwarzen Müllsäcken in einen Van hieven, macht es nicht besser.

„Hab ich euch nicht gesagt, ihr sollt die Laternen ausmachen und mit dem Container und dem Van weiter in die Gasse rein?! Scheiße, jeder noch so kurzsichtige Bulle, der hier vorbeifährt, könnte euch sehen!", faucht Flipp die Männer an, nachdem er ausgestiegen ist. Die Männer murmeln betreten irgendwas durcheinander. Einer fragt laut:

„Wie sollten wir denn die Laternen ausmachen? Die Schüsse hört doch jeder."

„Und auf die Laternen zu ballern ist tatsächlich die einzige Möglichkeit, die euch Schwachköpfen eingefallen ist?" Wieder Gemurmel. Flipp geht zu einer Laterne und fängt an, gegen die Plastikverkleidung zu treten. Gemächlich schält sich der Typ vorne im Auto vom Fahrersitz, geht zur Laterne, stellt sich neben Flipp und tritt ungefragt einmal zu. Mehrere große Plastikstücke brechen aus der Verkleidung. Flipp funkelt ihn böse an. „War ja auch schon aufgerissen!" Dann greift er sich ein Bündel Kabel und zieht daran.

Auf der ganzen Straßenseite gehen die Laternen aus.

Lautes Feixen dringt aus der Dunkelheit der Gasse.

„Wie ‚unauffällig'", sagt jemand.

„Wer war das?! Seht zu, dass ihr fertig werdet!" Bester Laune wendet er sich wieder zum Auto. „Ihr zwei, raus da!" Wir folgen ihm zur Tür rechts neben der Gasse, davor stehen zwei Gestalten, die uns sofort Platz machen und die Tür aufhalten.

Die Wände von Flur und Vorzimmer ziert die schrecklichste Tapete, die ich je gesehen habe und den Boden ziert die größte Menge Blut, die ich je gesehen habe. Ich muss unweigerlich aufstoßen. Es ist nicht so, dass ich kein Blut sehen kann, aber … aber … so viel … und … und wenn ich an die Säcke im Van denke, kann ich mir nur allzu detailliert ausmalen, woher das Blut stammt. Lin muss auch schlucken, wirkt aber gefasster als ich.

Ich erschrecke mich schon wieder, als nun plötzlich beide Zwillinge vor mir stehen.

„Ach guck, unser Eddy mal wieder … und die gute Putzi", begrüßt uns Zwille mit einem grimmigen Lächeln. Zipp … er heißt Zipp! Ich sollte mir das wirklich einprägen.

„Was ist hier passiert?", fragt Lin.

„Das tut nichts zur Sache. Eddy, du machst hier unten sauber. Lin, du oben. Schnappt euch das Putzzeug aus'm Klo und dann seht zu, dass der Scheiß hier sauber wird." Zipp zeigt auf die Blutflecken. Mir kommt es schon wieder hoch. Ich halte den Mund.

„Den Mist kriegen wir nie und nimmer weg. Verdammt! Das Blut ist schon am Gerinnen und in die Lücken zwischen dem Parkett gelaufen", erwidert Lin für meinen Geschmack etwas zu sachlich, nachdem sie sich eine Weile umgeguckt hat.

„Na dann seht mal zu, vorher kommt ihr hier nämlich nicht weg", grinst uns Flipp hämisch an. Freudlos zieht Lin einen Mundwinkel nach oben und entgegnet trocken:

„Dreck! Ihr aber auch nicht. Aber gut, wenn ihr meint."

Hää … wie kann sie nur so ruhig bleiben? Ach stimmt … sie nimmt ja irgendwelche Tabletten. Oder ist sie solche Aufträge etwa schon gewohnt?

Lin verschwindet in der Badtür im Flur und kommt kurze Zeit später mit einem Eimer voller Putzmittel, einem Wischmopp und mehreren Lappen wieder raus. Ich strecke die Hände aus, um ihr was abzunehmen, doch sie geht einfach an mir vorbei die Treppe hinauf ins Obergeschoss, ohne mich zu beachten. Hey!

„Na los, zack, zack!", feuert Flipp mich an, da ich immer noch mit erhobenen Armen rumstehe. Im Bad finde ich jedoch nicht mehr viel, nur massenweise Klopapier, Papierhandtücher, ein Stück Seife und einen Topf, der unter dem Abfluss im Schrank steht, offenbar um das tropfende Wasser aufzufangen. Ich traue mich nicht zu fragen, ob ich nach oben gehen darf, um mir von Lin noch Reinigungsmittel geben zu lassen. Ich fülle stattdessen einfach den Topf mit Wasser, löse etwas Seife darin auf und schnappe mir einen Stapel Papiertücher. Nicht mal Handschuhe habe ich.

Einzeln werfe ich die Tücher in die Pfützen. Augenblicklich färben sie sich dunkelrot. Wie sie das Blut aufsaugen! Erst bildet sich ein dicker roter Strich in der Mitte, wo sie gefaltet sind, von da aus saugen sich die beiden Seiten voll und senken sich langsam ab, bis das ganze Papier bis in die Ecken vollgezogen ist. Wie in der Werbung.

Aber nur, wenn ich sie exakt mit der Faltkante reinfallen lasse. Einfach nur so hingeworfen saugt sich meist eine Seite sofort voll und die Andere klappt sich oben drauf. Ich versuche, mich auf dieses Schauspiel zu konzentrieren, um nicht daran zu denken, was ich hier eigentlich mache. Nämlich mit Papierhandtüchern in Blutpfützen spielen. Verdammt!

Zahnhaarbürste! Neunmal täglich!

Ich renne ins Bad und übergebe mich mehrmals ins Waschbecken. Warum, weiß ich auch nicht. Also warum ich mich übergebe, weiß ich schon und übergebe mich bei dem Gedanken gleich noch mal. Doch warum nicht ins Klo, das einen Meter weiter steht? Naja … wer handelt in solchen Momenten schon überlegt.

Ich drehe das Wasser auf und versuche, die Kotze wegzuspülen. Klappt nicht. O.k. … Luft anhalten, warum weiß ich auch nicht, reingreifen, Abflussdeckel rausziehen. Ich schaue zu, wie die Bröckchensuppe nach und nach in das schwarze Loch strudelt. Bye Bye, Abendessen.

Ich spüle mir mehrfach den Mund aus, was leider nur wenig hilft.

Dann gehe wieder zurück zu den roten Pfützen. Einige Männer lachen, die Zwillinge hinterm Tresen beachten mich nicht weiter, sie scheinen sich irgendwas anzugucken. Ich frage nach Mülltüten und Kaugummis. Der Typ, der mir kurze Zeit später eine Rolle Mülltüten in die Hand drückt, kaut genüsslich auf einem Kaugummi und grinst mich an.

Diesmal werfe ich die Papierhandtücher großflächig auf die Blutlachen, ohne genauer hinzusehen. Anschließend umwickle ich meine rechte Hand mit so vielen Tüchern, dass sie aussieht wie ein Pappmaché-Boxhandschuh. Damit hebe ich nach und nach die vollgesogenen Tücher auf und werfe sie in die Mülltüte. Erst als ich den dritten Handschuh durchgeweicht habe, komme ich auf die Idee, eine der Mülltüten als Schutzhandschuh zu benutzen.

Sooo … das Gröbste hätten wir. Ich verspüre leichten Stolz, der aber sofort wieder von Übelkeit verdrängt wird. Mit Seifenwasser und neuen Tüchern versuche ich, die restlichen Spuren zu beseitigen. Obwohl ich Wasser und Tücher immer wieder austausche, bleiben rote Schlieren auf dem Parkett, außerdem hatte Lin recht damit, dass das Blut in die Rillen läuft.

Ich versuche, mit der Kante eines Papierhandtuchs, durch eine der Rillen zu fahren. Die Kante ist danach zwar rötlich, aber die Fuge leider auch immer noch. So wird das nix. Oh Mann … ich versuche meine Stimme nicht zittern und wie selbstverständlich klingen zu lassen.

„Ich geh mal kurz hoch zu Lin, mir ordentliches Putzzeug holen." Klappt nicht wirklich. Aber die Zwillinge heben nicht mal die Köpfe und die anderen ignorieren mich. Ich werte das einfach Mal als Einverständnis.

Poesie. Bitte schön blutig.
An sich ist ein Menschenschädel sehr stabil, unter gewisser Einwirkung doch eher fragil.
Und als der Schatten zügig herniederfiel, war's schnell vorbei mit dem Mienenspiel.
Scheinbar brauchte da jemand ein Ventil und da tat's nicht das gebräuchliche Projektil.
Die Methode der Wahl nicht grad subtil, klemmt nun ein einsamer Zahn im Profil.
Und ein einzelner Tropfen findet seinen Weg. Rosen erblühen unter ihm.

Ressourcenschonung

(Lin) Pupu noch mal! Ich musste ja schon ein paarmal Spuren beseitigen, aber so viel Blut auf einmal hab ich noch nie gesehen. Ich versuche es abgebrüht hinzunehmen, aber unweigerlich bildet sich ein dicker Kloß in meinem Hals. Dreck! Eddy geht es allem Anschein nach auch nicht viel besser, eher schlechter, so kreidebleich wie der ist.

„Ach guck, unser Eddy mal wieder … und die gute Putzi." Zipp grinst uns blöde an. Mist! Irgendwann werde ich herausfinden, wer diesen Spitznamen zum ersten Mal benutzt hat und ihm die Eier abschneiden. Saubermachen kann er die Sauerei dann anschließend selber.

„Was ist hier passiert?", frage ich betont trocken, ohne mich provozieren zu lassen.

„Das tut nichts zur Sache. Eddy, du machst hier unten sauber. Lin, du oben. Schnappt euch das Putzzeug aus'm Klo und dann seht zu, dass der Scheiß hier sauber wird." Immer noch breit grinsend zeigt er auf die Blutlache. Dreck! Als wenn wir die übersehen könnten. Verdammte Schikane! Hier schaukeln sich genug gelangweilte Männer die Eier. In der Zeit, wo sie uns abgeholt haben, hätten sie schon längst saubermachen können. Pure Demütigung. Pupu! Hier ist euer Platz. Und immer schön rein mit der Nase. Denn wegen meiner „Fachkenntnis" haben die mich nicht gerufen. Dreck! Ich weiß, wie das läuft. Das muss hier nur oberflächlich rein werden. Hauptsache, die harten, zahlungskräftigen Ständer der Freier schrumpeln nicht beim Anblick vertrockneter Blutflecken in sich zusammen. Irgendwelche rumliegenden Schleier hingegen können alles Mögliche gesehen haben und verursachen in den ohnehin auf Sparflamme laufenden lustgeilen Gehirnen sicher keine genitale Abkühlung.

Ihr kleinen Mistzwerge! Pupu! Irgendwann, wenn ihr euch mal wieder eure dämlichen Miniplis mit Haarspray einsprüht, werfe ich ein Streichholz dazwischen. Und anschließend zupf ich jedes Haar einzeln aus euren lächerlichen Colombo-Schnauzern.

Doch meine Rachefantasien müssen warten. Überall liegt Schmutz. Dreck! Unterbewusst habe ich den Raum schon längst gescannt, versuche mich jetzt aber wenigstens nur auf das Blut zu konzentrieren. Der Rest ist nicht meine Aufgabe, obwohl es natürlich ... nein verdammt! Nur das Blut!

Spritzer an den Wänden. Wenige. Kaum zu sehen bei dieser hässlichen roten Tapete.

Blutflecken und Schlieren am Boden. Viele. Hier und da ist schon jemand durchgelatscht und hat dem modernen Kunstwerk auf dem Parkett auch noch Schuhabdrücke hinzugefügt, die sich dann langsam auf den größeren sauberen Stellen verlieren.

„Den Mist kriegen wir nie und nimmer weg. Verdammt! Das Blut ist schon am Gerinnen und in die Lücken zwischen dem Parkett gelaufen", gebe ich zu bedenken.

„Na dann seht mal zu, vorher kommt ihr hier nämlich nicht weg." Pipi! Am liebsten hätte ich Flipp jetzt so doll in seine Schrumpfeier getreten, dass sie es sich neben seinen Mandeln gemütlich machen können. Und dann hätte er die ganze Zeit dieses fiese Gefühl, das ich früher auch hatte, als ich Tabletten trocken runtergeschluckt und mir dann die ganze Zeit einbildet habe, sie würden noch im Hals stecken. Erneut muss ich innerlich schmunzeln und lasse mich zu einer schnippischen Antwort hinreißen:

„Dreck! Ihr aber auch nicht. Aber gut, wenn ihr meint." Ohne das Echo abzuwarten, drehe ich mich um und gehe in das kleine Badezimmer neben dem Eingang. Pupu! Jetzt Konzentration auf die Arbeit. Der viel zu vertraute Geruch der Putzmittel lässt aber eh alle anderen Gedanken endgültig verschwinden. Ich schnappe mir alles Brauchbare und gehe ins Obergeschoss zu meinem Arbeitsplatz. Zum Glück wurden die Leichen auch hier schon weggeräumt. Vermutlich nur eine, der Blutlache nach zu urteilen. Mechanisch beginne ich mit der Reinigung. Handschuhe an, Lappen in die Lache, aufsaugen, in den Eimer wringen. Aufsaugen. Auswringen.

„Bad?", frage ich den an die Wand gelehnten Wachmann tonlos. Er zeigt auf das Ende vom Flur. Eher beiläufig nehme ich die Ausstattung wahr. Das Bad ist sehr groß und schick. Mehrere übergroße Duschköpfe ragen aus der Wand, allerdings ohne Kabinen oder Abtrennung dazwischen. Vermutlich wird das Bad für verschiedenste Angebote genutzt. So viel Raum und Komfort wird nicht den Mädchen zuliebe geschaffen.

Eimer in den Abfluss kippen, alles ausspülen, Eimer füllen, zurück. Mit Reinigungsmitteln, Wasser und Lappen schrubbe ich den Boden. Da scheint was unter der Tür durchgelaufen zu sein. Ich öffne sie und entferne das Blut. Wasser zu rot. Ins Bad, auskippen, ausspülen, füllen, weiter. Mit einer Spülbürste behandele ich die Rillen, in denen es immer noch rötlich schimmert. Es geht nur schwer ab und ich muss ganz schön schrubben. Doch die Anstrengung dringt nur am Rande zu mir durch. Ich schwitze. Noch mal mit klarem Wasser nachwischen. Ein bisschen Wasser auf die Stelle kippen, mit der blanken Bürste in die Rillen, mit trockenen Lappen aufsaugen.

„Ähhm … hey." Ich werfe die Lappen in den Eimer, betrachte mein Werk und nicke zufrieden. Da in der Ecke ist aber auch ganz schön dreckig … und da auch und … Pupu! Wann wurde denn hier das letzte Mal der Heizkörper saubergemacht?

„Ähh … Hallo?" Ich blinzle und schaue hoch. Eddy steht verlegen vor mir und wippt ganz leicht von einem Bein zum anderen.

„Ähm … könnte ich … naja … die Putzmittel haben, wenn du hier fertig bist? Bitte."

Dreck! Stimmt. Er sollte ja unten saubermachen. Verdammt und ich hab einfach alles mitgenommen. Vermutlich die Gewohnheit, sage ich mir. „Ich war's", sagt meine Neurose.

„Dreck! Sorry, ich hab dich ganz vergessen." Nicht grade die beste Entschuldigung. Eddy guckt auch sofort etwas betreten. Schnell lege ich nach: „Ich war einfach zu fixiert. Verdammt! Na du weißt schon" Ich kreise mit dem Finger an meiner Schläfe, rolle mit den Augen und strecke die Zunge seitlich raus. Jemand anderem hätte das bestimmt ein Lachen entlockt. Eddy jedoch schaut mich ängstlich an.

„Pupu! Na du weißt schon … meine Zwangsneurose. Hat dir Lucky etwa nichts davon erzählt?" Er schüttelt den Kopf. Ungewöhnlich, normalerweise kann Lucky nichts für sich behalten, und da er Eddy offenbar sympathisch findet, ging ich davon aus.

Spontan fasse ich einen Entschluss. Denn der Raum, den ich geöffnet habe, ist leer. Pipi! Ist vermutlich auch schwer erträglich, in einem Zimmer auszuharren, wo unter der Tür langsam eine Blutlache durchfließt. Ich schaue zu dem Wachmann, der sich immer noch gelangweilt an der Wand abstützt, ziehe Eddy in den Raum und wir setzen uns aufs Bett. Die Tür lasse ich offen, nicht, dass er auf falsche Gedanken kommt.

Dreck! Eddy hat mir offen seine Geschichte erzählt, also erzähle ich ihm auch meine.

Währenddessen schaut er mich die ganze Zeit mit großen Augen an. Sein Blick wendet sich nicht einen Moment von meinem Gesicht ab. Er nickt weder, noch gibt er irgendwelche Zwischenkommentare ab. Pupu! Eigentlich lässt er überhaupt kein Anzeichen von Anteilnahme erkennen, außer einem etwas erschrockenen Gesichtsausdruck. Aber immer noch angenehmer als Lucky damals. Als ich ihm meine Geschichte erzählt habe, konnte er nicht einen Augenblick stillsitzen, plapperte ständig dazwischen und auch seine glotzenden Augen trugen nicht grade zur rechten Seelenauskotzstimmung bei. Dreck! Ich weiß, dafür kann er nichts, trotzdem ist es halt oft unangenehm.

Dabei fällt mir ein, dass ich mein Martyrium bisher niemandem außer Lucky so ausführlich erzählt habe. Mist! Ich kenn diesen Typen zwar kaum, aber aus irgendeinem Grund mag ich ihn. Vielleicht auch nur, weil er so ängstlich ist. Außerdem ist er noch unfreiwilliger als ich in Abhängigkeit zur Organisation geraten. Pupu! Aus der werden wir wohl beide bis zu unserem vorzeitigen Tod nicht rauskommen. Also wenn man schon mal nette Leidensgenossen trifft, kann man sich doch auch ebenso gut zwanglos anfreunden. Dreck! Eigentlich brauche ich niemanden. Andere Menschen verletzten einen nur, erst recht wenn man sich ihnen öffnet. Doch in Momenten wie diesen wird mir der Stellenwert zwischenmenschlicher Beziehungen wieder erschreckend deutlich.

Dreck! Zum Ende meiner Erzählung überkommen mich dann doch tatsächlich noch die blöden Gefühle und sogar einige Tränen fließen meine Wangen hinunter.

„Tja, so ist das. Verdammte Pupu! Keine Wohnung, ohne Geld oder Versicherung, keine Therapie und keine Medikamente. Die Organisation versorgt mich mit Tabletten und einem Dach überm Kopf, dafür muss ich halt die Putzsklavin spielen. Toll, nicht wahr?“ Ich verziehe die Lippen. Ein miserabler Versuch eines Lächelns. Dann wende ich mich ab, versuche zwinkernd den Tränenfluss zu stoppen und wische mir mit dem Ärmel über die Wangen. Dreck! Zum Glück schminke ich mich schon seit langem nicht mehr. Wozu auch? Alles hat seine Vorteile, denke ich bitter.

Plötzlich spüre ich eine zarte zitternde Berührung. Erst am linken, dann am rechten Ohr. Ich halte vollkommen still, sage nichts und warte. Da ich nicht abwehrend reagiere, wird Eddy offensichtlich mutiger. Nun umfasst er meine Ohrläppchen zwischen Daumen und Zeigefingern und beginnt, sie mit leicht kreisenden Bewegungen zu massieren. Zum Glück trage ich auch keinen Schmuck mehr, sonst könnte ich diese Behandlung wohl nicht so vollauf genießen. Verdammt! Tut das gut. Das Zittern seiner Finger hat nachgelassen und er tastet sich jetzt langsam an der Ohrmuschel nach oben. Sein Griff verliert dabei an Stärke, was auch gut so ist, denn oben, da wo das Ohr knorpeliger wird, würde zu viel Druck weh tun. Er streicht sanft mit dem Zeigefinger zurück bis hinter die Ohrläppchen und massiert dort. Dann beginnt er von vorn.

Dieser Schelm! Hat er sich doch tatsächlich meine Bemerkung vorhin im Auto gemerkt.

Seine Hände sind etwas rau, aber das ist mir im Moment völlig egal. Für mich hat er in diesem Moment einfach verdammt magische Finger. Jetzt ist er wieder an den Ohrspitzen angelangt. Diesmal gleiten seine Finger aber nicht zurück, sondern weiter zur Stelle vor der Ohrmuschel. Dort nimmt er jeweils einen Finger hinzu und lässt die Fingerkuppen kreisen. Pupu! Ist das gut! Mir entfährt ein Seufzer der Entspannung. Ich spüre, wie er näher an mich heranrückt. Sein Kopf ist jetzt direkt hinter meinem. Dreck! Mit so sanfter und ruhiger Stimme wie möglich, um ihn ja nicht zu verschrecken, sage ich:

„Bitte atme nicht in meine Richtung, du riechst nach Kotze." Er hält inne. Verdammt! „Aber der Rest ist sehr schön, bitte mach weiter", ermuntere ich ihn sofort wieder.

Er fährt über die Stelle vor dem Ohrläppchen, dann darunter und wieder dahinter. Ein Kribbeln geht durch meinen ganzen Körper. Ganz langsam und vorsichtig tasten sich seine Finger hinterm Ohr entlang, immer mit kreisenden Bewegungen vorwärts.

„Ey! Was macht ihr da? Rumsitzen is' nich'! Los an die Arbeit!", werden wir von dem Typen aus dem Flur unterbrochen. Dreckskerl! Eddy lässt sofort los. Zurück bleibt ein wohliges Kribbeln und das Gefühl, seine Finger würden immer noch meine Ohren massieren. Verdammt, war das geil! Ich drehe mich zu ihm um, drücke seine Hand, halte die Luft an und gebe ihm einen Kuss auf die Wange.

„Danke. Das war verdammt gut", flüstere ich ihm zu und schenke ihm ein ehrliches, liebevolles Lächeln. Ungewohnt. Diese Gesichtsmuskeln waren schon lange nicht mehr aktiv. Er schaut verlegen nach unten. Jedoch kann ich ein Schmunzeln auf seinen Lippen erkennen. Das reicht mir.

„Komm wir gehen runter und machen da sauber." Ich strecke ihm meine Hand hin.

„Ähhm … duuu … erklärst du mir irgendwann mal, was es mit dem

Pupu und Pipi auf sich hat?" Er schmunzelt immer noch leicht.
Ich lächle nur weiter.

Im Auto sprechen wir kein Wort miteinander. Was nicht zuletzt an dem verdammten Fettklops liegt, der zwischen uns sitzt. Die Zwillinge sitzen natürlich vorne. In unserer kleinen Kolonne fahren noch ein Auto und ein Minibus mit den Leichen mit.

Der Vorraum im Puff war relativ schnell fertig, Eddy hatte ja schon das Gröbste erledigt. Die Spritzer an der Wand, die außer mir offenbar keiner sah, ließen sich einfach entfernen. Dreck! Diese geschmacklose Tapete sieht offenbar nicht nur nach Plastik aus, sondern ist auch aus Plastik. Draußen auf der Straße und in der Gasse reichte es aus, alles mit Wasser wegzuspülen und verlaufen zu lassen. Natürlich war ich damit nicht zufrieden, konnte mich aber zurückhalten. Pupu, Tabletten sei Dank!

Die Zwillinge wollen uns nach wie vor weder erzählen, was passiert ist, noch was jetzt ansteht. Dreck! Ich weiß genau, was jetzt kommt, jedoch begreife ich nicht, warum Eddy da mit muss. Da ich sowieso zurück zum Gebäude muss, liegt es für mich quasi auf dem Weg, aber er hat doch noch sein Zuhause. Wieder Schikane? Speziell für den Neuling?

Wir erreichen das Gelände der Organisation. Nur das andere Auto hält auf dem Hof, wir und der Minibus fahren an der Seite vom Gebäude entlang zum hinteren Teil und halten, wie vermutet, vor dem alten rostigen Rolltor. Drecks Pipi! Ich hasse das!

„Reisegruppe Leichenentsorgung aussteigen bitte!", ruft Zipp in bester Schaffnermanier.

Eddy zuckt zusammen und schrumpft in seinem Sitz um mindestens die Hälfte. Wenn ihn der Fettsack beim Aussteigen nicht zwangsläufig aus der Tür gequetscht hätte, würde er vermutlich immer noch dasitzen. Der arme Vogel.

„Na los Eddy, nich' rumstehen, anpacken! Leichen tragen kennst du doch schon, aber diesmal geht's nicht in den Kofferraum. Los Putzi, du auch!", fordert Flipp uns auf. Dreck! Wäre ich allein, hätte ich es vielleicht riskiert, einfach reinzugehen und in meinem Zimmer zu verschwinden. Aber ich befürchte, Eddy würde meinem Beispiel nicht folgen, und stattdessen wie ein stockbetrunkener Jäger im Scheinwerferlicht stehenbleiben und sich danach vollkommen verlassen fühlen. Mist! Das kann ich ihm nicht antun.

Ich suche mir den kleinsten Sack aus und bedeute ihm, mit

anzufassen. Zwei große schwarze Müllsäcke, einen über die Beine, einen über den Oberkörper ziehen, in der Mitte mit mehreren Reihen Klebeband zusammenkleben. Billiger als ein Leichensack. Pupu! Wie sehr man hier doch abstumpft. Da liegt ein toter Mensch drin, verdammt!

Dem Gefühl nach trage ich den Oberkörper. Eddy entgleitet beim Tragen mehrmals das Fußende. Was vermutlich weniger am Gewicht, sondern mehr an dem glatten Plastik in Verbindung mit seinen schwitzigen Händen liegt. Außerdem ist er ziemlich wackelig auf den Beinen und sieht fast genauso blass aus wie die Leiche im Sack.

Dreck! Entweder haben wir einfach Pech oder es liegt an Eddys ständigem Fallenlassen. Kurz nachdem wir durchs Tor sind, reißt plötzlich das Klebeband und ich habe nur noch eine leere Mülltüte in der Hand. Der Kopf der Leiche schlägt mit einem lauten Knacken vor mir auf dem Boden auf. So viel Kopf ist da allerdings gar nicht mehr und nun hat der Mann nicht nur vorne ein großes Loch im Schädel. Verdammter Mist!

Alle fangen an zu lachen. Alle außer Eddy. Mit starrem Blick und kaum hörbarer Stimme murmelt er langsam etwas. Ich bin mir nicht ganz sicher, ob ich es richtig verstanden habe. Dabei zweifele ich weniger an meinem Gehör, sondern eher am Inhalt. Denn es klang wie: „Mein Ranzen ist voller Streichkäse … mit Salamiaroma …" Anschließend übergibt er sich, ohne großartige Versuche, es zu verhindern. Aber immerhin dreht er vorher den Kopf zur Seite. Pipi! Viel ist es eh nicht.

Ich lache auch nicht, obwohl es schon etwas Komisches hat, dass Eddy es ausgerechnet in diesem Moment schafft, sein Ende des Sackes festzuhalten. Sogar während er kotzt.

„So werden wir ja nie fertig", sagt einer der Typen und schubst Eddy zur Seite. Er nimmt die Beine in die Hand, also die der Leiche, schleift sie durch den großen Raum und legt sie zu den anderen. Dreckskerl! Bestimmt darf ich nachher die Blutspur wegwischen.

„Komm mal mit Eddy, wir zeigen dir jetzt mal, was wir hier sonst noch so machen. Wird dir sicher gefallen", sagt Flipp wie ein stolzer Vater, der seinem Sohn grade die eben gekaufte Familienkutsche zeigen will. Dreck! Vermutlich hätte er ihm auch den Arm um die Schulter gelegt, wenn er dafür nicht zu klein gewesen wäre. So stupst er Eddy nur vor sich her, bis sie vor der großen Apparatur stehen. War mir fast klar, dass es nur darum geht, den Neuen einzuschüchtern. Pupu! Als ob das bei Eddy nötig wäre.

Zipp stellt sich auf die andere Seite von Eddy und setzt denselben väterlichen Tonfall auf.

„Weißt du, was das ist?" Eddy schaut zaghaft auf und schüttelt den Kopf.

„Aber, aber, das solltest du doch wissen als Bäcker", tadelt ihn Flipp.

„Ehh … eigentlich … Konditormeister", korrigiert Eddy kleinlaut, woraufhin er sich einen Schlag auf den Hinterkopf von beiden Zwillingen einfängt. Wow! Dass sie da rankommen.

„Das, mein lieber, vorlauter Eddy, ist ein Ofen."

„Man benutzt ihn, um unnütze Dinge zu verbrennen."

„Wie Möbel, Abfälle, Schwätzer, Leichen …"

„… oder kleine, vorlaute Eddys." Verdammt! Ich hasse es, wenn sie diese sich abwechselnde Sprech-Nummer abziehen, als hätten sie ein kollektives Minihirn.

„Die ‚Brennstoffe', wie diese fünf Freunde hier, lagern wir in dem Raum da." Zipp zeigt auf eine dicke Edelstahltür rechts neben dem Brennofen.

„Und wenn wir genug davon haben, feuern wir den Ofen an."

„Klappe auf, Klappe zu, Affe verbrannt. Tot ist er ja schon … in der Regel."

Dreck! Ich hätte nicht gedacht, dass Eddy noch blasser werden kann. Dann wird ihm der nächste Teil des Vortrags wohl noch mehr zusetzen. Aber ich kann ihm da leider auch nicht helfen. Aufmucken gegen die Zwillinge, während ihres Lieblingsspiels, vor den anderen Männern, ist eine verflucht schlechte Idee.

„Und weißt du, was das Beste daran ist?", strahlt ihn Flipp an, als würde er dem Sohnemann gleich offenbaren, dass es auch einen kleinen Fernseher in der Rückenlehne gibt.

„Als das Gebäude noch ein Krematorium war, hat der Besitzer die ganze Verbrennungsanlage runderneuern lassen. Sauber, energieeffizient und so 'n Rotz."

„Das Geld dafür bekam er von uns, schließlich sind wir ein wohltätiger Verein, der sich stark für die Umwelt engagiert und mit Freuden die heimische Wirtschaft unterstützt."

„Nur konnte er den Kredit, dessen Rahmenbedingungen aber wirklich mehr als fair waren, leider nicht schnell genug zurückzahlen."

„Dafür war er dann aber einer der Ersten, der die neue Anlage in Aktion erleben durfte." „Quasi ‚live' und ‚hautnah'", flüstert ihm Zipp bedeutungsvoll zu.

„Echt faszinierende Technik, diese neue Anlage. Sie kann nämlich nicht nur verbrennen, sondern nutzt die entstehende Hitze auch gleich zur Warmwasseraufbereitung."

Es dauert offenbar eine Weile, bis diese Information in Eddys Bewusstsein vordringt. Dann verschwindet schlagartig jegliche Körperspannung und es faltet ihn so weit zusammen, dass er nur noch mit gebeugtem Haupt auf dem Boden kniet. Dreck! Ich will zu ihm, ihm aufhelfen, tue es aber nicht. Jetzt fängt er an zu stottern:

„Ihhh … ich … ich hab … heißt das … ich hab … hab die Kuvertüre … über einem Wasserbad … das … das von … von Leichen erwärmt?" Ein absurder Gedanke. Die Männer prusten vor Lachen. Pupu! Jetzt schalte ich mich doch mit beruhigender Stimme ein:

„Das Warmwasser stammt nur von hier, wenn der verdammte Ofen befeuert wird, sonst läuft es normal über Gas."

„Schnauze Putzi! Wer hat dich um einen Kommentar gebeten?!", fährt mich Flipp an. Irgendwann, du Kuttelgesicht, irgendwann. Die Zwillinge schwadronieren weiter.

„Das ist wirklich wahnsinnig effektiv und umweltschonend."

„Schau, keine Ressourcen werden verschwendet." „Jeder verfügbare Kraftstoff genutzt." Sie lachen.

„Los, schafft die Leichen in den Kühlraum!", befiehlt Flipp immer noch kichernd.

„Und ihr haut ab. Wir verbrennen alles morgen und danach machst du hier sauber, Lin."

Fick dich und deinen hässlichen Bruder, du Drecksaffe! Oh Mist! Naja, egal.

Ich laufe zu Eddy, greife ihm unter die Arme und führe ihn ins Gebäudeinnere. Er bewegt sich wie in Trance und sagt kein Wort. Ich auch nicht.

Das linke Auge steht starr offen. Das rechte ist nicht mehr existent. Verschwunden in einem Krater, der sich ab der Nasenwurzel zur rechten Gesichtshälfte hin auftut. Der Kraterrand ist, wegen des vielen Blutes, der teilweise noch über den Schädelsplittern hängenden Haut und wegen der überall verteilten Gehirnmasse, nur schwer zu definieren. Aber er verläuft circa von der erwähnten Nasenwurzel aus bis zum Haaransatz, kurz über der rechten Schläfe. Ab hier wird es ungenau. Das da könnte ein Teil vom Ohr sein, sicher ist das aber nicht. Genau genommen ist die ganze rechte Seite nur noch schwer zu identifizieren. Die Nase ist noch da. Aber vom rechten Nasenflügel aus ist eine imaginäre Linie nach unten gezogen, alles Matsch. Der Unterkiefer ist fast komplett nach links geklappt. Was vermutlich daran liegt, dass tragende Elemente der rechten Seite, also Kieferknochen, Kiefergelenk, Wangenknochen, usw. irgendwo in den Trümmern untergetaucht sind. Die Oberlippe ist fast gänzlich abgerissen. Der desolate Zustand der blank liegenden Zähne lässt auf einen starken Raucher schließen, allerdings ist die damit einhergehende Gelbfärbung wegen des vielen Blutes auch nicht mehr so recht auszumachen. Vom Gebiss ist oben, ab der imaginären Linie, noch die komplette linke Seite intakt. Von der unteren Zahnreihe sind aufgrund der Kieferschieflage nur noch die letzten drei Backenzähne und der leicht schräg gewachsene Weisheitszahn erhalten geblieben.

Du hast wohl den Arsch offen!

(Monto) „Verdammte Scheiße, Patrice!!!", schreie ich und beiße mir in den Ärmel. Nur langsam schaffen es meine Eier, den kalten Edelstahltisch aufzuwärmen. Auch der kalte Schweiß am ganzen Körper ist … Woher kommt das alles nur? Das ist jedoch alles nichts im Vergleich zu der Pinzette, die gerade in meinem Arsch rumpopelt.

Naja, nicht direkt in meinem Arsch, genauer gesagt am Übergang von Oberschenkel zur Arschbacke. Ich weiß nicht, ob man in dieser Falte wirklich empfindlicher ist als anderswo, aber momentan würde ich sagen: „Fuck!!! JAAA!!!"

„Jetzt hör auf zu zappeln, sonst krieg ich die Kugel nie raus", erwidert Patrice trocken. Sie hat darauf bestanden, dass ich meine Hose ausziehe. Ich wollte, dass sie einfach ein Loch reinschneidet, aber sie sagte, dass sie so besser arbeiten könne. Außerdem würde sie danach das kleine Loch, das die Kugel in meine Hose geschossen hat, einfach wieder zunähen und ich bräuchte keine neue kaufen. Frauen!

„Entspann dich, sonst komm ich da nur noch schwerer ran." Sie zieht meine linke Backe nach oben. Oh Fuck!!! Im Hintergrund lacht Jim sich einen ab.

„Warte, bis ich hier runterkomme! Dann lachst du nicht mehr, du blöder Wichser!" Um ihn weiter anfahren zu können und natürlich, um mich abzulenken, frage ich ihn:

„Warum zum Teufel hast du die Puffmutter umgenietet?!"

„Die was?", fragt er verdutzt, aber immer noch in den Nachwehen seines Lachanfalls.

„Na die Transe!"

„Vielleicht, weil sie dir in den Arsch geschossen hat, du undankbarer Penner? Sei doch froh!", wird auch er jetzt etwas lauter.

„Das hast du doch gar nicht gesehen! Oder willst du mir etwa sagen, dass du gewartet hast, bis sie angefangen hat, rumzuballern, bevor du abgedrückt hast!?"

„Leck mich! Als ich am Treppenabsatz ankam, hab ich nur gesehen, dass sie dich grade mit ihren Stöckelschuhen bearbeitet hat und da hab ich halt reagiert. Hätte ich warten sollen, bis sie dir die Augen ausgestochen hat oder dir die Scheißdinger in den Kopf gerammt hat, oder was?!"

„Du … Ich … Ach fuck! Was du machen solltest?! Vielleicht ihr nicht zweimal in die Brust schießen und stattdessen … Ach, was weiß ich! Auf jeden Fall nicht einfach umnieten!!!"

„Dafür stand ich viel zu weit weg und außerdem … Ach, verdammte Kacke, wo ist eigentlich dein scheiß Problem?!"

„Mein Problem?! Keine Frauen, keine Kinder oder Jugendlichen, keine Unschuldigen!"

„Das war 'n Mann, verdammt!" Er breitet verständnislos die Arme aus.

„Ach, fick dich! Du weißt, was ich meine!"

„Nein, verdammt! Sie … er … Ach Scheiße! Auf jeden Fall kein Unschuldslamm!"

„Trotzdem nur die Puffmutter! So was kommt nie wieder vor, verstanden?!"

„Fick dich! Ramm ihm die Pinzette schön tief rein, Patrice, damit er seinen Arsch noch mal so richtig spürt, weil ich ihm den nicht mehr rette!" Wütend stürmt er raus. Ich schaue ihm nach. O.k., irgendwie … Gefahrensituation … Adrenalin … vielleicht hätte ich genauso … Ach Fuck! Einfach scheiße gelaufen!

„So … ich hab's gleich … Voilà!" Stolz hält mir Patrice eine winzige Kugel vor die Augen.

„Für so 'n winziges Ding tat es aber verdammt weh."

„Ja, witzig, nicht? Steckte auch gar nicht so tief drin, nur eine kleine Fleischwunde. Haste noch mal Glück gehabt … Aber ich muss trotzdem nähen."

Ich stöhne und mache mich erneut bereit. Warum nur kann ich noch solche Schmerzen …? Gestern, der Sturz auf den Gehweg … Mir wird schwarz vor Augen. Wo war ich? Ach ja, der Sturz. Ich versuche mich zu erinnern, ob er weh getan hat, kann es aber nicht. Vielleicht sind es auch nur so was wie Phantomschmerzen. Eigentlich können meine toten Nervenzellen gar keine Schmerzen mehr spüren, aber mein Gehirn … Fuck! Nie kommt was Vernünftiges dabei raus, wenn ich über meinen Zustand … Warum merke ich eigentlich gar nichts mehr von …?

„Wann fängst du endlich an?“, frage ich Patrice.

„Schon längst dabei, nur noch ein Stich.“ Ich spüre nichts. Seltsam. Ich versteh das alles nicht. Vielleicht sollte ich einfach aufhören, darüber nachzudenken. Es akzeptieren.

„So, der Patient ist entlassen.“ Sie gibt mir einen Klaps auf die andere Pobacke.

„Darauf freue ich mich schon die ganze Zeit“, kichert sie. Nichts mehr übrig von der Frau, die noch vor einer Stunde einem Menschen in Raserei den halben Schädel eingetreten hat.

„Danke.“ Ich stehe auf und ziehe meine Hose wieder hoch. Patrice fängt an, mir die restlichen Schrammen mit einem Desinfektionsmittel abzutupfen. Ich merke nichts.

„Nimm es Jim nicht übel, dass er den Transvestiten abgeknallt hat. Da oben ging es echt drunter und drüber. Plötzlich stolpern überall halbnackte panische Freier rum und die ganzen Nutten kreischen hysterisch durcheinander. Dann kommen wir runter, du liegst am Boden, kämpfst mit diesem Typen und die Tussi tritt auf dich ein. Da hat er eben reagiert. Ja verdammt, sicher hätte man auch anders reagieren können, aber …“

„Mhh“, brumme ich.

„Und sieh's mal so, unschuldig war die auch nicht. Wenn du recht hast und das war wirklich die Puffmutter, dann hat sie einen nicht grade unerheblichen Teil dazu beigetragen, diese Frauen da zu verkaufen und auszubeuten.“

„Du hättest Diplomatin werden sollen, Patrice“, sage ich und verziehe meine Lippen zu so was wie einem Lächeln. In diesem Moment kommt Frank rein. Jim trottet hinterher und funkelt mich an. Ich setze eine versöhnliche Miene auf. Frank begrüßt uns lächelnd.

„Na zum Glück seid ihr schon fertig, so bleibt mir wenigsten der Anblick deines ‚Zwei-Loch-Mondes‘ erspart. Jim hat mir schon ein bisschen erzählt. Wie geht's dir?“

„Ja, ein Arschloch hoch zwei ist er", flüstert Jim unüberhörbar. Ich ignoriere ihn.

„Wie's einem halt so geht, wenn einem in den Hintern geschossen wird. Aber zum Glück hat Jim Schlimmeres verhindert." Der zieht die Augenbraue nach oben und ich nicke ihm zu. Mehr kriegt er nicht, das sehe ich gar nicht ein!

„Anscheinend wird Kyrios vorsichtiger. Sonst wären wohl kaum so viele Männer in dem kleinen Bordell gewesen", schlussfolgert Frank. Immer wieder erfreulich, wenn wir zu denselben Schlüssen kommen.

„Scheint so. Aber das heißt auch, dass unsere Strategie wirkt. Sie werden nervös. Doch das bestärkt mich nur in meinem Entschluss, die Organisation zu infiltrieren. Am Besten irgendwo unten, an die oben ist sowieso kein Rankommen. Wir müssen es auf jeden Fall noch mal bei diesem Typen versuchen und gucken, welche Rolle er spielt. Nach dem ersten Eindruck ist er ängstlich, das ist immer von Vorteil."

Frank nickt. „Stimmt. Und wir wissen zumindest schon mal, wo er wohnt. Aber zuerst erzählt doch mal, was ist denn da heute nun schiefgelaufen?"

Ich bette meinen Kopf in die Hände und seufze.

„Also …"

Ich drücke die Türklinke nach unten. Leise schiebe ich die Tür einen Spalt auf. Der schmale Streifen gibt den Blick auf einen kurzen Flur frei, und in den Raum dahinter, auf einen leeren Tresen. Wenigsten gibt es hier kein rotes Licht, aber besonders hell ist es auch nicht. Die abscheulich geschmacklose dunkelrote Tapete, auf der lauter übergroße Rosenblüten prangen, trägt ihr Übriges zur Atmosphäre bei. Gleich wird sie noch mehr Rot dazugewinnen. Vorfreude.

Ich drücke die Tür weiter auf, gehe voran, bis zum Ende des Flurs, Jim und Patrice dicht hinter mir. Ein kurzer Blick um die Ecke. Das wird leicht. Die Waffe auf ihn gerichtet, gehe ich schnellen Schrittes auf den Mann zu, der auf der ledernen Eckcouch sitzt, und bedeute ihm, mit dem Zeigefinger am Mund, ruhig zu sein. Die Zeitung noch in der Hand starrt er mit weit aufgerissenen Augen in den Lauf meiner Waffe. Dann sieht er mich an, wieder die Waffe, und sein Mund klappt auf. Offenbar werden bei der Organisation nicht grade die Besten für die zusätzliche Überwachung eingesetzt.

Ich beuge mich zu dem Mann herunter und setze ihm den Kanonenlauf so fest auf den Schritt, dass es ihm die Luft aus den Lungen presst, und flüstere ihm ins Ohr:

„Pssst. Wir wollen euch nichts tun. Wir sind hier wegen einem eurer Freier, kleine Privatangelegenheit. Meine Kollegen holen ihn, bezahlen die Nutte, plus Spesen und schneller als du Sportteil sagen kannst, wirst du ihn wieder in Ruhe weiterlesen können. Nicke einfach, wenn du damit einverstanden bist." Ich erhöhe den Druck auf seine Weichteile. Wenn er noch heftiger nicken würde, hätte er sich selbst das Genick gebrochen.

„Ihr geht hoch, sichert den Flur nach beiden Seiten und schnappt ihn euch", flüstere ich den beiden zu. Ich hatte ganz vergessen, den Punzer zu fragen, auf welcher Flurseite die Wache sitzt, aber zum Glück sind sie ja jetzt zu zweit.

Ich warte, bis plötzlich zwei Dinge gleichzeitig passieren. Von oben höre ich einen leisen Schuss und ein lautes Plumpsen, als ob ein Körper auf den Boden aufschlägt. Eigentlich mein Signal. Doch schräg hinter mir ertönt im gleichen Moment eine Klospülung, zu der ich mich fahrlässigerweise umdrehe. Das nutzt „der Held der Arbeit", um meine Waffe zu greifen und sich auf mich zu stürzen. Ein Schuss löst sich. Leider zielt der Lauf schon nicht mehr auf ihn. Wir fallen zu Boden und verstricken uns in ein Handgemenge um meine Waffe. Fuck! Mein Fehler …

Eine Tür klappt. Ich drehe den Kerl von mir runter und blicke Richtung Flur. Eine schwarze Transe steht im Vorzimmer. Sie ist schlank und ziemlich groß, steht unschlüssig da und fährt sich erschrocken über den kahlrasierten Kopf. Dann bekommt ihr Gesicht einen grimmigen Ausdruck und sie fängt an, in ihrem Handtäschchen zu wühlen.

„Du … Du … Du! … Lass ihn los! Lass ihn los! Du … ", kreischt sie. Was zieht sie da aus der …? Ich will den Typen zwischen mich und sie zerren. Doch der nimmt den Schwung mit und wir rollen im Handgemenge auf sie zu. Es knallt mehrmals und ich spüre einen kleinen Stich im Rücken, wo die Weste ist und einen großen Stich direkt unter meiner linken Arschbacke, wo leider keine Weste ist.

„Ahhh, du verdammte Schlampe!", schreie ich sie an. Inzwischen sind wir so nah bei ihr, dass sie aufhört, zu schießen und stattdessen anfängt, unkontrolliert nach mir zu treten.

Plötzlich bricht oben Lärm aus. Am Rande höre ich klappende Türen und ein wildes Geschrei. Aber viel eher beschäftigt mich der Kerl, der schon wieder mit seinem vollen Gewicht auf mir liegt. Die Waffe immer noch zwischen uns versuche ich, ihn wegzudrücken und gleichzeitig den Stöckelschuhattacken auszuweichen.

Dann zwei Schüsse. Zu meiner Erleichterung aus einer schallgedämpften Pistole.

Der Transvestit sinkt in sich zusammen. Patrice taucht über mir auf und beginnt, sich ihre Stiefel an dem Kopf meines Widersachers abzutreten. Sein Griff erschlafft Augenblicke später. Ich lasse von ihm ab, richte mich halb auf und sichere hektisch nach allen Seiten, wobei ich mit dem linken Bein ständig einknicke, dessen Schmerzen mir jetzt erst bewusst werden. Schmerzen …

Jim steht auf der Treppe, fuchtelt mit seiner Kanone nach oben und brüllt irgendwas.

„Lasst uns abhauen!", rufe ich gequält, stehe auf, wende mich zum Ausgang und sehe Patrice wie sie immer noch … Vorsichtig lege ich meine Hand auf ihre Schulter.

„Komm, lass, ich denke, der steht nicht mehr auf." Fuck! Ganz gewiss nicht mehr.

Zögernd zieht sie ihren Stiefel aus dem blutigen Matsch, der mal Teil eines menschlichen Kopfes war. Das schmatzende Geräusch hallt mir unglaublich laut in den Ohren. Ich hab schon viel gesehen, aber … Egal, bloß weg hier.

Von Patrice gestützt humpele ich nach draußen. Jim kurz hinter uns. Im ganzen Haus kreischen die Nutten hysterisch durcheinander. Erst als wir hinter der Ecke, wo unser Auto steht, verschwunden sind, werden wir langsamer. Niemand folgt uns.

Das Tortenstück besteht aus drei hellen Böden. Zwischen ihnen trieft eine stückige rote Masse hervor und läuft langsam hinunter. Sie fließt schneller beim Passieren der flüssigeren Schichten und wird an den Biskuitböden wieder langsamer. Oben auf dem Tortenstück prangt ein großer, perfekter Sahnetuff. Er kann sich mit jeder appetitanregenden, realitätsfremden Tiefkühltortenverpackung messen. Nur der aus dem werbeuniformen Sahnetuff keck in die Höhe gereckte halbe Finger stört ein wenig das Bild.

Eingeengt

(Eddy) Ich liege weich. Meine Finger ertasten andere Finger. Ich umschließe sie.

Doch sie sind kalt und erwidern das Tasten nicht. Mhh … Lin schläft vermutlich noch. Ich lasse wieder los. Was ist das in meinem Rücken?

Die Matratze ist irgendwie … uneben, und es ist kalt. Ich taste nach meiner Decke, finde aber keine. Dafür ertaste ich noch mehr Finger. Hände, Arme, Körper.

Mein Zeigefinger taucht in eine glibberige kalte Masse ein.

Ich schlage die Augen auf und schaue meine Hand an.

Mein Finger steckt in der Augenhöhle einer älteren Frau, die links unter mir liegt. Ohh … aber ich glaube, das stört sie nicht sonderlich. Sie ist tot. Wie überhaupt alle hier. Sie liegen neben, unter und über mir. Kurz, ich liege auf einem Berg aus Leichen. Mhh … warum fühle ich nichts? Keine Panik. Keine Angst. Nichts.

Bin ich etwa auch tot? Ich richte mich auf und taste mich von Kopf bis Fuß ab.

Leider genau in der Reihenfolge. Den Augenglibber von meinem Finger schmiere ich mir erst mal schön in die Haare. Igitt.

Doch mir selbst scheint nichts zu fehlen. Ich bin nicht tot. Ich stehe auf. Versuche es zumindest. Auf einem Haufen lebloser Körper aufzustehen und dann auch noch das Gleichgewicht zu halten, ist äußerst schwierig.

Unter meinem rechten Fuß rutscht ein fremder Unterarm weg und ich purzele ein ganzes Stück den Abhang hinunter. Ich schaffe es, mich am Bein eines sehr fetten Mannes festzuhalten. Zum Glück reißt es nicht ab. Denn … wer weiß, wie lange die hier schon liegen. Besonders frisch sehen sie zumindest nicht aus. Doch ich rieche auch keinen Verwesungsgeruch.

Ich hieve mich hoch, setze mich auf den dicken weichen Bauch des

Mannes und schaue mich um. Weder Gipfel noch Fuß des Leichenbergs sind zu sehen. Es gibt keine weitere Umgebung. Keine Landschaft, kein Panorama auf weitere Leichenberge. Alles verschwimmt in Dunkelheit.

Aus dem Schwarz wird plötzlich grelles Weiß. Ich spüre, dass wir uns bewegen. Doch nichts bewegt sich sichtbar, weder ich noch der Leichenberg. Dem Weiß sieht man nicht an, ob es vorbeizieht. Doch da! Vor mir sehe ich das Führerhäuschen einer Lokomotive und der Leichenberg liegt auf dem Wagen dahinter. Aber … woher kommt diese Gewissheit? Ich weiß, dass die Leichen und ich unglaublich klein sind im Gegensatz zu der Lok. Auf dem Wagen müssen tausende liegen. Alle so klein wie Fingerpuppen. So klein wie ich. So klein wie … ein Stück Kohle.

Ein Schatten hüllt alles um mich in Dunkelheit. Ich blicke auf und sehe einen riesigen Kyrios vor mir. In Proportion zu der Lok ist seine Größe allerdings normal. Kyrios. Was macht der denn hier? Er hat eine fluoreszierende lila Lokführermütze auf und grinst unnatürlich breit. Das und sein ohnehin feistes Gesicht lassen mich an die Grinsekatze aus Alice im Wunderland denken.

Er hält eine Schnur in der linken Hand. Ich verfolge sie mit meinem Blick, und am Ende schwebt aufgebläht wie ein Ballon Capo in der Luft und grinst mich genauso übermäßig breit an. Was … was soll das alles?

Auf einmal hat Kyrios eine Schaufel in der Hand und lacht. Ich höre nichts, es ist immer noch absolut lautlos hier. Er fährt mit der Schaufel in den Leichenhaufen, ein gutes Stück rechts über mir. Als er sie wieder herauszieht, fällt eine kleine Lawine lebloser Körper auf der rechten Seite herab und ich spüre die Erschütterung. Dann wendet er sich um zum Führerhäuschen und öffnet die Tür zur Brennkammer des Ofens. Die Panik trifft mich völlig unvorbereitet und wirft mich um. Mit ihr kommt auch die Angst. Alle Geräusche und alle Empfindungen tauchen gleichzeitig mit geballter Wucht auf. Der Wind peitscht, die Lok rattert über die Schienen, quietscht und knackt dabei, als würde sie jeden Moment auseinanderfallen. Eine diffuse dunkle Landschaft zieht vorbei. Ich fühle mich schmutzig und elend, kann weder meine Augen schließen noch mich bewegen. Angst!

Kyrios dreht noch einmal den Kopf in meine Richtung, grinst, dann schaufelt er die Leichen in die Brennkammer. Er kommt wieder auf mich zu. Ich … Oh nein! … Ich weiß, was jetzt kommt. Plötzlich kann ich mich wieder langsam bewegen. Noch einen kurzen Augenblick gelähmt vom überwältigenden Crescendo kraxele ich nun verzweifelt und gleichzeitig angeekelt den Haufen nach oben über die toten Körper hinweg. Die Leichen erbeben unter mir und ich falle, zusammen mit zahlreichen anderen Körpern, rückwärts. Jedoch nicht tief.

Als ich mich unter den Körpern hervorgekämpft habe, schaue ich direkt in Kyrios' riesiges Auge. Es ist durchzogen von blutroten Adern, die stark pulsieren. Seine Iris, ein Wirbel aus lila Sternen, wirkt auf mich, als ob ich in die Unendlichkeit des Universums blicken würde.

Ich liege auf seiner Schaufel. Er wendet sich ab, er lacht dröhnend und setzt sich in Bewegung. Bei jedem Schritt bebt es, was die Leichen und mich hin- und herwirft. Die wahnsinnige Angst schnürt mir die Kehle zu, doch ich bin nicht mal imstande zu schreien. Vor mir wird die Öffnung der Brennkammer immer größer. Nun spüre ich auch die Hitze. Augenblicklich bricht mir der Schweiß aus. Statt jedoch die Schaufel mit einem Ruck reinzuschwingen, setzt er sie auf dem Ofentürrahmen ab. Die Flammen greifen nach den Körpern, die ganz vorn liegen. Die Schaufel schüttet sich in unendlicher Langsamkeit aus.

Ich versuche zum oberen Rand zu kriechen, doch unter mir rutscht einfach alles weg. Ich will mich festhalten, doch es gibt keinen Halt mehr. Nur Hände, Arme, Beine, Haare. Alles rutscht hinunter. Höhnisches Gelächter.

Ja … ich werde sterben.

Ich spüre die Flammen. Ich falle.

Ich schrecke auf und knalle mit dem Kopf gegen etwas Hartes.

Das Harte sagt „Ohhh, du Vollpfosten! Verdammte Pupu noch mal!!!", und hält sich die Hand vors rechte Auge. Das Harte ist Lin. Was macht sie denn hier? Ich bin kurz verwirrt. Die Angst sitzt immer noch tief. Der Albtraum jedoch beginnt schon, in meiner Erinnerung zu verschwimmen. Wieso weiß man immer erst nach dem Aufwachen, dass es ein Traum war? Wenn man es schon im Traum wüsste, würde einem das viel Leid ersparen. Panik und Angst verflüchtigen sich langsam.

Aber was … was macht Lin …? Ach ja richtig, ich bin ja gar nicht zu Hause. Lin hatte mich überredet, hier in der Organisation zu schlafen. Da ich in meinem Zustand gar nicht zu Widerworten in der Lage war, hab ich mich in eine Schlafkabine direkt neben ihre gelegt. Schlafzimmer kann man diese kleinen länglichen Räume wirklich nicht nennen. Ohh … wenn das Gebäude hier echt mal ein Krematorium war, möchte ich lieber gar nicht darüber nachdenken, was früher in diesen Räumen drin gewesen ist.

Lin hält sich immer noch fluchend die Hand vors Auge.

„Sorry", sage ich vorsichtig und spüre ab diesem Moment, wie mein Kopf brummt.

„Schöner Mist! Morgen hab ich bestimmt ein blaues Auge!"

„Naja … hat dein blauer Fleck wenigstens Gesellschaft", entfährt es mir, womit ich mir sofort ein böses Funkeln aus Lins linkem Auge einhandele. Das andere hält sie ja zu.

„Tut mir leid!", entschuldige ich mich mit gesenktem Kopf.

„Ja, ja." Sie nimmt die Hand runter. Es ist noch mitten in der Nacht und man sieht nur Umrisse.

„Ähhm … was … machst du eigentlich in meinem Bett?", frage ich.

„Ich konnte nicht schlafen, verdammt. Du hast die ganze Zeit gejammert im Schlaf, sogar ab und zu geschrien. Das hat meine Versuche einzuschlafen nicht grade erfolgreicher gemacht hat. Dreck!" Sie funkelt mich schon wieder an.

„Ohh … Sorry! Hab schlecht geträumt." Eine ganze Weile sagt keiner was.

Lins Blick wird zum Glück etwas versöhnlicher. Ihre Stimme auch.

„Kein Wunder, bei dem Mist der heute gelaufen ist. Pupu! Und für dich war es ja auch noch das erste Mal." Immer noch befremdlich, ihre seltsame Art zu fluchen.

„Für dich nicht?" Sie schüttelt traurig den Kopf.

„Leider nicht. Pipi! Ich musste schon ein paar Blutlachen und Spuren beseitigen. Aber meistens sind es nur kleinere Tatorte, die gereinigt werden müssen, bevor die Polizei eintrifft. Dreck! Offenbar schaffen sie es immer irgendwie, die Polizei lange genug zurückzuhalten. Aber vier Leichen an einem Ort und dann auch noch Leute von der Organisation, verdammt, das ist neu. Ich frag mich echt, was da gelaufen ist."

„Ähhm … woher weißt du, dass es Leute aus der Organisation waren?"

„Die Kerle haben so etwas geredet. Und ich kannte den mit dem zermatschten Kopf vom Sehen her … glaube ich. Oh Pupu! Tschuldige." Mir läuft ein eisiger Schauer über den Rücken und die Bilder tauchen wieder vor meinem geistigen Auge auf.

„Sch … schon gut … ich glaub … ich will gar nicht wissen, was da in diesem Bordell passiert ist." Ich lasse meinen Kopf wieder ins Kissen sinken und frage mich zum hundertsten Mal, wo ich da nur reingeraten bin.

Mhhh … die Tapete blättert wohl schon seit einer Weile von der Decke ab. Direkt über der Matratze ist sie schon so lose, dass ich befürchte, sie wird jeden Moment abfallen. Vermutlich … würde ich einfach liegenbleiben, mit dem Stück Tapete und Putzresten im Gesicht. Was …? Die … die … die heizen mit Leichen. Ich meine, wie krank ist das denn?!

Zum Glück war Lin vorhin da, sonst wäre ich da einfach zusammengebrochen und liegengeblieben. Hätte gewartet, bis sie mich auch in den Kühlraum schleifen und mich dann irgendwann wie ein Brikett in den Ofen werfen.

Aus den Gedanken gerissen bemerke ich plötzlich, dass Lin weg ist. Ich schließe die Augen, bis ich höre, wie sich die Tür öffnet.

Nicht ohne meinen Glücksteddy!!!

Erschrocken fahre ich auf und kauere mich an die Wand. Was für eine dumme Reaktion. Als ob es mir etwas nützen würde, mich an der Wand festzuhalten.

Die drohende Gefahr stellt sich jedoch als Lin heraus, die mit Bettdecke und Kopfkissen im Arm in den Raum kommt.

„Rutsch mal!", sagt sie nur und ich komme der Aufforderung mit einer Verzögerung von einigen Sekunden mechanisch nach.

„Ähhh", sage ich.

„Klappe!", sagt sie.

Sie rollt sich in ihre Decke und legt sich neben mich auf die Matratze. Es ist eine normale Neunzig-Zentimeter-Matratze, oder höchstens ein Meter, nicht mehr. Ich mache mich so schmal wie irgend möglich und decke mich auf meiner Seite zu. Steif wie ein Brett und platzsparend mit dem Rücken halb schräg gegen die Wand gelehnt, starre ich an die Zimmerdecke.

„Nacht!", nuschelt Lin. Gefühlte Stunden rühre ich mich keinen Millimeter. Rücken und Nacken tun langsam echt weh und ich habe das unbändige Verlangen, mich umzudrehen, traue mich aber nicht. Mhh … nicht, dass sie dann aufwacht oder ich sie ausversehen berühre. Ein genervtes Grummeln, dann tönt es undeutlich aus dem Kopfkissen-Decken-Haufen neben mir:

„Pupu noch eins! Jetzt entspann dich endlich und schlaf!"

Langsam und vorsichtig drehe ich mich um. Meine Nasenspitze drückt sich gegen die kalte Mauer und ich spüre meinen Atem auf mein Gesicht zurückprallen.

„Gute Nacht", flüstere ich ganz leise. Keine Ahnung, ob sie es hört.

Warum sind frische Sachen, die man einfriert, nach dem Auftauen oft nur noch Matsch?
Nun, alle Zellen enthalten Wasser. Die von Obst, von Gemüse und natürlich auch von Fleisch. Und was passiert mit Wasser, wenn es langsam gefriert? Richtig! Es dehnt sich aus. Also platzen die Zellwände auf, was an sich noch nicht so schlimm ist, bleibt ja alles an Ort und Stelle, festgefroren quasi. Doch beim Auftauen können die Zellen ihr Wasser dann nicht mehr halten. Worin auch. Ergebnis: Matsch. Je mehr Wasser in den Zellen ist, desto mehr Matsch gibt es nach dem Auftauen. Der Mensch besteht im Schnitt zu fünfundsechzig Prozent aus Wasser. Erdbeeren zu neunzig Prozent. Das Gehirn besteht zu fünfundachtzig Prozent aus Wasser. Haben Sie schon mal frische Erdbeeren eingefrostet?
Noch ein Haushaltstipp: Man sollte regelmäßig den Tiefkühler abtauen und die Kühlung warten. Das vermeidet Sauereien.

Wohltätigkeitsorganisation

(Jafar) Den kleinen dicken Mann scheint der Gestank offenbar nicht zu stören. Aber, wenn man einem Geruch ständig ausgesetzt ist, riecht man ihn auch immer weniger. Der Punzer wirkt sehr nervös. Irgendwoher kommt er mir bekannt vor. Aber soweit ich weiß, war er nur einmal in der Organisation und da war ich grade nicht da.

„Guten Tag der Herr, ich soll die besten Grüße von Kyrios ausrichten. Er hätte Ihnen seinen Dank für die herrliche Ledergarnitur gern persönlich überbracht, ist aber leider verhindert." Bei dem Namen zuckt er leicht zusammen. Spätestens jetzt weiß er, wer ich bin. Dieses Wissen verringert seine Nervosität jedoch nicht. Ich beruhige ihn.

„Das ist ein rein freundschaftlicher Besuch, Punzer, also entspannen Sie sich."

„Oh … Oh … o.k.", stammelt er.

„Haben Sie noch andere Räumlichkeiten außer dieser Werkstatt? Ein Plätzchen, wo wir uns in Ruhe unterhalten können?" Am Besten eins, wo es nicht so stinkt. Dass ein Mann aus meinem Milieu die Formulierung „in Ruhe unterhalten" verwendet, scheint sein Unwohlsein fernsehtrainiert noch zu verschlimmern. Ich muss ihn erneut beruhigen.

„Nur reden, nix weiter. Wir wollen Sie als Freund der Organisation gewinnen. Eine Verbindung von beiderseitigem Vorteil. Bitte hören Sie mich an."

„In … im … im Büro, denke ich."

„Ein Ort zum Denken, das klingt gut." Ich bedeute ihm, vorzugehen. Zaghaft und steif setzt er sich in Bewegung. Die erste Tür mündet in einen Gang, in dem es noch schlimmer riecht als in der Werkstatt. Vermutlich lagern hinter den Türen die Lederhäute.

Wenn man den Ledergürtel als Kind zu oft gespürt hat, lernt man dieses Material zu hassen. Und es stinkt widerlich. In Ledergeschäften ist es schon schlimm, aber hier ist es extrem. Lederhandschuhe sind die einzige Existenzberechtigung dieses Materials.

Das Büro liegt am Ende des Ganges und riecht etwas weniger als die Werkstatt.

„Oh, verzeihen Sie, wie unhöflich von mir. Darf ich mich vorstellen? Jafar." Ich deute ein leichtes Kopfnicken an. „Sie wissen, wer wir sind und vermutlich wissen Sie auch, welchen Stellenwert wir in der Stadt haben." Ich mache eine auffordernde Geste und er nickt kurz.

„Gut. Wissen ist gut. Überlebenswichtig. Und genau darum geht es uns. Wie bereits erwähnt, wollen wir Freundschaft mit Ihnen schließen. Und Freunde teilen ihr Wissen doch miteinander, nicht wahr?" Nach kurzem Zögern nickt er vorsichtig.

„Wir wissen, in welche Kreise Sie Ihre Arbeit stellenweise führt und fragen uns nun, ob Sie bereit wären, Wissen über eben diese Kreise mit uns, ihren Freunden, zu teilen."

Seine Augen werden groß und er bemüht sich deutlich, ruhig zu atmen. Es gelingt ihm nicht. Das schwere Atmen könnte aber auch von seiner Fettleibigkeit herrühren.

„Ich brauche wohl nicht extra zu erwähnen, dass wir uns bestens um unsere Freunde kümmern. Wir sorgen uns sehr um unsere Freunde und natürlich würde nie jemand erfahren, mit wem Sie ihr Wissen teilen." Für einen Mann, der in den verschiedensten kriminellen Milieus der Stadt ein- und ausgeht, ist er sehr nervös.

„Ich … ich verstehe, worauf Sie hinaus wollen … glaub ich … aber … Sie versprechen sich da … vielleicht … mehr, als ich geben kann." Ich ziehe die Augenbraue nach oben und schaue ihn abschätzend an. Hastig setzt er nach:

„Nicht, dass ich Ihnen keine Informationen geben wollte … nein. Ich … ich habe einfach keine wichtigen Informationen." Es ist an der Zeit, meine freundliche Maske fallenzulassen. Meine Stimme bleibt jedoch weiterhin ruhig.

„Verarschen Sie uns nicht. Viele Gangs der Stadt lassen bei Ihnen ihre Lederkluft fertigen oder abändern. Sie gehen in den Zentralen ein und aus, um dort Maßanfertigungen zu machen."

Er knabbert auf seiner Unterlippe. „Ja, aber … das … das bedeutet doch nicht, dass die mir Geheimnisse verraten."

„Vielleicht schnappen Sie ja mal ein Gerücht auf oder belauschen eins."

„So … also … so etwas würde ich nie tun! Die Integrität meiner Kunden …" Während er spricht, trete ich näher an ihn heran und beuge mich zu ihm über den Schreibtisch. Die Stimme gesenkt, fixiere ich ihn mit meinem Blick. Seine Pupillen wollen den meinen ausweichen, flirren aber immer wieder ängstlich zu mir zurück.

„Dann werden Sie eben ihre Integrität gegenüber Ihren Freunden ein Stück weit vergessen. Denken Sie daran, wir sind nett zu unseren Freunden und erbarmungslos zu unseren Feinden. Sie wollen doch unser Freund sein?" Ein Stück verrückt sein hilft. Mit Nachdruck lege ich ihm eine Hand auf die Schulter. Unter meiner Handfläche spüre ich seinen Körper beben, und wie seine Haut Hitze ausstrahlt, selbst durch das dicke Wollhemd hindurch. Er schaut mir erstaunlich lange direkt in die Augen.

Ist das eine Spur Kampfeswillen? Oder sogar Mut? Wohl kaum.

Er blinzelt ein paarmal und senkt unterwürfig seinen Blick. „Natürlich bin ich … Ihr Freund. Versprechen Sie sich aber trotzdem nicht zu viel davon."

„Ich werde erwägen, das zu berücksichtigen." Ich setze mich wieder auf meinen Stuhl.

„Schön. Wo wir nun Freundschaft geschlossen haben, gibt es irgendwelche Informationen über Gangs, Vereine, Gruppen, die uns im Moment nicht wohlgesonnen sind?"

„Ähh … wie meinen Sie das? Sind Sie denn nicht alle untereinander …?"

„In gewisser Weise schon, aber wir haben meistens eine Art Friedensabkommen. Nun, ich präzisiere meine Frage: Ist Ihnen in letzter Zeit irgendetwas zu Ohren gekommen, über Pläne, Aktionen et cetera, die sich speziell gegen die Organisation richten?"

Er schluckt. Ob das bei seiner Nervosität etwas Normales ist oder ein Anzeichen von gesteigertem Unbehagen durch das eben Gesagte, kann ich nicht bestimmen.

Darauf hättest du vorher besser achten sollen. Immer auf die Körpersprache achten.

„Nicht … also … nicht, dass ich wüsste. Also ich … mir ist da nichts zu Ohren gekommen. Aber wie gesagt, ich achte auch nicht darauf, was die alle so treiben. Ich …"

„Sie werden in Zukunft darauf achten? Das ist sehr zuvorkommend." Er nickt vorsichtig.

„Und wie Freunde das so machen, teilen auch wir unser Wissen. Damit können Sie dann auch besser einschätzen, auf was Sie achten müssen." Ich fixiere ihn mit meinem Blick und konzentriere mich auf seine Mimik, um kein Anzeichen zu verpassen.

„In den letzten Wochen hat es vermehrt Übergriffe auf unsere Leute gegeben. Brutal und recht grausam. Viele sind gestorben. Einer erst vor zwei Tagen und einer liegt seitdem auf der Intensivstation im Koma." Wieder dieses Schlucken

„Letzte Nacht fand die Serie ihren vorläufigen Höhepunkt in einem Überfall auf eines unserer Freudenhäuser im Süden. Dabei gab es fünf Tote, sogar die Leiterin des Etablissements wurde hingerichtet." Seine Mimik zu deuten, ist äußerst schwierig. Wenn er nur nicht so schwitzen würde. Und ständig zuckt irgendein Muskel in seinem Gesicht. Das ständige Zappeln seiner Beine lässt den Kopf seiner Schreibtischlampe leicht auf und ab wippen.

„Wir wüssten gerne, wer dafür verantwortlich ist. Wissen Sie es?" Wenn er noch röter wird, bricht bald sein Kreislauf zusammen. Verdächtig. Er schüttelt hektisch den Kopf.

„Schade." Die Enttäuschung ist nicht gespielt. Mir läuft die Zeit davon.

„Ich … ich würde Ihnen wirklich gerne helfen, das … das klingt ja wirklich furchtbar, aber … von diesen Vorfällen … also … da höre ich grade wirklich zum ersten Mal von … ich verspreche, sobald ich was höre erfahren Sie es. Wirklich … "

Sind dir das nicht auch etwas zu viele Wirklichs? Er verbirgt was.

Ich werde ihn nicht weiter ausquetschen. Die Saat der Angst ist gesät und braucht nun Zeit zum Wachsen, um Früchte zu tragen. Ich hab ein Auge auf dich, Punzer.

Ich stehe auf und lege einen Umschlag mit Geld auf seinen Tisch. Er hat noch nichts getan und so erhöht es den Zwang, eine Gegenleistung zu erbringen. Das weiß er. Schließlich sind wir nicht als Wohltätigkeitsorganisation bekannt.

„Ich freue mich, Sie jetzt auf unserer Seite zu wissen. Mit Ihrer Hilfe werden wir diese schlimme Sache sicher bald aufklären." Ich reiche ihm die Hand. Erst nach kurzem Zögern steht er auf und reicht mir seine schwitzigen Wurstfinger. Widerlich.

Im Auto lasse ich mir noch mal alles durch den Kopf gehen.

Er verheimlicht irgendwas. Vielleicht sind wir nicht die Ersten, die ihn für sich gewinnen wollen. Aber wir sind die Stärkeren. Das weiß er. Ich lasse ihn erst mal darüber schlafen. Soll er Alpträume bekommen und wach liegen. Dann spuckt er beim nächsten Mal schon was aus. Er wird einsehen, dass es die einzig richtige Entscheidung ist, sich für unsere Seite zu entscheiden.

Auch wenn das Treffen für dich damit nicht umsonst war, Kyrios wird das anders sehen.

Er hat heute Morgen seinen halben Schreibtisch leergefegt, als ich ihm von gestern Nacht erzählt habe. Er hat zwar nicht seine ganze Wut an mir ausgelassen, aber mir trotzdem die Schuld an allem gegeben. Dabei war die Sicherheit schon verstärkt worden und meine damalige Idee, Kameras einzusetzen, hat uns immerhin gezeigt, dass wir es mit Profis zu tun haben. Aber in diesem Zustand kann man Kyrios nicht mit Argumenten kommen. Also unterließ ich es, mich zu verteidigen.

Du musst Ergebnisse liefern. Sonst räumt er das nächste Mal wieder seinen Schreibtisch ab, nur nicht mehr mit seinem Arm, sondern mit dir.

Er ist wahnsinnig, aber er weiß, wie wichtig ich für die Organisation bin. Das verschafft mir einen Puffer, schützt mich aber nur bedingt vor einer Kurzschlussreaktion.

Wenn dieses Schlamassel vorüber ist, musst du dich dringend um ihn kümmern.

Ihn zu stürzen, ist gleichbedeutend damit, ihn zu töten. Wir sind hier nicht in der Politik. Selbst wenn die Organisation geschlossen hinter mir steht, kann ich nicht einfach zu Kyrios gehen und sagen: „Alle wollen lieber mich als Boss, du bist abgesetzt!"

Aber bist du schon bereit für die Machtergreifung? Ist die Organisation dazu bereit?

Alle hassen Kyrios. Allerdings halten der Hass und die mit ihm Hand in Hand gehende Angst diesen Haufen auch zusammen. Wenn ich dazu nicht in der Lage bin, würde alles in kleine Grüppchen zerfallen und wahrscheinlich würde sich jeder Möchtegern zum großen Zampano aufschwingen wollen. Denen allen das Maul zu stopfen würde ein langer, harter und blutiger Weg werden. Der Zusammenhalt ist ein wichtiger Punkt. Ungemein leichter wird es für die Außenwelt sein. Solange die Geschäfte weiter laufen, interessiert ein Führungswechsel niemanden. Nach außen hin bin für die meisten schon das Gesicht der Organisation. Ein Vorteil, für den Kyrios durch seine zunehmende Isolation selbst gesorgt hat. Zwar würde das Schreckgespenst „Die dicke lila Tunte" aus den Köpfen der Menschen verschwinden, aber auch ich habe einen Ruf und die Organisation ebenfalls. Und der Mord an Kyrios würde ein neues Schreckgespenst hervorbringen. Mich.

Monster werden nicht von Helden getötet, sondern von anderen Monstern. Und den Griff um die Stadt und ihre Bewohner würde ich kein bisschen lockern.

Den Gangs wird als Grund für die Machtübernahme reichen, dass Kyrios an den Überfällen indirekt schuld ist, weil er es nicht gebacken gekriegt hat, die Organisation zu führen. *Apropos gebacken, du musst dir noch überlegen, wie es mit Eddy weitergeht.*

Trotzdem nichts überstürzen. Mich zu früh auf den Thron zu setzen, führt nur dazu, dass andere Ansprüche erheben. Zeitraubende Auseinandersetzungen. Lieber warten. Keine Eile. Erst diese Misere lösen. Das wird mich stärken und …

Etwas klopft laut gegen die Scheibe der Fahrertür. Ich schaue raus und blicke direkt in den Lauf einer Kanone. Der stark kaugummikauende Typ dahinter grinst mich blöde an. Ich kurbele die Scheibe runter.

„Na los, aussteigen, du Penner!" Er ist sehr hibbelig. Ich mustere ihn abschätzend. Gucke nach rechts die Straße runter und dann nach links. Keine Menschenseele.

„Los Alter, raus aus dem Wagen, sofort! Und dein Geld! Gib mir dein Geld, verdammt!!! Handy auch! Her damit!!!" Ich fahre langsam mit meiner Hand in mein Jackett.

„O.k., du kriegst alles, was du willst. Von welcher Gang bist du?", frage ich ruhig.

Er kichert hysterisch. Amphetamin schätze ich. Koks dürfte zu teuer sein.

„Mann, was 'n mit dir? Willst du mich volllabern oder was?! Raus aus der Karre, na los!"

„Ich will nur wissen, welcher Gang du angehörst."

„Ich steck dir gleich meine Knarre in den Arsch, Mann! Du hast vielleicht Nerven, Alter!" Wieder dieses Kichern. Man könnte es auch als Giggeln bezeichnen.

„Welche Gang?! Welche Gang?! Mike braucht keine Gang! Mike ist die Gang!!!" Er lacht und kaut weiter seinen Kaugummi mit offenem Mund. Ich hasse Leute, die das tun.

„Na dann, Mike", sage ich und feuere ihm zweimal durch mein Jackett direkt in die Brust. Jetzt muss ich mir ein neues Jackett kaufen.

Gütchen Friede, so nannte man sie hier. Eigentlich hieß sie Frieda Panska, wohnte im Seniorenstift Sonnentau, war dreiundachtzig Jahre alt und hasste Wassergymnastik. Naja, nicht nur Wassergymnastik, eigentlich hasste sie ziemlich viel. Ihre faltig herunterhängende Haut, besonders das Gefühl, wie sie unter Wasser hin und her waberte. Generell hasste sie es, alt zu sein. Sie hasste auch alte Menschen, ihre Mitgefangenen zum Beispiel. Aber auch die meisten jungen Menschen waren ihr zuwider. Sie hasste den dauerlächelnden Trainer, bei dem es von der Sprache und Intonierung her wohl keinen Unterschied machte, ob er Säuglingsschwimmen oder Rentnerwassergymnastik trainierte. Ein lauwarmes Becken voll stinkender faltiger Leiber. Ja, im Gegensatz zu vielen anderen konnte Frieda den Alte-Leute-Geruch riechen und hasste sich selbst dafür. Alle verwesten bei lebendigem Leib und rührten mit ihren arthritischen Armen und krampfadrigen Beinen die Suppe auch noch kräftig um. Die dünstende Rentnersuppe. Sie hasste es. Hasste das Seniorenheim. Seinen dämlichen Namen, die aufgesetzte Fröhlichkeit, die tägliche Routine, die Abfertigung, die Beschäftigungstherapien auf dem Weg in den Tod. Wobei das hier eigentlich kein Weg mehr war, eher ein Parkplatz, wo man geduldig auf den Tod warten soll. Park and die.

Eigentlich hasste Frieda alles hier. Abgesehen von den gelegentlichen Fluchtspaziergängen runter an den Fluss. Sein Rauschen vermittelte ihr ein Gefühl von Freiheit.

Blut ist dicker als Wasser & geht auch schwerer weg

(Lin) Aber auf Emaille geht's. Dreck! Man könnte den Kontrast zwischen dem grellen Weiß und dem dunklen Rot fast als schön bezeichnen, wenn nicht alles so verschmiert wäre. Eine klar umrissene Blutlache ist da um einiges ästhetischer. Aber diese Striemen, wo Hände und Finger durchs Blut gezogen wurden, zerstören das verdammte Kunstwerk.

Sprüh! Wisch! Weg! Ein schöner weißer Streifen inmitten von Rot, der jedoch nach links immer heller wird. Der Lappen ist bereits nach dreißig Zentimetern vollgesogen. Aber ist sowieso nur Spielerei. Ich nehme den Duschkopf und spüle die Badewanne aus.

Vor solchen Pupu-Aktionen pfeife ich mir immer eine Tablette rein, um nicht Gefahr zu laufen, stundenlang alles auf Hochglanz polieren zu müssen. Die Tabletten machen mich aber ziemlich emotionslos und nicht grad empfänglich für die Tragödie, die hier abgelaufen ist.

In einem der schäbigeren Puffs in der Innenstadt hat sich ein Mädchen in der Badewanne die Pulsadern aufgeschlitzt. Tragischerweise nicht mal erfolgreich. Dreck! Tot hätte sie jetzt keine Probleme mehr. Aber wenn das verheilt ist, wird sie sich einiges anhören müssen.

Und wie ich die verdammten Zuhälter kenne, wird sie die Strafe auch zu spüren bekommen. Ob hier „selbstverschuldete Arbeitsausfälle" durch kostenlose Arbeitsleistung ausgeglichen werden müssen, weiß ich nicht. Bei uns war das so. Bedauernswertes Mädchen.

Pipi! Sie hätte mal nicht auf ihr Wissen aus dem Fernsehen vertrauen sollen, wo sich alle die Pulsadern mit einem Querschnitt unterhalb des Handgelenks aufschneiden. Längs, am besten über den ganzen Unterarm, ist endgültiger. Bei der Hollywoodvariante durchtrennt man ja nur an einer Stelle die Ader und das Blut fließt zu langsam raus. Wenn man die Ader einfach längs aufschneidet, ist der Schnitt viel größer. Dreck! Den will ich sehen, der so was abgebunden bekommt.

Doch von der schlampigen Durchführung mal abgesehen, wer bringt sich denn bitte durch Aufschlitzen der Pulsadern um? Kostet es nicht wesentlich weniger Überwindung, einen Haufen Pillen zu schlucken oder einen Schritt in den Abgrund zu machen?

Ob es da Studien drüber gibt?

Pupu! Wäre vermutlich verdammt schwierig, weil die Probanden ja in der Regel nicht über ihre Erfahrungen berichten können. „Für eine aktuelle Studie suchen wir Menschen, die sich umbringen möchten oder es schon getan haben. Mindestalter achtzehn Jahre." Aber vermutlich macht man sich nicht so logische Gedanken. Obwohl, das können ja auch nicht alles nur Affekthandlungen sein. Ob es dazu auch Studien …

Dreck! Was für seltsame Gedanken. Das rote Wasser fließt in den Abfluss. Er gurgelt wohlig. Scheinbar kein Veganer.

Zum Glück hat sie es in der Badewanne versucht, sonst hätte ich verdammt viel mehr Arbeit. Warum eigentlich immer in der Badewanne? Ist das auch so ein durch die Medien verbreitetes Ding? Oder möchten sie im Falle eines Scheiterns nicht so viel Arbeit beim Putzen haben? Oder wollen sie der Nachwelt keine große Sauerei hinterlassen? Dreck! Ist ja ganz nett, aber wenn ich mich umbringen wollen würde, würde es mich doch einen Pupudreck interessieren, ob die danach die Wohnung neu renovieren müssen. O.k., wenn es eine Eigentumswohnung wäre, dann vielleicht. Vielleicht gibt es Erben, denen man was Gutes hinterlassen will und Blutflecken auf dem Holzfußboden machen sich beim Verkauf nie gut. Aber so ein Selbstmord drückt den Preis vermutlich generell.

Der Selbstmordversuch hier wird den Preis dieser Bruchbude wohl eher nicht drücken. Der hier relevante Nummernpreis wird stabil bleiben, denn keiner wird je erfahren, was hier passiert ist.

Ich wische rund um die Badewanne herum, bis nichts mehr zu sehen ist. Dreck! Dass man mich überhaupt wegen solcher Kleinigkeiten herbestellt, ist, denke ich, wie immer Schikane. Außer dem Blut in den Fugen lässt sich hier alles sehr leicht beseitigen, und selbst die hätte jeder verdammte Laie mit dem richtigen Putzmittel sauber gekriegt. „Ach, wozu haben wir denn 'ne Putzfrau?" Der Fluch meiner ständigen Verfügbarkeit.

Wieder zurück im trauten Heim, dusche ich erst mal gründlich. Während das Wasser so hypnotisch auf meinen Kopf prasselt, betrachte ich meine Unterarme. Pupu! Könnte ich das? Könnte ich die Klinge ansetzen und bis zur Armbeuge durchziehen?

Wer hätte gedacht, dass die Leute, die behaupten oder zu beweisen versuchen, dass Funkstrahlung schädlich ist, tatsächlich recht haben! Ein paar Klicks, ein paar Funkwellen, und du bist tot.

Der Kopf auf dem Tisch & Schöne neue Welt

(Monto) Zum Glück muss ich nicht mehr atmen und kann nichts mehr riechen. Sonst würde ich von all den Dämpfen hier vermutlich ohnmächtig werden. Die frisch gegerbten Hautlappen hängen über Stangen an der Wand. Warum musste ich auch ausgerechnet in diesen Raum flüchten? Aber jetzt noch das Versteck zu wechseln … ach egal.

Zum Glück war ich so umsichtig, mich während des Gesprächs mit dem Punzer am Fenster zu postieren. So sah ich den schwarzen Fremden frühzeitig. Schon sein forscher Gang, gradewegs auf die Haustür zu, ließ Ärger vermuten. Man durfte mich hier nicht sehen. Eilig sagte ich dem Punzer, er solle einfach laut husten, wenn er Hilfe braucht. Von hier aus kann ich kein Geräusch aus der Werkstatt wahrnehmen, ich würde vermutlich auch das Husten nicht hören. Unruhig trete ich von einem Bein aufs andere.

Ich fühle die Wunde nur, wenn ich mit dem Finger drüberfahre, und heute Morgen hatte ich einen Blutfleck in den Boxershorts. Scheinbar habe ich keine Selbstheilungskräfte …

Nach dem Chaos gestern wollen wir uns erst morgen wieder treffen, um das weitere Vorgehen zu besprechen. Es wird immer gefährlicher, so viel steht fest. Aber an Ausstieg ist nicht zu denken. Zumindest nicht für mich. Die anderen können wegen mir …

Eine Tür klappt und ich höre Schritte im Flur. Den Punzer erkenne ich an seinem Schnaufen. Klingt, als würden sie ins Büro gehen. Doch nur ein geschäftlicher Besuch?

Hier gehen ja die komischsten Vögel ein und aus. Es muss frustrierend sein, ein Kunsthandwerk zu betreiben, das in der heutigen Zeit nicht mehr gefragt ist. So verdient der Punzer sein Brot hauptsächlich mit den für ihn niederen Lederarbeiten. Er fertigt oder verziert Jacken, Ledersachen, Fetischkram, Möbel und in seltenen Fällen darf er mal was restaurieren. Das jedoch sorgt für einen bunten Kundenstamm mit vielen Wurzeln in der kriminellen Szene der Stadt. Sicher nicht seine Wunschvorstellung von dem Beruf, aber von Vorteil für mich, da er damit Zugang zu all diesen Gruppen besitzt. Klar, als Spion wäre wohl auch niemand ungeeigneter als dieses kleine dicke

Nervenbündel. Aber zu wissen, wie es in einem Gebäude aussieht, wo sich wer eventuell aufhält, ist auch nicht schlecht. Was ihm darüber hinaus noch zu Ohren kommt, ist Bonus. Er ist der Punzer. Nur der Typ, der die Lederjacken bringt oder die Streckbank neu bezieht. Für die meisten ist er damit wie Luft und sie plaudern in seiner Gegenwart gedankenlos ihre Geheimnisse aus. Außerdem würde keiner bei seinem Anblick vermuten, dass auch nur die geringste Gefahr von ihm ausgehen könnte.

Frank hatte mir den Punzer vorgestellt. Dass wir vorhaben, einen Großteil seines Kundenstammes auszurotten, erzählten wir ihm natürlich nicht. Für ihn sind wir lediglich Undercoverpolizisten und er darf mit niemandem, auch nicht mit der Polizei, über unsere Verbindung reden. Wir tischten ihm eine billige Geschichte auf und er schluckte sie. Naja und irgendwie …

Wieder Schritte. Es ist nicht der Punzer. Fuck!

Ich warte noch kurz, öffne die Tür und gehe zügig, aber leise, den Gang entlang. Die Tür zum Büro ist nur angelehnt. Scheiße!

Der Punzer bedeutet mir persönlich nix, aber wir brauchen ihn. Na gut, dass mein Anschiss vorhin das Letzte war, was er von mir hört, will ich auch nicht. Mir ging es nur darum, dass er beim nächsten Mal alles detailliert schildert und wirklich alle Personen erwähnt, die sich in einem Gebäude aufhalten. Und sei es nur ein Kleinwüchsiger, 'ne Kampflesbe oder eben ein verdammter Transvestit!

Vorsichtig öffne ich die Tür zu dem kleinen unordentlichen Büro.

Sein Körper hängt schlaff und vornübergebeugt auf seinem Stuhl, die Stirn auf der mit Akten, Papieren und Geld übersäten Tischplatte. Seine schweißglänzende Platte strahlt mich direkt an, lediglich eingerahmt von einem dünnen Haarring. Eine Diele knarzt unter meinen Füßen und er schreckt auf. Ich auch.

„Fuck! Du hast mich zu Tode erschreckt!“, mache ich meinem Schock Luft. Er sagt nichts, schaut nur abwesend ins Leere. Mehrere Geldscheine kleben an seiner nassen Stirn und lösen sich nur widerwillig ab. Er beachtet sie nicht.

„Was ist los? Wer war das grade? Was wollte er?“

Der Punzer holt einmal tief Luft und pustet sie wieder aus.

„Jafar“, sagt er mit tonloser Stimme.

Ich schaue ihn fragend an.

Er reibt sich eine Weile die Schläfen, dann nimmt eine Flasche Billigwodka aus seiner Schreibtischschublade. Er betrachtet sie eingehend und legt sie anschließend wieder hinein.

„Jafar gehört zur Organisation … ist die rechte und die linke Hand von Kyrios. Und soweit man hört, auch seine Füße." Seine Stimme klingt immer noch, als wäre er in Trance. „Kyrios soll ja wohl nicht mal mehr rauskommen. Hab ihn bis jetzt noch nie gesehen … nur von ihm gehört … ich … ich muss hier weg."

Ist ja interessant, noch ein Gesicht mehr und gleich das von der rechten Hand. Der zweite Mann. Auch ich hab schon von ihm gehört.

„Erzähl! Was wollte er?"

Eine Weile zeigt er keinerlei Reaktion. Ich will grade noch mal fragen, als er tief Luft holt, die Augen schließt und resigniert antwortet: „Er will, dass ich für die Organisation spioniere."

Naja, war nur eine Frage der Zeit bis …

Plötzlich schlägt er die Augen auf und fixiert mich mit ungewohnter Schärfe. Auch in seiner Stimme liegt auf einmal ein solcher Unterton.

„Und er präzisierte sogar sein momentan dringlichstes Anliegen. Nämlich euch!"

Nein … unmöglich! Er kann nichts von uns … Das darf nicht sein! Oder doch …? Habe ich etwa einen Verräter …? Ist Jan vielleicht gar nicht krank? Dieser Bastard! Den knöpf …

„Keine Bange, er weiß nicht direkt was von euch", redet er weiter.

„Damit hättest du auch gleich rausrücken können!", brülle ich ihn an.

Er ignoriert mich und fährt mit Schärfe fort: „Aber er hat mir von Überfällen erzählt. Zum Beispiel vorgestern auf zwei Männer. Einer tot, einer im Krankenhaus. Und gestern ein Massaker seltsamerweise genau in dem Haus, über das ich dich informiert habe. Fünf Menschen sind gestorben! Sogar die Leiterin!!!" Er unterdrückt einen Fluch und funkelt mich aus seinem dicken Schweinegesicht an.

„Woher …", beginne ich, doch er unterbricht mich sofort.

„Dieser Jafar erzählte etwas von einem Überfall auf ein Freudenhaus im Süden. Die haben da nicht viele und ich kann eins und eins zusammenzählen. Herrgott!!!"

„Es war ein Mann", korrigiere ich ihn.

„Was?" Er schaut mich verdutzt an.

„Ein Mann, die Puffmutter, die Leiterin, sie … er … war ein Mann, 'ne Transe." Er schüttelt nur ungläubig den Kopf und lässt ihn wieder auf den Schreibtisch sinken.

„Wie lange schon?", dringt es gedämpft unter seinem Nacken hervor. Ich schweige.

„Ich bin vielleicht feige, Monto, aber nicht doof! Wie lange bringt ihr schon diese … diese Leute um?" Na gut, Leugnen hat wohl keinen

Sinn mehr und ich will den Punzer auch nicht noch weiter gegen mich aufbringen.

„Ein paar Wochen, vielleicht auch schon ein oder zwei Monate." Ja, wie lange eigentlich?

„Ein paar …? Vielleicht …? Für was zum Teufel haltet ihr euch?!"

„Under …"

Er springt überraschend wendig auf. „Erzähl keine Scheiße!!!", schreit er verzweifelt, rauft sich die verbliebenen Haare und fängt an, hektisch hinter dem kleinen Schreibtisch hin- und herzulaufen.

„Scheiße! Mir egal wer oder was ihr seid, aber was soll ich denn jetzt machen, hä?! Ihr lauft durch die Gegend und murkst Leute ab, zu denen ich Verbindungen habe, an Orten, zu denen ich vermutlich auch Verbindungen hab und … und jetzt taucht dieser Obergangster hier auf und will, ‚dass wir Freunde werden', Informationen und bezahlt mich sogar schon", er deutet auf das Geld, flucht und lässt sich wieder in seinen Stuhl fallen.

Was mache ich jetzt? Ihn beruhigen, ihn anlügen oder sage ich ihm die Wahrheit? Ach Fuck! So was kann ich auf den Tod nicht … Das muss ich mit Frank … Ich lenke ihn besser erst mal ab.

„Wie kommen die auf dich?"

Er scheint sich wieder etwas beruhigt zu haben oder hat einfach nur resigniert. „Keine Ahnung. Wie du weißt, hab ich letztens für Kyrios eine Sitzgarnitur angefertigt. Und wärst du nicht gewesen, wäre ich da auch gar nicht persönlich reinspaziert, sondern hätte das Zeug liefern oder abholen lassen. Ich sagte ihm, ich müsste die Einzelteile vor Ort zusammensetzen, weil der empfindliche Lederbezug beim Transport im Ganzen Schaden nehmen könnte und lauter so ,n Zeug. Was glaubst du, was für ,n Schiss ich hatte? Dieser riesige Fleischberg stand die ganze Zeit hinter mir und hat mich beobachtet. Hat mich ausgefragt, was ich noch so mache. Dieser Kyrios ist echt furchteinflößend. Vielleicht hab ich da ein bisschen zu viel erzählt, keine Ahnung." In diesem Moment sollte man ein Foto vom Punzer machen und dann unter „Nervliches Wrack" bei Wikipedia hochladen.

Nur gut, dass sie uns noch nicht auf der Spur sind. Oder wissen sie es längst und wollen ihn nur benutzen um … Fuck! Was …?

„O.k., bleiben wir erst mal ruhig. Die Sache ist doch halb so wild." Vermutlich die falsche Wortwahl. Er guckt mich schon wieder so böse an. Schnell fahre ich fort:

„O.k., aber schau mal … die wissen nichts von mir und auch nicht von Frank. Die wollen nur, dass du ihnen über die anderen Gangster was erzählst. Und dass du deine Ohren dabei besonders im Bezug auf die Überfälle spitzen sollst, ist nur verständlich …"

„Nur? Nur?! Verdammt! Und wenn die was rauskriegen? Wenn die meine Verbindung zu den Überfällen feststellen oder rauskriegen, dass ich gestern kurz vorher dort war?!" Ja, seltsam eigentlich, dass dieser Jafar ihn darauf nicht angesprochen hat.

„Zufälle passieren. Versorge sie einfach mit den Informationen, die du kriegen kannst, aber sag ihnen kein Wort von uns!" Kurz überlege ich, ihn zu bitten, auch ein paar Desinformationen für uns zu streuen. Aber das … Er schaut mich eine Zeitlang an. In seinen Augen schimmern so viele Gefühle, dass man gar nichts aus ihnen lesen kann.

„Was macht ihr da überhaupt?", fragt er schließlich.

„Das kann ich dir nicht sagen." Schon wieder kneift er die Augen zusammen. „Es ist viel zu gefährlich für dich, wenn du in diese Aktionen eingeweiht wärst. Und was du nicht weißt, kannst du auch nicht zurückhalten. Außerdem ist alles streng geheim." Vorerst ist es klüger, den Stiefel des offiziellen Einsatzes noch weiter zu tragen. Und dank des Fernsehens hält jeder solche Kommandos außerhalb der Legalität für möglich. Er fährt sich über die fettige Stirn und beginnt seine Schläfen zu massieren.

„Und was mach ich, wenn die doch auf unsere Verbindung stoßen?", fragt er erschöpft.

„Dann beschützen wir dich natürlich. Keine Angst." Selbst wenn ich es wollte, würden wir nie schnell genug bei ihm sein können. Aber ihm scheint das vorerst zu reichen. Trotzdem beruhige ich ihn lieber noch ein bisschen.

„Wir werden einfach etwas kürzer treten in nächster Zeit. Andere Spuren verfolgen und nur noch ganz dezent auf deine Informationen zurückgreifen. Nichts wird auf dich zurückgeführt werden können." Zumindest hoffe ich das. Vielleicht wäre es tatsächlich keine schlechte Idee erst mal einen Gang … Nein! Der Gedanke behagt mir auf den Tod nicht. Vielleicht schaffen wir es aber auch, den Druck mit kleineren Aktionen aufrechtzuerhalten. Und dann ist da ja noch dieser Typ mit dem Roller.

„Entspann dich einfach erst mal ein bisschen." Er zeigt mir den Mittelfinger. Wow, dass er zu solchen Gesten fähig ist. Was Angst und Verzweiflung aus Men…

Von der Straße ertönten Schüsse. Der Punzer schreckt sofort auf.

„Ich sehe nach, bleib hier!" Schüsse sind in dieser Gegend zwar nicht alltäglich, aber auch nicht so ungewöhnlich. Trotzdem kommen sie mir ganz gelegen. So kann ich den Beschützer spielen. Vom Werkstattfenster aus sehe ich einen Mann auf dem Asphalt liegen, ein anderer beugt sich grade über ihn. Den Klamotten nach zu urteilen, irgendein Penner. Als die ersten Leute näher kommen, rennt er weg.

„Nur ein Raubüberfall", beruhige ich den Punzer, als ich wieder bei ihm bin. Der stöhnt, nicht wirklich erleichtert. Dann lässt er den Kopf wieder auf die Geldscheine sinken. Ich verabschiede mich, doch er zeigt keinerlei Reaktion. Draußen rufe ich sofort Frank an.

„Wir haben ein Problem … Der Einsatz vorgestern … Ja, genau … Einer der Typen lebt … Nein, er liegt in irgendeinem Krankenhaus … Keine Ahnung, ich hoffe … Ja, dachte mir, dass du das kannst … Dann müssen wir uns trotzdem noch überlegen was … Oh … O.k., gut, bis nachher."

„Wie?! Das ist alles?" Verdutzt betrachte ich den kleinen schwarzen Kasten, der über einige Kabel mit einer circa fünfzig Zentimeter großen Antenne und einer Art Akku verbunden ist.

„Ja, das und mein Laptop, mehr brauch ich nicht. Und den hier natürlich." Frank tippt sich an die rechte Schläfe und zwinkert verschwörerisch.

„Aber wie zum Teufel soll das denn gehen?!"

„Willst du das wirklich erklärt haben?"

„Ich werd's nicht verstehen oder?"

„Vermutlich nicht." Frank lächelt mich milde an. Er ist ganz in seinem Element. Ich hingegen kann diesen ganzen Elektronikkram auf den Tod nicht ausstehen. Ich würde dem Kerl einfach ein Kissen in den Mund stopfen.

Dass Frank rauskriegt, in welchem Krankenhaus der Typ liegt, ist mir schon klar gewesen, aber dass er jetzt behauptet, mit dem Zeug da aus einer Entfernung von fünfzig Metern den Monitor unseres „Patienten" beeinflussen zu können … gruselig.

„Nur so viel: Zum Glück ist der Typ im Krankenhaus im Norden gelandet. Dort haben sie ja vor zwei Jahren alles neu gemacht und mit Hightech vollgestopft."

„Ach, das. Hab mich damals gefragt: ‚Warum und wozu?' Klar haben wir auch gute Viertel in der Stadt, aber die sind doch deutlich in der Unterzahl und das Krankenhaus gehört schließlich einem privaten Träger und der will Geld sehen. Und mit Kranken lässt sich nur Geld verdienen, wenn sie es haben oder eine Versicherung es hat."

„Ja und von solchen Einwohnern haben wir hier wahrlich nicht viele.

Die ziehen meistens weg. Aber parallel zur Runderneuerung haben mehrere kleinere Krankenhäuser im bedeutend reicheren Umland dichtgemacht. Für viele Patienten ist nun urplötzlich das Nordkrankenhaus das naheliegendste. Das ist zu unserem Vorteil."

„Schon todesbeängstigend, was mit Technik so alles möglich ist heutzutage."

„Ach, das ist doch noch gar nichts!", strahlt Frank und an dem Glanz in seinen Augen erkenne ich, was jetzt kommt. Aber ich lasse ihn.

„Da gab es beispielsweise mal einen Typen, der auf einer Sicherheitskonferenz seine eigene Insulinpumpe gehackt hat. Danach hätte er sich kinderleicht einen tödlichen Insulinschub verpassen oder auch das Ausbleiben einer notwendigen Dosis initiieren können. Selbiges wurde auch schon mit Herzschrittmachern, Defibrillatoren und Hirnschrittmachern gemacht und es gibt bestimmt noch einige Geräte mehr. Die meisten dieser medizinischen Implantate haben eine Funkschnittstelle, um mit einem außen am Körper getragenen Messgerät oder einer Fernsteuerung bedient zu werden oder sie sind sogar so weit vernetzt, um auch auf weite Entfernungen hin lokalisiert, kontrolliert und gesteuert werden zu können. Das ist natürlich gut und wichtig. Genauso, dass ein Arzt oder ein Überwachungsprogramm im Notfall sofort Zugriff auf das Gerät hat, um Maßnahmen einzuleiten, kann lebensrettend sein. Aber wie so häufig in der heutigen Zeit, zieht die Sicherheit nicht mit dem technischen Fortschritt mit. Obwohl sie es längst könnte. Die Technologien sind vorhanden und das Know-how auch. Aber tja, zu unserem Glück, nimmt man es da noch nicht so genau. Auf jeden Fall, eben diese Schnittstellen weisen zum Teil gravierende Sicherheitslücken auf. Ein Beispiel: Selbst die Geräte, die nicht vernetzt und nur mit einer drahtlosen Kurzstreckenverbindung ausgestattet sind, haben häufig völlig unnötige Reichweiten. Bis zu fünfhundert Meter wurden schon Versuche unternommen, Standard ist aber immerhin noch fünf bis zehn Meter. Die Kommunikation ist meist unverschlüsselt und der Zugang zum Gerät ist selbst oft nur mit einem kurzen Kennwort gesichert, das sich mit einem Codebrecher leicht rausfinden lässt. Selbst bei bis zu neun Stellen wilder Zahlen, Buchstaben und Zeichen ist das heute kein Problem mehr, und viele Geräte arbeiten immer noch mit vier- oder sechsstelligen Codes, oft nur aus Zahlen oder Buchstaben. In einigen Fällen sind Benutzername und Kennwort sogar kreativerweise einfach die Serien- und Modellnummer des Geräts. Kannst du dir das vorstellen?" Er hat recht, ich verstehe kaum was. Mein Internetrouter hat immer noch die Standardzugangsdaten: Benutzer = admin und Kennwort = admin.

„Einige Hackergruppen behaupten sogar, es sei möglich, einen Wurm oder Virus zu entwickeln, der sich von Gerät zu Gerät übertragen kann, wenn die Träger nur in einem bestimmten Umkreis an einem vorbeilaufen. Ich halte das auch durchaus nicht für unmöglich. Unter dem Gesichtspunkt, dass medizinische Implantate ja hauptsächlich von alten Menschen getragen werden, ließe sich das Problem mit der Überalterung unserer Gesellschaft also durch einen kranken Geist mit Programmierkenntnissen recht einfach lösen." Er lacht trocken auf, scheint aber selbst schockiert zu sein, über diesen Gedanken.

„Und bei diesen neuen Monitoren wie im Nordkrankenhaus ist es ähnlich. Ich könnte mir zwar auch zum Krankenhausnetz Zugang verschaffen und auf diesem Wege herankommen, das wäre quasi das klassische Vorgehen, aber wozu der Aufwand? Diese Überwachungsmonitore sind vollgestopft mit Messtechnik und haben eben auch eine Funkschnittstelle, um je nach Messergebnis die entsprechenden Medizinpumpen, die Lungenmaschine, den Defibrillator und so zu steuern. Aber selbst das ist noch nicht das Ende vom Lied. Stell dir vor, sogar Krankenwagen werden heute schon drahtlos vernetzt. Zum Beispiel, um schon vor der Ankunft im Krankenhaus Daten für die Notoperation zu übertragen. Sicherlich sinnvoll, aber so völlig unzureichend gesichert ist das auch alles manipulierbar. Und ich sag dir, bestimmt sind noch nicht mal die Hälfte der Sicherheitslücken entdeckt und es kommen täglich neue Geräte hinzu."

„Aber ist das denn nicht alles bekannt? Ich meine … Fuck! Das muss doch …"

Frank winkt verächtlich ab. „Ach! Du weißt doch, wie das ist. Natürlich ist das alles bekannt, wird aber heruntergespielt. Die mangelnde IT-Sicherheit ist ja nun schon seit ein paar Jahren in der Diskussion, aber groß geändert hat sich da nichts. Naja, zum Glück für uns."

„Aber wenn das bekannt ist, dann gab es doch bestimmt schon Attacken dieser Art. So eine Methode ist doch für todesviele Leute interessant und damit meine ich nicht nur Kriminelle, die Geheimdienste, das Militär, für uns …" Frank zuckt nur mit den Schultern.

„Klar, aber wer untersucht denn bei einem Kreislaufkollaps oder Herzstillstand, ob das Gerät einen Fehler hatte oder ob es gehackt wurde? Falls man das überhaupt rausfinden kann." Da hat er natürlich recht. Beängstigend recht.

Die Sahne, unmittelbar um den Finger herum, hat sich leicht rosa verfärbt. Der Rest des Sahnetuffs ist aber immer noch tadellos weiß. Der Finger wurde offenbar zwischen dem zweiten und dritten Glied abgetrennt. Der Größe nach zu urteilen, könnte es ein kleiner oder ein beliebiger Finger einer sehr zierlichen Hand sein. Der Finger einer Frau oder einer Kinderhand. Die Haut ist ganz spröde und rissig, man sieht jede Linie. Um das Nagelbett herum ist sie weiß und trocken. Unter dem Nagel hat sich schwarzgrüner Dreck gesammelt und etwas über der Nagelmitte ist ein weißer Punkt zu sehen. Alles in allem könnte der Finger mal wieder eine Maniküre vertragen.

BWL

(EDDY) Kleine Hügel erheben sich langsam. Zwölf an der Zahl. Sie stechen aus dem Horizont hervor und werden schnell größer. Die Hitze brennt erbarmungslos. Doch sie wachsen weiter in stetiger Geschwindigkeit.

Plötzlich bricht die Oberfläche auf. Erst nur vereinzelt, dann nach und nach auf allen Hügeln. Dickflüssig quillt es aus den entstandenen Rissen. Einige Schokostückchen werden mit nach oben geschwemmt und schmelzen sofort unter der Hitze. Doch der hervorquellende Teig wird schnell zu einem festen Teil der Kruste.

„Eddy, rühr mal bitte um!", ruft Lucky aus dem Lager.

Ich höre auf, die Muffins im Ofen zu beobachten, gehe zum Herd und rühre in dem riesigen Eintopf. Lucky hat eine Vorliebe für Gerichte, die man in nur einem Gefäß zubereiten muss. Klar, wenn man für mehrere Leute kochen muss, ist das immer das Einfachste. Alles rein, höchstens noch in unterschiedlicher Reihenfolge und gut is'. Deswegen gibt es in der Organisation eigentlich ständig Eintopf, Suppe, Auflauf, Gulasch und solche Sachen. Dazu Brot. Irgendeine Soße mit Beilage ist die Ausnahme, obwohl dafür ja nicht viel mehr Aufwand benötigt wird, aber eben zwei Töpfe. Dreiteilige Gerichte gibt es nie. Doch niemand beschwert sich, denn Lucky ist ein sehr guter Koch.

Das ab und zu Mal ein Schweißtropfen von seinem dauerfeuchten Gesicht ins Essen tropft, schmeckt man ja nicht. Naja … zumindest wenn man nicht sieht, wie es passiert.

Die letzten Tage verliefen glücklicherweise relativ ereignislos. Ich wohne nun schon fast in der Organisation. Was nicht zuletzt daran liegt, dass Lin beinahe jede Nacht in mein Zimmer kommt und sich ohne ein Wort neben mich legt. Die ersten beiden Nächte schlief ich fast gar nicht. Aber inzwischen hab ich mich irgendwie an diesen nächtlichen Besuch gewöhnt. Wenn ich mal wieder vom Knarren der Tür aufwache, rutsche ich nur noch automatisch zur Seite und schlafe weiter. Sie taucht nie zu Beginn der Nacht auf und ist auch immer schon weg, wenn ich aufwache. Eine seltsame Frau.

Darüber geredet haben wir nicht. Sie scheint es nicht für nötig zu halten und ich traue mich nicht. Meinen einzigen Versuch in diese Richtung schmetterte sie sofort ab, indem sie auf mein betontes „Hast du gut geschlafen?" völlig neutral „Ja" antwortete.

Vorvorgestern bin ich kurz in die Wohnung gefahren, um mir ein paar Anziehsachen und anderen Kram zu holen. Außerdem wollte meine spärliche Beblumung auch mal wieder gegossen werden. Die Balkonkästen sahen schon ziemlich verkümmert aus. Was nicht zwangsläufig an meiner mehrtägigen Abwesenheit lag, sondern eher daran, dass ich die Pflanzen generell selten gieße.

Eigentlich hab ich damals versucht, eine Wohnung ohne Balkon zu bekommen. Ich mag die Dinger nicht. Diese an die glatten Hauswände angepappten Präsentierteller, die einen Einbruch um einiges erleichtern. Und dass mindestens eins der Fenster bis zum Boden gehen muss und damit einen größeren Einblick in die Wohnung gewährt, finde ich auch furchtbar. Jedes vermeidbare Loch in der sichtschützenden Wand ist zu viel. Aber die Wohnung ist billig und mit schweren blickdichten Vorhängen lässt sich dieses Manko ja ausgleichen. Leider musste ich eben wegen jenes Balkons die Blumenkästen anlegen, um nach außen hin Normalität zu wahren. Nicht freiwillig! Aber nach einem Jahr beugte ich mich dem Druck der Nachbarn und der Hausverwaltung, diesen „trostlosen Anblick wenigstens etwas aufzuhübschen". Möchte gern mal wissen, wer von denen sich so weit aus dem Fenster lehnt, dass er überhaupt in der Lage ist, diese „Trostlosigkeit" zu erblicken.

Trotzdem zögere ich den Gang auf den Balkon immer möglichst weit hinaus. Erst wenn die welke Blütenpracht keinen weiteren Aufschub duldet, öffne ich die Balkontür und schleiche im Entengang hinaus. Nur so verbirgt mich die Brüstungsmauer vor neugierigen Blicken. Zu kriechen kommt bei dem dreckigen Boden nicht in Frage. Nach einem kurzen Stück im Entengang drücke ich mich dann mit dem Rücken gegen die Mauer, halte die Kanne so hoch wie nötig und gieße in kurzen Intervallen die Blumen. Falls man die Kanne doch sehen sollte, ist es wenigstens nur kurz. Wenn man die Pausen zwischen den Intervallen lang genug lässt, glaubt der Beobachter hoffentlich an eine optische Täuschung und wendet den Blick wieder ab. Und nachdem ich erst mal raushatte, wie ich die Gießkanne so über den Kopf halte, dass ich mich nicht selbst mit Wasser vollkleckere, klappt das eigentlich ganz gut.

Die Blumen sind nun der einzige Grund, noch in meine Wohnung zu fahren. Meine Sachen kann ich auch in der Organisation waschen. Heimelige Stimmung will dort allerdings nicht so richtig aufkommen. Schuld daran sind zum einen die nicht grade einladenden Räumlichkeiten der Organisation und zum anderen … naja … die Anderen. Also alle außer Lin und Lucky. Ohne die beiden wäre ich schon längst untergegangen.

Wenn ich mit Lucky in der Küche arbeite und nur Lin ab und zu vorbeischaut, kann ich glatt vergessen, in was für eine Scheiße ich mich da reingeritten habe. Doch spätestens nachmittags, wenn ich Kyrios seine Leckereien bringen muss, drängt sich dieser Fakt wieder in mein Gedächtnis.

Angehen tut mich eigentlich hier keiner mehr, seit Lucky mich mal vor einem Typen gerettet hat, in dem er ihm verklickerte, dass Kyrios ziemlich ungnädig würde, wenn seinem Leibkonditor irgendwas passiert. Ich konnte förmlich sehen, wie sich das Wort „Leibkonditor" durch die Gehirnwindungen von dem Kerl schlängelte, immer mal wieder in die weiten leeren Abgründe dazwischen stürzte und am anderen Ohr wieder als schleimiges, aber immer noch unbekanntes Wort ausgespuckt wurde. Trotzdem ließ er mich los. Aber irgendwie werde ich seitdem noch viel feindseliger von allen angefunkelt. Offenbar hat meine ominöse Funktion die Runde gemacht.

Ein klein wenig stärkt das sogar mein Selbstbewusstsein.

Ich bin der Leibkonditor! Ich bin wichtig! Ich bin … leider nicht unersetzlich …

Doch dann holt mich jedes Mal die Realität wieder ein: Vorher hat es ja auch ohne mich funktioniert. Ich bin doch nur ein kleines Licht und die Birne kann man jederzeit wechseln. Und die kaputte ist sogar nach ihrem Ableben noch verwertbar. Erschaudernd muss ich an den Ofen im hinteren Gebäudeteil denken. Das Erlebte versuche ich immer noch, so gut es geht auszublenden. Doch jedes Mal, wenn ich unter der warmen Dusche stehe, kommt mir wieder ins Bewusstsein, womit dieses Wasser erwärmt sein könnte. Dann bekomme ich Panik und dusche mit kaltem Wasser in Rekordgeschwindigkeit zu Ende.

Lucky kommt zurück in die Küche und übernimmt wieder den Kochlöffel.

Ich hole die Muffins aus dem Ofen. Sehen gut aus und mhh, duften die herrlich.

Kyrios hat gestern den Wunsch nach Muffins geäußert. Naja ... eigentlich kann man nicht wirklich davon sprechen, dass er Wünsche äußert.

Jemand räuspert sich dicht hinter mir, ich erschrecke mich furchtbar und lasse beinahe das Muffinblech fallen. Ich drehe mich um und erschrecke noch mal.

„Schweinsfußmüsli mit Erdbeeren!!!"

Jafar blickt mich aus seinen immer kühlen Augen an.

„Wie bitte?", fragt er und schaut mich, für seine Mimik erstaunlich, verwirrt an. Er fixiert mich mit hochgezogener Augenbraue, lässt sie dann aber langsam sinken. „Egal. Komm mal kurz mit, ich will was mit dir besprechen."

Offenbar sieht er die Todesangst in meinen Augen, denn er wirft noch ein „Nichts Schlimmes" hinterher.

Wir gehen wieder in den kleinen Raum.

„Ich habe dir, als du hier ankamst, ja schon gesagt, dass noch mehr Aufgaben auf dich zukommen werden", beginnt Jafar ohne Umschweife.

Ohhh ...! Was kommt jetzt? Leute umnieten? Leichen in den Ofen schaufeln? Ihhh ... Anschaffen gehen?

„Du wirst eine Bäckerei leiten."

„Hä?!", spreche ich offenbar laut diesen simpelsten aller Gedanken aus.

„Was hab ich dir über unnötige Fragen gesagt? Hör doch erst mal zu."

Doch in meinem Kopfkino beginnt bereits flackernd ein widerlicher Film. Durch den Fleischwolf gedrehte Leichenteile muss ich zu Kuchen verarbeiten, die sich Kyrios einen nach dem anderen reinschaufelt. Capo bekommt ein Stück Torte in seinen Napf gelegt. Es besteht aus drei Böden, zwischen jedem steckt eine matschige, blutige Schicht und alles läuft an der Seite raus. In dem obligatorischen Sahnetuff oben am Rand steckt ein halber Finger. Mir ist schlecht. Verfluchte Fantasie!

„Also, wir wollen eine Bäckerei eröffnen. Deine Aufgabe wird es sein, einfache haushaltsübliche Kuchen und Torten in großer Menge zu backen. Keine Blechkuchen, wie sonst üblich, die brauchen wir nicht. Die Ausstattung dafür wirst du bekommen. Nebenbei machst du noch das Zeug, was du sonst auch für Kyrios machst."

„Ähhm ... warum wollt ihr eine eigene Bäckerei aufmachen?" Ähh ...

warum nur ist meine Zunge manchmal schneller als ich? Jafar seufzt. Sein Blick sagt mehr als deutlich, dass ich nicht ständig so blöd fragen soll.

„Darauf wollte ich grade zu sprechen kommen. Wir wollen unser Geschäft und die Vertriebswege nach und nach umstellen."

„Und wa…", entfährt es mir, bevor ich es schaffe, die Lippen zusammenzupressen. Doch er erhebt nicht mal die Stimme und schüttelt lediglich den Kopf. Hier kommt mir seine oft so beängstigende Ruhe wohl mal mehr als zugute.

„Was das mit der Bäckerei zu tun hat? Das Zeug soll in den Kuchen und Torten versteckt werden und dann verkaufen wir sie. Das System wird Folgendes sein: Wir führen Rabattmarken ein, die nur an bestimmte Leute ausgegeben werden und fügen eine Bestellliste mit genauen Bezeichnungen ein, welche Kuchen für welche Drogen stehen. Die Bezeichnungen werden normal klingen, aber eher ungebräuchlich sein. Also, jemand, der eine Rabattmarke hinreicht und drei Zitronenkastenkuchen mit Zuckerguss bestellt, bekommt beispielsweise seine drei Kuchen mit Koks. Und wenn mal jemand Zitronenkastenkuchen mit Zuckerguss ohne Marke haben will oder eine Marke hat, aber lediglich Zitronenkuchen bestellt, wie es jeder normale Kunde tun würde, weil es ja auch so auf dem Schild steht, dann bekommt er stinknormalen Kuchen. Nur für den Fall, dass Marken oder eine Bestellliste in falsche Hände geraten. Die Mengen werden pro Kuchen definiert. Wenn die Käufer mehr wollen, müssen sie mehr Kuchen holen. Bei größeren Mengen müssen sie halt später wiederkommen. Vielleicht werden wir für ein paar Großkunden auch die Möglichkeit schaffen, vorzubestellen. Lieferungen wird es vorerst nicht geben." Jafar sagt das alles mit einer Ruhe, als würde er mir lediglich die völlig normalen betriebswirtschaftlichen Prozesse einer Bäckerei erläutern. Na gut … von seinem Standpunkt aus tut er ja auch genau das.

Doch irgendwo in meinem Unterbewusstsein setzt mein logisches Denken ein und ich höre mich fragen: „Und … was ist, wenn jemand kleinere Mengen haben will?" Mhh … ich könnte es mir auch einbilden, glaube aber, dass sein Mundwinkel grade leicht nach oben gezuckt ist.

„Ein Kuchen oder eine Torte ist das Minimum. Und da du es eh mitkriegen wirst: Wir wollen das Endkundengeschäft ganz aufgeben. Zu kleine Verkaufseinheiten, zu gefährlich, zu wenig Profit. Wir treten unsere Gebiete auf der Straße unter gewissen Bedingungen an andere ab. Eine davon wird sein, dass sie zukünftig unsere neue Bäckerei besuchen. Wir verlagern also unseren Vertriebsfokus und werden Lieferanten. Mit dem Straßenhandel kommen wir damit gar nicht mehr direkt in Kontakt."

Er scheint kurz zu überlegen, wie viel er mir erzählen soll, dann fährt er fort.

„In letzter Zeit hatten wir aufgrund gewisser Vorkommnisse einen leichten Mitarbeiterschwund zu verzeichnen. Da wir mit diesem System weniger Leute auf der Straße benötigen, können wir diesen Mangel ohne Neuanstellungen ausgleichen. Unsere Kunden sind zukünftig nicht mehr die Junkies und Kleinverbraucher, sondern die Gangs und anderen Großabnehmer. Wir müssen dann auch nicht mehr so viele Behörden schmieren. Alles in allem hat dieses Konzept viele Vorteile, zudem ist es sicherer und der Profit ist höher."

Wow … was für ein Plan. Mir schwirrt der Kopf und ich verstehe auch zu wenig von der Materie, um beurteilen zu können, ob das tatsächlich funktionieren konnte. Ich hab sowieso keine Wahl, also macht es keinen Sinn, darüber nachzugrübeln. Was mich natürlich trotzdem nicht davon abhalten wird. Ohh … da kommt die erste Panikwelle auch schon. Dieser Plan zieht mich tief ins Drogengeschäft der Organisation hinein. Und egal was Jafar behauptet, wenn ich tagtäglich irgendwelchen Gangstern große Mengen Drogen verkaufe, kann das nicht sicher für mich sein.

„Natürlich wirst du die Bäckerei nicht alleine führen. Erstens wird dir Lucky helfen, wann immer es möglich ist. Und das Gebäck muss ja nicht frisch sein, Hauptsache es sieht augenscheinlich danach aus, also könnt ihr, wann immer es geht, vorarbeiten. Zusätzlich wird Lin fest in der Bäckerei arbeiten und hauptsächlich den Tresenverkauf übernehmen, damit du dich voll und ganz aufs Backen konzentrieren kannst."

Uhh … ahh … Ich klappe den Mund auf und wieder zu. Wow … ich kann mein Glück kaum fassen. Sollte Jafar tatsächlich so gnädig sein, mir meine zwei liebsten Menschen der Organisation zur Seite zu stellen?

„Selbstverständlich werden auch immer welche von den Männern anwesend sein und den Laden bewachen."

War ja klar. Mein Glück gleich wieder erschüttern und tief in eine dreckige Kloschüssel tunken, um es daran zu erinnern, wo sein Platz ist. Naja … andererseits könnte ein unbewachter Laden voller Drogen auch ein leichtes Ziel für allerlei … Nicht drüber nachdenken!

„Wir haben bereits die passenden Räumlichkeiten gefunden, nur ein paar Straßen weiter Richtung Süden. Im Grenzgebiet. Da fällt eine Bäckerei weniger auf, wird dort aber auch nicht zu stark von normalen Kunden frequentiert."

Aha … beruhigend, dass ich mich nicht mit normalen, ungefährlichen Kunden rumschlagen muss. Sehr gnädig. Jafar schaut mich abwartend eine Weile aus seinen dunklen und freudlosen Augen an. Als wenn er jetzt ernsthaft auf meine Zustimmung warten würde.

Ich seufze. „Wann soll das Ganze losgehen?"

„Bald. Wie weit bist du mit der Nachmittagsration?"

„Schon fertig", antworte ich und bereue es sofort.

„Gut, dann fahren wir gleich mal auf die Baustelle und du kannst im Katalog aussuchen, was du alles brauchst und wo es hinsoll."

Mhh … na super. Shoppingtour mit einem Gangster.

Während ich mit mehreren Fachkatalogen in der Hand durch die Räume laufe, weicht meine Angst langsam einer Art … mhh … Euphorie … glaub ich.

Meine eigene Bäckerei! Aber sie wird mal … Eine Bäckerei, in der ich das Sagen habe!

„Kann ich den hier haben?", frage ich und tippe auf einen Großbackofen mit vier Einschüben. Pro Einschub passen vier runde Springformen oder acht große Kastenformen hinein.

„Wenn du den brauchst", erwidert Jafar und blickt nicht mal auf den Katalog.

„Naja … also … ch müsste vielleicht wissen, welche Mengen mich erwarten."

Das, was Jafar mir darauf sagt, lässt die Angst wieder kommen und mich den Ofen auf die Liste setzen … Das wird viel Arbeit.

Bei jedem neuen Gerät auf dem Einkaufszettel wird meine Vorfreude jedoch wieder größer und am Ende bin ich so euphorisiert, dass die ursprüngliche Geschäftsidee der Bäckerei kaum noch Platz in meinem Kopf einnimmt. Da sind nur noch Lucky, Lin und ich, wie wir uns fröhlich mit Mehl bewerfen, lachen, ich Lin Sahne an die Nase schmiere, wir Torten verzieren und an alte, freundliche Omis verkaufen. Die alten Omis staunen jedoch nicht schlecht, als beim Austeilen des ersten Stückes weißes Pulver auf die Kuchenplatte rieselt. Uhhh … okay … weiter.

Hier der Tresen, da der Kaffeeautomat, dort ein paar Tische und schicke Stühle … welche mit Schnörkeln auf der Lehne wären gut.

Hinten ist mein Reich, endlose Arbeitsplatten, viel Platz, modernste Geräte. Lucky und ich, wie wir herzlich lachend säckeweise Mehl in die Rührmaschine kippen …

Ich schäme mich ein bisschen für meine kindliche Freude, kann sie allerdings auch nicht abstellen. Breit grinsend fahre ich nach Hause, um noch mehr Sachen von mir zu holen. Ich soll die nächsten Tage auch beim Um- und Aufbau mit anpacken, und es wird viel zu tun geben. Die Freude verschwindet jedoch schlagartig vor meiner Haustür.

Was machen zwei Menschen in einer finsteren Gasse in einem der schlimmsten Viertel der Stadt? Sorgen. Zumindest sollten sie das schleunigst tun. Doch Entschleunigung ist dieser Tage der Schlachtruf des gehetzten Großstädters, dem auch diese beiden mehr unfreiwillig folgen. Eine nicht unwesentliche Rolle spielt dabei das Chloroform.

Baking Bad

(Jafar) Ich sitze in meinem Büro ein paar Türen weiter von Kyrios' und reibe mir die Schläfen. *Der Mann macht dich krank. Die verfluchten letzten Wochen machen dich krank!*

Ich konzentriere mich auf meinen Atem. Auf das Gefühl, das er beim Einströmen in der Nase und im Rachen verursacht. Ich spüre die Luft in meiner Lunge, den Sauerstoff im Blut und wie die Luft wieder ihren Weg zurücknimmt. Ich lasse alle Gedanken los. Ich merke, wie ich langsam ruhiger werde. Erst dann öffne ich die Augen. Klarheit.

Fünf Tage ist der Vorfall im Puff nun her und ich habe nichts in der Hand. Die Tonauswertung der Überwachungsbänder hat nichts gebracht. Schüsse, gedämpfter Tumult und wild durcheinanderkreischende Nutten. Keine identifizierbaren Stimmen in dem Geräuschchaos. Unser Dealer im Krankenhaus ist inzwischen tot.

Du könntest ein Medium für eine Séance suchen, um eine Aussage von ihm …

Meine Recherchen bei den Gangs haben nichts ergeben und der Punzer ist so hilfreich wie Capo beim Springreiten. Wenn ich weiterhin in so kurzen Abständen bei ihm aufkreuze, stirbt er an frühzeitigem Herzversagen. Ich werde noch nicht schlau aus ihm. Das Gefühl, dass er mir was verheimlicht, hat sich zwar abgeschwächt, aber es beißt mir jedes Mal in den Nacken, wenn ich ihn sehe. Dabei kotzt er sich wirklich die Seele aus dem Leib und verkauft uns Großmutter, samt Rollator und Familiensilber. Verrät Nachschubwege der Banden, Unterschlüpfe, Klatsch und Tratsch, aber eben nichts, was mich im Moment brennend interessiert.

Aber es hat dir geholfen, den Plan für das zukünftige Drogengeschäft zu festigen.

Stimmt. Mit der Ausarbeitung und Umsetzung des Plans konnte ich Kyrios etwas ablenken. Er fragt mich jetzt nur noch einmal am Tag nach Neuigkeiten bezüglich der Überfälle, sofern man das „fragen" nennen kann.

Der heftige Streit grade eben hatte etwas anderes, völlig Absurdes zum Thema: die Versetzung von Lin in die Bäckerei. Diese kleine organisatorische Maßnahme hatte ich lediglich der Vollständigkeit halber, als einer von vielen anderen Punkten, erwähnt. „Was?! Wiederhol das Letzte!" Er meinte, Lin werde hier im Gebäude gebraucht, um alles sauber zu halten. Dass wir auch andere Putzen haben und jederzeit ein oder zwei dazu holen können, ließ er als Argument nicht gelten. Natürlich ist sie viel gründlicher als die anderen, aber …

Ich erklärte ihm, dass es auch wichtig sei, die Bäckerei sauberzuhalten, um gar nicht erst den Verdacht aufkommen zu lassen, der Laden sei nur Fassade. Außerdem schafft sie für Eddy eine sicherere Atmosphäre. Denn die Gefahr besteht, dass ihn seine Angst lähmt und unbrauchbar macht. Und nicht zuletzt ist Lin, von einigen der Nutten mal abgesehen, die ansehnlichste Frau bei uns und damit als Verkäuferin und Aushängeschild der Bäckerei bestens geeignet. Jeder, der da reinwackelt, ob Käufer, Normalo oder Bulle, lässt sich von einer hübschen Verkäuferin leicht ablenken. Vor allem bei den übereifrigen Gesetzeshütern ist dieser Aufmerksamkeitsfänger wichtig.

Aber Kyrios und Argumente. Womit ich ihm seine Zustimmung entlockte war, dass Lin weiterhin für seine Räumlichkeiten zuständig sei, denn die Bäckerei sei ja nicht so lange offen.

Es ist, als würde man mit einem bockigen Kind reden, nur ist mein Kind riesig und wird mich sofort auffressen, wenn es nicht bekommt, was es will.

Lucky als Aushilfe in der Bäckerei zu beschäftigen, stellt für ihn wiederum kein Problem dar. Er lässt sich sowieso von den Männern oft was anderes zu Essen holen, Luckys Existenz ist für Kyrios nicht entscheidend.

Bei den Banden und Gangs war es nicht einmal nötig, Überzeugungsarbeit zu leisten. Sie nahmen den Vorschlag, unsere Gebiete zu übernehmen, dankend an, und dass sie zukünftig einen Großteil ihrer Ware bei uns kaufen müssen, schien kein Problem zu sein.

Falls einer den Rückzug vom Straßengeschäft als Schwäche auslegt und die Abmachungen nicht ernst nimmt, bei dem wird die Überzeugungsarbeit halt nachgeholt.

Das Timing ist gut. Da unser Lieferant gerade arge Schwierigkeiten mit dem Gesetz hat, erklärte er sich einverstanden, für eine nicht unerhebliche Vermittlungsgebühr uns seine Kontakte zu überlassen.

Momentan sind die Ankäufe bei den Produzenten, die Gebühr für ihn und die Ausstattung des neuen Ladens zwar riesige

Kostenpunkte. Aber ohne Investition keine Zukunft. Da verhält es sich bei uns wie überall in der Marktwirtschaft.

Noch letzte Woche hab ich nicht einen Gedanken an eine Bäckerei verschwendet und nun ist der Aufbau in vollem Gange. Der Plan für eine Umstellung vom Straßengeschäft auf Großhandel geisterte schon eine Weile in meinem Kopf herum. Aber erst als Kyrios sich in den Kopf gesetzt hat, diesen Eddy als Leibkonditor zu beschäftigen, kam mir die Idee. Das Rabattmarkensystem entwickelte ich kurze Zeit später. Damit die Käufer vor der Theke nicht verschwörerisch, „Psst, ich hätte gerne … ähh … zwei ‚Spezialkuchen' mit extra viel … ähh … ‚Puderzucker' … bitte", flüstern müssen.

Die Marken erhält man auf Anfrage, wenn man weiß, wie und wo. Vorerst werden wir unsere Produktpalette nicht erweitern. Nur Koks, Amphetamin, Heroin, Crystal, Ketamin, Steroide und Hasch. Hauptumsatz wird weiterhin Koks bringen. Drogen, bei denen sich die Leute wie der Größte und Beste vorkommen, sind in Städten, wo die wenigsten einen plausiblen Grund haben, sich so zu fühlen, immer noch der Verkaufsschlager. Allerdings auch teuer und damit nicht für alle erschwinglich.

Bei Steroiden und Amphetaminen haben die Gangs einen hohen Eigenbedarf. Wobei das Zeug auch von Arbeitern und den Partypeople gern genommen wird. Heroin für die, die wirklich vor allem fliehen wollen und Ketamin für die, die vor allem fliegen wollen. Nur Crystal geht irgendwie überall. Billig, effizient, giftig. Macht hochgradig abhängig, was das verkürzte Konsumentenleben wieder etwas ausgleicht. Dauerkunde bis zum Schluss. Und der Klassiker Hasch wird einfach zu allem dazu gekauft. Wie Ketchup zu Pommes ...

Aus biochemischer Sicht ist Verwesung ein sehr interessanter Prozess. Auf und im lebenden Menschen existiert ja ohnehin ein ganzer Kosmos aus Bakterien, Mikroben, Pilzen und kleinen Insekten. Zum Leichenschmaus kommen noch einige mehr angereist und dann herrscht schon ziemlich hektische Betriebsamkeit. Wenn das Ganze dann noch im Wasser stattfindet, wird es richtig spaßig. Und glitschig … und stinkt auch irgendwie mehr. Aber den Verwesenden ist das egal. Gleichgültigkeit ist die vorherrschende Emotion gegenüber der Eigenkompostierung. „Immerhin riech ich jetzt nichts mehr", dachte Frieda. Und sie war endlich wie der Fluss.

Eine Insel ohne Berge im grossen, beschissenen (nicht blauen!) Meer

(Lin) Verdammte Pupu! Was für eine bescheuerte Idee, Drogen auf diese Art und Weise zu verkaufen, aber ich hab meine Meinung für mich behalten und werde das auch weiterhin tun.

Ich sitze immer noch auf der Arbeitsplatte in der Küche und schaue Lucky beim Kochen zu.

Lucky grinst. Weiß der Geier, warum er sich über zusätzliche Arbeit freut. Allerdings muss ich zugeben, dass mir der Gedanke gefällt, mit Eddy und Lucky zusammenzuarbeiten. Vielleicht muss ich dann weniger putzen.

Verdammt! Da ist sie wieder. Hallo, Hoffnung! Auch mal wieder in der Stadt? So selten, wie du dich blicken lässt, brauchst auch gar nicht mehr kommen. Das tut nämlich weh.

Dreck! Vermutlich werde ich einfach weniger Freizeit haben. Aber die beiden sind nun mal die netteste Abwechslung, die ich in diesem Laden habe. Lucky ist ein toller Kerl gerade, weil er so kaputt ist. Immer lustig, immer freundlich und immer gut für eine Ablenkung, wenn er mal wieder irgendwelche Geschichten erzählt. Und Eddy … ja Eddy … Pupu! Ja, er ist … nett. Irgendwie mag ich dieses verdammte Nervenbündel. Vielleicht, weil ich mir im Vergleich zu ihm so unglaublich stark vorkomme.

Weshalb ich mir angewöhnt hab, bei ihm zu schlafen, weiß ich auch nicht so genau. Verdrehter Beschützerinstinkt? Oder doch andere Gefühle? Pupu verdammt!

In der ersten Nacht, wo er irgendeinen Alptraum hatte, war es spontan. Ich realisierte das selbst erst so richtig, als ich schon neben ihm lag. Und komischerweise schlafe ich seitdem besser. Vielleicht auch nur die körperliche Nähe zu einem anderen Menschen. Man sagt ja, dass so was beruhigend wirkt.

Dreck! Ich will zwar nicht darüber nachdenken, wohin sich das mit Eddy entwickeln könnte, tue es aber trotzdem.

Verliebt bin ich nicht. Glaube ich. Aber wer kann das schon beurteilen? Außerdem sind meine letzten Verliebtheiten in meiner Jugend gewesen. Ewig her.

Verdammter Mist! Ich mag ihn … irgendwie. Und momentan bin ich mit unserer Dreierfreundschaft ganz zufrieden. Eine Insel in diesem Meer aus Dreck und Pupu, auf die ich mich ab und zu flüchten kann.

Dreck! Lange wird's auch diese Insel nicht geben. Sie wird wie alles andere ebenfalls im Pupumeer versinken. Zu oft habe ich mich auf einen festen Untergrund verlassen, dann wackelt er doch und wirft mich wieder um. Deshalb trete ich nur noch ganz vorsichtig auf und …

Eddy kommt in die Küche gerannt. „Hhh… ha… hat … er … sie … bekommen?", keucht er völlig außer Atem.

„Was?", fragen Lucky und ich wie aus einem Mund.

„Volle Brotbüchse!", ruft Eddy und schlägt sich an den Kopf. Der Mist schon wieder.

Erneut: „Was?!"

„Hat er … sie bekommen?!" Dann schaltet Lucky, schneller als ich.

„Ach, so. Ja, klar. Jafar hat schon gesagt, dass du nach Hause gefahren bist, um irgendwelche Sachen zu holen und Kyrios hat natürlich rechtzeitig deine Muffins erhalten." Eddy stößt einen Seufzer der Erleichterung aus. Dreck! Sieht der fertig aus. Deshalb werde ich ihn nicht wieder auf seine zusammenhanglosen Ausrufe ansprechen.

„Du Honk! Warum hast du nicht einfach angerufen?", frage ich.

„Wollte ich, aber ich hatte keine Nummer." Langsam scheint er wieder zu Atem zu kommen. Lucky fängt an zu lachen, und wie das so ist, wenn Lucky herzlich lacht, stimmen wir irgendwann mit ein.

„Ja, ja, schon gut … blöd, ich weiß. Aber … ähh … ich habe nie daran gedacht, hier irgendjemanden nach einer Telefonnummer zu fragen. Und im Telefonbuch konnte ich ja schlecht nachschlagen", witzelt er auf seine übliche, etwas gequälte Art.

„Hättest vielleicht im lokalen Firmenverzeichnis unter ‚Organisierte Kriminalität' nachschlagen sollen", schlägt Lucky sofort in dieselbe Kerbe.

„Oder einfach im Internet suchen. ‚Telefonnummer+Organisation+Kyrios'. Wenn du heutzutage was nicht findest, such's im Internet. Und was man nicht im Internet findet, gibt es auch nicht!", schieße ich hinterher. Meine Insel. Verdammt schön.

„Das wäre schön", sagt Eddy und lässt die Schultern hängen.

„Pupu! Was is' los?", frage ich.

„Ähh … ach … nichts. A… alles ein bisschen viel heute", wehrt er ab.

„Ach! Deine neue Aufgabe, wie?"

„Was?", erwidert er gedankenverloren.

„Na die Bäckerei. Dreck! Da kommt einiges auf dich zu." Mist! Nicht sehr hilfreich, Lin!

„A… ach das … ja das … genau." Seine Augen schweifen durch die Küche, statt mich anzusehen. Er scheint wohl generell ein Problem damit zu haben, jemandem lange in die Augen zu sehen. Er kratzt sich am Kopf.

„Jaaa … also … ihr habt die Nachricht also auch schon gehört?"

Ich nicke nur. Dafür sprudelt Lucky sofort los.

„Wird bestimmt geil. Ha! Wir drei zusammen. Schmeißen den Laden. Haben Spaß ohne Ende und du kannst das machen, was du am liebsten machst. Ist doch toll!"

Eddy versteckt am liebsten Drogen in Gebäck? Dreck! Das glaub ich ja eher nicht. Er erwidert Luckys überschwängliche Begeisterung auch nur mit einem gequälten Lächeln.

„Hey! Wir schaffen das schon, verdammt", sage ich und versuche dabei möglichst zuversichtlich zu klingen. Wieder nur dieses Lächeln. Kein Wunder. Für jemanden, der so ängstlich ist, ist die Vorstellung, jeden Tag Drogen an Gangster zu verkaufen, einfach mal die Hölle. Ich will ihn etwas ablenken und sage:

„Übrigens gute Nachrichten, du brauchst dir vorerst nicht mehr den Kopf über die Warmwasserzubereitung zu zerbrechen. Die Kühlkammer für die Lei…", ich halte inne, als sich seine Augen weiten. Dreck verdammter!

„Naja, du weißt, was ich meine. Dreck! Auf jeden Fall ist die Kühlung kaputt und wegen ein paar … heizen sie den Ofen nicht extra an." Grandiose Idee. Drecksaktion! Er schluckt und nickt nur gedankenverloren.

Lucky klopft ihm auf den Rücken. „Toll! Musste nicht mehr kalt duschen!"

Wie?! Er duscht kalt, nur weil das Wasser ab und zu dadurch erwärmt wird? Pupu! Man kann sich auch zu viele Gedanken machen. Naja, meine Ablenkung scheint zumindest ihren Hauptzweck zu erfüllen. Eddy denkt über was anderes nach.

„Und was machen sie jetzt damit?", fragt er vorsichtig.

„Keine Ahnung, vielleicht suchen sie sich ein anderes Krematorium oder so 'n Pupu." Man kann förmlich sehen, wie sich Eddy irgendwelche Bilder dazu ausmalt. Dann schüttelt er den Kopf und fragt: „Ähh … warum bist du eigentlich immer noch hier Lucky, hast du nicht längst Schluss?"

„Na, das klingt ja nicht sonderlich erfreut." Lucky zieht eine völlig übertriebene Flappe.

„Ihh … ähh … nein … nein, so war das doch gar nicht …", versucht Eddy sich zu korrigieren.

„He He! Ganz ruhig, is' schon klar, kleiner Scherz. Ich wollte einfach warten, bis du wieder da bist und mal horchen, was du so über unser neues Projekt zu berichten hast."

Lucky kocht Kaffee. Anschließend unterhalten wir uns. Dazu trinken wir die verflucht bittere Plörre, die Lucky seinen „extra starken Kaffee" nennt, und essen die restlichen Muffins. Pupu noch mal! Sind die lecker! Wie alles, was Eddy backt. Er hat es echt drauf am Ofen.

Ein Rasiermesser ist eine gefährliche Waffe. Das wissen wir aus zahlreichen Filmen. Was jedoch nicht immer wahrheitsgetreu dargestellt wird, ist der Austritt des Blutes. Sicher, der Blutfluss durch die Halsschlagader ist schon immens, aber das spritzt trotzdem nicht in hohem Bogen da raus. Und es macht erst recht kein Geräusch dabei, wie als ob man eine Colaflasche öffnet, die man vorher noch ordentlich geschüttelt hat. Wenn die Öffnung der Ader nicht so groß ist, kann es schon mal spritzen, aber bei einem glatten Schnitt fließt es eher stark raus. In beiden Fällen bleibt es dabei eher leise. Das Blut.
Eine durchtrennte Halsschlagader hindert seinen Besitzer jedoch nicht daran, zu röcheln oder zu reden. Dafür muss auch noch die Luftröhre durchtrennt werden, am Besten unterhalb des Kehlkopfes. Da diese jedoch sehr zäh ist, erfordert das erheblich mehr Kraft. Aber an Kraft mangelt es ihm in seinem Rausch nicht.

Mit Bohrer ohne Bohraufsatz ist schlecht bohren

(Monto) „Hab ich schon erwähnt, dass ich Observationen auf den Tod nicht ausstehen kann?"

„Ja, gefühlt zum hundertsten Mal, seit wir uns kennen", sagt Frank. Ich sitze, ebenfalls gefühlt zum hundertsten Mal, vor dem Haus von dem Moped-Typen und hab aus Langeweile Frank angerufen. Ihn scheint das zu nerven. Wir haben uns allerdings auch nichts zu sagen. Beruflich gibt es nichts zu besprechen und ins Privatleben lässt sich keiner aus dem Team gerne reingucken.

Privatleben. Fuck! Bei mir wäre das gar kein großes Problem. Seit dem Unfall … Ich will auch gar nix von den anderen wissen. Das hilft mir, das Ganze professionell zu sehen. Sonst überlege ich mir wohlmöglich noch, ob ich meine „Freunde" wirklich diesen Gefahren aussetzen möchte. Ein Privatleben aufrechtzuerhalten, in meinem Zustand und bei meinem Beruf, hat sowieso keinen Sinn.

Frank stöhnt entnervt. „Hör mal, Monto, ich muss arbeiten. Wir sehen uns wahrscheinlich heute Abend."

„O.k., bis dann." Ich lege auf, bevor er es tut. So viel Würde …

Nach meinem Besuch beim Punzer vor einigen Tagen habe ich die Situation mit den anderen besprochen und alle waren leider derselben Meinung wie ich. Erst mal Füße stillhalten. Außerdem waren alle zu Tode erschöpft. Trotzdem habe ich die Überwachung des Burschen hier organisiert, übernehme aber den Mammutanteil. Leider keine Rund-um-die-Uhr-Überwachung, aber irgendwann muss sich der Typ …

Hier stundenlang nichtstuend rumzuhocken, frustriert mich extrem. Gestern Abend ging es mir dann so sehr auf die Nerven, dass ich einfach abgebrochen hab und durch die Stadt gefahren bin. Als ich einen kleinen Drogendealer beim Ticken beobachtete …

Schon nach kurzer Zeit bewegte er sich nicht mehr und irgendwann hörte ich dann auch auf. In dem Moment war es mir egal, zu wem er gehörte, ob zur Organisation oder sonst zu wem. Ich fühlte mich trotzdem keinen Deut besser. Damit es nicht umsonst war, hab ich ihm wie üblich schnell alles abgenommen. Leider wurde ich von ein paar Pennern gestört und musste flüchten. Ich konnte nicht mal checken, ob er auch wirklich tot war.

Im Nachhinein eine ziemlich unkluge Aktion. Ohne Vorbereitung, ohne Maske, in einem Gebiet mit möglichen Zeugen, mit einer Vollbremsung vor der Gasse, in der er stand, zu halten, gradewegs auf ihn zuzugehen und … Ach, wen interessiert schon irgendein …

Meine Haut ist schon wieder todestrocken, ich sollte mich bald mal wieder eincremen. Ach, diese verfickt teure …

Ein Taxi hält vor dem Haus. Ist er das? Scheiße! Ich hatte ihn ja nur im Vorbeifahren einen kurzen Augenblick im Licht der Laterne gesehen und sonst habe ich nur die Beschreibung von Frank. Er muss es einfach sein!

Ich steige aus. Eine Story hatte ich mir schon zurechtgelegt.

Der Mann schaut sich vor der Haustür mehrfach um. Erst als er sich zum zweiten Mal umschaut, scheint er zu registrieren, dass ich direkt auf ihn zusteuere. Er bekommt große Augen, dreht sich ruckartig zur Tür um, und versucht sie zitternd aufzuschließen. Da ist aber einer hypernervös. Ich könnte doch auch ganz normal das Haus als Ziel haben. Er blickt sich noch einmal zu mir um und ich schicke ihm ein Lächeln, in dem ich, wie ich hoffe, die Botschaft beilege „Bitten warten Sie doch noch, ich muss auch da rein.".

Er schaut verwirrt, aber nicht weniger beunruhigt. Dann öffnete er die Tür grade so weit, um schnell hineinzuschlüpfen. Na immerhin schlägt er sie nicht zu. Ich sprinte los und erreiche die Tür grade so, bevor sie ins Schloss fällt.

Totenstille im Treppenhaus. Ich laufe einige Stufen nach oben, bis ich etwas wahrnehme, was mich innehalten lässt. Mein Instinkt sagt mir, dass da was ist. Doch ich höre nichts und gehe weiter.

Da war es wieder! Doch als ich stehenbleibe, wieder kein Laut im ganzen Treppenhaus.

Sollte er etwa …? Ich steige weiter, diesmal etwas schneller.

Abrupter Stopp. Da! Nur einen Bruchteil, nachdem ich angehalten habe: das Quietschen einer alten Treppenstufe, allerdings von weiter oben. So eine gewiefte kleine Mistratte!

Er passt sich doch tatsächlich meinem Schrittrhythmus an und stoppt immer dann, wenn ich auch anhalte, damit ich ihn nicht höre. Schluss mit dem Versteckspiel!

Ich mache mich bereit, setze zum Startsprung an und sprinte die Treppenstufen hoch, immer mehrere Stufen auf einmal nehmend. Über mir kracht es, er scheint gestürzt zu sein und hastet nun übereilt die Treppen hoch. Ich erreiche den nächsten Treppenabsatz, als er grade in der Wohnungstür verschwindet.

Nur knapp schaffe ich es, mich in den Türspalt zu quetschen, bevor er die Tür zuknallt. Eigentlich quetscht sich nur mein Bein durch die Tür. Hab es nicht mal bemerkt. Der Rest von mir probiert, sich weiter durch die Tür zu drücken. Der Typ brabbelt irgendein unverständliches Kauderwelsch von drinnen.

„Polizei! Ich möchte nur mit Ihnen reden!" Der Druck auf die Tür weicht zögerlich und ich drücke sie ganz auf. Nach dieser Aktion und nun, wo er so direkt vor mir steht, bin ich mir ziemlich sicher, den Richtigen erwischt zu haben.

Der Mann steht stark zitternd im Flur und zielt mit einem Bohrer ohne Bohraufsatz auf mich und sagt: „Wurstendstückefetischist!"

Hä? Als mir klar wird, was das sein könnte, was er da auf mich richtet, hebe ich doch vorsichtshalber die Hände. Entweder er ist plemplem und versucht mich wirklich mit einem leeren Bohrer oder Akkuschrauber zu bedrohen oder das Ding ist so eine Art Nagelpistole.

„Ganz ruhig. Ich bin von der Polizei und möchte nur mit Ihnen reden."

„Ihh … ähh … Sie … Sie dürfen hier nicht rein! O… ohne Durchsuchungsbefehl dürfen Sie hier nicht rein!", stößt er aufgebracht hervor. Langsam lasse ich die Hände sinken und fasse in meine Jackentasche. Die Gefahr, dass er aus Reflex abdrückt, nehme ich in Kauf. Kann mir ja eh … Ah, ist aber auch egal, sehe ich grad, denn der Stecker von dem Ding liegt uneingesteckt hinter ihm auf dem Boden.

Ich zeige ihm meinen Ausweis, woraufhin er zögernd die Nagelpistole senkt. Nun erkenne ich auch das Magazin. Warum zur Hölle hat man eine Nagelpistole im Flur liegen? Nach Bauarbeiten sieht es hier zumindest nicht aus.

„Ahh … aber … aber … Sie dürfen hier trotzdem nicht … ohne Durchsuchungsdingens …" Wortlos schiebe ich ihn beiseite und kontrolliere die anderen Räume. Viel gibt es da nicht zu kontrollieren, kleiner Flur, zwei spartanische Zimmer, kleine Küche, todeskleines Bad. Er läuft die ganze Zeit hinter mir her und ich ignoriere sein zaghaftes Gezeter wegen dem fehlenden Durchsuchungsbefehl, und irgendwas von einer „zornesroten Kumquat“. Der Typ tickt doch nicht mehr richtig. Durchsuchungsbeschluss am Arsch, Kleiner! Gleich wird hier nicht mehr nur durchsucht, sondern geantwortet!

Er wird immer leiser, bis er schließlich endgültig verstummt. Sonderlich durchsetzungsfähig wirkte er allerdings von vorneherein nicht. Ich setze mich ins Wohnzimmer und er trottet nach kurzem Zögern hinter mir her.

„So, Herr …“, beginne ich, doch er reagiert leider nicht so instinktiv wie die meisten Menschen. Nach einer unangenehm langen Pause sagt er: „Ähhm … ich dachte … dachte Sie sind von der Polizei und wollen mit mir reden … müssten Sie da nicht auch meinen Namen wissen?“

Oha, ein ganz Schlauer. Ich setze eine eindringliche autoritäre Stimme auf und antworte zugegebenermaßen etwas plump: „Ihr Name tut hier auch gar nichts zur Sache. Ich bin hier, weil wir Sie mit einer kriminellen Gruppierung, mit dem wenig kreativen Namen ‚Die Organisation‘, in Verbindung bringen. Wir haben Sie vor einer Woche beobachtet, wie Sie deren Hauptquartier auf einer gestohlenen Vespa verlassen haben. Außer der Verbindung zur Organisation liegt also auch noch Diebstahl als potentieller Tatbestand vor.“ Während ich rede, werden seine Augen immer größer. Aber außer dem Entsetzen in seinen Augen bekomme ich nichts zurück. Ich reibe mir über die trockene Stirn und seufze.

„Also, wenn Sie bereit sind, mit uns zusammenzuarbeiten, könnten wir diese Vergehen vergessen.“ Wieder nichts. Wenn ich ihn richtig einschätze, bringt es jetzt aber auch nichts, laut zu werden, also beherrsche ich mich und fahre in ruhigem, aber bestimmten Ton fort: „Ich kann Sie auch einfach mit aufs Revier nehmen und wir verhören Sie dort.“ Nach einer erneuten längeren Pause erhebe ich mich, seufze vielleicht etwas übertrieben resigniert und ziehe betont langsam die Handschellen aus meiner Jackentasche.

„O… O.k.“, sagt er tonlos und legt seine Hände aufs Gesicht.

„O.k. … was?“, bohre ich vorsichtig nach.

„Ihh… ich … ich rede mit Ihnen.“

„Na dann schieß mal los!“, ermuntere ich ihn.

Er hebt den Kopf und schaut ziemlich verzweifelt drein.

„W… w…ie? Wo?!“

Vielleicht brabbelt er ja wieder und wenn nicht, sind es, glaube ich, eher verzweifelte rhetorische Fragen, also antworte ich nicht. Sein Blick irrt rastlos hin und her und diesmal beginnt er, eindeutig wieder zu brabbeln.

„Kiwi isst Kiwi … und … Kiwi ist Kiwi … aber Haare auf'm Rücken haben beide …" Nach etwa einer Minute schließt er die Augen und holt mehrmals tief Luft. Danach öffnet er sie wieder, schaut mich kurz direkt an und dann auf mein rechtes Ohr.

„Puhh … also … diese Leute … sie haben mich vor einer Woche aufgegriffen. Ähhm … seitdem zwingen sie … zwingen sie mich, für sie zu arbeiten. Und … sonst hab ich nix mit denen zu tun … ehrlich." Nicht sehr überzeugend. Naja, soll er erst mal reden und dann schaue ich, was davon Sinn ergibt.

„Aha. Ziemlich unglaubwürdig finden Sie nicht? Angenommen ich kaufe Ihnen das ab. Wieso waren Sie mit einem geklauten Moped unterwegs?"

„Ahh … ach … damit hatte ich nix zu tun. Ähh … es wurde mir nur gegeben, um damit nach Hause zu fahren. Ach … und … naja … wo Sie es grade schon mal erwähnen … wo ist denn der Roller?"

Später vielleicht. Noch darf ich den Griff nicht lockern. „In Gewahrsam." Mein Tonfall lässt keinen Zweifel daran, dass er dort vorerst auch bleiben wird. Er senkt erneut den Kopf. Also entweder ich hab hier einen oskarreifen Schauspieler vor mir oder der Typ ist wirklich nur ein armes Würstchen. Wohnung, Erscheinungsbild und Auftreten weisen ganz klar in Richtung armes Würstchen.

„Was beweist mir, dass ich Ihnen glauben kann?", frage ich.

Er schaut mich lange an und zuckt dann nur mit den Schultern.

„Na gut, fangen wir doch erst mal an, Vertrauen aufzubauen, uns kennenzulernen. Denn ich bin mir sicher, dass wir einander helfen können. Also lassen wir das mit dem *Sie*. Ich bin Monto und leite eine verdeckt ermittelnde Spezialeinheit gegen ‚die Organisation'."

Wir reichen uns die Hände.

„Ich … ich bin … Eddy."

„Schön, freut mich Eddy. Also, wir sind jetzt schon längere Zeit hinter ‚der Organisation' her, jedoch ist es sehr schwierig, in ihre innere Struktur vorzudringen und brauchbare Informationen zu erhalten. Ich kann dir helfen, da rauszukommen, du musst mir dafür nur helfen, da reinzukommen. Du verstehst? Sicher, es gibt auch auf der Straße viele Gerüchte und Indizien. Aber das reicht niemals für Verurteilungen oder Durchsuchungsbefehle, alles bricht immer beim kleinsten

Windhauch in sich zusammen. Meist wird der Windhauch von einem Bündel Geldscheine verursacht, mit dem exzessiv vor der Nase einiger Staatsbediensteter gewedelt wird. Auch dagegen müssen wir vorgehen. Aber für all das brauche ich verlässliche Informationen." Wenn ich mir so zuhöre, könnte ich meinen, ich hätte einen Fernsehkrimi eingeschaltet. Aber das ist nun mal die Sprache, die die Leute verstehen. Sie ist ihnen vertraut. Das haben sie alles schon mal gehört und es kommt ihnen irgendwie richtig vor.

Er überlegt offenbar ... um schlussendlich doch zu resignieren.

„Ähh … das … das klingt toll und … es tut mir leid, aber vermutlich kann ich Ihnen … ähh, euch … also, ich kann euch, da bestimmt nicht viel helfen. Damit hab ich doch gar nichts zu tun. Und den Boss Kyrios scheinen … scheinst du, ja schon zu kennen."

„Es würde mich trotzdem interessieren, was du zu sagen hast. Erzähl mir einfach alles und über alle dort. Auch deine Gedanken, die du dir ja sicherlich dazu machst."

Die meisten seiner Informationen sind nicht hilfreich. Jetzt gerät er auch noch ins Stocken. Ich merke, da ist noch was zu holen. Der Pickel ist angestochen und ausquetscht, doch ich spüre, da ist noch was, also drücke ich weiter daran herum.

„Eddy, ich kann dir nicht helfen, wenn ich nix weiß."

„Naja … ähh … also … es gibt da eine Umstrukturierung …"

Was labert er da? Die Drogen sollen in den Kuchen versteckt werden. Im Ernst? Nicht grade originell, schließlich werden Schmuggelwaren seit Menschengedenken in allen möglichen Dingen versteckt und Gebäck ist dabei gar nicht mal so unüblich. Aber das Ganze in der Größe aufzuziehen, hat schon einen gewissen Witz. Erfordert auf jeden Fall ordentlich Eier.

Und er wird er zukünftig eine führende Rolle im Drogengeschäft der Organisation spielen. Fabelhaft! Da könnte doch so einiges für mich rausspringen. Aber ruhig bleiben, nix anmerken lassen. Mit todernster Miene schaue ich ihm in die Augen, er hält jedoch wieder nicht lange stand. Noch etwas sticheln kann aber, denke ich, nicht schaden.

„Damit machst du dich erneut in höchstem Maße strafbar, das ist dir klar oder?"

„Ihh… ich … ja aber … aber ich … was hab ich den groß für eine Wahl?! Die bringen mich um, wenn ich …" Oh Mann, was für ein Jammerlappen. Soll er das deuten, wie er will.

Wieder im Auto platzt es aus mir raus und ich schlage mit den Fäusten abwechselnd in schneller Folge auf mein Lenkrad ein. Endlich! Endlich!!! Neue Informationen! Und mit denen lässt sich sogar arbeiten. Ein angenehmes Kribbeln geht durch meinen ganzen Körper. Einer der wenigen Momente, in denen ich mich über meine teilweise noch vorhandenen … Egal. Nun ist endlich Schluss mit Rumsitzen!

Wie Leichen lagen sie arglos in das Loch geworfen nebeneinander. Könnte natürlich auch daran liegen, dass sie Leichen sind. Man war respektlos zu ihnen. Erst warfen sie sie hinein, holten sie dann aber wieder raus, weil man befürchtete, der Beton könnte nicht in jeden Hohlraum zwischen und unter ihnen fließen. Also goss man erst halbvoll auf, warf sie dann wieder rein und rüttelte sie so lange mit Stäben in den Beton, bis man der Meinung war, jetzt müssten die gröbsten Lufteinschlüsse weg sein. In der Tat war der Guss nun in jede Ritze geflossen, und die Masse drückte auch die Luft aus ihrer Kleidung. Flüssiger Estrich floss in diverse Unterhosen, Ohren (sofern noch vorhanden), Nasenlöcher, Münder, etc. Mindestens genauso demütigend war es, das Gezanke der Arbeiter um „Die Mische" mit anhören zu müssen:
„Nein, nein, nein! Die Mische muss viel dünner!"
„Mehr Kalk!"
„Doch nicht von dem groben Sand!"
„Na toll, jetzt muss ich noch ein' Sack Zement im Baumarkt holen, um das wieder hinzubiegen!"
Doch ihre Zeit würde kommen. Ihre Zeit der Rache.
Zeit. Erste Risse. Kraft. Weitere Risse. Krach. Rache.

Dampfbremsfolienhosen & Löffelchenstellung

(Eddy) Die Geräte stehen noch in den Verpackungen an den Wänden. Die Arbeitsplatte ist bereits montiert, aber noch mit Folie abgedeckt. Eigentlich hätte die Bäckerei längst fertig sein können, doch durch den Einbruch des Bodens im Lager verzögert sich alles.

Ich packe an, wo ich kann. Zusammen mit der Planung, Einrichtung und meinen alltäglichen Arbeiten, habe ich ziemlich viel zu tun. Genau genommen wird meine Arbeit lediglich von Mahlzeiten und Schlaf unterbrochen. Eigentlich ist das auch ganz gut, denn dann kann ich nicht so viel über den Besuch des Polizisten nachdenken.

Leider lässt der Schlaf genau wegen solch aufgeschobener Überlegungen, trotz Erschöpfung, immer auf sich warten. Lins Wärme neben mir zu spüren, hilft leider auch nicht. Jede Nacht überlege ich, ob ich mich ihr anvertrauen soll.

„Lin?"

„Mhhhh."

„…"

„Was 'n?"

„… schlaf schön."

Mehr war bisher nicht drin. Außerdem hab ich Angst, sie in was reinzuziehen, dessen Ausmaße ich selbst nicht überblickte. Wenn die

Polizei angeblich so viel über die Organisation weiß, warum handelt sie dann nicht? Oder ist das Netz von Kyrios und Jafar so gut, dass es alle offiziellen Ermittlungen in ihre Richtung unterdrückt? Das würde zumindest den Einsatz einer geheimen Spezialeinheit erklären.

Mhh … aber was, wenn einer von der Spezialeinheit korrupt ist und mich verrät? Dann bin ich am Arsch. Wie soll ich also den Rat von diesem Monto beherzigen und mich ruhig verhalten, wenn ich jeden Moment damit rechnen muss, dass die Zwillinge reinkommen, um mich einzutüten. Backkünste hin oder her, wenn die spitzkriegen, dass ich geplaudert hab … dann … dann werden sie ihre Backkünste an mir ausprobieren. Bei … bei … bei … leb… lebendigem … Leib …

Panik. Ich klopfe von innen gegen die Ofentür.

Draußen stehen die lachenden Zwillinge, Capo wiehert, Jafar guckt wie immer ausdruckslos und Kyrios bleckt seine Zähne zu einer höllischen Grimasse. Lin wird mit vorgehaltener Waffe von Zipp gezwungen, den Schalter zu betätigen.

Sie zaudert. Meine Panik ebbt ab.

Tu es Lin! Los, spiel hier nicht die Heldin. Du hast doch selbst gesagt, dass der Ofen kaputt ist. Da schubst Zipp sie beiseite und haut auf den Knopf. Dann blickt er mir direkt in die Augen und lächelt.

Licht flammt auf. Ich blicke mich um. Doch ich sehe nur eine runde, grau glänzende Wand eines zylindrischen Raumes. Wo bin ich hier? Der Raum hat keine Decke und die Öffnung ist nicht sehr hoch. Ich springe und kralle mich am Rand fest. Wie auch immer ich es schaffe mich hochzuziehen, aber plötzlich stehe ich auf einer Fläche aus demselben Material wie die Wände des Zylinders. In regelmäßigen Abständen sind genau solche Löcher, wie das aus dem ich grade gekrochen bin. Schlagartig wird mir klar, wo ich mich befinde. Ich stehe auf einem riesigen Muffinblech.

Schnell laufe ich zu einem der anderen Vertiefungen, darin kauert Monto. Seine Lippen formen stumm die Worte „Es tut mir leid", dann senkt er den Kopf. Die Angst pulsiert in meinen Adern. Ich wurde verraten. Ich renne weiter. Ein Mann ohne Gesicht steht in einem der Löcher. Im nächsten eine Frau ohne Kopf. Danach … abgetrennte Menschenteile. Ich schlucke und will mich übergeben, kann jedoch nicht. Plötzlich spüre ich die Hitze. Heißer Wind raubt mir den Atem und trocknet meine Augen innerhalb von Sekunden aus. Sie haben die Umluft eingestellt. Erst treibt mich der heiße Luftstrom Richtung Ofentür, doch je näher ich komme, desto stärker prallt er mir von dort entgegen. Ich kämpfe mich, mit den Armen schützend vorm Gesicht, zur Scheibe. Draußen immer noch dieselben Gestalten. Alle lachen, sogar Jafar. Sieht seltsam aus.

Lin liegt immer noch auf dem Boden und schaut mich an. Dann springt sie auf und rennt zum Pult. Zipp und Flipp heben gleichzeitig ihre Waffen, grinsen und drücken ab.

„Neeeeeeinnnn!!!“ Ein unglaublicher Schmerzensblitz fährt durch meine Brust und ich schrecke auf.

„Dampfbremsfolienhosen lassen nix durch!!!“

Was? Wie? Wo? Ich lege meinen Kopf in die Hände. Blut rauscht in meinen Ohren und ich höre ein monotones Fiepen.

Ahh … ich bin im Bett. Lin hat sich ebenfalls neben mir aufgerichtet. Sie sagt irgendwas. Ich sollte wirklich nicht mit solchen Gedanken einschlafen. Mit jedem weiteren Atemzug wird das Fiepen in meinen Ohren leiser.

„Dampfbrems… was? Dreck! Alles okay mit dir?“ Lins warme Hand liegt auf meiner schweißnassen Schulter. Sie ist noch am Leben, zum Glück. Mhh … ich wache auf, weil ich träume, dass sie stirbt und nicht, weil ich sterbe. Seltsam. Ich schaue Lin an.

Sie zieht eine Augenbraue hoch. „Seltsamer Traum? Alles wieder gut?“

„Ja … ähh … ja, geht schon wieder. Irrer Traum. Du …“, ich spreche nicht weiter. Oh Mann … wenn ich ihr sage, dass sie in meinem Traum gestorben ist und ich deswegen geschrien hab, fasst sie das wohlmöglich falsch auf.

„Ich?“, fragt sie. Och nee … sie hat es nicht überhört.

„Du … du … mach dir keine Sorgen.“

„Eddy, was zur Hölle ist mit dir los? Du bist schon seit Tagen so verkrampft, Pupu, man sieht dich kaum noch und nachts wälzt du dich nur rum und schlägst und trittst mich dabei ständig.“

„Oh, Tschuldigung.“ Ich senke meinen Blick und stoße die Luft geräuschvoll aus.

„Ach … ich … ach … ist einfach alles zu viel in letzter Zeit. Die Umstellung auf dieses neue ‚Leben‘, die Arbeit hier, die Arbeit in der Bäckerei, die anstehende Verantwortung …“

„Dreck! Komm schon. Lucky und ich sind ja auch noch da.“

„Danke.“ Sie nickte nur. Ihre Hand liegt immer noch auf meiner Schulter und wärmt an der Stelle angenehm mein feuchtes T-Shirt.

„Ähhm … Lin … warum bist du hier?“ Sie nimmt ihre Hand weg und blickt mich fragend an. Sofort wird die Stelle wieder kalt und es zwickt ein bisschen.

„Na … na du … du weißt schon … hier. Hier bei mir", bringe ich hervor. Sie schaut mich lange an und überraschender Weise schaffe ich es, ihrem unergründlichen Blick standzuhalten. Dann zuckt sie nur mit den Schultern und sagt: „Wir sollten jetzt weiterschlafen." Sie legt sich hin und dreht mir ihren Rücken zu.

Immerhin, ich hab es versucht. Mein Kopf ist absolut leer. Eigentlich toll. Andererseits ist Leere von Natur aus nicht besonders erfüllend. Eher traurig. Traurige Leere.

Es raschelt neben mir. Lin greift meinen rechten Arm und zieht ihn zu sich. Ich lasse mich führen und liege nun mit der Brust an ihrem Rücken, den Arm unentschlossen auf ihrer Decke, dort wo sie ihn losgelassen hat. Mhh … circa dort müsste sich ihr Becken befinden. Mir wird heiß und ich versteife.

Alles an mir. Leider.

Okay … also entweder ist sie schon eingeschlafen und das war ein Versehen oder sie will, dass ich irgendwas mache. Ich kann mich nicht bewegen. Sie grummelt genervt, lüftet ihre Decke und wirft sie nach hinten halb über mich. Dann zerrt sie wieder meinen Arm zu sich, was mich zwingt, näher an sie ranzurutschen. Unsere Körper berühren sich.

Sie klemmt meinen Unterarm an ihre Brust und hält ihn wie ein Kuscheltier fest. Eng aneinander gepresst liegen wir da, und wenn mein Herz nicht so laut schlagen würde, könnte ich jetzt ihren Herzschlag spüren.

„Dreck! Entspann dich", flüstert sie erstaunlich sanft und liebevoll.

Ich versuche, mich auf eine langsame, tiefe Atmung zu konzentrieren.

„Entspann dich", sagt sie noch mal. „Entspann alles", wirft sie leicht amüsiert hinterher und presst ihren Po kurz gegen meinen Schritt. Es entspannt sich erst mal nichts, im Gegenteil.

„Sorry", sage ich und wir fangen beide zu kichern an. Puhh … ich beginne mich tatsächlich zu entspannen. Lins Hinterkopf direkt vor meiner Nase. Ich sauge ihren Duft ein. Zum Glück hat sie kurze Haare, sonst würden die mir jetzt in der Nase kitzeln.

„Pupu! Dein T-Shirt ist nass und kalt", stellt sie fest, macht jedoch keine Anstalten die Umklammerung meines Armes zu lösen. So liegen wir da, wärmen uns gegenseitig Körper und Seele. Irgendwann verschmilzt unser Atem zu einem. Immer im selben Rhythmus. Meine Brust drückt sich an ihren Rücken, während der sich nach vorne beugt und umgekehrt. Viel zu schnell schlafe ich ein.

Ich wache auf und stelle überrascht fest, dass Lin noch da ist. Unsere Löffelchenstellung hat sich jedoch offenbar irgendwann wieder gelöst. Ich hab keine Decke mehr, dafür hat Lin nun beide Decken. Sie schläft noch und mir ist kalt, aber ich traue mich nicht, ihr eine Decke wegzunehmen.

Mhh … ich habe noch viel Zeit, trotzdem stehe ich auf. Lin murrt, macht aber die Augen nicht auf. Um sie nicht zu wecken, nehme ich meine Sachen vom Stuhl, schleiche raus in den Flur und ziehe mich in einem der angrenzenden leeren Zimmer an.

Tja … jetzt schon was in der Küche zu machen, hat wenig Sinn, aber in der Bäckerei ist immer zu tun. Ich laufe verträumt die paar Blöcke zur Baustelle, vielleicht arbeitet ja sogar schon jemand. Erst kurz vor der Ladentür fällt mir auf, dass ich während des gesamten Weges nicht einmal auf meine Umgebung geachtet habe.

Hektisch blicke ich die leere Straße entlang und verschwinde schnell im Geschäft.

Mann … um mich zu überfallen, hätte man sich nicht mal anschleichen müssen, so unbeschwert war ich. Wie nachlässig! Trantüte!

„Morgen“, begrüße ich die zwei Arbeiter im Lagerraum. Sie nicken mir missgelaunt zu. Das Loch im Boden ist verschwunden und eine glatte Schicht Beton hat dem Raum wieder eine ebene Fläche verliehen. Haben die beiden etwa die Nacht durchgearbeitet? Gestern Abend war das Loch noch da.

Der eine raucht an die Wand gelehnt mit einer dampfenden Tasse Kaffee in der Hand, während der andere mit einer großen Wasserspritze den Boden besprüht.

„Warum besprüht ihr den Boden? Muss der nicht trocknen?“ Die beiden schauen mich genervt an. Doch anscheinend hab ich heute meinen rebellischen Tag und fahre fort:

„Jaaa … ähh … schon klar. Ich hab null Ahnung vom Bau. War ja auch nur interessehalber. Hätte halt gedacht, dass der Zement eher trocknen muss, als feucht gehalten zu werden.“

Die beiden werfen sich gegenseitig vielsagende Blicke zu. Doch dann scheint sich plötzlich ihre Stimmung aufzuhellen und sie beginnen, breit zu grinsen. Der Raucher nimmt einen Zug aus seiner Zigarette, trinkt einen Schluck Kaffee und sagt, während ihm der Qualm aus dem Mund kräuselt: „Nun, das ist nur halb richtig, der muss binden und dann trocknen. Aber das Problem ist, wenn die Oberfläche schneller trocknet als die Leichen darunter, dann bilden sich Risse und Hohlräume.“

„Ach so." Moment … hat er … er grade Leichen gesagt? Er scheint, mir die Frage von den Augen abzulesen und grinst mich noch breiter an.

„Na irgendwo mussten wir doch damit hin, jetzt wo die Kühlkammer kaputt ist."

Ich klammere mich am Türrahmen fest, um nicht einzuknicken.

„Ka… Ka… Katzenbabys kratzen so … im Hals …" Die beiden fangen einstimmig laut an, zu lachen. Nur ein Scherz … oh … siehst du … nur ein Scherz. Aber ich glaube mir nicht.

Die Toten verfolgen mich. Warum tut man mir das an? Wollen sie, dass ich auch hier nie vergesse, an was für einem seidenen Faden mein Leben hängt? Soll ich, jedes Mal, wenn ich etwas aus dem Lager hol, daran denken, dass auch ich da unten liegen könnte?

Mir wird schlagartig kotzübel und ich renne auf die Straße, um mich zu übergeben. Mein leerer Magen gibt jedoch nicht viel her. Ich röchele. Ihhh … ich werde auf einem Friedhof arbeiten und dort auch noch die Zutaten lagern. Jede Torte, jeder Kuchen, alles wird nach Tod und Verwesung schmecken.

Beruhig dich. Sie sind doch schon tot. Es lässt sich eh nicht mehr ändern.

Das beruhigt mich jedoch nicht. Warum? Warum ausgerechnet hier, in meinem Laden? Ach … es wäre ja auch zu schön gewesen, wenn alles perfekt laufen würde.

Ich schüttele mich und atme tief die kalte Morgenluft ein. Sie stinkt nach Stadt, nach Müll, Urin und meinem kläglichen Erbrochenen. Aber nicht nach Verwesung. Mhh … auch da drin wird es nicht danach riechen. Das Risiko gehen sie nicht ein. Sofern es überhaupt stimmt, und sich die zwei nicht doch einen Scherz erlaubt haben.

Auf dem Rückweg zur Organisation bin ich genauso abgelenkt wie zuvor. Nur diesmal beschäftigen mich grausige Gedanken. Ein Massengrab unter der Bäckerei und Tote, die irgendwann durch den Zement brechen, um sich zu rächen. Dass ich damit gar nichts zu tun habe, können die Zombies ja nicht wissen. Und sämtliche Erklärungsversuche würden bei denen wohl auf taube oder abgefallene Ohren stoßen.

„Oh, guck mal, die da ist doch so groß und fett, versteck ich mich doch mal hinter ihr, da bin ich sicher! Was denkt der Typ sich eigentlich? Achtet denn keiner Mal auf meine Gefühle?!", dachte die Pressmaschine.

Lieber Leichen im Keller als Untote auf dem Dach

(Jafar) Ich lege die zwei in der Gasse ab und erkläre den dort hausenden Pennern:

„Macht mit ihnen, was ihr wollt, nur lasst sie am Leben."

Eine etwas ungenaue Definition, findest du nicht?

„Am Leben" heißt ja nicht zwangsläufig, dass sie danach auch noch arbeitsfähig sind. Damit kann ich leben.

Niemand darf davon wissen, heißt, dass niemand davon wissen darf. Eddy ist zwar ein Nichts, aber nicht niemand. Ergo liegen die beiden bewusstlos in einer Gasse und werden vielleicht bald von ein paar stinkenden Obdachlosen missbraucht.

Etwas unnötig grausam findest du nicht?

Vielleicht erholen sie sich früh genug vom Zusammenstoß ihrer Hohlschädel.

Das Chloroform dürfte die baldige Erholung allerdings etwas verzögern, meinst du nicht?

Ruhe. Ausgerechnet Eddy. Er ist schon so nervös genug. Die beiden waren auch noch so dumm, vor mir zu prahlen, wie sie Eddy Angst eingejagt haben und er gekotzt hat.

Du solltest versuchen, ihn zu beruhigen. Du bist doch der Nette. Sein Kummeronkel.

Das bringt nix. Leichen im Keller sind nun mal Leichen im Keller. Da hilft es nichts, zu erklären, dass es ja nur vier sind, sie keiner vermissen wird, es böse Buben waren und so weiter. O.k., auch ein böses Mädchen, aber egal. Er wird sich daran gewöhnen, wie er sich auch an die Arbeit in der Organisation gewöhnt hat.

Die Bäckerei. Wenn das funktioniert, kann mir niemand mehr was! Es muss klappen!

Ich atme mehrmals tief ein und aus. Verfolge den Sauerstoff auf seinem Weg. Ruhe.

Es wird klappen.

Sie spürt seinen rasselnden Atem durch ihre Fingerknochen vibrieren. Fast bis zum Ellenbogen zieht sich das kribbelnde Gefühl. Die Luft verlässt seine Lunge auf so seltsame Art. Was soll sie nur tun?!

Im Massagekreis der skurrilen Geschichten

(Lin) Luckys Bude ist irgendwie wie Lucky: unordentlich und chaotisch. Allerdings auch seltsam unpersönlich. Keinerlei Fotos, Bilder, Deko. Ohne diesen Krimskrams, wo man dann so verdammte Pupu fragen kann, wie: „Oh, wo hast du das denn her?" Dafür gibt's Bücher. Jede Menge Bücher. Sie liegen einfach aufgestapelt an den Wänden und auf jeder Fläche, die sich irgendwie anbietet, Couch, Sessel, Schrank. Und sein Wohnzimmertisch ist konsequenterweise eine runde Glasplatte auf vier Bücherstapeln.

„Du liest verflucht viel, mh?", sage ich, um die unangenehme Stille zu durchbrechen.

Die Pupu hier ist für uns alle neu. Wir sind ja bisher nur in der Organisation zusammen gewesen und irgendwie ist es seltsam, jetzt so in Luckys Privatleben einzudringen. Aber er hat seine Wohnung selbst angeboten, als ich den Vorschlag machte, uns mal woanders zu treffen. Dreck! Das war dringend notwendig. Und ich will sehen, ob Eddy in einer anderen Umgebung auch so nervös ist wie in der Organisation.

Nun stehen wir hier betreten herum. Als wäre man über das schmutzige Geheimnis eines Freundes gestolpert und weiß nicht, wie man sich verhalten oder was man fühlen soll.

Lucky ist mal wieder derjenige, der als Erster das Eis bricht.

„So! Jetzt entspannen wir uns alle mal und machen uns erst mal gaaanz locker! Das hält ja keiner aus. Kommt, setzt euch. Fühlt euch wie zu Hause … obwohl, wenn ihr die Organisation schon als euer Zuhause betrachtet, dann doch lieber nicht. Hehe! Wartet, ich räum das hier mal weg." Er fängt an, das Zweisitzersofa und den Sessel von Klamotten und Büchern zu befreien. Pupu! Eigentlich hab ich bei meinem Vorschlag an einen neutralen Ort gedacht. Ein Café oder Restaurant. Warum Lucky gleich sein Zuhause vorgeschlagen hat, haben weder Eddy noch ich gefragt.

Dreck! Bei einer Arbeit wie unserer oder besser gesagt bei so einem Drecksarbeitgeber wie unserem, ist so ein Rückzugsort für jeden von uns wichtig und damit eine sehr private Sache. Die beiden haben ihre Wohnung und ich hab … meine Kammer …

„Wie lange wohnst du hier schon?", frage ich, um ein Gespräch in Gang zu bringen.

„Etwa vier Jahre", dringt es aus dem Zimmer, in das Lucky verschwunden ist, um die Klamotten wegzubringen. Ich lasse meinen Blick durch den Raum schweifen. Das Wohnzimmer, in dem man nach Betreten der Wohnung steht, ist klein und gemütlich. Nur die Couch, der Sessel, ein niedriger Schrank und überall Bücher. Von dem Zimmer gehen zwei Türen ab. Wo Lucky gerade ist, befindet sich vermutlich das Schlafzimmer. Ich betrete den anderen Raum und knipse das Licht an. Eine Küche für maximal eine Person und mit Schränken, die gerade noch so aufgehen, ohne dass die Schranktüren gegenüber anstoßen. Verdammte Pupu! Nachdem er in der Organisation den ganzen Tag gekocht und abgewaschen hat, scheint er zu Hause wohl keine Lust mehr darauf zu haben.

Das dreckige Geschirr stapelt sich überall. Schnell mache ich das Licht wieder aus, da ich das Gefühl habe, meine Lunge würde nicht mehr genug Luft bekommen. Pipi! Dabei hab ich vorhin erst eine verdammte Tablette genommen. Ein anderer Gedanke lenkte mich zum Glück ab. Nur zwei Türen.

„Wo zur Hölle ist denn dein Bad?"

„Is' nur vom Schlafzimmer aus begehbar. Blöd für Besuch, ich weiß, deswegen mach ich hier auch grad ein bisschen Ordnung, damit ihr euch nicht durch meinen ganzen Kram durchkämpfen müsst. Sonst pinkelt ihr auf'm Weg zum Klo noch ein, weil ihr es nicht schnell genug schafft, alle Berge zu erklimmen und Hindernisse zu überwinden. Hehe. Bin gleich bei euch."

Eddy schaut sich einige Bücher an. Aber irgendwie sieht sein Blick eher danach aus, als würde er durch sie hindurchgucken. Träumer. Dreck! Ich hatte gehofft, unsere kleine Kuscheleinlage würde ihn etwas auftauen und entspannter machen.

„Na, was gefunden?" Natürlich erschreckt es ihn, dass ich ihn plötzlich von hinten anspreche.

„Ähhh … nee, ich guck nur so rum."

Ich seufze und versuche zu lächeln. „Verdammte Pupu noch mal, Eddy! Wann wirst du endlich mal locker?" Er scheint ernsthaft darüber nachzudenken. Dann lächelt er zaghaft und zuckt mit den Schultern.

„Ob ich aus dir noch mal schlau werde?" Ich schmunzele und schüttele den Kopf.

Wir lächeln uns an und für einen Augenblick schaut er mir direkt in die Augen.

„Dreck! Komm, lass hinsetzen und dann kannst du mir noch mal die Ohren massieren."

„Hey! Und wer massiert dann mich?", fragt Lucky, der plötzlich im Türrahmen zum Schlafzimmer steht. Eddy wird ganz rot.

„Wir können ja einen verdammten Massagekreis bilden", schlage ich lachend vor. Das Bild, wie wir im Kreis dem jeweils Vorderen die Ohren massieren, geistert uns jetzt wohl allen durch den Kopf. Zumindest lachen wir.

Lucky serviert uns Tee, Wasser und Salzstangen. Mehr hat er nicht da und wir sind auch zu faul, noch was einzukaufen. Es ist immer wieder verflucht angenehm, Lucky in der Runde zu haben. Er hat immer irgendeine Geschichte auf Lager und man selbst braucht nicht so viel erzählen. Pipi! Und was soll ich auch schon groß erzählen? Dreck! Bei den ganzen Büchern wird mir auch klar, woher er vermutlich viele von seinen Geschichten hat. Weil, so viel kann kein einzelner Mensch erlebt haben. Aber das spielt auch überhaupt keine Rolle.

Nach einer reißerischen Story von einem Hochseefischer, der von einem Hai ins Wasser gezogen wurde und diesen dann mit bloßen Händen abwehren musste, indem er ihm in die Kiemen fasste, fragt Lucky ganz unschuldig: „Eddy, verträgst du eine skurrile Geschichte in der eventuell … vielleicht die ein oder andere … Leiche vorkommt?"

Eddy schluckt aber weiß sich zu fassen: „Ähh … ich … ähh … ja, warum denn nicht? Schieß los."

„Gut. Das ist echt zum Schießen und wirklich so passiert. Also, ihr kennt doch sicher diese Hochseilgärten. Diese Dinger, wo man sich in luftiger Höhe angeseilt von einer Plattform zur anderen über irgendwelche Hängebrücken, Netze, Balken, Schaukeln, Seile und sonstige Hindernisse seinen Weg bahnen muss." Er wartet unser Nicken ab, bevor er fortfährt: „Und auf so einem Ding war ich mal. War allerdings nicht im Wald, wie sonst so üblich, sondern auf Pfählen genau in einer Flussbiegung aufgebaut. Über die Hälfte der Strecke hangelte man sich mehrere Meter über dem Wasser entlang. Ich war schon ziemlich am Schnaufen und musste glücklicherweise grade sowieso etwas warten, weil vor mir eine Gruppe Grundschulkinder ein Netz zwischen zwei Pfählen erklomm. Ein Mitarbeiter des Hochseilgartens stand auf meiner Plattform und passte auf die Kinder auf, gab ihnen Ratschläge und Anweisungen. Ich fragte mich grade, wie tief wohl das Wasser unter uns ist, falls eines der Kinder runterfallen würde, weil es sich nicht ordentlich gesichert hat oder so. Schaute also nach unten und sah ..." Er macht eine Pause und grinst uns breit an. Verdammter Vogel! Kurz lass ich ihn schmoren, dann gönne ich ihm den auffordernden Blick, und er fährt fort:

„... sah etwas! ... Im Wasser. Ich sah noch mal hin. Dann noch mal genauer und war mir ziemlich sicher, dass da unten ein Mensch im Wasser trieb, offensichtlich eine Frau. Zu dem Zeitpunkt konnte ich das allerdings nur an dem weißen Kleid mit den rosa Rosen festmachen. Die Haare waren kurz und hell. Also hätte es natürlich auch ..."

„Dreck! Lucky! Keine verdammten Ausschweifungen!"

„Ja, ja! Also ich war kurz davor, laut etwas zu rufen, dachte aber im letzten Moment an die Kinder und tippte stattdessen schnell den Mitarbeiter an, um ihn auf die Leiche aufmerksam zu machen ... Ach Scheiße! Jetzt hab ich die Pointe versaut ... Ach nee, ihr wusstet ja sowieso schon, dass eine Leiche vorkommt. Hab's also schon vorhin verkackt ... Naja, was soll's. Also, dass es eine Leiche war, war mir jedenfalls sofort klar, denn die Haut war unnatürlich weiß und schließlich schwamm ihr Körper mit dem Bauch nach unten auf dem Wasser. Der Mitarbeiter schaute kurz nach unten und kommentierte die Sache mit einem kurzen gelangweilten ‚Ach, schon wieder eine'."

„Was?!", entfuhr es Eddy und mir gleichzeitig. Lucky grinste wieder und badete in unserem Erstaunen. Diesmal hielt er es auch ohne Aufforderung nicht mehr aus.

„Ja, ehrlich! Er zuckte nur mit den Schultern, tat so, als wenn nix wär, und feuerte weiter halbherzig die Kinder an. Ich war natürlich total von der Rolle und fragte ihn, ob er nicht lieber die Polizei rufen und die Kinder hier wegschaffen sollte. Doch er sagte nur, die Kinder würden das eh für eine Puppe halten und die Polizei würde er dann anrufen, wenn seine Tour vorbei war. Ich war schockiert, wie abgebrüht dieser Kerl war, brachte aber keinen Ton heraus. Nach einer Weile bemerkten die ersten Kinder die Wasserleiche und die Nachricht breitete sich rasend schnell aus. Aber der Aufpasser sagte ihnen nur, sie sollten sie nicht weiter beachten, das sei nur eine Schaufensterpuppe, die hier angespült wurde. Die Kinder tuschelten noch eine Weile untereinander, aber da sich nix weiter tat, niemand panisch durch die Gegend rannte oder ins Wasser sprang, um die Frau zu retten, verloren sie schnell das Interesse. Der Typ lächelte mich selbstgefällig an und sagte: „Sehen Sie. Hätte ich jetzt hier einen Aufstand veranstaltet, wären die Kinder nur nervös oder neugierig geworden, also tun sie bitte auch einfach so, als wenn nix wär." Das fiel mir selbstverständlich einigermaßen schwer, schließlich schwamm ein toter Mensch unter mir im Wasser." Erneute Spannungspause.

Pupu! Lucky, du kleiner Bastard! Ich muss grinsen und gebe ihm dann, was er hören will: „Dreck! Hau raus! Warum schwamm die Leiche da?" Es platzt förmlich aus ihm raus.

„Das ist so skurril! Echt ey! Ihr werdet es nicht glauben! Also, es ist so, dass …"

Er kichert in sich hinein, hält seine Redepause aber wieder nicht lange aus. „Ein gutes Stück flussaufwärts befindet sich ein Altersheim. Und vom Garten des Heims führt ein kleiner Weg am Wasser entlang. Eine Seite des Weges fällt einige Meter steil zum Fluss hinab. Quasi ein kleiner Klippenweg. So kommt es ab und zu vor, dass einer der betagten Heimbewohner beim Spaziergang einen Schwächeanfall, Herzanfall oder sonst was hat und einfach ins Wasser fällt. Dort ertrinken sie dann meistens, wenn sie nicht schon der Anfall oder der Sturz dahinrafft. Die Leiche treibt dann gemütlich den Flusslauf entlang bis zu dieser Biegung, in der sich der Hochseilgarten eingerichtet hat und dort bleibt sie zwischen den Pfählen hängen. Und das passierte offenbar so häufig, dass es für die Mitarbeiter dort schon fast alltäglich war."

„Hää …?! Kann … nein … das … Nein, das kann doch nicht sein, dass es da täglich Leichen anschwemmt! Da muss man doch Begrenzungen an diesem Weg bauen oder die alten Leute da einfach nicht mehr runterlassen", wirft Eddy entsetzt und empört ein. Dreck! Lucky, da hast du deine Geschichte aber nicht so gut durchdacht.

„Naja, o.k., vielleicht nicht grade alltäglich, keine Ahnung, das hab ich nicht gefragt. Aber zumindest war es für den Mitarbeiter nichts Besonderes mehr. Als wir dann wieder unten und die Kinder weg waren, hat er auch die Polizei gerufen, und als die die Leiche dann aus dem Wasser gefischt haben, sah das auch eher routiniert aus, und es wurden auch keine Verhöre geführt oder so."

Dreck! Eddy scheint das tatsächlich für eine wahre Geschichte zu halten und kann es deshalb einfach nicht akzeptieren. Das sieht man ihm an. Obwohl. Es passiert so viel Mist, vielleicht ist es ja doch wahr. Lucky beschwört es zumindest, die Mühe macht er sich sonst nicht extra, egal wie unglaublich seine Storys sind.

„Mhh … aber … aber da muss das Altersheim doch einschreiten! Die … das … also das kann doch nicht sein, dass da immer wieder Bewohner sterben, nur weil die nicht aufpassen!" Pupu! Irgendwie niedlich, wie er trotzig an seiner rosaroten Welt festhält.

Lucky zuckt nur mit den Schultern. „Keine Ahnung, Mann. Vielleicht haben sie da trotzdem Wegbegrenzungen oder so was. Ist mir in dem Moment nicht eingefallen, das näher zu ergründen. Vielleicht hat das Altenheim ja auch Bettenmangel und die freuen sich, wenn mal wieder eins frei wird." Ich lache auf und bekomme einen bösen Blick von Eddy zugeworfen. Dreck! Mir egal, ob das psychologisch bedenklich ist, aber ich finde die Geschichte ziemlich witzig.

Ich will auch gar nicht diskutieren, ob er diese Geschichte wirklich selbst erlebt hat. Wen interessiert das schon, solange sie gut ist. Eddy steht auf, mit der Entschuldigung er müsse mal kurz aufs Klo. Ach, unsere kleine Mimose.

„Hat dir die verdammte Geschichte so sehr auf den Magen geschlagen?", frage ich zuckersüß mit Unschuldsmiene. Anschließend lächle ich ihn breit an. Bei Eddy weiß man nie, ob er Scherze versteht, wenn man ihm keine deutlichen Zeichen gibt.

„Ähh … nee. Ich … ich muss nur aufs Klo", sagt er etwas verdutzt, erwidert dann aber mein Lächeln.

Ich will Lucky grade fragen, wo dieser Hochseilgarten denn genau sein soll, da brüllt Eddy erschrocken aus dem Schlafzimmer. Dreck! Er muss sich wirklich sehr erschrocken haben. Denn mittlerweile weiß ich, dass er diese touretteartigen Ausrufe nur macht, wenn er große Angst oder Panik schiebt.

Zumindest wäre mir sonst verdammt schleierhaft, was in Luckys Schlafzimmer Eddy dazu veranlassen sollte, „Muschmusch! Husch, husch! Wasch dich!!!" zu brüllen. Ein paar Sekunden später folgt dann aber auch noch ein wesentlich gebräuchlicheres „Was zum Teufel?!".

Herz ist rot.
Karo ist rot.
Pik ist rot.
Kreuz ist rot.
Bube, Dame und König scheinen einem Splattermovie entsprungen und dieses leichte Lächeln wirkt bei allen Dreien nun eher leicht wahnsinnig. So hatte das der Grafiker garantiert nicht vorgesehen.

Ein Fingerzeig ins Auge

(Monto) Wir sitzen endlich mal wieder im todesstickigen Van und machen unsere Ausrüstung bereit. Diesmal sind wir sogar in voller Stärke ausgerückt. Leider sind wir trotzdem nur zu fünft. Sogar Frank ist dabei. Ist selten bei gefährlichen Außeneinsätzen. Aber er hat darauf bestanden und ich wollte ihn nicht davon abhalten.

Jan ist endlich aus dem Urlaub zurück und konnte sofort mit Informationen aufwarten, die uns nun vor dieses unscheinbare Lagerhaus führen.

Ein Flachbau, umgeben von vor sich hinrostenden Containern, Autos, Abwasserrohren, Baummaschinen und anderem Müll. Jede Menge Deckung. Normaler Maschendraht drum rum.

Jan arbeitet bei der Drogenfahndung und hatte dieses Lagerhaus mit einem Kollegen unter die Lupe genommen. Sie kamen grade mal über die Türschwelle, schon kam ihnen ein netter, vertrauenswürdiger Herr entgegen, der ihnen versicherte, dass auf dem Gelände alles mit rechten Dingen zugehe. Er riet ihnen, sich doch lieber etwas auszuruhen und sich von dem Geld, das er vorhin irgendwo in der Nähe dieses Tisches da verloren hatte, etwas Schönes zu kaufen.

Das ist nix Ungewöhnliches in der Stadt. Ungewöhnlich wäre es, wenn sie seinem Rat nicht gefolgt wären. Weil das Grundgehalt so todesmickrig ausfällt, rechnen die meisten Beamten schon fest mit solchen Zuwendungen, wie Kellner mit dem Trinkgeld.

Auch wir entziehen uns diesem dreckigen System nicht. Fast jeder von uns nimmt während des normalen Dienstes Bestechungsgelder an. Alles andere wäre zu auffällig. Ich habe kein Problem damit, das Geld zu nehmen, das mir rübergeschoben wird und ihnen noch freundlich die Hand zu schütteln, während ich unterm Tisch schon meinen Pimmel raushole, um ihnen ans Bein zu pissen.

Jan hat trotzdem genug gesehen, um zu wissen, was in dem Lagerhaus abläuft. Nix Ungewöhnliches. Vermutlich hauptsächlich Hehlerware, von Autos bis hin zu Kleinkram. Aber er hatte auf einem Tisch auch einige weiße Päckchen gesehen. Deshalb sind wir hier. Und weil dieses Lagerhaus nichts mit der Organisation zu tun hat.

Sie wollen Drogengroßhändler in der Stadt werden? Bitte, gerne. Sie haben bereits die ganze kriminelle Szene der Stadt darüber informiert? Danke sehr, dicke lila Tunte. Der perfekte Ansatzpunkt, um weiter Zwietracht zu säen.

Wenn wir uns darauf konzentrieren, allen anderen, außer der Organisation, große Mengen Drogen zu klauen, würde der Verdacht sehr bald auf sie fallen.

Der Beweis, ob die Gangs zu solchen logischen Schlussfolgerungen fähig sind, steht zwar noch aus, aber wir zeigen mit dem Finger direkt auf die Organisation und schauen einfach mal, was passiert.

Unsere Ausrüstung ist optimal angepasst, man kauft uns die Zugehörigkeit zur Organisation sicher ab. Für den Fall, dass wir gesehen werden oder jemand da drinnen am Leben bleibt und später berichten kann, hat Patrice uns sogar lila Skimasken besorgt. Die hab ich jedoch abgelehnt. Ein Fingerzeig schön und gut, aber doch nicht direkt ins Auge. Wir wollen ja kein Misstrauen gegen das Misstrauen provozieren.

Jim zieht Koks von seinem Handrücken.

„So komm ich viel authentischer rüber." Ich sollte ihm wohl den Schlüssel zum Lager wegnehmen und ein ernstes Wort … Ich werde das auf Frank abwälzen. Sein Draht zu Jim ist einfach besser. Naja, solange er einsatzfähig bleibt, ist mir sein gesteigerter Drogenkonsum egal. Er hält das Tütchen mit dem weißen Pulver in die Runde, aber keiner macht Anstalten, danach zu greifen. Jim zuckt mit den Schultern und steckt es wieder ein. Patrice funkelt ihn böse an und er wirft ihr ein paar Küsse zu.

„Alle bereit?", frage ich schnell, um sich anbahnendes Gezanke zu unterbinden. Zustimmendes Gemurmel.

Nach Verlassen des Wagens teilen wir uns auf. Jim und ich laufen auf die linke Seite, die anderen auf die rechte. Ich will den Zaun durchknipsen, als Jim mir gegenüber auftaucht und grinsend auf ein Loch im Zaun ein paar Meter entfernt deutet. Fuck! Das fängt ja gut an.

Jim rennt voraus, und als ich zu ihm aufschließe, schaffe ich es grade noch, ihn hinter einige Rohre zu ziehen.

Ein Mann kommt um die Ecke des Gebäudes. Er sieht gelangweilt aus und steckt sich eine Zigarette an. Ich versuche, Jim gestikulierend klar zu machen, dass er sich ruhiger verhalten soll. Seine Augen und das sich unter der Maske abzeichnende Grinsen zeigen mir jedoch die Kokseinwirkung.

Als der Typ an uns vorbei ist, setzen wir uns vorsichtig wieder in Bewegung. Die Waffe auf ihn gerichtet, gehe ich langsam auf ihn zu. Nur noch ein paar Meter, um auch sicher zu ... Jim rennt plötzlich in mein Schussfeld und stürzt sich von hinten auf den Mann. Fuck, Jim!!! Zum Glück ist der Typ so träge. Nicht ein Laut kommt aus seiner Kehle. Nur Blut und das macht nur in Filmen so komische Geräusche. Ich werde das wohl mit auf Franks Besprechungsliste für Jim setzen.

Wir gehen von zwei Seiten rein, um den Gegner in die Zange zu nehmen. Die Tür durch die ich und Jim ins Lagerhaus eindringen wollen, ist zum Glück offen.

„Wir wären bereit für die Party, einer der Gastgeber ist grad schon besoffen in den Pool gefallen“, spreche ich leise in mein Kehlkopfmikro.

„Kleinen Moment noch“, antwortet Jan. Zuerst wollten wir auf Funktechnik verzichten, weil es nicht der Stil von Gangstern ist, aber zum Glück ist das Zeug heutzutage so klein, dass man es unter den Masken fast gar nicht sieht. Was mir Sorgen bereitet sind die fehlenden Schutzwesten. Also mir persönlich ist das egal, aber um die anderen ... Uns stehen nur drei sehr leichte Kevlarwesten zur Verfügung, die man auch unauffällig unter der Kleidung tragen kann. Die federn ein wenig den Aufprall ab, können aber kaum den Eintritt eines normalen Projektils verhindern. Also, wenn da drin nicht wieder irgendwelche Transen mit Mädchenpistolen auf uns warten, bieten die Westen keinen großen Schutz. Jim hat auch freiwillig auf eine Weste verzichtet.

„Einer weniger auch hier. Also von uns aus kann's losgehen“, gibt Jan über Funk durch.

„Seid leise und hinterhältig, solange es geht. Drei, zwei, eins, los!“ Ich drücke die Tür nun ganz auf. Wir stehen in einer Art kleinen Küche und Aufenthaltsraum. Warum können die in die Türen nicht einfach Fenster einbauen? Immer diese Ungewissheit, was dahinter ist. Die nächste Tür hat nicht mal ein Schlüsselloch, da könnte man wenigstens noch durchgucken. Ich lausche. Nichts. Jim steht neben mir und ist sichtbar hibbelig. Ich bedeute ihm mit einer scherzhaften Geste, dass er gerne den Vortritt haben ...

Jim reißt die Tür so schnell auf, dass ich nicht mehr reagieren kann. Wenigstens habe ich schon meine Waffe gezogen. Die Tür führt direkt in die Lagerhalle. Leider können uns weder Kisten noch Regale Deckung vor den vier Männern geben, die alle um einen Tisch herumsitzen und Karten spielen. O.k., ihr seht uns und wir sehen euch. Versteckspiel vorbei.

Meine erste Kugel trifft den Mann ganz links direkt in den Kopf, dabei hab ich eigentlich auf die Brust gezielt. Beim Rüberschwenken auf den Nächsten gebe ich geistesgegenwärtig drei Schüsse ab. Mein Unterbewusstsein hat wohl intuitiv gespürt, dass der Mann gleich in mein Schussfeld springen würde. Sein Unterbewusstsein hingegen scheint irgendwas fehlinterpretiert zu haben, ansonsten hätte es nicht den Befehl gegeben, in Richtung des Kollegen zu springen, dessen Gehirn gerade als glibbrige Masse auf dem Boden verteilt wird. Jim hat auch einen erwischt. Dieser fällt grade mit ziemlich großen Löchern in der Brust rückwärts auf den Tisch. Der Vierte hat es offenbar unter den Tisch geschafft, zumindest sehe ich ihn nicht mehr.

Jim schießt weiterhin in Richtung des Tisches und wird den vierten Mann hoffentlich sehen und erwischen. Ich suche hinter einigen Kisten und Autos nach weiteren Gegnern. Totentanz. Jim hat inzwischen mit dem Geballer aufgehört. Ob er das Magazin wechseln muss oder fertig ist, kann ich nicht erkennen. Ich sichere schnell den linken Bereich der Halle und kehre zu Jim zurück. Der hält sich das Bein, scheint aber sonst in Ordnung zu sein. „Alles klar? Hast du ihn erwischt?“ Er lächelt etwas verschroben.

„Ja klar! Was denkst du denn?“ Doch in diesem Moment springt der vierte Mann mit einem lauten Schrei und gezogener Waffe hinter dem Tisch hervor. Ich springe in Deckung und gebe einen Schuss ab, bevor ich mich abrollen muss. Dann feuere ich aus geduckter Haltung weiter. Der Typ zielt jedoch gar nicht auf mich, sondern auf Jim. Sein Fehler. So zerfetzen ihm meine Kugeln Hals und Brust.

Als ich wieder bei Jim bin, hält der sich nicht mehr den Oberschenkel. Dafür aber die Schulter. Er verdreht die Augen, beißt die Zähne zusammen und reagiert erst nach zwei Versuchen auf meine Frage, ob alles klar ist.

„Schulter … geht schon“, ist alles, was er sagt. Ich drehe mich um und sichere in die Halle hinein. Rechts von uns ist nicht viel, was genug Deckung für einen Angriff bieten würde. Wäre da irgendjemand, hätte er wohl längst gefeuert. Wo sind eigentlich …?

Hinter einer breiten Regalwand voller Kisten auf der Hallenseite, wo die anderen reingekommen sein müssten, herrscht Tumult. Ich mache einen Schritt in die Richtung, da stürzt ein Teil der Regalwand ein. Ein verdammt großer Mann kämpft sich unter den Kisten hervor, richtet sich auf, schnappt sich eine Kiste und hebt sie über den Kopf. Die Szene ergibt nur in einem Zusammenhang Sinn: Er will die Kiste gezielt fallenlassen. Also ziele ich auf den Mann und jage ihm drei Kugeln in den Oberkörper. Leider zu wenige. Fuck! Mein Magazin ist leer. Ich wechsle das Magazin. Der Koloss steht noch und hat den Kopf verdutzt zu mir gedreht. Plötzlich krabbelt Patrice zu seinen Füßen aus dem Kistenberg hervor und wirft sich auf ihn. Er fällt und ein todeslautes Knacken hallt durch den Raum, als er mit dem Rücken genau auf die Kante eines umgestürzten Metallregals fällt.

Ich brauche eine Weile, um mich durch die Kisten zu kämpfen. Der Typ macht immer noch Anstalten, sich zu bewegen, also verpasse ich ihm eine Kugel zwischen die Augen. Patrice richtet sich, sichtlich angeschlagen, neben mir auf. Ihre Lippe ist aufgeplatzt und geschwollen. Leicht wankend zieht sie ihr Messer und bedeutet mir, ihr auf die andere Seite zu folgen. Wo hat sie ihre Waffe gelassen?

Zwei Körper liegen in der Nähe der Tür, sonst sehe ich niemanden. Auf meinen fragenden Blick hin sagt Patrice mit ihrem angeschwollenen Mund: „Die beiden sichern links und rechts."

Da kommt auch schon Jan hinter einem hohen Regal hervor und lässt die Waffe sinken, als er uns sieht.

„Alles klar? War ja 'n ziemlicher Krach."

„Geht schon, so 'n Typ hat sich da hinter dem Schrank versteckt und mich angesprungen, als ich um die Ecke kam", nuschelt Patrice. Wir gehen wieder in die Mitte der Halle, wo bereits Frank neben Jim kniet und seine Wunden begutachtet.

„Drogen und Geld suchen und dann nichts wie weg!", rufe ich.

„Ich hab schon Geschenke von so 'nem Typen, der grade damit abhauen wollte", sagt Frank und deutet auf zwei Metallkoffer neben sich. Ich schaue ihn an und nicke Jim zu.

„Der wird schon wieder, aber er blutet relativ stark, wegen dem Koks."

Ein verächtliches „Ach!" ist alles, was Jim dazu sagt.

Wir durchsuchen schnell das Lagerhaus. Viel Zeit haben wir wohl nicht. Durch die Schalldämpfer ist es zwar relativ ruhig abgelaufen, aber das Umstürzen der Kisten und das Geballer von dem Typen unterm Tisch könnten zu laut gewesen sein.

Wir bringen Jim und Patrice zu einem Arzt unseres Vertrauens. Das Geld dafür nehm ich gleich von unserer ziemlich guten Ausbeute.

Die beiden Koffer sind randvoll, vermutlich mit Koks. Außerdem fanden wir noch eine stattliche Plastiktüte voll Methamphetamin, bestimmt drei Kilogramm, einige Behälter mit irgendwelchen Pillen, etwas Geld und einige Waffen.

Wäre Jim nicht bis zur Halskrause zugekokst gewesen … Naja, nur eine Fleischwunde am rechten Oberschenkel und ein Durchschuss in der rechten Schulter. Der Arzt meinte, beide hätten Glück gehabt.

Patrice' Lippe wurde genäht und außer einigen Prellungen hat sie nichts weiter. Ich bin erleichtert, dass auch diesmal niemand … Dieses grässliche Verantwortungsbewusstsein. Scheiße! Aber solche Aktionen wie heute wären für mich alleine unmöglich.

Wenn mich die Kugeln so sehr zerfetzen, dass ich nur noch kriechen kann, nützt mir das Gefühl, untot zu sein auch nichts mehr. Was würde dann eigentlich …? Vegetiere ich dann einfach vor mich hin, bis mir jemand den Kopf abtrennt? Oder reicht auch schon ein Kopfschuss? Ich schaue auf die Waffe in meinen Händen und ...

Ich wollte mir doch nicht mehr den Kopf darüber zerbrechen! Es ist, wie es ist!

Wir sind eine Gruppe. Wir sind erfolgreich. Und bald werde ich die Waffe an den Kopf der dicken lila Tunte setzen und abdrücken.

Schmerz durchfährt seinen Rücken. Ein Schmerz, bei dem man sich kurz Gedanken um eine rollstuhlgerechte Wohnung, Barrierefreiheit, Verkehrsinfrastruktur und gesellschaftliche Ausgrenzung macht, bevor einem schwarz vor Augen wird. Ein Schmerz, als würde jemand mit einem Kantholz ordentlich Schwung holen und dann mit ganzer Kraft ihm genau mit der Kante auf den Rücken dreschen. Dass sich das so anfühlt, könnte vielleicht daran liegen, dass …

Lebendfutter & hochwertiges Konditorhasch

(Eddy) Helle rosa Haut, länglich, circa fünfzehn bis zwanzig Zentimeter. Sieht irgendwie glitschig aus. Spontan eher abstoßend. Mhh … es hat fast die Form einer Kaulquappe, was vielleicht daran liegt, dass sich der Körper nach hinten hin zu einer flachen Flosse verjüngt. Trotzdem hat es vier Extremitäten, die wie eine Mischung aus Reptilienbeinen und Flossen aussehen. Den großen rundlichen Kopf mit dem breiten Maul zieren mehrere … ähh … Antennen … oder so was. An jeder Kopfseite drei. Sieht so aus, als würden dem Ding sechs fleischige rosafarbene Farnzweige aus dem Schädel wachsen. Unheimliches Vieh.

Dass sich die Haut in der Körpermitte so spannt, dass man die Rippen deutlich sieht, macht es nicht grade niedlicher. Mhh … kann das Ding überhaupt Rippen haben? Sieht eher aus wie ein mutierter Fisch. Eines von den schwarzen, seitlich liegenden Augen starrt mich an. Uhhh … unangenehm.

„Darf ich vorstellen: Fred!"

Puhh … so versunken in die Betrachtung der Kreatur im Aquarium hab ich Lucky gar nicht bemerkt.

Lin steht in der Schlafzimmertür und verzieht angewidert das Gesicht. „Pipi! Aus welcher drecksverseuchten Kanalisation hast du das Ding denn gefischt? Oder gedeiht so was in deiner Spüle?"

„Das, meine bemitleidenswert ungebildeten Freunde, ist ein Axolotl, die kommen so in der Natur vor, wenn auch nur noch selten."

„Axel was?!", spricht Lin aus, was ich denke.

Lucky schüttelt schulmeisterlich den Kopf, als müsse er uns die Mathe-Abi-Prüfung abnehmen und wir hätten ihm grade gesagt, dass drei mal drei gleich vier sei, weil das Pippi Langstrumpf gesagt hat. Anschließend grinst er und ich sehe ihm deutlich an, dass er ein mehrstündiges Referat zu diesem Axeltier auf Lager hat.

Offenbar deutet Lin die Anzeichen ebenfalls und mit einem

genervten Seufzen, aber auch leichtem Lächeln sagt sie: „Dreck! Lucky, schieß los, bevor du uns noch platzt. Aber die Kurzform bitte!"

„Gut, wenn ihr wollt. Also, nix ‚Axel', A-X-O-L-O-T-L! Axolotl sind äußerst interessante amphibische Geschöpfe. Alexander von Humboldt entdeckte sie im Jahr ..."

„Pupu!!! Lucky!", fährt Lin eiskalt dazwischen und bedeutet ihm schneller auf den Punkt zu kommen.

„O.k., o.k. Spielverderberin! Eddy hätte das bestimmt interessiert. Nich', Eddy?"

„Ähh ..." Lin funkelt mich an. Dabei will ich Lucky nur nicht so vor den Kopf stoßen.

„Ja schon ... aber ich kann mir so viele Fakten immer ganz schlecht merken." Ich lächle verlegen. Lucky seufzt. Lin strahlt gewinnend und etwas grimmig.

„Na schön. Im Grunde genommen ist es eine Art Molch oder Lurch, nur dass er auf natürliche Weise in seinem Larvenstadium geblieben ist. Axolotl werden also sozusagen nie erwachsen. Andere Amphibien durchlaufen Metamorphosen, die Larve ist eigentlich nur die erste Stufe. Doch der Lebensraum der Axolotl erforderte diese Verwandlung auch gar nicht, sie konnten immer im Wasser leben. Geschlechtsreif werden sie trotzdem. Irre nicht wahr? Eigentlich noch Kinder, aber schon pimpern, hehe!"

„Ähh ... und warum hältst du dir so eine seltene Laune der Natur? ... In einem Aquarium? ... In deinem Schlafzimmer?", frage ich.

„Naja, Fred und ich sind quasi Leidensgenossen."

„Also du wirst nie erwachsen, bist aber trotzdem geschlechtsreif? Dreck! Das trifft eigentlich auf alle Männer zu", feixt Lin.

„Chapeau, meine Liebe!", erwidert er und lüftet sein Käppi, während er eine elegante Verbeugung versucht. Aber elegant zu wirken, wenn man so aussieht wie Lucky, ist auch echt schwierig. Zudem streckt er Lin ohne Kopfbedeckung nur die erschreckend ungesund aussehende Kopfhaut mit ein paar Haarsträhnen entgegen.

„Hehe. Nee, mit Leidensgenosse mein ich was anderes. Wir teilen noch ein anderes Leiden, nämlich unseren Schilddrüsendefekt. Nur dass es bei Axolotl umgekehrt ist. Sie haben eine Schilddrüsenunterfunktion. Die ist bei ihnen angeboren und führt dazu, dass die Hormone für die normale amphibische Metamorphose nicht in ausreichender Menge produziert werden."

Betretenes Schweigen und Staunen.

„Mhhh ... sieht schon abgefahren aus", ist alles, was mir einfällt und ich betrachte Fred noch mal etwas genauer. „Ist sein linkes Vorderbein etwas kürzer als die anderen?"

Lucky klopft mir anerkennend auf die Schulter und ich sehe in seinen zufrieden leuchtenden Augen, dass ich grade ungewollt den Anstoß für die nächste Informationswelle geliefert habe.

„Gut erkannt! Ja, als ich ihn bekam, fehlte ihm das Bein, war wohl irgendwo abhandengekommen. Vielleicht abgebissen oder eingeklemmt beim Transport oder so. Aber eine weitere faszinierende Sache bei den Axolotl ist ihre Regenerationsfähigkeit. Sie sind in der Lage Körperteile und sogar Organteile neu wachsen zu lassen. Und zwar vollständig und funktionstüchtig. Mal schauen, ob das noch wird. Aber selbst wenn nicht, ist es ja auch nur minimal kürzer als die anderen." Ein stolzes Vaterlächeln stielt sich auf Luckys Gesicht und ich unterlasse es, dumme Bemerkungen zu machen. Offensichtlich liegt ihm dieses Tier wirklich am Herzen.

„Du altes Kuttelgesicht! Na, wenigstens hast du auch noch ein paar normale Fische", meldet sich Lin und klopft an die Scheibe eines wesentlich kleineren Aquariums, das neben dem großen steht. Ach … hat sie denn nichts aus Findet Nemo gelernt?!

Lucky tritt breit grinsend an ihre Seite. „Ja, süße Fischis, nicht wahr? Hauptsächlich Guppys und einige andere Kleinfische", sagt Lucky, der sich offenbar von Lins Äußerung nicht beirren lässt und nur noch breiter grinst. Auch als Lin anfängt, den Fischen in Babysprache zu versichern, wie hübsch normal sie sind im Gegensatz zu „dem Drecksvieh da", verändert sich seine fröhliche Miene nicht. Er stimmt sogar mit ein:

„Jaaa, ganz bezaubernd seid ihr! So hübsch! Hübsches Lebendfutter für Fred!"

Der Teig reißt zäh von dem riesigen Rührstab ab. Jetzt hat er genau die richtige Konsistenz. Die Rührmaschine ist fast so groß wie die damals bei meinem alten Arbeitgeber. In meiner Erinnerung scheint dieses „Damals" viele Jahre her zu sein.

Die Arbeit in der Küche mit Lucky hat mich wieder so sehr an das Handrühren gewöhnt, dass es mir jetzt irgendwie fehlt. Aber solche Teigmengen lassen sich nur noch mit der Maschine bewältigen. Ich verteile den Teig auf die Kastenformen. Stinknormale Rührkuchen backe ich momentan am häufigsten. Dann verziere ich sie noch auf verschiedene Arten, um sie auseinanderzuhalten.

Nur mit Puderzucker ist Koks.

Zitronenglasur ist Speed.
Zitronenglasur mit bunten Streuseln ist Chrystal Meth.
Karamellglasur ist Hasch.
Schokoglasur ist Heroin.
Schokoglasur mit bunten Streuseln ist Ketamin.
Schokoglasur mit Krokant sind Steroide. Anfangs war die Kennzeichnung noch rosafarbene Zuckerglasur. Den Scherz hatte ich mir erlaubt, da die meisten Dealer selbst muskelbepackte Steroidmonster sind, aber zu viele hatten sich über die Farbe beschwert.

Normale Kundschaft ist eher selten, dennoch müssen wir einige Kuchensorten ohne Füllung im Sortiment haben. Schließlich müssen wir nach außen hin normal wirken. Deshalb haben wir auch noch einen Service „Ganze Kuchen und Torten auf Bestellung" ins Leben gerufen, damit keiner stutzig wird und sich fragt, warum immer Leute mit ganzen Paketen hier rausspazieren. Bisher ist allerdings noch nie was Normales bestellt worden, dabei würde ich so gerne mal wieder richtige Torten anfertigen. Allerdings ist die Bäckerei ja auch grade mal seit drei Tagen geöffnet.

Streng genommen ist es auch keine Bäckerei, da wir gar keine Brote und Brötchen im Angebot haben, sondern eine Konditorei. Mhh … ich glaube, ich sollte Jafar mal eine Umbenennung vorschlagen. Nicht, dass das noch zu Fragen führt oder zu Kunden, die hier mit mieser Laune wieder rausgehen, weil sie nicht bekommen haben, was sie wollen. Ein Rentner, der sich zum Beispiel denkt: „Und das Ding schimpft sich Bäckerei!" Und dann würde der den Laden argwöhnisch beäugen und ihm würden die vielen zwielichten Gestalten auffallen, die hier ein- und ausgehen und dann ... Ich habe Jafar zwar darum gebeten, dass die Kriminellen doch bitte ihre am wenigsten kriminell aussehenden Leute schicken sollen und er hat mir da durchaus zugestimmt und mich sogar fürs Mitdenken gelobt, aber entweder hat sich die Nachricht noch nicht rumgesprochen oder die Kriminellen können gar nicht beurteilen, wie jemand *nicht so kriminelles* aussieht ...

Lucky reißt mich aus meinen Grübeleien, als er laut fluchend die Backstube betritt: „Scheiße Mann! Ey, wenn irgendwer mal unser Lager kontrolliert dann … dann … Also ich hoffe echt, Jafar hat die Aufsichtsbehörden im Griff." Er hält zwei große Beutel Hasch in der Hand. In jedem Beutel sind fünf rechteckige Blöcke, alle noch mal extra eingeschweißt. Zum Glück müssen wir das Zeug nicht auch noch portionieren. Pro Kuchen ein Block. Wie viel das ist, weiß ich nicht. Auf jeden Fall füllt so ein Block die Hand gut aus, die Finger bekommt man kaum zusammen.

Lucky zetert weiter. „Also in Sachen Sicherheit ist das hier definitiv ein Abstieg! Man könnte auch sagen, wir sind quasi die Sicherheitstreppe runtergefallen und liegen jetzt völlig verkrüppelt unten auf dem Absatz!"

Ich mag die Arbeit mit Lucky, aber diese Sprüche höre ich mir nun schon seit der Eröffnung an und sie tragen nicht grade zur Besänftigung meiner eigenen Ängste bei.

„Ach Lucky … ich kann's doch auch nicht ändern. Denkst du, mir gefällt das?"

„Na zumindest strahlst du, seitdem wir hier arbeiten, wie ein Weltmeister."

Mhh … so griesgrämig kenne ich Lucky gar nicht. Er arbeitet doch schon so lange in der Organisation. Müsste er sich nicht inzwischen an das „Damoklesschwert" gewöhnt haben? Ich seufze. „Ähh … Lucky … ich versuche nur, meine Arbeit zu erledigen und mir dabei nicht ständig Gedanken zu machen. Das mach ich sonst schon genug, glaub mir. Und … ja, die Arbeit hier macht mir Spaß. Es ist das, was ich gelernt habe, was ich kann und gerne mache. Mal abgesehen davon …" Ich fuchtele mit dem Haschblock in meiner Hand herum. Plötzlich überkommt mich der ganze Frust irgendwie und ich werde laut: „Aber daran will ich nicht die ganze Zeit denken müssen! Schwitzende, schweißende, schillernd schwarze Schwimmschweizer Schokobären!!! Also … also … also halt die Klappe und hör auf, hier ständig rumzunörgeln! Verdammt noch mal!" Ich werfe den Haschblock nach ihm. Ich kann jedoch nicht werfen und er saust, ohne dass Lucky sich ducken muss, an ihm vorbei und klatscht gegen die Wand.

Luckys ohnehin hervortretende Augen wagen sich noch ein Stück weiter vor.

Bevor er jedoch zu einer Erwiderung ansetzen kann und ich dazu komme, auch noch den zweiten Block zu werfen, steckt Lin den Kopf zur Tür rein, schaut uns abwechselnd an und brüllt: „Mist verdammt! Ruhe! Wenn ihr zwei Strunzer euch fetzt, bringt das gar nix! Dreck! Vertragt euch!" Dann ist sie sofort wieder verschwunden.

Wir schauen noch eine Weile auf die leere Türöffnung und atmen beide laut.

Da mein Zorn schon verpufft ist, mache ich den Anfang: „Ähh … tu… tut … mir leid. Ich wollte dich nicht anschreien. Denk nicht, für mich ist das hier leicht. Aber ich sehe momentan einfach noch keinen Ausweg." Dabei denke ich an den Besuch von Monto und klammere mich verzweifelt an die Hoffnung, dass er einen Plan hat.

Einige Sekunden starrt er mich an, dann schleicht sich wieder das vertraute Lächeln auf sein Gesicht, er kommt zu mir und umarmt mich. Warm und schwitzig wie immer.

„Schon o.k., ich hör auf zu flennen. Hast ja recht. Es bringt nix, die ganze Zeit über die Gefahr nachzudenken." Er lässt mich los und klopft mich ab, als wenn er mir grade einen teuren Smoking zerknittert hätte.

„Übrigens ist das ziemlich gutes Hasch und das wird sehr schnell weich, wenn man es zu lange in der Hand hält", sagt Lucky mit einem breiten Grinsen. Ich schaue auf den Block in meiner Hand, der sich mittlerweile leicht verformt hat und auf dem nun überdeutlich mein Handabdruck zu erkennen ist. Wir fangen beide an, herzlich zu lachen.

„Na, toll. Auch das noch. Ja, beschießt euch ruhig! Macht euch keinen Kopf, ich bin ja aus Metall. Da tun mir die paar Kugeln nicht weh", dachte die Pressmaschine verbittert.

Ökonomie, systemrelevante Kriminalität, Eigentumsrecht & Erleuchtung

(Jafar) Capo räkelt sich auf dem monströsen Schreibtisch und lässt sich von Kyrios streicheln. Sonst achtet er penibel auf jeden noch so kleinen Fleck und Kratzer, aber wenn es um Capo geht, setzen Kyrios' „normale" Verhaltensweisen komplett aus. Zumindest mit den Hufen kann Capo aber keine Kratzer machen. Er hat kleine lilafarbene Sneakers an, mit weißer Sohle und weißen Klettverschlüssen. Was die Menschen für einen Irrsinn um ihre Haustiere veranstalten. Die Hufe würden das Parkett ruinieren, also gibt es Schuhe. Menschenlogik.

„Wie läuft es?", fragt Kyrios ins Streicheln vertieft. Ich lehne mich auf der Couch zurück.

„Gut, der Umsatz hat sich in den letzten vier Wochen verdoppelt und im Gegensatz zu unserem alten Absatzmodell sogar verfünffacht." Er nickt nur abwesend. Am Anfang des Projekts wollte er mehrmals täglich einen Bericht haben und jedes Detail wissen, aber dann wurde es ihm zunehmend egal.

Du weißt nicht warum und das beunruhigt dich. Vielleicht hat er wirklich akzeptiert, dass du die Sache regelst und in der Hand hast?

Allen ist klar, dass es mein Projekt ist und dass ich die Fäden ziehe. Aber ich musste Kyrios gegenüber immer den Anschein wahren, er wäre der Puppenspieler des Puppenspielers. Nun lässt er die Fäden aber locker durchhängen.

So wolltest du es doch immer, dass er dir freie Hand lässt, solange die Ergebnisse stimmen. Womöglich hat er sich einfach damit abgefunden, dir die Macht zu übertragen.

Kann ich mir nicht vorstellen. Was geht da vor? Der Kyrios, der bisher hinter diesem Schreibtisch saß, hätte einige meiner Entscheidungen nicht toleriert. Zum Beispiel, dass ich Eddy so viele Freiheiten gebe. Ich hätte viel Überzeugungsarbeit und zig Erklärungsversuche leisten und die daraus resultierenden Kopfschmerzen ertragen müssen.

Eddy hat mich in den letzten Wochen überrascht und sich damit alle Freiheiten verdient. Er denkt gut mit, auch über seinen Bereich hinaus.

Sein erster größerer Vorschlag war die Umbenennung der Bäckerei in „Konditorei". An die Kleinigkeit, dass in einer Bäckerei auch Brot und Brötchen erwartet werden, hatte ich nicht gedacht. Dabei sind es grade die Details, die eine glaubwürdige Fassade ausmachen. Ein fehlendes oder falsches Detail liefert oft den Anstoß, genauer hinzuschauen und manchmal reicht schon ein kleiner Anstoß, um eine Fassade umzukippen.

Dann, einige Tage nach Eröffnung, kauften unsere Kunden plötzlich auch normale Torten und Kuchen aus dem Bestellangebot. Die waren eigentlich nur als zusätzliches Element der Fassade gedacht, aber es stellte sich heraus, dass die Kunden ihre Kuchenhüllen aßen, anstatt sie wegzuwerfen, nachdem sie den Inhalt herausgeholt hatten. Und schon der einfache Sandkuchen, den ich Eddy aus Kostengründen für die Lieferungen backen lasse, schmeckte ihnen offenbar so gut, dass sie auch andere Sachen probieren wollten. Einige bestellten sogar über die richtige Bestellhotline die normalen Torten. Eddy hatte Bedenken, die Telefone der „speziellen Kundschaft" könnten abgehört werden. Erst hielt ich ihn für paranoid, aber dann dachte ich, dass das auch wieder eine dieser fatalen Kleinigkeiten sein könnte. Sicher ist erst mal nichts Verkehrtes daran, sich was zum Kaffeetrinken zu bestellen, aber es sind diese Zufälle, die so ein System meistens hochgehen lassen. Also sollten nur noch mündlich Torten bestellt werden.

Eddy fragte, warum wir das Zeug nicht gleich in den Torten verstecken. Klar, er will nicht die ganze Zeit die für ihn langweiligen Sandkuchen backen. Erst fand ich es zu kompliziert, dass man nicht nur die Kuchen mit dem Zeug, sondern auch die Torten vorrätig haben muss. Eddy versicherte, dass er in den ohnehin fast leeren Kühlschränken im Lager, Torten durchaus einige Tage vorrätig halten könnte. Da mittlerweile immer häufiger die Anfrage nach Torten auf Rabattmarken kam, und um Eddys Arbeitsmoral zu stärken, stimmte ich dem Vorschlag zu.

Vielleicht würden einige Käufer nun auch andere Sorten probieren. Und wenn die Dealer heiß auf die leckere Verpackung sind, dann verkaufen sie die Ware unbewusst schneller. Und wenn sie dann auch noch statt Schokoguss mal die Zitronenglasur probieren wollen, dann führt das vielleicht dazu, dass Endkunden von ihrem Dealer plötzlich Zeug angedreht bekommen, das sie eigentlich gar nicht konsumieren. Einige lassen sich vielleicht beschwatzen und bleiben vielleicht auch auf der neuen Droge hängen.

Der gewinnbringende Teufelskreisel der Sucht.

Ob die seit Eröffnung so rasant gestiegene Nachfrage am Ende auf Eddys Talent zurückzuführen ist? Wer weiß das schon.

Wenn es so weitergeht, müssen wir bald expandieren. Alle in der Konditorei sind fast nur noch mit dem „Überraschungsgebäck" beschäftigt. Normale Bestellungen werden ab einer gewissen Menge bereits abgelehnt. Man weist freundlich auf die hohe Auslastung hin und die Kunden rufen beim nächsten Bestellservice an. Eddy schuftet, strahlt aber jedes Mal, wenn ich ihn sehe.

Für Kyrios fällt immer irgendwas aus der normalen Produktion ab, für ihn sind es natürlich eigens für ihn zubereitete Kreationen. Es hat seine Vorteile, dass er kaum noch mit der Außenwelt in Kontakt kommt. Dabei schafft es Eddy tatsächlich, immer wieder neue Varianten derselben Leckerei herzustellen.

Auf den Bestelllisten steht nur ein Name. So ist es für ihn ein Leichtes, zum Beispiel eine Karamell-Sahne-Torte auf zig verschiedene Arten zuzubereiten. Es macht keinen Sinn, ihn davon abzuhalten. Er ist zufrieden, die Kunden begeistert und Kyrios hat seine Abwechslung.

Klar hat der Aufschwung zum Großhändler auch zu Spannungen geführt. Vor einer Woche gab es einen Zusammenstoß mit einer kleinen Gang, die uns für das Abhandenkommen ihrer Drogen verantwortlich machte. Lediglich ein paar Opfer, nicht weiter wild. Ich konnte den Boss durch einen Rabatt besänftigen. Ich schlug ihm auch vor, er könne unsere Ware ja mit den Überresten seiner Ware in einem Labor vergleichen lassen, um sicherzugehen, dass wir unschuldig sind. Er versicherte mir, dass das völlig unnötig sei und er vollstes Vertrauen in die Organisation hege. Natürlich hat er den Test trotzdem veranlasst. Als wenn wir ihm wirklich sein eigenes Zeug verkaufen würden. Das verkaufen wir natürlich erst in einigen Monaten. Aber so ein Misstrauen merke ich mir.

Andere, die bis zu diesem Vorfall hinter vorgehaltener Hand ähnliche Anschuldigungen äußerten, verstummten. Das führt mir wieder vor Augen, warum die klein sind und wir groß. Wir sind Größten in der Stadt. Selbst in den Akten der Polizei stehen wir ganz oben. Organisiertes Verbrechen. Die ganz bösen Jungs. Gejagt von den Guten.

Aber so einfach ist das nicht. Kriminalität ist ein essentieller Bestandteil unseres Systems. Sie ist wichtig für das Bestehen und die Entwicklung der Gesellschaft.

Normen und Gesetze werden erst definiert und gefestigt, indem sie jemand bricht. Andererseits werden sie durch zunehmendes Brechen, ohne dass es jemanden kümmert, auch wieder gelockert, geändert oder verschwinden ganz. Der Zeitgeist ändert sich und die Gesellschaft entwickelt sich weiter, beziehungsweise sie wandelt sich. Ein Beispiel ist die zumindest offizielle Entkriminalisierung der Homosexualität.

Eine Welt ohne Kriminalität ist undenkbar. Ein großer Bewusstseinswandel, weg vom Egoismus, hin zum Allgemeinwohl, müsste stattfinden, aber das ist total utopisch und für die absolute Mehrheit der Menschen gar nicht erstrebenswert. Kein Hippie macht sich wirklich klar, was echte Selbstaufgabe für das einzelne Individuum bedeutet. Und auch in einer libertären Utopie, in einer Gesellschaft, wo jeder egoistisch sein darf, ohne anderen zu schaden, gibt es immer noch die Rechte des Einzelnen, die nicht verletzt werden dürfen. Und Rechte von Gruppen, Tieren, der Umwelt, etc. Also wieder Normen und Gesetze, an die sich alle zu halten haben und auch sicher Menschen, die was dagegen haben und ihre eigenen Ideale dann durchzusetzen versuchen, indem sie die vorgeschriebenen brechen.

Kriminalität schafft Arbeitsplätze. Nicht nur im Milieu an sich, sondern auch im großen Apparat, der sich auf ihre Bekämpfung und die Prävention spezialisiert. Hinzu kommt noch die ganze Legislative, Judikative, die Wertevermittlung und die Unterhaltungsindustrie.

Ob nun Kriminalität verschwindet oder Kriminalität unterbunden wird, es führt nur wieder zu neuem Aufkeimen von Kriminalität. Das kriminelle Milieu ist weder Schattenwirtschaft noch Schattengesellschaft. Es ist ein lebenswichtiger Teil von Wirtschaft und Gesell …

Ein Klopfen an der Tür reißt mich aus meiner Philosophie und Kyrios aus seiner Streichelmeditation. Er stößt ein genervtes „Was is'?!" hervor.

Snake schleift eine Nutte am Arm in den Raum. Sie sieht aus wie ein geschlagener Hund. ... O.k., eher wie ein überfahrener, eine Böschung mit wilden Brombeeren hinabgestoßener Hund.

„Wollte mit einem Freier abhauen! Der hat den weißen Ritter markiert und uns mit einer Waffe bedroht." Snake äfft sichtlich belustigt den Ritter nach: „Ich werde diese Dame mit mir nehmen und versucht nicht, mich aufzuhalten!"

Er lacht dreckig und schaut kurz verträumt. Die Hure schluchzt. Zwei Menschen, die gerade dieselbe Szene im Kopf haben.

Snake zieht sie brutal am Arm nach oben. Dabei rutscht seine Jacke hoch, so dass man das Tattoo sehen kann, nach dem er sich benannt hat. Dann beginnt er mächtig stolz zu berichten: „Wir haben ihm ins Knie geschossen und beide ordentlich bestraft und den Typen dann um die Ecke gebracht. Aber was machen wir jetzt mit ihr?" Er schlackert ihren Arm hin und her, als wäre sie eine Puppe.

Kyrios schaut Snake lange an und der wird sichtlich nervöser. Ich weiß nicht genau, was jetzt kommt, aber Snake, der eigentlich Klaus heißt, hat allen Grund, nervös zu sein.

Kyrios öffnet langsam seine Schreibtischschublade ohne Snake-Klaus aus den Augen zu lassen, zieht seinen riesigen Revolver hervor und zielt auf ihn. Der ist unfähig sich zu rühren.

„Damit das klar ist: Du gehörst mir! Sie gehört mir! Eure Ärsche gehören mir!", zischt es aus Kyrios, wie aus einem Kessel, der zu zerplatzen droht. „Und im Gegensatz zu deiner hässlichen Flachbacke ist ihr Arsch Geld wert. Aber so wie die Schlampe jetzt aussieht, wird kein Dreckssack mehr Geld für ihren Arsch bezahlen. Also wenn du noch einmal eigenmächtig mein Eigentum beschädigst, werde ich dich bestrafen. Und dabei werde ich es nicht bei einem zerschossenen Knie belassen. Du wirst langsam und qualvoll draufgehen. Hast du mich verstanden?!"

„Ich … ich … wollte … wusste … ich …", stammelt Snake.

Kyrios entsichert seinen Revolver, neigt den Kopf nach links und knackt mit den Halswirbeln. Ich greife ein, weil ich mich nicht schon wieder ums Aufräumen kümmern will.

„Sie soll verarztet werden und dann so schnell es geht wieder zurück an die Arbeit. Als Strafe schiebt sie einen Monat Doppelschichten. Du und deine Jungs, ihr werdet aus eigener Tasche ausgleichen, was sie nicht erwirtschaften kann. Sag den Zwillingen, wo der Freier ist, sie kümmern sich um die korrekte Entsorgung. Und wenn der Vorfall weitere Konsequenzen hat, beispielsweise, dass die Bullen vor der Tür stehen und den Freier suchen oder egal was, dann bist du persönlich dafür verantwortlich. Jetzt raus." Es dauert, bis die Botschaft bei ihm ankommt und noch ein bisschen, bis er sich zögernd in Bewegung setzt. Als Snake weg ist, schaut Kyrios mich schwer atmend lange mit einem undefinierbaren Blick an. Ich sehe ihm ruhig in die Augen, kann aber nicht verhindern, dass sich mein Körper unbewusst anspannt. Dann legt er den Revolver beiseite, wendet den Blick ab und fängt wieder an, Capo zu streicheln.

Puh, wieder so eine seltsame Situation, wo er deine Entscheidung nicht in Frage stellt. Trotzdem solltest du nicht übermütig werden.

Ich lasse mich in die Lederpolster zurücksinken und entspanne mich wieder. Jetzt fällt mir auch ein, woher ich die Nutte kenne. Sie war eine von Clarissas Mädchen, ich habe sie nach dem Überfall im Puff kurz gesehen. Ich haue mit der Faust auf den Tisch. Verdammt!

„Hey! Lass meine Möbel in Ruhe! Was ist los?!"

„Entschuldige. Mir ist nur grade was eingefallen. Ich muss jemanden besuchen."

„Was?! Verdammt! Du kannst doch nicht …"

Die Tür fällt hinter mir zu.

Zunge1: „Hallöchen, wer bist du denn?!"
Zunge2: „Ach niemand … nur zufällig hier …"
Zunge1: „Hübsch hast du's hier! Schön … feucht."
Zunge2: „Ach … ja … geht so … Hey! Hör bitte auf, mich anzustupsen."
Zunge1: „Warummm? Gefällt dir das etwa nicht?"
Zunge2: „Ich … nein … also … ja … ich finde das etwas aufdr… Hey, was machst du da?"
Zunge1: „Na ich reib mich an dir. Oder dachtest du ich schau nur mal so vorbei, um zu gucken, wie du wohnst?"
Zunge2: „Naja … ja … kann ja sein … also ich … Hey! … Hey, was soll …"
Zunge1: „Na komm schon, nun hab dich mal nicht so!"
Zunge2: „Ich … aber … ich … uhh … nein du … aber … ahhh …"
Zunge1: „Ja komm, du willst es doch auch!"
Zunge2: „… na gut, o.k."

Ein lauter Stein der Ruhe & zwei Abschlussballteenies

(Lin) Verdammt! Wenn er nicht sofort aufhört, so schwer zu atmen, drücke ich ihm das Kissen ins Gesicht! Grob schiebe ich ihn von mir weg und trete ihm ans Bein. Aber Eddy gibt nur einen Grunzer von sich, dreht sich auf den Rücken und fängt an zu schnarchen.

Na toll. Dreck, verfluchter! Ich setze mich auf und betrachte ihn. Er hat mich fast so weit, dass ich wieder in mein Zimmer gehe, um dort zu schlafen. Allerdings weiß ich genau, dass ich da eh nur wach liegen würde. Dreck! Vor zwei Nächten hab ich's mal wieder versucht. Die Stille war bedrückend. Nix hat geholfen. Gedankenspiele, Zählen, auf meine Atmung konzentrieren und so weiter. Nachdem ich drei Stunden wach lag, bin ich dann wieder zu Eddy ins Bett gekrochen.

Verdammte Pupu! Jetzt bin ich abhängig von ihm. Kein Wunder irgendwie, ich schlafe wesentlich besser, seitdem ich bei ihm übernachte, und nun habe ich mich eben daran gewöhnt und kann nicht mehr ohne. Dreck! Bin ich suchtanfällig.

Mist! Nur, was ist, wenn er wieder verschwindet? Dann bin ich wieder allein. Wie immer. Nicht dran denken! Ich streichele ihm über die Brust und spüre seinen Atem in meinen Fingerspitzen. Klar, der verdammte Geräuschpegel, den er da erzeugt, verursacht zwangsläufig starke Vibrationen im ganzen Körper.

Eddy schläft wie ein Stein in letzter Zeit. Manchmal wie ein lauter Stein. Ich wuchte den Stein mit beiden Händen auf den Bauch und er hört auf zu schnarchen. Das klappt immer, und aufgewacht ist er davon noch nie.

Die letzten Wochen vergingen wie im Flug. Ein Tag glich dem anderen. Trotzdem möchte ich keinen einzigen davon missen. Es ist schön, mit den Jungs zusammenzuarbeiten, auch, wenn ich hauptsächlich vorne am Tresen stehe, während sie in der Backstube schuften. Wenn ich nichts anderes zu tun habe, stehe ich mit Eddy zusammen auf und helfe ihm bei den Vorbereitungen. Das muss ich zwar nicht, aber so können wir mehr Zeit zusammen verbringen. Pipi! Irgendwie ist er auch tagsüber zu einem Ruhepol für mich geworden. Wir reden zwar nicht viel, trotzdem fühle mich so geborgen wie lange nicht mehr. Fast wie damals, als ich noch bei meiner Familie … Drecks Pupu! Solche Vergleiche bringen nichts!

Irgendwie ist er wichtig für mich geworden. Und ich hab es unbewusst zugelassen. Mist! Dabei hatte ich mir geschworen, so etwas nie wieder … Liebe ich ihn? Dreck! Keine Ahnung verdammt! Aber was ist schon Liebe? Liebe ist doch … Pupu! Hör endlich auf über Liebe nachzudenken!

Wenn wir zusammen ins Bett gehen, kuscheln wir uns aneinander und schlafen meist beide sehr schnell ein. Manchmal wache ich, wie heute, irgendwann auf und drehe mich auf meine Seite. Aber meistens schlafe ich bis morgens durch. Irgendwie haben wir uns in der Nacht zwar trotzdem voneinander gelöst, aber zumindest bin ich dabei nicht wach geworden. Verflucht angenehm.

Eigentlich führen wir ein okayes Leben, von den Umgebungsbedingungen mal abgesehen. Dreck! Leider lässt sich das nur schwer verdrängen. Auch Eddy versucht, das auszublenden. Er kreiert seine meisterhaften Torten und strahlt dabei wie ein Honigkuchenpferd. Wie sieht so ein Honigkuchenpferd eigentlich aus? Und warum zur Hölle strahlt es so?

Eddy geht wirklich in seiner Arbeit auf. Aber jedes Mal, wenn er ein Päckchen Drogen in die Hand nehmen muss, geht er wieder zu. Dreck! Was wir da tun ist schon abartig. Aber wenn wir es nicht machen, machen es andere.

Aber Pupu noch mal, trotzdem finde ich es momentan recht nett. Es ist auch schön zu sehen, wie Eddy in seinem kleinen Reich hin- und herwuselt. Meistens kommt er nur aus seinem Trott, wenn er irgendwas aus dem Lager braucht. Dann bittet er sogar von ganz allein darum, ihm dies und das zu holen. Denn Eddys zweiter Vorname ist *Angst*. Das Lager ist ein vollgestellter und beengter Raum, dunkel und stickig. Wer weiß, vielleicht überfällt ihn da so eine Art Klaustrophobie oder so. Er sagt nur, dass er da einfach ungern reingeht und es viel effektiver sei, wenn er weiter arbeiten könne, während jemand anderes die Zutaten holt. Mein kleiner, seltsamer Meisterkonditor.

Ich krieche jede Nacht unter seine Decke und kuschele mich an ihn. Er scheint davon jedoch nicht viel mitzubekommen und macht keine Anstalten, sich mir zu öffnen. Er liegt weiter da wie ein Stein. Aber ein angenehm warmer Stein. Im Wegdämmern denke ich an übermorgen. Dreck! Ich freue mich schon richtig darauf. Vermutlich sogar mehr als Eddy. Der war die letzten Tage schon total nervös deswegen. Nervös ist Eddies dritter Vorname …

Ich grinse Eddy an und langsam stiehlt sich auch ein Lächeln auf sein angespanntes Gesicht. Dreck! Das ist heute schon die zwanzigste Schokosahnetorte. Die Backstube sieht aus wie Sau und nur meine Euphorie, und die vor zwei Stunden eingeworfene Tablette, halten mich von einem Anfall ab. Es sieht wirklich schlimmer aus als sonst, da Eddy jede Torte einzeln und auf Zeit hergestellt hat.

„Heute ist der letzte Tag", flöte ich ihn an. Verdammt! Es machte irgendwie Spaß, ihn so aufzuziehen. Sein Lächeln verschwindet und weicht wieder komplett der Anspannung.

„Pupu! Jetzt freu dich doch mal!" Ich drücke ihm mit dem Zeigefinger in die Seite.

„Freu dich!" Seitenstich. „Freu dich!" Seitenstich. „Freu …"

„Is' gut, is' gut. Hier!" Er zieht eine Grimasse, die anscheinend mal ein Freudenlächeln werden wollte.

„Verdammt! Das sieht aber nicht nach Freude aus."

„Ich … ach … ich bin eben etwas nervös."

„Warum?! Es ist doch nur zum Spaß. Dreck! Du kannst nichts verlieren, nur gewinnen."

„Jaaa … das … das sagst du so leicht. Du trittst ja nicht an."

Ich sehe den Vorwurf in seinen Augen aufblitzen und sehe gekonnt darüber hinweg. Ist nur wieder seine Panik. Etwas Ablenkung wäre sicher nicht schlecht. Pupu! Was soll's! Ich mache einen Schritt auf ihn zu, so dass ich ganz nah bei ihm stehe, und hauche ihm ins Ohr: „Ich könnte das auch gar nicht. Aber du kannst das." Dann drehe ich schnell den Kopf und küsse ihn auf den Mund. Eddy ist so perplex, dass er ihn nicht mal öffnet, aber da Lucky mit im Raum ist, will ich Eddy jetzt auch nicht mit meiner Zunge dazu drängen und ziehe mich wieder zurück. Lucky lässt es sich nicht nehmen, die Situation zu kommentieren: „Halloooo! Ich bin noch hier!"

Eddy und ich hatten uns vor ein paar Tagen zum ersten Mal geküsst. Beziehungsweise ich ihn. Dreck! Da wir grade am Kuscheln und Einschlafen waren, hat er es vermutlich erst für einen Traum gehalten. Denn er erwiderte meinen Kuss sofort. Als er es dann realisiert hatte, musste ich aufpassen, dass er mir nicht die Zunge abbiss, so schnell schloss und verkrampfte er seinen Mund. Nach ein paar Sekunden entspannte er sich endlich wieder und wir haben eine Weile weitergeknutscht. Wie verdammte Teenager. So was hatte ich Ewigkeiten nicht mehr gemacht, das letzte Mal vermutlich als … Teenager. Eigentlich habe ich die ganze Zeit darauf gewartet, dass er mehr versuchen würde. Es war trotzdem schön. Seitdem haben wir nur ein weiteres Mal geknutscht, als wir zusammen im Bett lagen. Leider wurde auch da nicht mehr daraus. Pipi! Vermutlich werde ich auch da die Initiative ergreifen müssen.

Das grade war also das erste Mal, dass wir uns wach und öffentlich geküsst haben. Naja, so fern man das *öffentlich* und *küssen* nennen kann. Dreck! Warum ist Lucky eigentlich nicht überrascht oder empört?

„Wenigstens zeigt ihr es jetzt öffentlich, statt immer nur umeinander rumzuscharwenzeln", sagt Lucky, als hätte er meine Gedanken gelesen. „Auch, wenn du das Küssen noch ein wenig üben solltest, Eddy. Das sah echt furchtbar aus."

Eddy klappt den Mund auf, holt Luft und macht ihn wieder zu. Lucky beginnt zu lachen. Ich steige augenblicklich ein und auch Eddy kann sich nicht lange dagegen wehren.

„Oh … o.k., o.k., ihr … ihr habt ja recht, das wird schon … also das mit dem Wettbewerb … nicht das mit dem Küssen … obwohl das bestimmt auch …"

„Warum ihr? Ich hab doch gar nix gesagt", wirft Lucky ein. Ich ermahne ihn mit einem vielsagenden bösen Blick, worauf er hastig hinzufügt: „Aber natürlich bin ich auch fest davon überzeugt, dass du das Ding schon schaukeln wirst. Mach dir da mal keine Sorgen. Du machst da doch auch nix anderes als sonst und das machst du immer großartig. Also das mit dem Backen … Hehe."

„Maaann … jetzt hört doch endlich auf mit dem Küssen, ich meine …"

„Dreck! Ach, ich soll aufhören dich zu küssen?", frage ich gespielt empört.

„Ähh … nein … nein … natürlich … ach, du weißt doch genau, was ich meine! Jetzt macht mich nicht fertig, Leute! Ich stehe nun mal unter ganz anderem Druck als sonst und unter Beobachtung und …“ Um seinen Redefluss und seine schon wieder aufsteigende Panik zu stoppen, drücke ich Eddy noch einen Kuss auf. Diesmal wird meine Zunge auch etwas fordernder und Eddy öffnet automatisch die Lippen. Lucky wartet mit seiner Bemerkung freundlicherweise, bis wir uns wieder voneinander lösen.

„Toll! Mich bringt nie jemand so zum Schweigen.“

„Ohh … tut mir leid, ich wusste nicht, dass das dein Wunsch ist“, sagt Eddy verschmitzt und wir fangen alle gleichzeitig an zu lachen.

„Verdammt! Jetzt mach dir mal keine Sorgen mehr. Du bist bestens vorbereitet auf den Wettbewerb. Deine Interpretation der Schokosahnetorte ist der Hammer und Dreck, du kannst sie jetzt vermutlich sogar im Schlaf zubereiten“, versuche ich Eddy weiter aufzumuntern. Pupu! Mich plagt jetzt schon das schlechte Gewissen, dass ich ihn zu diesem Tortenwettbewerb angemeldet habe. Dabei wollte ich nur, dass er auch mal etwas Abwechslung bekommt. Und eine hohe Platzierung würde seinem Selbstvertrauen auch sicherlich ganz gut tun.

„Ich … ich träum schon davon“, ist alles, was er sagt. Pupu! Er und seine Angst. Plötzlich kommt mir eine Idee und ein verschmitztes Lächeln stiehlt sich auf mein Gesicht. Ich presse mich an ihn und flüstere ihm ins Ohr:

„Ich hätte da eine verdammt gute Idee, wie du den Kopf heute Abend freibekommst. Danach träumst du garantiert nicht mehr von Rezepten und Torten.“ Er kann manchmal schwer von Begriff sein, also greife ich ihm an den Hintern und drücke sein Becken an meins. Pupu! Seine Gesichtsfarbe macht jetzt sogar Luckys Rot Konkurrenz. Noch ein lasziver Blick, und die Botschaft sollte endgültig angekommen sein. Lucky räuspert sich.

„Kommt schon! Zum Abschlussball könnt ihr später noch gehen. Wir müssen noch vorarbeiten. Schließlich muss ich den Laden morgen ein paar Stunden alleine schmeißen.“

Wie viele Streichhölzer wohl ihrer ursprünglichen Verwendung zukommen?
Und nicht für Spielereien, Rätsel, Streichhölzer ziehen und Basteleien benutzt werden, als Werbegeschenke in einer Schublade oder als Sammlerstücke in der Packung in Vitrinen vor sich hingammeln oder einfach nur irgendwie feucht werden, verlorengehen et cetera ... Und von denen die verwendet werden, wie viele davon wohl auch wirklich zünden? Und nicht runterfallen, abbrechen oder an den Köpfen zerbröseln.
Und wie viele von den Angezündeten dann wohl wirklich ihr Ziel erreichen? Und nicht vorher ausgehen durch Wind, Regen, Altersschwäche, Atmen im falschen Moment, vorbeifliegende lebensmüde Wellensittiche oder erneut durch Spielchen oder Tricks, bei denen diesmal ein brennendes Streichholz eine Rolle spielt.
Wir werden es wohl nie erfahren. Jetzt sind es auf jeden Fall vier mehr. Diese Aussage teilt sich ungleichmäßig über die Fragen auf. Ordnen Sie bitte selbst zu.

Manch einer macht grosse Augen

(Monto) Fuck! Was mach ich jetzt? Was mach ich ... O.k. ruhig. Ich habe mir doch gewünscht, dass endlich etwas passiert. Doch so hatte ich mir das nicht vorgestellt.

Eigentlich hatte ich mir vom Punzer die Nachricht erhofft, dass der Bandenkrieg gegen „die Organisation" nun kurz bevorstand. Die letzten Male hat er leider nix zu berichten gehabt. Unsere Aktionen zeigten so wenig Wirkung, wie ein Furz im Winter beim Warten an der Bushaltestelle wärmt. Noch dazu wagte es dieser nervöse Wicht tatsächlich, mir zu sagen, ich solle nicht ständig bei ihm auftauchen. Für wen ... ach, zum Teufel! Die wimmernde Stimme vom Punzer dringt durch die halb geöffnete Werkstatttür in den kleinen Vorraum.

„Ich ... ich ... weiß wirklich nicht wovon ..." Klatsch!

„Hör mir zu. Ich weiß genau, was ich gesehen habe, und wenn du mir nicht auf der Stelle eine Erklärung lieferst, werde ich dir größtmögliche Qualen bereiten." Der Besitzer der Stimme muss sich hörbar deutlich zusammenreißen, ruhig zu bleiben. Fuck! Wer ist das?!

„Hier in deiner Werkstatt finden sich sicherlich einige Geräte, mit denen sich etwas in der Richtung anstellen lässt. Ich hab da viel Fantasie." Seine Stimme hat die anfängliche Wut verloren und klingt jetzt eher todeskalt.

„Es ... es war nur ein ... nur ... ich ... ich hab den Lederbezug des gynäkologischen Stuhls im Obergeschoss erneuert, Kleidung geliefert und ..." Der Mann fährt ihm dazwischen.

„Und das fandest du nicht erwähnenswert, als ich dich am nächsten Tag nach dem Überfall fragte?“

„Aber woher sollte ich denn wissen, dass es das Bordell war … ich … Jafar, bitte, ich schwöre …“ Klatsch! Dieser Jafar? Verdammte Scheiße!

„Woher du das wissen solltest? Mhh, mal überlegen, vielleicht weil du für diese Schweine spioniert hast. Wäre doch eine Möglichkeit oder? Ich hab von unterwegs aus mal im Puff angerufen, eine der Nutten erinnert sich noch, dass sie den gynäkologischen Stuhl an dem Tag verwenden wollte. Sie hatte die Nutzung ordnungsgemäß in den Plan eingetragen. Nur, das wurde gestrichen. Clarissa sagte ihr, dass du, obwohl dein Termin eigentlich für eine Woche später ausgemacht war, extra angerufen und auf die Vorverlegung bestanden hast. Zufall? Sag's mir Punzer, ich höre dir gerne zu, während ich mir schon mal ein paar deiner Gerätschaften für dich aussuche.“ Ich höre diesen Jafar langsam durch den Raum schreiten. Meine Gedanken rasen.

Vorsichtig spähe ich durch den Türspalt. Die Werkstatt liegt im Dunkeln. Nur das kalte weiße Licht der Straßenlaternen scheint durch die Fenster herein. Kurz sehe ich Jafar durch mein Blickfeld laufen, genau im Schein einer Laterne. In seinem Gesicht zeigt sich immer noch die Wut, die vorhin auch in seiner Stimme zu hören war. Ich verlagere meine Position und suche nach dem Punzer. Er lehnt zusammengesackt an einem Regal an der Wand, gegenüber den Fenstern, und scheint starr vor Angst. Warum verteidigt er sich nicht weiter? Er muss versuchen, Jafar weiter zu überzeugen. Wenn er nix sagt, macht ihn das nur … Plötzlich blickt mich der Punzer direkt an. Seine Augen werden groß. Fuck! Kann er mich wirklich sehen? Der Vorraum liegt doch im Dunkeln.

„Starr nicht so! Guck weg!“, schreie ich ihm gedanklich zu. Doch seine Augen bleiben weiter aufgerissen und bewegungslos auf den Türspalt gerichtet. Erst jetzt fällt mir auf, dass Jafars Schritte verstummt sind.

Kugeln durchschlagen die dünne Holztür und die Splitter fliegen mir um die Ohren. Zum Glück einen halben Meter über meinem Kopf.

Ich rolle mich zur anderen Türseite rüber und ziehe meine Waffe, um kurz darauf durch die Tür in die Richtung zu feuern, wo ich Jafar vermute. Über den Lärm hinweg höre ich, wie er sich in Deckung wirft und kurz darauf regnet es wieder Holzsplitter im Vorraum. Ich gebe ebenfalls ein paar ungezielte Schüsse ab.

Warum nicht offensiver vorgehen? Was soll schon passieren? Ich erinnere mich an die Schmerzen des Oberschenkelschusses. Mir wird wieder schwindelig. Mit dem Handrücken streiche ich mir über die fettige Stirn und merke den Widerstand. Ich schaue auf meinen Handrücken, aus dem mehrere Holzsplitter ragen und der nun, da ich einige davon tiefer in das Fleisch gedrückt hab, stark blutet. Fuck! Zum Glück spüre ich wenigstens die nicht. Aber Kugeln wären vielleicht …

„Wer bist du und was willst du?" In Jafars Stimme liegt keine Spur von Panik, sie überschlägt sich auch nicht vom Adrenalin. Statt zu antworten, feuere ich das restliche Magazin in die Richtung ab, aus der seine Stimme kam. Nachladen. Es ist mein einziges Ersatzmagazin. Im Auto sind noch mehr, aber mit so was rechnet … Ich fluche leise über meine Nachlässigkeit.

Aus dem Raum ist nur das leise Wimmern vom Punzer zu hören, es klingt, als würde er beten. Wenn die Deckung von Jafar gut ist und das ist sie bei den großen Maschinen und Regalen im Raum, kann er in aller Seelenruhe abwarten, was ich mache. Fuck!

Abhauen? Kommt nicht in Frage! Bei der kleinsten Folter würde ihm der Punzer sofort … Ich bewege meinen Kopf vorsichtig zum nächstgelegenen Loch, um hindurchzuspähen, sehe aber nicht besonders viel. Das Licht von draußen reicht nicht aus, um alle Ecken zu beleuchten, und für Jafars Position kommen gleich mehrere Möglichkeiten in Frage. Unter der Werkbank rechts unter den Fenstern ist es komplett dunkel und weiter hinten gibt es mehrere große Pressen. Ich wechsele meine Position, begleitet von ein paar Schüssen von Jafar. Dafür kann ich von hier aus aber wieder schräg durch den Türspalt den Punzer beobachten. Er kauert links unter einer Werkbank, die Arme über dem Kopf verschränkt und leicht vor sich hin wippend, und wimmernd.

Fuck! Egal wo er steckt, ich habe die schlechtere Deckung. Verfickte Scheiße!

Eine Gewichtsverlagerung und das anschließende Knarren des Bodens lösen einen weiteren Kugelhagel auf meine Deckung aus. Ich spüre sogar die Einschläge in der Mauer, direkt an meinem Rücken. Zum Glück ist es keine dünne Rigipswand. Er kann in aller Seelenruhe abwarten, was ich mache.

Raus und dann durch die Fenster wieder rein? Aber die Eingangstür kriege ich nicht geräuschlos auf und dieser Jafar ist nicht blöd und wird sich entsprechend neu positionieren. Und wenn ich nur die Tür öffne und wieder schließe? Er flüchtet sich in eine Deckung auf die gegenüberliegende Seite und ich könnte ihn im Laufen erwischen.

Langsam richte ich mich auf. Der Boden knarzt schon wieder, aber Jafar scheint sich offenbar sicher zu fühlen und feuert nicht. Oder spart ebenfalls Munition. Ich schleiche an der Wand entlang zur Tür, nur zwei kleine Schritte, schon kann ich die Klinke erreichen, reiße die Tür auf, mache einen schnellen lauten Schritt nach draußen, drehe mich um, springe in meine Deckung zurück und feuere durch die Tür grade in den Raum. Auf Geräusche zu warten, hätte zu lange gedauert, in der Zeit wäre Jafar schon in die nächste Deckung gehechtet.

Totenstille. Nur Wimmern. Ich lehne wieder an der Wand und luge, soweit es geht, durch den Türspalt auf die andere Seite. Es hat sich nichts verändert.

„Netter Versuch", sagt Jafar anerkennend. Fuck! Der Stimme nach zu urteilen, steht er immer noch irgendwo hinter einer der Pressmaschinen. Entweder er hat mich durchschaut, nicht schnell genug reagiert oder … Egal. Meine Gedanken fallen wild übereinander her und verwirren sich dabei.

Ich hab nur noch ein paar Schüsse im Magazin. Fuck! Fuck! Fuck! Plötzlich klärt sich mein Verstand. Ich blicke auf meine Waffe. Sie liegt schwer in meinen Händen. Ich hebe sie und ziele damit durch den Türspalt. Als hätte ihn ein unsichtbares Signal gewarnt, hört der Punzer auf zu wippen und verstummt. Er nimmt die Arme vom Kopf und schaut mich direkt an. Seine Augen werden wieder groß.

Hoffentlich ist es die richtige Adresse. Verdammt, warum geht Frank auch nicht ans Telefon?! Ich kämpfe zum x-ten Mal mit einem Wutanfall. Fuck! Fuck! Was musste dieser Jafar auch ausgerechnet … so eine verfickte … ruhig Monto, ganz ruhig. Es war notwendig, absolut … In meiner Erinnerung ist alles total konfus.

Nur noch ein Schuss im Lauf. Dann schnelle Schritte, ein zersprungenes Fenster, die Schritte wurden leiser. Chemikalien überall ausgekippt. Die erste klare Szene sind die Streichhölzer. Das erste Streichholz zerbrach ich schon beim Rausnehmen. Das Zweite beim Anmachen. Das Dritte zog ich so lange an der Reibefläche entlang, bis die Kuppe abbröselte. Das Vierte ging beim zweiten Versuch endlich an. Die Sirene drang in mein Bewusstsein und erst da wurde mir klar: Es wohnen vielleicht Leute in dem Haus! Und ich war kurz davor … An meinem Finger wurde es heiß und ich ließ los. Langsam fiel das brennende Streichholz zu Boden. **Bumm!**

Ich spürte meinen Herzschlag. Das erste Mal seit dem Unfall. Aber nur einen Schlag.

Mein Bein hob sich und mein Schuh kickte das Streichholz weg. *Was ist, wenn der Punzer Buch geführt hat, du Idiot?*

Ich suche Ordner und Papiere zusammen. Dann zurück ins Auto. Keine Ahnung wie, aber ich bin schon weit genug weg, als mehrere Polizeiwagen an mir vorbeischießen. Es ist fast Mitternacht. Ich versuche erneut, Frank anzurufen, aber er geht immer noch nicht ran.

Zum Schutz der Privatsphäre sollte keiner die Adressen der anderen kennen. Und im Dezernat kann ich sie auch nicht rauskriegen, ohne Verdacht zu erregen. Einer verrückten Eingebung folgend, durchblättere ich hektisch die Papierstapel und finde doch tatsächlich Adresslisten mit Klarnamen, unverschlüsselt. Dass Frank darin verzeichnet ist, überrascht mich nicht, schließlich hat er mir den Punzer vorgestellt. Aber er ist als *Spezial Kunde* gelistet und rot markiert. Das hätte mich vielleicht stutzig machen sollen, hat es aber nicht …

Mein Finger schwebt einige Sekunden über der Klingel. Ich hätte nie gedacht, dass Frank in einem Einfamilienhaus wohnt. Ich hielt ihn für einen Techniknerd, der in seiner dunklen Wohnung voller Technikkram sitzt. Wie ein Familienmensch kam er mir nicht vor. Immerhin brennt noch Licht im Haus und man hört sogar gedämpfte Geräusche und Musik. Ich drücke dreimal kurz hintereinander.

Die Tür öffnet sich. Vor mir steht eine Gestalt komplett in Hochglanzlatex. Sogar der Kopf. Lediglich dort wo der Mund sein sollte, ist ein kreisrundes Loch von einem Metallring eingefasst. Man kann direkt in den Rachen der Person sehen. Der Mund scheint durch die Maske irgendwie aufgehalten zu werden oder vielleicht sind auch die Lippen in dem Metallring eingespannt. Mein Kiefer spannt sich an bei dem Anblick und ich erinnere mich an zahlreiche Sitzungen beim Zahnarzt …

Der Latexanzug hat um den Hals einen Reißverschluss, auf jeder Brust einen, einen ringsherum am Bauch und im Schritt noch mal einen. Die Person hebt den Kopf, als würde sie etwas am Himmel betrachten wollen. Erst da fallen mir die dünnen Schlitze in Augenhöhe auf. Offensichtlich kann man dadurch nicht gut sehen. Die Lederpuppe gibt einen Laut von sich. Könnte ein „Aha“ oder auch ein „Alter“ oder vielleicht auch ein „Grüß Gott“ gewesen sein. Die Gestalt fasst meinen Arm und zieht mich nach drinnen. Viel zu perplex, um Widerstand zu leisten, lasse ich mich mitziehen.

Hinten hat der Lederanzug auch einen Reißverschluss. Am Arsch.

Ich werde durch die Wohnung geführt. Was ich zu sehen bekomme, hätte jedem Fetischclub alle Ehre gemacht. Einige Szenen werde ich mein Lebtag … auf jeden Fall nie mehr vergessen können. Wir stehen plötzlich in einem leeren Schlafzimmer. Die Gestalt schließt die Tür hinter uns und ich lege doch vorsichtshalber die Hand an meine Waffe.

Das Latex-Wesen fummelt an dem Metallring herum, dann öffnet es den Reißverschluss am Hals und nimmt sich angestrengt die Maske vom Kopf. Es knackt mit dem Kiefer und massiert sich die Wangen.

„Überraschung!", ruft Jim mit einem etwas gequälten Lächeln.

„Ich … ähhh …", ist alles, was ich noch rausbringe. Jim kratzt sich verlegen am Kopf und tippelt von einem Bein aufs andere. Nervös oder schon wieder zugekokst. Oder beides. „Tja … ähh … wusste gar nicht, dass du auch auf so was … naja … und dass du auch zur Party kommst … find ich gut … also … davon hat Frank gar nichts erzählt", druckst er herum.

„Ehrlich gesagt wollte ich auch nicht zur Party, sondern zu Frank. Ich muss dringend mit ihm reden, und da er nicht ans Telefon ging, hab ich seine Adresse rausgesucht und bin hergefahren." Jims Blick schweift ab und ich sehe zu, wie er aus meiner Aussage Schlüsse zieht.

Nach einer Weile sagt er: „Na dann … noch mal … Überraschung!" Dabei breitet er die Arme aus, was die Lächerlichkeit seines Aufzugs nur noch weiter unterstreicht, und versucht, locker zu lachen.

Totenstille.

„Guuuut … dann hole ich Frank mal her", sagt Jim und verschwindet zügig. Einige Minuten später wird Frank zeternd durch die Tür hereingestoßen.

„Was zum Teufel soll das, Jim?! Warum soll ich …" Frank starrt mich mit großen Augen an. Er trägt einen weißen Ledertanga, ein enges Nietenhalsband und zwei Nippelklemmen, die mit einer offenbar schweren Kette verbunden sind. Und als wenn das nicht schon verstörend genug gewesen wäre, so scheint er auch noch von Kopf bis Fuß eingeölt zu sein. Jim betritt hinter ihm grinsend den Raum und schließt die Tür. In der Hand hält er die Leine, die zu Franks Halsband führt.

„Brav. Bei Fuß! Mach sitz!", fordert Jim ihn auf und lacht.

Frank haut ihm eine rein und hält sich danach fluchend die Hand. „Verdammt Jim!!! Hättest du mir nicht vorher sagen können, was los ist?! Fuck! Ah!"

Der Schlag scheint nicht besonders doll gewesen zu sein, zumindest macht Jim nicht den Eindruck. Er fasst sich nur kurz an den Kiefer und grinst schon wieder.

„Sorry Frank, ich wollte dir die Überraschung nicht verderben …"

„Ich wollte mit dir reden, Frank, aber du bist nicht ans Telefon gegangen. Es ist wirklich sehr dringend", unterbreche ich Jim.

Frank grummelt etwas in sich hinein, sagt „Warte kurz" und dreht mir den Rücken zu. Fuck! Auf Franks blank rasierte, ölig glänzende Arschbacken hätte ich lieber verzichtet. Jim scheint das Ganze jedoch inzwischen herzlichst zu amüsieren.

Man hört Kettenklappern und Frank, wie er scharf die Luft einzieht. Dann entfährt ihm noch ein unterdrücktes „Ahhh". Dann fällt die Kette mit den Klemmen zu Boden. Frank reißt Jim die Leine aus der Hand, holt er einmal tief Luft und dreht sich wieder um.

„Nun, was gibt's?"

„Ähhm …" Ich hab mir noch gar nicht überlegt, was ich überhaupt sagen will. Wäre es wirklich klug, ihm alles zu erzählen? Scheiße! Warum musste alles nur so kompliziert werden?! Mein Kopf beginnt wieder zu wummern … was zum …? Eine Stimme dringt durch die Schwärze.

„Monto? Alles klar?", fragt Frank. Ich konzentriere mich darauf, warum ich hier bin und beginne zu erzählen.

„Und der Punzer?", fragt Frank, nachdem ich geendet habe.

„… den hat's erwischt."

„Scheiße!" Ich nicke nur. Jim schaut zwischen uns hin und her, sagt aber nichts. Er wusste nichts vom Punzer und ist generell wenig in die Planung involviert. Es ist immer noch schwierig zu ignorieren, in welchem Aufzug die beiden dieser Lagebesprechung beiwohnen. Ich versuche, den Blick möglichst auf ihre Augen zu richten.

„Wir müssen schnell was unternehmen. Ich glaube nicht, dass er was verraten hat, aber nicht, dass die uns doch irgendwie auf die Schliche kommen", sage ich.

„Realistisch betrachtet. Wie sollten sie?", fragt Frank.

„Was weiß ich?! Aber irgendwas müssen wir machen! Die Aktionen der letzten Wochen haben gar nichts gebracht, unsere wichtigste Quelle ist tot und …"

Frank unterbricht meinen kleinen Ausbruch mit ruhiger Stimme: „Was ist mit diesem Eddy?"

Ach, an den hab ich gar nicht mehr gedacht. „Der ist nutzlos. Der backt in dieser Konditorei fröhlich Tag für Tag die Drogen in die Kuchen. Aber außerhalb des Geschäfts hat er gar keinen Durchblick und glaub mir, der Typ ist so todesängstlich, noch viel mehr als es der Punzer war und völlig ungeeignet als Spion."

Ausgerechnet Jim macht den Vorschlag:

„Könnten wir den Laden nicht ausnahmsweise Mal offiziell hochgehen lassen?"

„Da winden sie sich doch locker raus. Die Besitzverhältnisse sind nebulös und außer ein paar kleinen Fischen würde dabei nichts im Netz hängenbleiben", erwidert Frank.

„Schon vergessen?! Wir beschreiten keine offiziellen Wege!", weise ich ihn zurecht.

„Ja, ich weiß, aber ein Angriff widerspricht unserem Plan, die Organisation vorerst nicht direkt anzugehen. Wobei dieser Plan ja auch grade ‚super toll' funktioniert!", gibt Jim bissig zurück.

Ich seufze. Wir hängen alle eine Weile unseren Gedanken nach. Bei mir will sich grade einer manifestieren, als Frank ihn ausspricht:

„Sagtest du nicht, dieser Eddy würde jeden Tag persönlich für Kyrios etwas backen?"

Sein Atem geht schnell. Viel zu schnell.
„Was ist los mit dir Eddy?"
Sein Herz rast. Es schlägt unregelmäßig. Es setzt aus.

Endgültig wegblasen

(Eddy) Ohh … was geschieht hier? Was … was geschieht mit mir? Unglaublich! Ja … unglaublich! Das ist alles, was ich denken kann, immer im Kreis.

Ich hab immer noch meine Arbeitssachen an, aber so hektisch wie Lin an den Knöpfen rumfummelt, wird das wohl nicht mehr lange so bleiben. Unglaublich.

Wild knutschend tasten wir uns den Weg von der Tür, durch den Flur, ins Schlafzimmer.

Lin schubst mich mit lüsternem Blick aufs Bett. Ich lasse mich fallen und pralle mit dem Rücken mit voller Wucht auf die Bettkante. Sämtliche Luft entweicht aus meiner Lunge.

„Oh! Oh Pupu! Mist! Verdammt, tut mir leid. Alles in Ordnung?" Am Ende ihrer Frage ist ihr anfänglicher Schreck der Belustigung gewichen und ihre Mundwinkel beginnen, amüsiert zu zucken. Mhh … sieht süß aus. Nachdem ich ein gequältes Lächeln hervorbringe und mir ein „Nix passiert" abpresse, fängt sie haltlos an zu kichern. Dabei wiederholt sie immer wieder „Tut mir leid" und Flüche im Wechsel, kann aber offenbar nicht aufhören. O.k. … es ist ja auch echt witzig. Wenn die Schmerzen nicht wären, könnte ich die Komik dieser Situation aber sicher mehr würdigen.

„Aua … nicht grade hollywoodreif", sage ich schmunzelnd und rappele mich auf.

Lin umschlingt mich sofort, fährt mit den Fingern über meinen Rücken und haucht mir ins Ohr: „Ich mach's wieder gut, o.k.?"

Wir beginnen wieder, uns wild zu küssen. Diesmal landen wir beide unversehrt auf dem Bett. Mein Schmerz ist vergessen. Mhh … wie weggeblasen. Obwohl wir doch noch gar nicht mit dem Vorspiel angefangen haben. Mir entfährt ein belustigtes Glucksen bei dem Gedanken. Eigentlich bin ich nicht so der Gluckser, aber zu lachen, während man grade eine zweite Zunge im Mund hat, ist sehr schwierig.

„Dreck! Was 'n?"

„Ähh … nix", wehre ich schnell ab, aus Angst, Lin würde das

Wegblasen-Wortspiel nicht so lustig finden. Obwohl … vermutlich würde sie auch darüber lachen und wer weiß … vielleicht … wenn ich Glück habe … Wenn ich nicht sowieso schon eine Erektion hätte, hätte ich spätestens jetzt bei dem Gedanken eine. Aber ich sage trotzdem nichts. Vielleicht denke ich auch einfach zu viel.

„Hallo?! Konzentration?!", ermahnt sie mich, lächelt schelmisch und streift sich das T-Shirt über den Kopf. O.k. … o.k. … ich bin voll da! Sie greift hinter ihren Rücken und öffnet ihren BH.

„Darf ich vorstellen." Sie nimmt meine Hände und führt sie zu ihren Brüsten. „Sei nicht unhöflich und gib ihnen einen Begrüßungskuss."

Ich tue, wie mir geheißen. Ahh … endlich treten meine Gedanken immer weiter in den Hintergrund. Die Arbeit, der Wettbewerb morgen, wie ich, verdammt noch mal, den gleich anstehenden Sex mit Lin meistern soll, und, und, und. Nein … ich bin im Hier und Jetzt! Bin … bin … bin bei Lin.

Mein Handy klingelt. Ich denke mir, dass das nicht wahr sein kann, und reagiere erst, als Lin es auch registriert. Och nee … ich hätte es vorhin doch ausschalten sollen.

Ich drücke schnell auf lautlos und wir ignorieren es. Lin hat dabei inzwischen schon mal mein Hemd aufgeknöpft und ich ziehe mir das darunterliegende Shirt samt Hemd über den Kopf. Naja … ich hätte es natürlich auch zerreißen können, bin aber vermutlich zu schwach dazu und lasse es deshalb lieber gleich bleiben. Denn das animalische Kleider-vom-Leib-Reißen mag ja etwas sehr Erregendes haben, aber der gescheiterte Versuch kühlt die Stimmung bestimmt ziemlich schnell ab.

Lin liegt auf mir, während sich ihre Küsse einen Weg meinen Körper hinab bahnen.

Dass mein Handy immer noch vor sich hin vibriert, nehme ich erst wahr, als zusätzlich noch die Türklingel schrillt und jemand laut gegen die Wohnungstür hämmert. Lin stöhnt genervt und hält kurz inne. Als es, bis auf das Handy, plötzlich wieder still ist, wendet sie sich mir wieder zu.

Einen Moment später klingelt es wieder Sturm und hämmert an der Tür. Mhh … erst jetzt fällt mir auf, dass die Geräusche seltsam klingen. Ich bedeute Lin aufzuhören, was sie mit genervtem Murmeln beantwortet. Doch für Erklärungen habe ich keine Zeit.

Nicht nur, dass jemand offenbar schon vor meiner Wohnungstür steht und das zu einer ziemlich unchristlichen Zeit. Nein, das Klingeln und Klopfen hallt auch sehr seltsam nach.

Vorsichtig steige ich aus dem Bett. Da ertönt auch schon eine bekannte Stimme:

„O.k., ich komm jetzt rein!" Doch es folgen keine Geräusche, die man nun erwarten würde. Kein Schloss, das aufgeschossen, keine Tür, die aufgetreten wird oder sonst was. In dem Moment, wo mir bewusst wird warum, höre ich die Wohnungstür ins Schloss fallen. Starr vor Schreck stehe ich auf. Die Dielen quietschen und schon steht eine dunkle Silhouette in der Schlafzimmertür.

„N'abend Eddy. Entschuldige die Störung", sagt Monto.

Ich starre ihn entgeistert an. Lin meldet sich mit feindseliger Stimme zu Wort: „Pipi! Wer zum Teufel ist denn diese Bazille?!"

Ich drehe mich zu ihr um und bin froh, dass sie sich mein Hemd vor die Brust hält. Jetzt werde ich mir meiner eigenen Blöße bewusst. Naja … wenigstens die Hose hab ich an. Allerdings steht sie weit offen und gewährt vollen Einblick.

„Ich bin ein Freund von Eddy, der wirklich dringend mit ihm sprechen muss."

„Je… je… jetzt?!", bringe ich endlich hervor, während ich meine Hose schließe. Und wo ich schon mal den Mut gefasst hab, will ich den Schwung gleich ausnutzen und meine Stimme wird sogar immer kräftiger: „Was willst du? Es ist mitten in der Nacht! Wie kommst du überhaupt hier rein?! Verschwinde aus meiner Wohnung!!!"

Doch Monto steht nur ruhig da und mustert mich. Nach einer Weile sagt er: „Was davon soll ich jetzt beantworten oder tun?"

„Dreck! Verschwinden natürlich!", blafft Lin ihn an.

„Das kann ich nicht. Wie gesagt, muss ich mit Eddy reden. Doch ich versichere Ihnen, dass es mir sehr leidtut, Sie in dieser Situation gestört zu haben. Ich habe extra angerufen und es klingeln lassen. Als das Handy lautlos gestellt wurde, bin ich extra wieder zur Tür raus, um draußen im Treppenhaus zu klingeln und zu klopfen."

Moment mal, was meint er mit „extra zur Tür raus"?!

Lin hat offenbar schneller geschaltet als ich: „Wie?! Pupu! Sie waren schon die ganze Zeit in der Wohnung?! Mistkerl!" Sie presst das Hemd noch etwas fester an den Körper. Es spricht für Monto, dass er wenigstens etwas verlegen aussieht.

„Nun ja. Aber ich hab nichts gesehen, das schwöre ich. Ich sah Sie nur ineinander verschlungen hereinkommen und war zu perplex um … Nun ja, ich wusste einfach erst mal nicht, was ich tun … Ich hab ja nicht damit gerechnet, dass …", er unterbricht seine Erklärungsversuche, um sich verlegen am Kopf zu kratzen.

„Woher wusstest du überhaupt, dass ich heute hier herkommen würde?“, frage ich ihn, um erst mal mein Gedankenchaos zu sortieren. Von null auf hundert, von hundert auf null … nach diesem ruckartigen Hin und Her muss alles erst mal wieder aufgerichtet und richtig hingestellt werden.

„Wusste ich nicht, aber ans Handy bist du ja vorhin schon nicht gegangen. Also dachte ich mir, ich versuch es mal auf gut Glück.“ Ahh … das waren also die Anrufe auf dem Weg hierher. Naja … schließlich hatte ich was Besseres zu tun. Der Gedanke, dass ich nach wie vor von Besserem abgehalten werde, macht mich wütend. Aber was bringt das? Die Stimmung ist eh im Eimer. Außerdem brauche ich Monto, er ist im Moment mein einziger Rettungsring.

„Ähh … aber muss das denn unbedingt jetzt sein?“, frage ich irgendwie ahnend, dass ich mich nicht durchsetzen werde. Trotzdem versuche ich es weiter und sei es nur, damit Lin mir nicht mein schnelles Nachgeben vorhalten kann: „Ich muss morgen früh raus wegen dem Wett … also … ähh … ich hab was Wichtiges zu tun. Können wir das nicht verschieben? Morgen Nachmittag bin ich wieder erreichbar, ganz bestimmt!“ Monto schaut mich nur durchdringend an. Dann deutet er über die Schulter, sagt nur „Wohnzimmer“ und verschwindet dahin.

Resigniert ziehe ich mich wieder an. Lin wirft mir einen Blick à la Wer-zum-Teufel-ist-das-und-was-will-er? zu, der dann fließend in einen Was-soll-der-Scheiß-und-muss-das-jetzt-sein?!-Ausdruck übergeht. Ich ignoriere sie, weil ich keine Ahnung habe, wie ich ihr das erklären soll.

Im Wohnzimmer hat Monto schon das Licht angeknipst und auf dem kleinen Sofa Platz genommen. Erschrocken mache ich das Licht wieder aus. „Hey!“, ruft er.

Grade aus dem Dunkeln kommend, gewöhnen sich meine Augen schnell wieder daran, ich setze mich in den Sessel und drehe ihn noch etwas weiter zu Monto. Wobei ich auch gleichzeitig versuche, ihn etwas weiter von ihm wegzuschieben. Der Sessel bleibt jedoch nach wenigen Zentimetern an einer Diele hängen. „Ähh … sorry …Ich will nicht, dass man dich hier drinnen sieht“, erkläre ich und verschweige, dass ich generell nicht will, dass überhaupt irgendjemand etwas hier drinnen sieht, oder weiß, dass ich zuhause bin.

Als Monto gerade anfangen will zu sprechen, kommt Lin ins Zimmer und lehnt sich hinten an die Sessellehne. Sie hat sich auch wieder angezogen … schade.

„Tut mir leid, aber was ich mit Eddy zu bereden habe, geht Sie nichts an."

Mhh … ich müsste jetzt wohl so etwas sagen wie: „Ist schon o.k., wir haben keine Geheimnisse." Das entspricht nur leider nicht der Wahrheit und außerdem bringe ich keinen Ton raus.

Lin entfährt ein kaum hörbares Grummeln, dann sagt sie laut: „Pupu! Sie Bazille befehlen mir gar nichts! Solange Eddy nicht sagt, dass ich gehen soll, bleibe ich."

Na toll. Sehr clever. Jetzt wird mir mal wieder die Entscheidung auferlegt. Sofort schießen mir tausend Gedanken durch den Kopf. Ich darf sie da doch nicht mit reinziehen. Sie steckt ohnehin schon drin. Viel zu gefährlich. Ich muss sie beschützen. Was ist, wenn sie mich verrät? Das würde sie niemals tun. Sie hasst die Organisation vermutlich noch mehr als ich. Vielleicht hat sie ja sogar wichtige Informationen für die polizeilichen Ermittlungen. Es ist ihr gutes Recht zu bleiben. Kann Monto auch sie schützen? Daran hab ich noch gar nicht gedacht. Er muss … er muss einfach. Wow, ich hatte grade beinahe Sex. Was ist, wenn die Organisation hochgenommen wird? Was wird aus ihr, aus Lucky, aus mir, wenn die Polizei uns nicht beschützt? Ich will die beiden nicht verlieren. Aber vor allem will ich Lin nicht verlieren. Ich will Sex. Was wird aus der Konditorei? Es läuft doch grade so gut. Du verkaufst Drogen im großen Stil, verdammt! Aber ich bin endlich mein eigener Herr und kann tun, was mir Spaß macht. Wie war noch mal das Rezept für die Schokosahnetorte morgen? Ich muss Lucky noch sagen, dass er Schokoblätter nachkaufen soll. Ihh … im Lager sind Leichen beerdigt! Nein … das muss gestoppt werden! Ahhhh!!! *„Ich, du, er, sie, Pferdapfel!!!"*

„Was?!", entfährt es Monto und Lin gleichzeitig.

„Ahhh …! Lasst mich in Ruhe nachdenken!" In meinem Hirn wirbelt alles durcheinander. Ich fasse mir an den Kopf und massiere die Schläfen.

Monto überlegt und wendet sich anschließend an Lin: „Arbeiten Sie mit Eddy zusammen?"

„Dreck! Was geht Sie das an?", fragt Lin gereizt zurück.

„Vertraust du ihr?", fragt Monto mich, statt zu antworten.

„Ähh … ja", sage ich nach einer hoffentlich nicht zu langen Pause.

„Na gut, vielleicht haben Sie ja sogar etwas Nützliches beizutragen." Monto räuspert sich und fährt fort: „In der Kurzfassung: Ich bin von einer verdeckt ermittelnden Spezialeinheit, die das Ziel verfolgt ‚die Organisation' zu zerschlagen und …"

Lin fährt ihm eiskalt dazwischen: „Pipi! Sie zerschlagen? Dreck! In was für einer Traumwelt leben Sie Mistkerl!? Danach bilden sich doch nur neue Gruppierungen oder andere werden sich zum Big Player aufschwingen. Das hier ist nicht Disneyland und auch nicht Hollywood. Das hier ist die wirkliche Welt. Dreck! Wachen sie auf!"

Man sieht Monto förmlich an, wie er ihre Bemerkung herunterschlucken muss. „Also, ich trat vor einigen Wochen an Eddy heran und wir vereinbarten eine Zusammenarbeit in dieser Sache."

Ich kann spüren, wie Lins Augenbraue nach oben geht. Sie ist fix und wird sofort kombinieren, warum ich mich damals plötzlich so seltsam verhalten habe. Mhh … ich kann nur hoffen, dass sie sich nicht fragt, warum ich ihr das nicht erzählt habe.

„Nichts, was wir bisher unternommen haben, hat Wirkung gezeigt und die Lage sp…"

Wieder unterbricht ihn Lin: „Ach! Was haben Sie denn bitte bisher unternommen?"

„Unwichtig!", erwidert Monto jetzt doch sichtlich bemüht, sich zu mäßigen.

„Auf jeden Fall spitzt sich die Lage so langsam zu und wir müssen handeln. Endgültig!"

Er macht eine kurze Pause und scheint offenbar mit einer erneuten Wortmeldung von Lin zu rechnen. Sie sagt nichts. Stattdessen legt sie mir die Hände auf die Schultern, was mich erst kurz zusammenzucken und dann entspannen lässt. Diese kleine körperliche Verbindung hat etwas sehr Beruhigendes. Jetzt kann Monto erzählen, was er will.

„Ich sag es einfach mal frei heraus: Eddy, ich möchte, dass du die dicke lila Tunte tötest."

Die kleinen metallenen Zylinder glänzen in der Sonne. Schwarzer Gummi hat sich so deutlich in den Asphalt gebrannt, dass ein sonnenbebrillter Spezialermittler daran die Essgewohnheiten des Gebrauchtwagenverkäufers hätte ablesen können. Unzählige Glassplitter hätten für ein Knirschen unter den Schuhsohlen gesorgt, wenn jemand den Laden betreten hätte. Die Schaufenster sind nur noch zackige Löcher, durch die man in ein völlig zerstörtes Inneres blickt.
So zerschossen, wie der Schriftzug über dem Laden ist, hätte er wohl effektvoll geknistert, mit einem letzten elektrischen Blitz sein Leben ausgehaucht und das große „K" wäre im selben Moment abgeknickt, hätte noch kurz an einem Kabel gebaumelt und wäre dann endgültig zu Boden gefallen, wenn das Ganze eine Neonreklame gewesen wäre. War es aber nicht.

Die Lederinfiltration

(Jafar) Wer ist dieser Kerl? Ich notiere sein Nummernschild in meinem Handy. Vielleicht können meine Polizeikontakte was rausfinden.

Von hier aus könnte ich ihn abknallen. Ich in der stockfinsteren Gasse. Er in der hellen Straßenbeleuchtung. Er kann mich unmöglich sehen. Aber hier auf offener Straße? Auf die Entfernung? Zu riskant. Was hat er beim Punzer gesucht? Wollte er verhindern, dass er mir irgendwas erzählt? Oder war es Zufall? Schließlich ist sein Kundenstamm ja sehr breitgefächert gewesen.

Um den Punzer ist es nicht allzu schade. Bisher konnte er keine nennenswerten Informationen vorweisen. Hätte trotzdem gern gewusst, ob er was mit den Überfällen zu tun hatte.

Du wurdest übermütig, als dir einfiel, dass du den Punzer schon mal auf den Videoüberwachungsbändern von dem Massakerabend im Puff gesehen hast und kurzzeitig warst du sogar der festen Überzeugung, dass er was mit dem Überfall zu tun hatte.

Es kann auch Zufall gewesen sein. Doch seine Reaktion vorhin lässt mich etwas anderes vermuten. Vielleicht war er für diesen Kerl ein Informant, so wie er es für uns sein sollte. Aber dann hätte er uns auch nur erzählen können, wie die Typen aussehen und welche falschen Namen sie ihm genannt haben.

Der Typ schleppt mehrere Ordner und Papierstapel in sein Auto. Also doch Kontakte zum Punzer, die er zu verschleiern versucht. Aber so blöd, alles haarklein zu notieren, war der Lederfutzi bestimmt nun auch wieder nicht. Die halbe Stadt wäre hinter ihm her gewesen, wenn das rausgekommen wäre. Der Punzer glich doch mehr den drei Affen. Nichts hören, nichts sehen, nichts sagen. Sonst hätte er nicht so lange überlebt.

Aber jetzt ist er tot, du Idiot. Das wird Kyrios nicht gefallen.

Der Punzer ist ihm zwar egal, aber seine Dienstleistung nicht. Andererseits hab ich schon damals nicht verstanden, warum er für die Ledergarnitur unbedingt einen Punzer haben wollte. So was kann auch eine normale Sattlerei. War Kyrios wohl zu gewöhnlich. Ich werde versuchen, es ihm schonend beizubringen und mich schon mal vorsorglich um Ersatz kümmern.

Denk dran, dass du dir schon vor deinem wortlosen Verschwinden vorhin einige Dreistigkeiten erlaubt hast. Nicht, dass das dicke lila Fass jetzt übergelaufen ist.

Unklug, Hals über Kopf abzuhauen. Jetzt bin ich wieder klar. Wie erquickend so eine kleine Schießerei ist. Leider habe ich damit nicht gerechnet und nur ein Ersatzmagazin dabeigehabt. Verdammt, ich hätte ihn unter Dauerfeuer hinter der Tür festnageln und dabei nahe genug herankommen können, um ihn schräg durch die Tür zu erwischen.

Hätte, hätte, Fahrradkette. Du konntest grade noch durchs Fenster abhauen!

Aber mit Gesicht, Stimme und Nummernschild lässt sich vorerst auch arbeiten.

Sirenen in der Ferne. Aus Erfahrung weiß ich, dass noch etwas Zeit bleibt.

Nach einer längeren Pause kommt der Typ wieder aus dem Haus gerannt.

Im ganzen Wohnblock brennt kein einziges Licht. Aber ich sehe Umrisse in den Schatten und Bewegungen in einigen Fenstern. Also doch besorgte Nachbarn, die die Polizei alarmiert haben.

Das hier ist aber nicht die beste Gegend. Da trinken die Bullen in aller Ruhe ihren Kaffee aus, bevor sie sich langsam auf den Weg machen und ausnahmsweise sämtliche Verkehrsregeln einhalten, in der Hoffnung es sei alles vorbei oder hätte sich von selbst geklärt, wenn sie eintreffen. Erst einige Blocks vor dem Einsatzort rasen die Polizeiwagen dann geschäftig los. „Wir haben so schnell gemacht, wie wir konnten." Die diensteifrigen Beamten haben Glück, dass das Fahrzeugüberwachungssystem immer noch nicht eingeführt ist, obwohl es in vielen anderen Landesteilen bereits zur Standardausrüstung gehört.

Der Kerl steigt ins Auto und fährt davon. Ich unternehme gar nicht erst den Versuch, ihm zu folgen. Mein Wagen steht eine Straße weiter.

Ich hätte nach meiner Flucht auch gleich zum Auto gehen und an einer Kreuzung auf ihn warten können, aber die Gefahr entdeckt zu werden, ist größer. Auch Gesicht und Kennzeichen hätte ich bei einer Verfolgung nicht sicherstellen können. Und in der Stadt begegnet man sich immer zwei Mal.

Dem Morgen graut. Ich aktiviere mein Netzwerk, höre mich um, ob die Geschichte Wellen geschlagen hat. Aber offenbar halten alle erst mal still, weil keiner weiß, wer es getan hat und weshalb das passiert ist und was die Sache für sie bedeutet. Hatte er Unterlagen über uns? War doch nur der Punzer. Is' doch legal, oder?

Mit meiner Beschreibung von dem Typen konnte niemand etwas anfangen.

Kyrios will ich noch nicht gegenübertreten. Um ihn zu besänftigen, muss ich erst eine Sattlerei mit erstklassigem Ruf in der näheren Umgebung finden. Sicher würde es auch ein großes landesweit operierendes Unternehmen geben, das dieselben Leistungen vermutlich sogar günstiger erbringen kann, aber ich möchte die heimische Wirtschaft stärken und die kleinen Betriebe unterstützen. Außerdem lassen sich kleine Unternehmen wesentlich leichter kontrollieren und notfalls bedrohen oder bestechen. Bei einer großen Firma mit vielen Mitarbeitern ist das zu kompliziert und viel teurer. Dann doch lieber ein netter Familienbetrieb, der darauf auch mächtig stolz direkt unter dem Firmenlogo hinweist. Tu, was wir sagen oder du kannst das Wort „Familien" von deinem Autoaufdruck kratzen. Einen Buchstaben nach dem anderen.

Wenn sie dann hier in die Stadt ziehen oder eine Zweigstelle einrichten, wäre das gut. Es gibt immer ein paar Industrie- oder Wirtschaftsfördergelder, die wir da abgreifen können. Die Lücke, die der Punzer hinterlässt, bietet ein erstklassiges Geschäft. Und wenn wir da von Anfang an unsere Finger im Spiel haben, wäre die ganze Sache für uns sogar eine glückliche Fügung. Unser eigener kleiner Geheimdienst quasi. Die „Lederinfiltration".

Ja, das sind Argumente, mit denen du Kyrios unter die Augen treten kannst.

Wenn ich heute Nachmittag Zeit habe, werde ich gleich mal …

Eine E-Mail von einem meiner Kontakte. Ich überfliege die Anhänge. Ein Bulle. Seit wann knallen die Zivilisten ab? Der Typ von gestern ist älter und verbrauchter, aber die Ähnlichkeit ist unverkennbar. Warum hat er sich nicht als Polizist zu erkennen gegeben? Ich hätte ihm ein

Bündel Geld rübergeworfen und gut ist. Aber nein, er ist kein typischer Bulle. Das ergibt keinen Sinn. Dass der Punzer ein Polizeispitzel gewesen sein könnte, leuchtet mir noch ein. Aber man bringt doch nicht den Spitzel um, nur damit der keine Informationen an die bösen Buben weitergeben kann. Es sei denn, der Knabe hat irgendein verdrehtes Rechtsverständnis und pfeift auf die Vorschriften. Weiße Westen haben die alle nicht. Eher fleckig und gebleicht. Offiziell war der jedenfalls nicht unterwegs. Oder er hatte irgendeinen Kurzschluss. Egal. Der wird Augen machen bei dem Empfangskomitee, das da auf ihn wartet, wenn er von der Arbeit nach Hause kommt. Laut den Unterlagen hat er auch Frau und Kinder. Aber erst mal Mittagessen kochen. Schweinefiletspitzen in Pfifferlingrahmsoße mit Bandnudeln. Lecker.

Das Feuer lodert hoch. Der Wind verteilt den Rauch in alle Richtungen, das tote Fleisch wird wieder ein Teil von allem, vom Großen und Ganzen. Eine schöne Vorstellung.
Wenn da nicht der topmoderne Filter der Verbrennungsanlage wäre und jegliche Überreste, die in diesem Filter hängen und in der Brennkammer zurückbleiben, ihr nicht sonderlich rühmliches Ende in der Mülltonne finden würden. Auch, dass man bei dem Brennvorgang auf eine blanke Metalltür starrt, macht die Bestattung nicht grade würdevoller.
Dort verbrennen also die Körper, in denen mal so viel Leben steckte.
Einsamkeit. Tränen bahnen sich immer denselben Weg über ein Gesicht, sobald einmal eine Träne vorangegangen ist, folgen ihr viele weitere auf diesem Weg. Wie Tropfen an einer Scheibe.

Errorkot

(Lin) Pupu! Dass Eddy aus diesem Schmierblatt schlau wird, seltsam. Sieht aus, als hätte er sich damit schon einige Male den Hintern abgewischt. Ich klopfe an die Tür zum Herrenklo.

„Ey du Honk! Mach hinne! Es geht gleich los!" Hoffentlich ist er nicht auf der Schüssel eingeschlafen. Dreck! Heute Morgen sah er noch viel kaputter aus als die letzten Tage.

„Ähhm … ja … gleich fertig!", antwortet er gedämpft von drinnen. Gut. Ihn aus einem dreckigen, verkeimten Klo zu zerren, darauf hab ich nämlich verdammt noch mal gar kein Bock.

Dass dieser zur Entspannung und Ablenkung gedachte Wettbewerb so in Stress ausartet, verdammter Mist! Dass Eddy nervös, ja teilweise panisch sein würde, ist mir klar gewesen. Aber nach der letzten Nacht ist der Wettbewerb nun mehr zu so einer stressigen Sache verkommen, die halt noch erledigt werden muss, bevor … Ach Pipi verdammt!

Wir haben uns noch eine ganze Weile unterhalten und er hat mir dann noch von seiner ersten Begegnung mit dieser Bazille erzählt, und wie er ihm ab da unregelmäßig Bericht erstattet hatte. Dreck! Das erklärt natürlich, warum Eddy immer nervöser und ängstlicher geworden ist. Dieser verfluchte Monto! Vielleicht ist er wirklich ein Bulle, aber irgendwas stimmt nicht mit ihm, so schmierig und fettig wie er aussieht, ist er verdächtig. Aber auch seine Art hat etwas Seltsames an sich. Auf jeden Fall bin ich froh, dass Eddy den Auftrag abgelehnt hat.

Pupu! Eddy und jemanden umbringen. Und dann auch noch Kyrios. Da kann er uns noch so oft Polizeischutz versprechen. Das verdammte Gebäck würde sofort auf Eddy zeigen. Wenn die Bazille wenigstens ein langsam wirkendes Gift geplant hätte, so dass es wie ein natürlicher Tod nach mehreren Tagen Leiden aussehen würde. Aber nein, Dreck! Ein schnell tötendes Gift.

„Das würde zur größtmöglichen Verwirrung führen und keiner würde annehmen, dass du das alleine gemacht hast, Eddy. Und wenn du dann nicht auffindbar bist, weil wir dich in Schutz nehmen, schlagen sie sich gegenseitig die Köpfe ein, sind angreifbar und wir können sie hochnehmen. Razzien in der ganzen Stadt, die Organisation wird komplett zerschlagen! Überleg doch mal! Wenn es wie ein natürlicher Tod aussieht, würde vermutlich nur sein Stellvertreter an die Macht gelangen und alles würde bleiben wie bisher." In welcher dreckigen Traumwelt lebt der Typ?! Möglich, dass es klappt, aber wie hoch wäre die Chance, dass wir drei da unbeschadet davonkämen? Lächerlich. Jafar hätte durchaus die Autorität und den Pragmatismus, sich auch ohne Rachegelüste auf den Thron zu setzen.

Dreck! War diese Bazille sauer, als Eddy, nachdem wir uns besprochen haben, den Auftrag abgelehnt hat. Wie er mich anfunkelte. Vermutlich dachte er, ich hätte Eddy das ausgeredet. Aber der hielt das auch für viel zu gefährlich. Wer weiß, vielleicht hätte dieser Monto Ihn kleingekriegt, wenn ich nicht dabei gewesen wäre. Dreck! Was er nicht noch alles versucht hat und wie rasend er wurde. Den Polizeischutz würde Eddy verlieren, wenn er nicht kooperiert. In den Knast würde er kommen, für Diebstahl, Drogenschmuggel, Beihilfe für was weiß ich wie viele Dinge. Eddy schluckte zwar ganz schön, blieb aber standhaft. Bis die Bazille einfach wutentbrannt davongerauscht ist.

Ich versuchte eine gefühlte Ewigkeit, Eddy zu beruhigen. Dass die Polizei gar keinen Mord von ihm verlangen könne, er ja gezwungen sei, bei der Organisation zu arbeiten, so eine Aktion viel zu gefährlich sei und so weiter. Von der vorherigen sexuell aufgeheizten Stimmung war natürlich nur noch Pupudreck übrig. Verdammt! Die paar Stunden, die wir noch im Bett verbrachten, hat Eddy vermutlich hellwach mit irgendwelchen Angstfantasien verbracht.

Ich hämmere zum hundertsten Mal an die Tür.

„Pupu! Jetzt ..." Eddy reißt die Tür auf. Mist! Er sieht immer noch verflucht schlecht aus, die Augen noch röter, zieht ständig die Nase hoch und ist total zappelig.

„Kann losgehen!", presst er hervor, offenbar sichtlich bemüht, mich nicht anzusehen.

„Na los! Ich muss an den Start! Das Ding gewinn ich!", sagt er viel zu schnell und ohne Stottern. Er nimmt mich bei der Hand. Doch ich bewege mich nicht vom Fleck. Verflucht! Ich war viel zu lange in diesem Milieu, um die Anzeichen zu übersehen.

„Dreck! Hast du was genommen?!"

„Ähh … ein kleines bisschen vielleicht." Er grinst mich an.

„Sag mal, spinnst du?!", fahre ich ihn an, senke aber sofort wieder die Stimme, da andere Leute, die im Gang stehen, zu uns herübersehen.

„Verdammte Pupu! Was soll das denn jetzt?", zische ich ihn an.

„Lin, ich war total fertig. Ich hätte das niemals durchgestanden, wäre vermutlich mit dem Gesicht in der halbfertigen Torte eingeschlafen. Da hab ich mir vorhin aus dem Lager eben sooon kleines Päckchennn … Koks … mitgenommen." Ich feuere ihm eine.

„Hey! Ich hab nur ganz wenig genommen. Um wach zu werden!", beschwert er sich.

„Du Strunzer hast doch null Ahnung, wie viel man nehmen muss, um ‚nur wach' zu werden!" Es fällt ihm offenbar verdammt schwer, seine Augen zu fokussieren, oder er will es gar nicht.

Nach einer kurzen Pause grinst er und erwidert: „Hat gereicht, würd ich sagen … Jetzt muss ich aber los … Komm schon, sei mir nicht böse. Bitte! Misch dich unter die Zuschauer und wir treffen uns danach, ja Spatz?" Er will mir einen Kuss geben, aber ich drücke ihn weg. Spatz?! Dreck! Das Koks hat wohl schon angefangen, sein mickriges Gehirn zu zerfressen.

„Verschwinde endlich, du … ", ich reiße mich zusammen. „Ach Dreckspupu! Verdammt!" Ich drücke ihm sein Rezeptblatt in die Hand, gebe ihm einen Kuss auf die schwitzige Wange und sofort rennt er den Gang entlang zur Halle.

„Das Ding gewinn ich! Juhu!!!" Blöder Vogel! Der Schlafmangel hat ihn offenbar geistig umnachtet. Nicht nur, dass der Diebstahl des Koks' auffallen könnte, er hat sich einfach so, ohne eine Ahnung von der Dosierung zu haben, was eingepfiffen! Dreck! Wenn der mal keinen Koller bekommt und schlussendlich doch mit dem Gesicht in der Torte landet.

Eddys Torte sieht perfekt aus. Pupu! Er ist, oh Wunder, sogar einer der Ersten, die fertig sind. Hätte ich nicht gedacht, so wie er bei der Zubereitung gewütet hat. Sein Arbeitsbereich gleicht einem Schlachtfeld, auf dem sich offenbar sämtliche Waren einer blutig umkämpften Schokolaterie ein Gefecht bis zum zartbitteren Ende geliefert haben. Doch statt jetzt seine Torte bei den Preisrichtern abzuliefern, kommt er auf mich zugerannt. Was zum …?

„Ich bin grade etwas … tattrig und hab Angst, sie fallenzulassen. Außerdem, serviert von einer so hübschen Frau, das hat doch gleich noch einen ganz anderen Charme." Er zwinkert mir zu. Dreck! Und ich kann mir ein Lächeln nicht verkneifen. Er geht neben mir, während ich die wirklich unwiderstehlich aussehende Schokosahnetorte auf den Tisch der Preisrichter stelle. Die Nummer, die sie Eddy zugeteilt haben, klebt unter dem Servierteller. Aber wie soll es eine vorbehaltlose Bewertung geben, wenn die Jury die Kandidaten die ganze Zeit beobachtet und auch sieht, wer welche Torte abgibt? Egal.

Nach und nach geben auch die anderen Teilnehmer ihre Tortenkreationen ab.

Eddy ist immer noch sichtlich drauf. Pupu! Hat er irgendwann unbemerkt nachgelegt oder wirklich viel zu viel gezogen? Er kann einfach nicht stillhalten. Wir stehen etwas abseits vom Publikum, als er sich plötzlich mit unglaublicher Kraft an meinen Arm krallt.

„Dreck! Aua!" Ich sehe ihn böse an. Seine Augen sind weit aufgerissen und er gibt ein gepresstes *„Errorkot! Errorkot!"* von sich.

„Mist! Was ist los mit dir?", frage ich jetzt doch etwas besorgt. Verdammt! Nicht, dass er mir hier jetzt doch kollabiert. Nach einer kurzen starren Pause greift er sich an die Brust, kneift die Augen zusammen und seinen Lippen entfleucht ein leises:

„Ohh, Scheiße!"

Dreck! Verdammte Pipi! Das sieht nicht gut aus!

Eddy steht hinter dem Tresen. Obwohl ich weit weg bin, kann ich seinen Gesichtsausdruck genau sehen. Erschrocken, ängstlich, mit großen aufgerissenen Augen. Enttäuschung. Du wolltest mir nicht helfen!!! Selbst Schuld! Also guck mich jetzt nicht so an, verdammt!!! Ich drücke ab und sehe die Kugel wie in Zeitlupe in seinen Kopf eindringen.

Das Gesetz der Trägheit

(Monto) Diese verfluchte Schlampe! Die können mich mal! Fast hätte ich ihn soweit gehabt. Fast! Wäre diese Tussi … Ahhh, Fuck! Was jetzt?

Seit ich mit Frank und Jim die Idee mit dem Vergiften entwickelt habe, bin ich so angefixt davon, dass es mir schwerfällt über etwas … Was für ein beschissener Abend! Ich hämmere mir mit den Fäusten an den Schädel. Immer wieder läuft derselbe Film in meinem Kopf ab, immer wieder sehe ich, wie die dicke lila Tunte beim Tortefressen elendig … Ach, es wäre wenigstens eine Genugtuung. Frank hat zwar ganz richtig angemerkt, dass das vermutlich nicht das Ende der Organisation wäre, aber es hätte immerhin ein Anfang vom Ende sein können.

Hätte, hätte …

Dass wir diesen Eddy dann beschützen müssen, ist natürlich lästig, aber nun mal nicht zu ändern. Eine Szene in meinem Kopf zeigt ihn genauso wie den Punzer …

Fuck! Ich kann kaum klar denken. Ich hätte dieser Schlampe einfach ihr scheiß überlegenes Lächeln … Ich hämmere auf die Tasten meines Handys, als wären es ihre Augen.

„Frank! Ja hör zu … mir egal, wie sp… jetzt hör auf, zu labern und hör mir zu! Er hat abgelehnt, dieser todesdreiste … Ja, ich war grade noch bei ihm … Nein, ich konnte nicht warten! Es muss endlich was geschehen! … Mir doch egal, dass es mitten … Ja na und?! Dieser Penner hat einfach ‚Nein' gesagt … Nein nicht, weil es mitten in der Nacht ist und jetzt hör auf, auf der verfickten Uhrzeit rumzureiten! … Was weiß ich?! Hat Schiss vermutlich. Hatte so eine Tussi bei sich, die nicht von seiner Seite weichen wollte und ihn davon abgebracht hat. Ich schwöre dir, wäre die nicht dabei ge… Wie? … Natürlich hab ich ihm Druck gemacht, was denkst du denn! Aber diese Schlampe hat einfach … Keine Ahnung, arbeitet auch bei denen … Ist doch scheißegal, dass die mich gesehen hat, Frank!!! Was machen wir jetzt?!" Lange Zeit kommt nichts und ich denke schon, Frank hat einfach den

Hörer zur Seite gelegt.

„Können wir irgendwie anders Druck auf diesen Eddy ausüben?", fragt er und ich höre deutlich, wie unwillig er diesen Gedanken ausspricht.

Am nächsten Morgen sitzen wir alle in der Zentrale. Alle bis auf Frank, der ließ sich auch nach mehrmaligem Bitten nicht überzeugen sich bei seiner Dienststelle krankzumelden. Außerdem hält er nicht viel von meinem Plan, obwohl der Denkanstoß ja von ihm kam. Aber er ist im Team schon immer das moralische Gewissen gewesen. Insofern auch gut, dass er sich aus der Aktion raushält. Ein Gewissen brauche ich dabei nicht.

„Nach meinen Informationen ist Eddy bis zum Nachmittag nicht in der Bäckerei …"

„Konditorei", verbessert mich Jan. Ich strafe ihn mit einem wütenden Blick.

„Also, wir machen eine gute alte Blitzaktion." Ich zähle an den Fingern die einzelnen Schritte ab.

„Vorfahren. Alles in Schutt und Asche schießen. Wieder vom Acker machen. Klar soweit?" Patrice will etwas sagen, aber Jim kommt ihr zuvor.

„Artillerie?" So gefällt mir das.

„Ja, Schutt-und-Asche-Artillerie", sage ich und bemerke mein boshaftes Grinsen. Ich lasse es schnell verschwinden und rede weiter: „Aber keine Sprengstoffe, nur Feuerwaffen. Das schwerste Geschütz, das wir haben. Nach Möglichkeit mit großen Magazinen. Einmal leerfeuern und wieder abzischen. Zwei feuern aus der Seitentür, einer von der Dachluke und der Fahrer kann mit einer kleineren Automatik aus dem Fenster feuern."

Jim grinst. Sein Blick zeigt bereits, wie sein Kopfkino anläuft. Offenbar gefällt ihm der Film.

Da meldet sich Patrice zu Wort: „Sollten wir nicht doch vorher checken, wer im Laden ist? Nicht, dass wir Unschuldige verletzen."

Jetzt nur nicht meine Gedanken offenbaren. Ich muss sie überzeugen. „Da sitzen nur einige Gangster, die dort die Aufpasser spielen, sonst niemand."

„Und die Angestellten?", bohrt Patrice weiter.

Ich beiße die Zähne zusammen. „Die ‚Angestellten' sind auch Mitglieder der Organisation und helfen tagtäglich fleißig dabei mit, die Stadt mit Drogen zu überfluten. Die Folgen für die Bevölkerung muss ich dir ja hoffentlich nicht weiter erläutern!" Ich kann es nicht verhindern, zum Schluss doch noch etwas böse zu klingen. Ich atme tief durch und lege eine Hand auf ihre Schulter. „Diesen Laden dem Erdboden gleichzumachen, ist in jedem Fall gut, und wenn wir diesen Eddy damit dazu bewegen, uns zu helfen, umso besser."

Sie hält meinem Blick eine Weile stand und ich sehe, dass sie immer noch nicht überzeugt ist. Kurz darauf senkt sie jedoch den Kopf. Was denkt Jan? Als er bemerkt, dass ich ihn angucke, nickt er nur.

„Na dann! Packt euch ordentlich ein, setzt auch die Helme auf und dann los!"

Ich halte mich mit einer Hand am Griff der Dachluke fest. Patrice sitzt am Steuer. Ob sie absichtlich so rabiat um die Kurven fährt? Immerhin hat sie keine weiteren Zicken … Schon wieder reißt mich die nächste Kurve herum. Die Gesichter von Jan und Jim kann ich durch die Integralhelme nicht sehen, aber vermutlich schauen sie genauso genervt drein. Jeder hält sich mit einer Hand irgendwo fest, in der anderen hat jeder von uns ein Sturmgewehr mit extragroßem Magazin. Woher wir die Dinger haben, weiß ich nicht. Hab schon längst den Überblick über unsere Lagerbestände verloren.

Das Trägheitsgesetz wirkt auf uns. Der Reifengummi heult auf dem Asphalt. Sofort reiße ich die Dachluke auf, stelle mich auf die festgeschweißte Metallbox und fahre mit dem Gewehr voran durch die Öffnung. Gleichzeitig höre ich die Schiebetür zuschlagen.

Ich sehe Eddy genau in dem Moment, als Jan und Jim wie abgesprochen zu feuern beginnen. Eine Warnung wäre sinnlos, sie hören nun nichts mehr. Einen Augenblick später gesellt sich kaum hörbar Patrices Uzi zu dem lärmenden Stakkato der Sturmgewehre. Eddy sehe ich nicht mehr. Mit leerem Kopf drücke ich den Abzug durch.

Völlig entstellte Körper. Bis zur Unkenntlichkeit zerschossen. Außer einem.
Gut, dass sie jetzt in den schwarzen Säcken stecken, das macht den Anblick erträglicher. Zwei Männer tragen einen der Säcke nach draußen in den Wagen. Mittelschwer.
Dann den Zweiten. Eher leicht. Dann den Dritten. Wieder normal schwer. Na zum Glück war niemand Dickeres dabei. Aber schon schade um die Torten.

Fütterung der gutbürgerlichen Mittelschicht

(Eddy) Instinktiv kralle ich mich an Lins Arm fest, um nicht umzukippen.

„Dreck! Aua!", ruft sie aus.

„Errorkot! Errorkot!"

Lin sieht mich erschrocken und leicht verängstigt an. Ich sie auch.

„Was ist los mit dir Eddy?"

„Ohh … Scheiße!", presse ich hervor und greife mir an die immer noch stechende Brust.

„Jetzt … hab ich's … ich werd … Meerschweinchenfriseur …"

„Verdammte Pupu! Wovon redest du?!", fragt Lin jetzt mehr verdutzt als entsetzt.

„Ich … ich … ich glaube, ich hab das Päckchen eingearbeitet."

„Was?! Dreck! Was denn für 'n … Ohhh. Mist!" Jetzt hat auch sie es begriffen. Sie stellt sich vor mich, fasst mich an den Händen und schaut mich durchdringend an:

„Wie, du glaubst, du hast das Päckchen eingearbeitet? Du Honk! Entweder du hast oder du hast nicht."

Ich höre sie kaum. Doch … ja … ich hab das Päckchen eingearbeitet. Aber … Warum? Wieso? Verdammte Scheiße!!! Wie konnte ich nur so bescheuert sein?!

„Ähhm … wir müssen die Torte zurücknehmen!", zische ich Lin zu und will schon in Richtung Tür, durch die sich die Jury zur Bewertung zurückgezogen hat. Doch Lin rührt sich nicht von der Stelle.

„Je… jetzt komm schon! Wir müssen …"

„Pupu noch mal! Denken, du Strunzer! Was zum Teufel sollen wir denen sagen?! Hallo, entschuldigen sie bitte, aber mein strunzdummer Freund hat ausversehen ein riesiges Päckchen Koks in der Torte vergessen, das ihm leider nicht gehört, und das hätten wir jetzt gerne wieder. Dreck! Sag mal spinnst du?! Warum hast du das ü…" Der Rest ihrer Tirade geht in ein Rauschen über und ich sehe nur noch, wie sich Lins Lippen bewegen. Mhh … ein Stummfilm … schön. Sie … sie hat mich „mein Freund“ genannt …

In dem Stummfilm, der sich vor meinen Augen abspielt, rauscht hörbar ihre rechte Hand von der Seite auf mein Gesicht zu. Klatsch! Das Rauschen geht in ein Fiepen über.

„Aua!“, empöre ich mich halbherzig. Jaaa … sie hat mich „mein Freund“ genannt.

„Pipi! Sag mal, hörst du mir überhaupt zu?!“

„Bi… bitte was?“ Diesmal kann ich ihre Hand abblocken. Sie funkelt mich böse an, unterlässt aber einen weiteren Versuch, mich aus meiner Trance zu reißen.

„Mist verdammt! Wir müssen verschwinden, und zwar schnell!“, zischt sie etwas hysterisch. Unsere kleine Auseinandersetzung hat inzwischen die Aufmerksamkeit einiger Zuschauer auf sich gezogen.

„A… aber das Päckchen“, versuche ich verwirrt, Zeit zu gewinnen. Ich muss nachdenken.

„Pupu auf das Ding! Das hast du Vollpfosten dir selbst zuzuschreiben! Bete lieber, dass es keinem auffällt! Dreck! Warum hast du es überhaupt in der Torte verarbeitet?“

Tja … wenn ich das nur wüsste. Die Erinnerung verschwimmt bereits. Die gesamte Zubereitung verlief wie im Rausch. Im wahrsten Sinne des Wortes. Verfluchtes Koks!

„Ich … ich … ach … keine Ahnung … ich schätze, ich war so fokussiert, dass ich es in meinem üblichen Trott mit eingearbeitet habe. Ähh … aber genau weiß ich's nicht mehr. Mir ist es ja auch eben erst aufgefallen.“ Lin muss sich offenbar stark zurückhalten, mir nicht gleich noch eine zu langen. Stattdessen schüttelt sie den Kopf und kneift genervt die Augen zusammen, als könne sie meine Blödheit kaum fassen. Mhh … verständlich. Kann ich selbst auch nicht. Sie muss sich offenbar wirklich zusammenreißen.

„Du strunzdummer … Ach, egal jetzt! Pupu! Lass uns einfach abhauen. Vermutlich rufen die sofort die Bullen, wenn sie das Koks finden, vielleicht haben sie es sogar schon und wir werden draußen erwartet. Dreck! Los jetzt!“

Verschiedene Schreckensszenarien spielen sich in meinem Kopf ab und keines davon lässt sich verhindern, selbst wenn wir jetzt sofort abhauen, denn …

„Ähh … die … haben meine Personalien … ähh … sogar mit Bild.“

„Pupu! Stimmt ja.“ Lin scheint ihren eigenen verzweifelten Gedanken nachzuhängen.

„Ohh…o…okay, erst mal … ruhig bleiben. Lass uns nachdenken“, sage ich, sehe Lin in die Augen, fasse sie an den Schultern und atme tief ein und aus. Mhh … ihrem Blick nach zu urteilen, wird sie mir gleich wieder eine pfeffern. Ihr Kiefer mahlt verärgert hin und her und ihre Gesichtsmuskeln zucken beunruhigend. Puh … sogar jetzt sieht sie wunderschön aus.

„Mhh … also … wie wär's … also, wenn ich da jetzt reinrenne und mir die Torte schnappe … dann … dann … ähh … werden sie mich, wenn überhaupt, für durchgedreht halten oder annehmen, dass ich dem Wettbewerbsdruck einfach nicht standgehalten habe.“

„Dreck! Womit sie in beiden Fällen recht hätten“, faucht Lin bissig. Ich fuchtele unwirsch mit den Händen, warum genau, weiß ich auch nicht.

„Ein Versuch wäre es wert … ach … ach egal, ich geh da jetzt rein!“ Diesmal hält Lin mich nicht auf. Ich gehe an der Seite der Halle entlang auf die Tür zu. Mein Herz rast. Vermutlich gehe ich viel zu langsam … auffällig langsam. Oder kommt mir das nur so vor? Ich blicke mich um, doch niemand scheint mir Beachtung zu schenken. Ohh … verdammt, ist diese Halle riesig. Schon für die Hälfte brauche ich eine Ewigkeit und der Weg scheint sich immer länger vor mir auszudehnen. Blut rauscht mir in den Ohren. Ich schüttele den Kopf, was jedoch lediglich dafür sorgt, dass auch noch der Boden schwankt. Fast an der Tür angelangt, verlässt mich der Mut und ich bleibe stehen. Na toll! Und ich dachte immer, auf Koks würde einem nichts unmöglich erscheinen. Momentan scheint es mir allerdings völlig unmöglich, noch die paar Schritte zu gehen und diese Klinke zu drücken. Ich erschrecke furchtbar, als mich jemand schubst.

„Jetzt mach schon, du Honk!“

„Du … ähh … du … seit wann bist du denn hinter mir?“, frage ich Lin.

„Dreck! Ich bin die ganze Zeit hinter dir gelaufen und jetzt mach hinne, verdammt! Renn einfach wie ein Geisteskranker da rein, schnapp dir die Torte und dann nichts wie weg!“ Lin stubst mich noch einmal auffordernd an. Elendig lange brauche ich für die zwei Schritte zur Tür, lege die Hand auf die Klinke und drücke sie herunter.

„Sieht toll aus! Mensch, das glänzt ja richtig“, sagt Lucky, während er das Abzeichen an meiner Brust betrachtet. Es ist golden, von einem blauen Kranz umrahmt und eine große Eins prangt in der Mitte. Es scheint aus Blech zu sein, ist circa so groß wie ein Bierdeckel und vermutlich auch genauso viel Wert. Ohne die Urkunde ist nicht mal ersichtlich, wofür ich das Abzeichen bekommen habe. Trotzdem bin ich Stolz wie Bolle.

Lin ist auch wieder bei bester Laune. Was vermutlich an dem Kokain liegt, das inzwischen auch in ihrem Gehirn volle Arbeit leistet.

Völlig berauscht von den Ereignissen und vom nachgelegten Koks, kann ich es kaum erwarten, Lucky alles zu berichten. Endlich hab auch ich mal eine gute Anekdote.

„… ja und jetzt kommt das Beste überhaupt. Also, als ich die Tür öffnete …“

Das Bild, das sich mir bot, werde ich wohl nie vergessen. In dem kleinen Raum saßen die vier Jurymitglieder um einen kleinen Tisch herum. Zwei Männer und zwei Frauen mittleren Alters mit gutbürgerlichem Erscheinungsbild. An einer Wand des Raumes standen zwei lange Biertische mit den aufgereihten Torten. Einige waren schon angeschnitten. Auf dem kleinen Jurytisch stand eine einzelne völlig zerstörte Torte.

Meine Torte. Naja … sie war zwar nicht mehr wirklich als meine Torte zu erkennen, jedoch ließ das quer über den Tisch verteilte weiße Pulver kaum einen anderen Schluss zu. Manches davon war zu viel zu großen Bahnen zurechtgeschoben. Die halbleere Tüte entdeckte ich auch noch in dem Chaos.

In meiner Erinnerung waren alle vier Jurymitglieder in ihrer jeweiligen Bewegung erstarrt. Eine der Frauen stopfte einem Mann grade mit der Hand ungestüm einen Klumpen Torte in den Mund. Der hielt ebenfalls etwas von der braunen Masse in der Hand und war damit offenbar auf dem Weg zum Gegenschlag. Alle vier hatten tortenbeschmierte Gesichter, was darauf schließen ließ, dass diese gegenseitige Fütterung schon länger exzessiv praktiziert wurde.

Der zweite Mann rollte eben einen Geldschein zusammen. Da sieht man mal wieder, was Fernsehbildung anrichten kann. Sogar ich weiß, dass man nicht durch einen Geldschein schniefen sollte. Viel zu dreckig und verkeimt.

Die zweite Frau wiederum starrte mich lediglich mit aufgerissenen Augen und verschmiertem Mund an. Hinter mir ertönte ein belustigter Gluckser von Lin. Schnell schloss sie die Tür hinter sich, was die Spannung schlagartig löste.

Die Frau, die eben noch mit der Fütterung beschäftigt war, sprang auf und rief freudig:

„Nummer fünf!!!" Nach und nach stimmten die anderen in ihre Freudenrufe mit ein und im Takt schallte der Jubelruf „Nummer fünf! Nummer fünf! Nummer fünf!", durch den Raum. Erst da begriff ich, dass sie mich meinten.

Die Jurymitglieder fingen herzlich an zu lachen und eskalierten munter weiter. Der Mann mit dem gerollten Geldschein zwischen den Fingern kam auf mich zu. „Gute Idee! Prima Idee!! Spitzenidee!!!" Dabei zwinkerte und nickte er mir viel zu schnell zu. Ich verstand gar nichts mehr. Ich wusste nur, wenn die sich das Zeug weiter so reinknallen, brechen sie sicher bald alle zusammen.

„Ähhh … ja …", war alles, was ich neben einem zögerlichen Lächeln rausbrachte. Der Mann klopfte mir auf die Schulter, wobei er mich mit Torte beschmierte.

„Ohh … tschuldigung", sagte er, lachte, hyperventilierte kurz und klopfte mir wieder auf die Schulter. Dann führte er mich zum Tisch. Erst jetzt sah ich meinen Personalbogen und mein Bild unter den Tortenresten liegen.

„Gewonnen! Japp! Ganz klar gewonnen!", sagte die andere Frau und wippte weiter auf ihrem Stuhl, wobei sie mich beängstigend breit angrinste und auch viel zu schnell und heftig nickte. Was war nur in diese Leute gefahren? Ja, klar, jede Menge Koks. Aber warum hatten sie es überhaupt genommen? Wie klassische Drogenkonsumenten sahen sie zumindest nicht aus. Andererseits habe ich auch keine Ahnung von dieser Szene.

„Guter Stoff, Mann! Guter Stoff!", schmatzte der Mann, der sich grade weiter füttern ließ und bei dem Ausruf etwas Torte auf sein ohnehin schon dreckiges Hemd spuckte. Dann schluckte er sehr angestrengt. Kurzzeitig dachte ich, der riesen Batzen würde ihm im Hals steckenbleiben. Doch ihm gelang es, das Stück runterzuschlucken und er sprach weiter: „Damals in meiner Jugend, ich sage dir, da hab ich vielleicht. Aber der Stoff damals … nicht halb so gut, nee ehrlich nicht, hahahaaaa!" Er presste seine Hände an den Kopf, wobei er in der einen noch etwas von der Torte hatte, was ihn aber nicht zu kümmern schien. Jetzt kniff er die Augen zusammen und stampfte sehr schnell mit den Füßen auf. Ich wollte schon fragen, ob mit ihm alles in Ordnung ist, da riss er die Augen wieder auf, warf die Arme über den Kopf und rief: „BOOOOM!!!" Dann verfiel er in ein hysterisches Gelächter, in das die anderen nach und nach mit einstimmten.

Lin trat an meine Seite. „Pipi! Eddy, schließ lieber die Tür ab. Teufel, nicht dass hier noch einer reinkommt."

Immer noch völlig perplex und außerstande, etwas zu sagen, ging ich wie in Trance zur Tür. Da sie sich nicht abschließen, aber nach innen öffnen ließ, stellte ich einfach einen Stuhl unter die Klinke. Als ich mich wieder umdrehte, sah ich grade noch, wie Lin ruckartig mit dem Kopf wieder hochkam, ihn heftig schüttelte, dann leicht wankte und als sie wieder stillstand, ein befreiendes „Bow! Dreck! Huiii!" von sich gab.

„Ähh … hast … ähh … du … hast du etwa grade …?" Sie sah mich gespielt empört an.

„Scheiße! Na hör mal, alle sind hier völlig drauf, nur ich nicht?! Dreck! Außerdem muss dein Sieg doch gebührend gefeiert werden."

Statt etwas zu sagen, nahm ich mir den von irgendeinem Jurymitglied hingehaltenen Teelöffel und zog ein kleines Häufchen von der Löffelspitze. Jetzt war es auch egal. Ein Blitzen, ein helles Glockenspiel, ich stöhnte. Lin behauptete später, ich hätte kurz nach dem Ziehen gerufen: *„Putzerfisch! … im Schlüpper!"*

Lucky steht schon seit längerer Zeit mit offenem Mund da und hat während meiner Erzählung nicht einmal dazwischengeplappert oder sich auch nur bewegt. Was sehr ungewöhnlich ist.

„Und dann?", fragt er. Ich grinse ihn an und suhle mich regelrecht in seiner Neugier.

„Na sag schon! Ihr könnt dort ja schließlich nicht ewig ‚Hollywood-Hinterzimmer' gespielt haben." Ok … nur noch ein kleines bisschen … sooo … jetzt:

„Na gut. Also … sie fragten mich später noch nach meiner Telefonnummer und wollten anrufen, wenn sie noch mal was …"

„Alter! Hör auf zu faseln, du weißt ganz genau, was ich meine!", platzt Lucky heraus und schaut mich mit erwartungsvoll leuchtenden Augen an. Naja, wobei Luckys Augen natürlich … ach egal.

„Ja, ja, schon gut." Meinen angestrengt hochgezogenen Gesichtsmuskeln nach zu urteilen, mache ich der Grinsekatze aus *Alice im Wunderland* wohl grade alle Ehre. „Ja, natürlich war uns klar, dass wir da nicht ewig feiern konnten und …"

„Scheiße! Dir war das nicht so klar! Ich hab dir das klar gemacht, du Vogel!", ruft Lin lächelnd in meinen Vortrag rein.

„Scheiße? Was 'n da los, Lin?", fragt Lucky verdutzt, aber lächelnd.

„Pupu! Leck mich!" Sie zeigt ihm einen Vogel und grinst.

„Jaaa … also weiter. Wir haben noch so viel wie möglich von dem Zeug unauffällig verschwinden lassen …"

„In euch", unterbricht mich Lucky und grinst uns schelmisch an. Lachend fahre ich fort: „Nein, nein! Nicht in uns … Naja, ein kleines bisschen, aber das meiste haben wir wieder ins Päckchen gepackt. Das war schließlich 'ne ganz schöne Menge."

„Na dann!", ruft er aus und klatscht in die Hände.

„Also hättet ihr noch 'ne Prise? Ich würd gern in die Siegesfeier einsteigen." Lin und ich blicken uns kurz an, dann sehen wir zu Lucky und beginnen alle drei zu lachen. Ich krame das Tütchen aus meiner Tasche und wir schauen nach den Wachleuten im Laden. Die aber beachten uns überhaupt nicht, obwohl wir uns nicht mal nach hinten verzogen haben, sondern lediglich ein paar Meter von ihnen entfernt, hinter dem Tresen in der Öffnung zur Backstube, stehen. Lucky hält einen Teelöffelstiel vor sich und dreht sich kurz mit dem Tütchen weg. Es raschelt, man hört ein Schniefen und er dreht sich wieder zu uns um. Anschließend blinzelt er mehrmals und zieht noch einige Male die Nase hoch. Er macht eine auffordernde Handbewegung und sagt: „Fahret fort, bitte!"

„Also … dann haben wir eine Ewigkeit auf die Jurymitglieder eingeredet: Dass sie doch bald rausgehen müssten, um das Ergebnis zu verkünden. Als die Erkenntnis dann langsam zu ihnen durchsickerte, rissen sie sich auch einigermaßen zusammen. Trotzdem waren sie völlig im Eimer. Hatten einfach viel zu viel genommen. Und als denen das auch klarwurde, wollten die noch mehr nehmen, um wieder fit zu werden, aber zum Glück hatten wir schon alles eingesammelt und die Reste weggewischt."

Lin warf ein: „Ja und zum Glück fand der Wettbewerb in einer Sporthalle statt und die Jury war in einem dieser miefigen Umkleideräume untergebracht, so mit Bad zum Frischmachen und Säubern."

Ich muss lachen, als mir die Bilder wieder in Erinnerung treten.

„Aber Scheiße, selbst als sie damit fertig waren, sahen die noch total drauf und verlottert aus. Aber egal, sie mussten ja nur kurz raus, ein paar Worte sagen, Eddy zum Sieger erklären und dann konnten sie wieder verschwinden."

„Aber fiel das nicht trotzdem auf? Ich meine, alleine die Klamotten."

„Keine Ahnung", sagen Lin und ich im Chor und fangen wieder an zu lachen.

Lin kriegt sich zuerst wieder ein: „Die faselten auch was von einer spontanen Kuchenschlacht, wegen einer kleinen Meinungsverschiedenheit und irgendeinen Scheiß vom kindlichen Geist der Schulturnhalle."

„Also was mich angeht, ich fühlte mich während der Preisverleihung schon ziemlich beobachtet und kurzzeitig hab ich auch richtig Panik geschoben! Lin meinte aber die ganze Zeit, alles wär in Ordnung. Hab das also doch ganz gut überstanden insgesamt und der Rest hat uns ja dann nicht mehr interessiert."

Lucky schaut Lin fragend an. Die erwidert seinen Blick offenbar belustigt.

„Was? Dreck! War mir doch egal, was die Leute denken, Hauptsache der Honk blieb ruhig und wir konnten das schnell hinter uns bringen." Wie erfrischend ehrlich man doch wird. Lin ist manchmal so berechnend. Aber egal, die Sonne lacht und alles ist wunderbar. Ich hab mich immer gefragt, wie man sich wohl fühlt, wenn man Bäume ausreißen kö…

Lautes Reifenquietschen lässt uns alle ruckartig Richtung Straße herumfahren.

Dieser Geruch nach altem Schweiß und Moschus. Die junge blonde Frau kreischte, als sie von dem Ungeheuer gepackt und fest umklammert wurde. Doch hinter der blanken Angst saß noch etwas berechnend Ruhiges in ihrem Gehirn und beobachtete, wie alle Instinkte wie aufgescheuchte Hühner durch die Gegend rannten und die Synapsen anschrien. Und nur dieses „Etwas" merkte, dass der Griff des Ungeheuers zwar kräftig, aber nicht zu fest war. Eher vorsichtig. Von diesem Monster ging keine unmittelbare Gefahr aus. Das Ungeheuer ging fast zärtlich mit ihnen um. Und wer auch immer im Universum dafür verantwortlich ist, dass sich jetzt ein schwarzer Mann wie eine weiße Frau fühlt, lacht sich bestimmt einen ab dabei.

Die weisse Frau, die schwarz war

(Jafar) Nach dem Mittag mobilisiere ich auf dem Weg ins Hauptgebäude schon mal ein paar Männer für den kleinen Ausflug zu dem Bullenschwein.

Als ich in die Straße einbiege, merke ich sofort, dass etwas nicht stimmt. Nach einigen Metern sehe ich in der Ferne auch, was nicht stimmt. Ich halte mitten auf der Straße an und betrachte das Geschäft. Auf der Straße liegen unzählige Patronenhülsen. Ein paar Reifenspuren. Der gesamte Gehweg voller Glas. Nur noch einige Splitter stecken in den Schaufensterrahmen. Die Mauer drum herum erinnert an ein Kriegsgebiet. Der Schriftzug über dem Laden ist fast komplett zerschossen. Ich ziehe meine Waffe und steige aus dem Auto. Die Patronenhülsen sind noch warm. Also ist noch etwas Zeit, um den Polizeinotruf zu stoppen. Mich ständig umsehend, laufe ich zum Eingang. Vor dem Tresen liegen zwei bis zur Unkenntlichkeit zerschossene Leichen. Alles ist voller Blut, Splitter und blutigem Matsch. Der Boden, der Schautresen, die Wand dahinter. Ich zücke mein Handy. Die Polizei darf hier niemals auftauchen. Wenn die die ganzen Drogen finden, nützen mir auch die besten Kontakte nichts mehr. Falls die Drogen überhaupt noch da sind. Nach dem Prinzip nix sehen, nix hören, nix sagen kann ein Polizist handeln oder eben nicht handeln, je nach Motivation. Aber wenn er erst mal auf einem Kriegsschauplatz vor zwei Leichen und einem Haufen Drogen steht, wird es kompliziert. Besser zum Weggucken bewegen, als vergessen lassen. Das ist vorm eigenen Moralgericht vertretbarer. Menschen, sie …

Im Augenwinkel eine Bewegung hinter dem Tresen. Ich schieße reflexartig.

Kyrios sitzt mir in der Sofaecke schräg gegenüber. Ich berichte ihm von den Ereignissen des gestrigen Abends, von meinen Rechercheergebnissen und von dem Überfall auf die Konditorei. Frei nach dem Motto: „Was willst du zuerst hören? Die schlechte, die beschissene oder die verfickte Scheißnachricht?" Er bleibt erstaunlich ruhig. Beängstigend ruhig. Da ich aber keine der üblichen Sturmanzeichen erkenne, teile ich ihm auch noch meine Vermutungen mit. Obwohl er doch ein Freund von klaren Fakten ist.

Vielleicht willst du ihn ja unterbewusst zu einem Ausbruch bewegen und sei es nur um …

„Vielleicht missfällt jemandem unser Aufschwung zum Großhändler so sehr, dass er uns damit ausbremsen will. Auch der durchgeknallte Bulle würde gut ins Spiel passen, vielleicht sogar als unwissende Marionette." Als er daraufhin immer noch nicht reagiert, erlaube ich mir auch noch das Resümee, dass alles in allem nicht viel passiert sei. Der Punzer ist durch eine viel bessere Lösung ersetzbar, die uns noch Vorteile bringen wird. Außerdem haben wir die Spur zu diesem Bullen, die Konditorei ist schnell wieder aufgebaut, nichts wurde gestohlen und der Personalverlust ist zu verkraften.

Eine Weile sitzen wir schweigend da. Ich mustere Kyrios, frage mich, was in ihm vorgeht. Seine erste Reaktion, seit ich meinen Bericht begonnen habe, ist ein Nicken. Dann wiederholt er nachdenklich meine Worte: „‚Alles in allem also nicht viel passiert', mhh?" Worüber denkt er nach? Warum bleibt er so ruhig? Natürlich ist einiges passiert, ich habe es nur heruntergespielt.

Du weißt doch, es ist müßig, darüber nachzudenken, was in diesem Hirn vor sich geht.

Plötzlich schaut er mich mit festem Blick an und ich sehe das Feuer in seinen Augen. Oh, oh, ich glaube, da hast du doch zu viel Sprengstoff in den Vulkan geworfen. Aber er sah nicht so aus, als würde er brodeln.

„Hab ich dir eigentlich schon mal gesagt, dass ich dich sehr schätze, Jafar?"

Bitte was? Noch mehr als der Satz an sich überrascht mich seine sanfte tiefe Stimme. Auf einmal steht er auf und breitet die Arme aus. „Komm her", sagt er noch sanfter als zuvor und mit einem väterlichen Nicken.

Vielleicht eine neue Stufe von Bestrafung. Extra für dich.

Vorsichtig stehe ich auf, trete einen Schritt zurück und deute ein Nicken an.

„Vielen Dank. Ich schätze dich und unsere Zusammenarbeit auch sehr." Er macht mit ausgebreiteten Armen einen Schritt auf mich zu. Allein seine Körpermasse ist bedrohlich.

„Komm, lass dich drücken, Jafar." Ich habe keine Ahnung, wie ich mich verhalten soll.

„Danke, aber du weißt, ich bin nicht so der emotionale Typ." Mit einem schnellen großen Schritt ist er auf einmal bei mir und schließt mich in seine massigen Arme. Ich verkrampfe in instinktiver Erwartung von Schmerz, der jedoch ausbleibt. Ich traue mich nicht, ihn von mir wegzudrücken. Würde es auch nicht schaffen. Jetzt legt er mir noch die Hand auf den Hinterkopf und presst mich an seine Brust. Ich kann sein Herz schlagen hören, genauso wie meins. Scheiße! Bestrafungen, die bei ihm so beginnen, habe ich schon gesehen, hätte aber nie gedacht, dass es so weit kommt. Bitte nicht!

Aber du weißt, dabei ist er sonst immer sehr brutal. Jetzt hingegen eher zärtlich.

Er streichelt meinen Kopf und küsst mein Haupt. Dann legt er seine Wange darauf. Das passiert nicht wirklich. Ich habe mich nie für klaustrophobisch gehalten, spüre jetzt aber, wie immer mehr Panik in mir aufsteigt. So ähnlich muss sich die weiße Frau bei King Kong gefühlt haben. Völlig bewegungsunfähig hänge ich an Kyrios' warmen Körper gepresst. Er riecht intensiv nach Schweiß und Moschusparfüm.

„Jafar ..."

„Mhh ..."

„Ich liebe dich!"

Peng! Ein Geschoss. Eddy reißt es nach hinten. Blut spritzt gegen die Wand.
Peng! Peng! Eddy schleudert hart gegen die Wand. Fällt vornüber. Lin fühlt, wie sich schlagartig alle Luft aus ihren Lungen presst.

Das Monster ist tot

(Lin) Das verdammte Quietschen der Reifen hallte noch in meinem Kopf nach, als schon die Hölle losbrach. Ohrenbetäubender Lärm. Die Luft voller Splitter und Kugeln. Ich warf mich instinktiv nach vorne und riss dabei Eddy mit. Dann schloss ich die Augen. Dass ich mit meinem Leben abschloss, kann ich so nicht sagen. Eigentlich dachte ich in diesem Moment an gar nichts. Dreck!

Verwirrt rolle ich mich von Eddy herunter. Der liegt nur reglos da, die Augen zusammengekniffen. Plötzlich reißt er sie auf und holt tief Luft. Dreck! Offenbar hat er sie die ganze Zeit angehalten. Er rappelt sich hastig auf und lehnt sich gegen die Rückwand des Tresens. Seine Augen irren kurz durch die Gegend, dann schaut er mich japsend mit erschrockenem, fragendem Blick an. Mist! Ich kann grade auch nicht klar denken.

Er bedeutet mir, ebenfalls noch weiter in die Deckung des Tresens zu kriechen. In einer solchen Situation ist es wesentlich einfacher, irgendetwas zu tun, was einem gesagt wird, als selber darüber nachdenken zu müssen, was zu tun ist.

Ob noch Gefahr besteht? Mist! Also, Geräusche nehme ich zumindest keine wahr. Ich höre auch nicht die zu erwartenden Geräusche von Bewegungen, als ich über die Splitter und Kuchenkrümel an Eddys Seite krieche. Da ist nur ein verdammt leises Rauschen. Mein Blick fällt auf die offene Tür zur Backstube. Wegen des schrägen Blickwinkels kann ich nicht hineinsehen. Sehe aber Schuhe. Luckys Schuhe.

Jetzt verschwinden sie langsam in der Backstube, aus meinem Blickfeld. Es gibt doch einen Zugang von außen zum Lager. Ich schaue zu Eddy. Seine volle Aufmerksamkeit richtet sich auf den Haupteingang. Er kramt in seiner Jacke nach irgendetwas. Vermutlich nach seinem Handy, um die Polizei anzurufen. Ich schaue wieder zur Backstube, keine weitere Bewegung. Als ich meinen Blick wieder Eddy zuwende, hat der den Kopf in den Nacken gelegt und hält einen kleinen Gegenstand über sich, so dass die Spitze gerade so über die Theke reicht. Pupu! Ist das ein Mundspiegel? Ich bin verwirrt.

Eddy dreht und wendet ihn mehrmals, wobei er so stark zittert, dass ich mich frage, wie er da überhaupt was erkennt. Dann lugt er mit dem Spiegel noch einmal rechts neben sich um die Ecke des Tresens. Er dreht sich zu mir und seine Lippen bewegen sich. Dreck! Ich versuche, mich zu konzentrieren. Langsam kehren die Umgebungsgeräusche in mein Bewusstsein zurück. Eddy packt mich an der Schulter.

„…st du mich? Lin! Alles o.k.? Ich … ich … ähh … glaube sie sind weg", flüstert er mir zu.

Wer sie? Verdammt! Was ist überhaupt passiert? Ich nicke nur. Dann dringt ein langgezogenes Stöhnen aus der Backstube, das Eddy zusammenfahren lässt. Er rutscht über den Boden an die andere Wandseite und schiebt sich bis zur Türöffnung. Seine Hände sind blutig. Ich schaue auf meine Hände, auch an ihnen klebt blutiger Dreck. Ich schaue auf den Boden. Mist! Er ist voller Splitter. Glas, Mörtel, Holz und Sonstiges.

„Eddy, pass auf deine Hände auf." Meine Stimme klingt seltsam fremd und dumpf. Eddy schaut auf seine Hände und verzieht angeekelt das Gesicht. Dann holt er den Mundspiegel wieder hervor und sieht um die Ecke in die Backstube. Ich erschrecke mich, als er ohne Vorwarnung aufspringt und in der Öffnung verschwindet. Ohne nachzudenken, tue ich es ihm gleich. Dreck verdammte Scheiße! Lucky.

Er liegt in einer großen Blutlache, mehr Blut als von ihm stammen kann. Eddy hält seine Hand umklammert. Mein Blick fixiert sich sofort nur auf Luckys Gesicht, der Rest sieht einfach zu schrecklich aus. Mit schwacher Stimme sagt er:

„Innn…tere…sant … daaaaaaa…", sein Blick wandert zur Seite. Einen Augenblick später gibt er noch zwei kaum wahrnehmbare Gluckser von sich. Ganz schnell hintereinander. Verdammt! Es klingt fast wie eins seiner typischen „Hehe"s. Ich habe mich bereits weggedreht und die Augen geschlossen. Nach einer gefühlt endlosen Weile höre ich, wie Eddy aufsteht, und spüre, wie er mich von hinten umfasst und an sich drückt. Ich drehe mich zu ihm und lege meinen Kopf auf seine Brust. Einige Sekunden später öffne ich wieder die Augen. Ich drehe den Kopf zur Seite, um wieder ordentlich atmen zu können.

Mein Blick fällt in den Laden und auf die Straße. Pupu! Die Fenster sind zerstört und im Laden liegt alles in Schutt und Asche und … und Blut … und … Überreste … überall Blut … sogar auf dem Tresen und … wer macht das wieder sauber? … Blut … das geht schwer …

Eddy kniet vor mir. Ich sitze auf dem Boden mit dem Rücken an den Tresen gelehnt.

Wieso? Was ist passiert? Zärtlich schaut er mich an und streicht mir übers Gesicht. Er steht auf. Laute Schüsse donnern und Eddy wird gegen die Wand geschleudert.

Scheiße! Ich reiße die Augen auf und hyperventiliere, kann kaum atmen. Augenblicke später erkenne ich den Grund. Etwas liegt auf mir. Eddy. In meinem Kopf dreht sich alles und die Schüsse hallen immer wieder in ihm nach. Was ist hier los, verdammt?!

„Nicht schießen! Bitte nicht! Wir sind unbewaffnet! Das hier ist Flughundland! Wusch!!!", kreischt Eddy ganz nah an meinem Ohr. Aua. Ich spüre die Vibration seiner Stimme und seine schnelle, unkontrollierte Atmung drückt gegen meinen Brustkorb.

„Eddy. Lin. Was ist passiert?", höre ich eine bekannte Stimme ganz nah über uns. Seltsamerweise beruhigt mich Jafars Auftauchen und ich drehe meinen Kopf in seine Richtung. Anstrengender Blickwinkel von hier unten.

Eddy rollt sich von mir runter und beginnt sofort zu stammeln:

„Ich … ähh … ich … wir … keine Ahnung … ich … wir hörten das Quietschen der Autoreifen und … und dann brach die Hölle los. Mein Gott, Lucky!" Er fängt an, zu jammern und zu schluchzen. Jafar geht mit der Waffe im Anschlag ruhig an uns vorbei in die Backstube und kommt wenig später wieder daraus hervor. Langsam lässt er seine Waffe sinken. Steckt sie aber nicht weg. Dann fällt ihm offenbar etwas ein und er führt die andere Hand zum Ohr. Erst jetzt fällt mir auf, dass er ein Handy hält. Er sieht uns noch einmal kurz prüfend an und geht an uns vorbei, raus auf die Straße. Ich höre ihn telefonieren, verstehe jedoch nicht, was er sagt.

Verflucht! So langsam werde ich wieder etwas klarer im Kopf. Trotzdem gut, dass Jafar jetzt hier ist. Dreck! Ich hätte ehrlich gesagt nicht gewusst, was zu tun ist und Eddy … Dreck! Seine anfängliche Besonnenheit angesichts der Gefahr ist inzwischen der Verzweiflung gewichen. Zusammengesackt liegt er auf dem Boden, das Gesicht von den Händen verdeckt. Sein ganzer Körper bebt unter Schluchzen. Lucky …

Verdammt Pupu! Obwohl ich ihn nur einen kurzen Augenblick gesehen habe, hat sich das Bild von seinem blutüberströmten Körper in meinen Kopf eingebrannt. Ich werde es wohl nie wieder vergessen. Das ehemals weiße T-Shirt ist zerfetzt und rot. Offenbar haben ihn mehrere Kugeln in den verdammten Oberkörper getroffen.

Dreck! Ich merke, wie mir eine Träne über die Wange läuft, und krieche vorsichtig zu Eddy. Trotzdem schreckt er auf. Dann nehmen wir uns gegenseitig in den Arm.

Wie viel Zeit wir noch in der Konditorei verbrachten, weiß ich nicht mehr. Pupu! Überhaupt verschwimmt der Vorfall mehr und mehr in meinem Gedächtnis.

Wir wurden ins Hauptgebäude gebracht und uns selbst überlassen. Mechanisch wuschen wir uns und versorgten unsere Wunden. Einige Schnitte an den Händen, aber nicht tief. Sonst nichts. Verflucht, unfassbar! Wir sprachen kein Wort. Blieben aber die ganze Zeit zusammen. Eddy folgte mir sogar aufs Klo. Ich sagte nichts.

Jetzt, wenige Stunden nach dem Anschlag, stehen wir vor dem verdammten Verbrennungsofen und schauen auf die Tür. Lediglich die Geräusche und die Anzeigen geben einem zu verstehen, dass der Ofen grade auf vollen Touren läuft. Für einen anständigen Abschied blieb nicht wirklich Zeit. Sie wollen offenbar alle Spuren so schnell wie möglich beseitigen. Immerhin haben sie wenigstens Bescheid gegeben, dass Lucky jetzt mit den beiden Aufpassern zusammen verbrannt wird. Es versetzte mir einen Stich, als sie auch noch ein paar Müllsäcke mit in den Ofen warfen. Diese herzlosen Dreckskerle!

Dreck! Im Moment fühle ich mich wieder leer und allein. Bis Eddy meine Hand umfasst und mit einem Male spüre ich, wie die ganze Trauer in meinen Körper dringt. Ist es Eddys Trauer oder ist es meine? Pupu! Auf jeden Fall sind die Tränen wieder da. Dreck! Lucky hätte unsere Trauer vermutlich nicht gewollt. In meiner Vorstellung tritt er von hinten zwischen uns, umschließt uns mit einer Umarmung, wobei er seine schwitzigen Patschehändchen auf unsere Schultern legt. Dann lacht er und sagt:

„Hey, jetzt zieht mal nicht sone Flappen! Normalerweise freuen sich doch immer alle, wenn das Monster tot ist. Hehe!"

In der Küche fanden wir eins von Luckys Basecaps. Ich nahm es und setzte es ihm auf, bevor sie ihn in den Ofen warfen. Von den hirnlosen Affen, die den Ofen befüllten und bedienten, sagte niemand etwas dazu. Pipi! Entweder kannten sie die anderen Verstorbenen und trauerten selbst ein wenig oder sie spürten, dass ich ihnen beim kleinsten Spruch sofort die Eier abgerissen und in den Mund gestopft hätte.

Langsam spüre ich, wie die Wut in mir die Oberhand gewinnt und die Trauer verdrängt.

„Hey", zischt Eddy erschrocken und versucht, seine Hand wegzuziehen, die ich grade zerquetsche. Mit schnellen Schritten verlasse ich den Raum und ziehe ihn mit mir. In unserer Kammer angekommen, sehe ich ihm fest in die Augen.

„Verdammte Pupu! Das muss ein Ende haben! Dreck! Wir müssen

Kyrios töten!“ Eddy schaut mich lange aus seinen traurig verquollen Augen an. Schließlich nimmt er mich wieder in den Arm. Dreck verdammt! Ich kann mich jetzt nicht darin fallenlassen!

„Du Honk! Du … Ahhh! Dreck! Wir müssen, verflucht noch mal …“

„Ich … ich weiß“, flüstert er nahezu tonlos.

Schau mal, was ich kann. KNACK!
Tadaa! Jetzt steht dein Finger seitlich ab.

Stiefmütterchenstrasse 56

(Monto) Ich schlage die Augen auf und starre an die Decke. Um nach Hause zu gehen, war ich einfach zu träge. Ich wollte nur kurz meine Ruhe haben. Es ist einfach zu viel in zu kurzer Zeit passiert.

Warum war Eddy da?! Gewaltfantasien hin oder her, ich wollte nicht, dass ihm was passiert, ich brauche ihn ja noch. Ach, ihm ist sicher … er stand ja hinterm Tresen und …

Ach, selbst wenn, dieser Laden musste dem Erdboden gleichgemacht werden! Fuck! Warum konnte Eddy nicht einfach woanders sein? Nicht mehr zu ändern, also egal! Ruhig. Alles wird …

Das Handyklingeln reißt mich erneut aus dem Schlaf. Ich bin wohl schon wieder eingenickt.

„Mhhh?"

„Ähm … Monto?", flüstert es vom anderen Ende.

„Wer ist da?"

„Ähh … ich … ich bin's, Eddy." Grade so kann ich mich in meinem Tran davon abhalten, etwas Dummes zu sagen, wie: „Eddy, gut, dass dir nichts passiert ist!" Fuck!

„Ha… hallo? Monto?"

„Ja, ja, ich bin dran. Was gibt's?", sage ich schroff.

„Ich … nun … ich … ähh … also … wie soll ich sagen … ich … "

„Komm auf'n Punkt Eddy, ich hab viel zu tun", unterbreche ich ihn.

„Ähh … gut … also … dein Angebot von gestern, ich würde … ich mache es." Wie? Es hat funktioniert? Es hat tatsächlich funktioniert! Wie geil! Endlich! Ich bin kurz davor, mein innerliches Lachen auf die Stimmbänder zu übertragen. Reiß dich zusammen!

„Schön, das freut mich. Hast du dir schon überlegt, wann?"

„So schnell wie möglich", seine Stimme ist erstaunlich ruhig und es schwingt etwas mit, was ich bei Eddy bisher noch nicht gehört habe: Kampfgeist?

„Schön, dann lass uns doch am besten treffen, gleich jetzt?", frage ich.

„Ähhh … ohh…o.k. … wo muss ich hinkommen?"

„Komm zur Stiefmütterchenstraße 56, wenn du da bist, ruf mich an."

„O.k., bis gleich", ist alles, was er sagt, dann legt er auf.

Nach ein paar Sekunden vergeht mir das Grinsen. Trottel! Warum denn diese Adresse hier?! Fuck! Jetzt müssen … O.k., immer mit der Ruhe. Was soll's. Unser Lager platzt eh aus allen Nähten, und ab und zu mal den Standort zu wechseln …

Ach, verdammte Scheiße!!! Was ist, wenn Eddy geschnappt wird?! Bei einem Verhör plaudert der doch sofort! Wir müssen hier raus. Denk nach, denk nach!

Eddy holt sich das Gift ab. Er wird es frühestens morgen einsetzen können. Ich sage ihm einfach, dass er es noch nicht morgen machen soll, so bleibt uns hoffentlich genug Zeit … Wohin eigentlich? Ach verflixte Scheiße!

Ich muss ihm einen anderen Treffpunkt … Dann hat er trotzdem die Adresse! … Muss sie ihm irgendwie als unwichtig suggerieren …

„Eddy, ich bin's noch mal, hör zu. Wir müssen den Treffpunkt ändern. Das Polizeirevier ist, glaube ich, nicht der richtige Ort für so was. Wir sind ja keine ganz so offizielle Einheit hier ... Ich war nur so in meinem Arbeitstrott, du verstehst … Gut. Kennst du den alten Abenteuerspielplatz am Westrand der Innenstadt? Da treffen wir uns in einer Stunde bei der Drehscheibe … Na, diese große Scheibe, die sich dreht, wo die Bälger drauf rumrennen und die sich unter ihnen immer schneller dreht, bis sie runterfallen … Ja genau. Also bis gleich." Das würde er in einem Verhör bestimmt nicht erwähnen. So blöd ist er nicht zu denken, dass die Gangster da blindlings reinspazieren und dann sofort alle verhaftet werden. Ich mach trotzdem mal den Vorschlag, bei Gelegenheit …

Ich gehe ins Lager und statte mich diesmal zur Sicherheit mit ausreichend Munition aus. Dann suche ich das Gift heraus. Warum haben wir so was eigentlich? Ich glaube, Jan hat diesen ganzen Medizinkram mal angeschleppt.

„Das sollte keiner von euch nehmen! Ich will ja keinen speziell angucken, Jim. Eine kleine Dosis davon killt sogar einen Elefanten innerhalb von Sekunden."

Gut, hab ich alles? Mein Blick fällt in eine Ecke vom Lager. Ich grinse.

Eine Flasche, die Herzen zum Aussetzen bringt. Sogar ohne Einnahme und ohne Berührung.

Wer suchet, der … Ach, wer glaubt schon an so was?

(Eddy) Wind rauscht in meinen Ohren und vermischt sich mit dem monotonen Geräusch des Motors: „Möööömöööööööööööööööm ööööööö". Mhh … sah schon irgendwie witzig aus, wie Monto vorhin auf dem lila Roller angefahren kam. Meine Belustigung wird jedoch sofort wieder von düsteren Gedanken verdrängt.

Das kleine Fläschchen wiegt schwer in meiner Brusttasche. Naja … ich bin mir im Klaren darüber, dass ich sein Gewicht eigentlich nicht spüren kann, aber die Gewissheit, dass es da ist, reicht aus, um mir einen unglaublich schweren Gegenstand vorzugaukeln.

Ach … Lucky. Ich werde dich rächen!

Was für ein Tag. Ich bin absolut erledigt. Aber … aber würde die Erschöpfung auch für einen traumlosen Schlaf sorgen? Selbst jetzt kriege ich die Bilder nicht aus dem Kopf. Und was mag meine Fantasie wohl erst daraus machen, wenn ich träume? Ein Schauder überfällt mich, als die Bilder vor meinem inneren Auge erscheinen. Schnell hole ich mich in die Realität zurück und klammere ich mich an den Gedanken, dass Lin ja bei mir ist.

Lin … was ich wohl gemacht hätte, wenn es sie nicht …? Der Fahrtwind sticht mir in den feuchten Augen. Hör nur einmal auf nachzudenken! Nur einmal … Bitte! Denk lieber an die vor dir liegende Aufgabe.

Ohh … auch keine so gute Idee. Sofort schaltet mein Kopfkino wieder auf Automatik und malt sich aus, was alles schief gehen kann. Eiskalte Panikschauer erfassen mich.

Uhh … wie sich wohl ein Boxsack nach einer Woche im Fitnessstudio fühlt? Vielleicht so wie ich:

Meine Augenringe sehen so dunkel aus, dass sie unecht wirken. Ich reibe mir die Augen, sogar das tut weh. Ahh … mein Kopf platzt … Mach was!

Als ich mich kurz hingelegt hatte, bin ich zwölf Stunden später wieder aufgewacht, nahtlos. Ohne das Gefühl, dass Zeit vergangen ist. … Das ist dann wohl dieses Schlafen wie ein Stein. Nicht sonderlich erholsam. Steine sind echt arme Schweine.

Lin liegt noch im Bett. Sie atmet. Zum Glück.

O…ohh…oh Mann! Oh Mann! Oh Mann!! Oh Mann!!! Wie soll ich das nur schaffen?!

Symphonie, neunhundertachtundreißigste Oktave Kess-Moll!!!

Hör auf mit dem Blödsinn! Klar denken Eddy, klar denken! Doch die Panik ist unaufhaltsam. Nach einer kalten Dusche geht es mir etwas besser und ich schlurfe in die Küche. Vollkommen mechanisch treffe ich die Vorbereitungen. Nachdem ich wie immer alle Zutaten zusammengesucht und abgewogen habe, bemerke ich, dass ich mich unbewusst an dem Rezept vom Wettbewerb orientiert habe. Diese Torte hatte Kyrios aber schon ziemlich oft. Ich verändere das Rezept etwas, mache aus der Schokosahne eine Karamellsahne und als Dekoration nehme ich noch zusätzlich Karamellsoße und Krokant.

Mhh … wo mach ich es rein? Wie viel ist das überhaupt? Ich greife in meine Hosentasche. Das Gift ist weg. Panik. Schweißausbruch. O.k. … ruhig. Wo hab ich es hingetan?

Ohh … verdammt … nein … ich kann mich partout nicht erinnern. Aber wo … Wann war ich gestern eigentlich hier … und wann im Bett? … Lief da noch was mit Lin? Ach du Idiot! Nicht jetzt! Konzentrier dich! In meiner Erinnerung sehe ich vage, wie ich das Gift im Schrank mit dem Dekokram verstecke.

Ich durchsuche ihn. Nichts.

Ahh … Ach ne! Stimmt … stimmt, ich hatte es hinter dem Mehl versteckt. Nichts.

Verdammt! Ich hasse das! Scheiß Gehirn, hör auf, mich ständig zu verarschen und sag mir endlich, wo es ist!!!

Ich schaue tief in den Schrank hinein. Nichts. Jemand klatscht mir auf den Hintern. Ich schrecke hoch und stoße mir den Kopf. Keine gute Idee, den Kopf mit dem Schrank auf diese Weise bekanntzumachen. Ich reibe mir die sofort entstehende Beule und blicke Lin verärgert an. Die lächelt nur müde.

„Sorry! Ich konnte einfach nicht widerstehen."

Ich sage nix, wende mich ab und suche weiter.

„Suchst du das hier?", fragt sie und ich drehe mich so ruckartig um, dass mein Genick knackt und ganz warm wird, als würde mir irgendeine heiße Flüssigkeit in die Nackenwirbel gespritzt. Widerlich. Lin hält etwas hinter ihrem Rücken versteckt und grinst mich an. Ich strecke nur die Hand aus.

„Erst einen Kuss!" Als ich genervt seufze, verschwindet ihr Lächeln sofort.

„Du Strunzer! Hör hier mal auf, den Genervten zu spielen. Dreck! Es ist nun mal so, wie es ist. Lucky hätte sicher nicht gewollt, dass wir hier rumtrauern und uns fertigmachen."

Ohh…o.k. … o.k. Ich reibe mir kurz die Schläfen, aber es hilft nichts. Dann platze ich.

„Ich spiele nicht den Genervten! Scheiße! Ich … ich bin genervt!!! Tut mir leid, dass ich nicht damit klarkomme, aber es ist nun mal so! Ich möchte die Sache nur abschließen, hier verschwinden und dann … dann … dann können wir meinetwegen wieder fröhlich durch die Gegend hüpfen! … Und jetzt gib mir das scheiß Zeug, verdammt!!!"

Lins Augen werden zu Schlitzen. Zwei schwere Atemzüge später stürmt sie raus. Kurz vor der Tür dreht sie sich um, schreit „Pupu! Hier hast du's!" und wirft mir etwas entgegen.

Reflexartig hebe ich die Arme schützend vors Gesicht. Etwas trifft mich, zerspringt und ich fühle, wie sich etwas in mein Fleisch ätzt. Ich schreie. Natürlich. Mhh … Moment. Kein Schmerz? Ist das Zeug überhaupt ätzend? Was war das?

Etwas prallte gegen meine Brust. Aber es war viel zu leicht, um … Ich schaue auf den Boden. Da liegt das aufgebrochene Tütchen Koks. Ich schaue auf. Lin ist weg.

Ich laufe in unsere Kammer. Hier ist sie nicht. In ihre alte Kammer. Hier auch nicht. Mhh … egal. Die wird sich schon beruhigen. Warum nur hab ich sie angeschrien?

Sie hat recht, ich sollte ruhig bleiben, alles andere hilft eh nichts. Aber das sag ich mir ja auch ständig und es bringt trotzdem nix.

Wo ist das verdammte Gift? Ich durchsuche unsere Sachen in der Kammer, unser Bettzeug, jede Falte vom Bett. Ich gehe raus auf den Hof und sehe wie erhofft den lila Roller in einer Ecke stehen. Doch auch dort nichts. Ich zermartere mir das Hirn, doch es kommt nur noch mehr Erinnerungsbrei heraus. Ahh … ich sehe das Giftfläschchen an allen möglichen und unmöglichen Orten liegen. O.k., ruhig … ganz ruhig … Du musst einfach an was anderes denken … dich entspannen … und zack wird es dir wieder einfallen.

In Gedanken laufe ich um das Gebäude herum. Wo hab ich es nur hingetan? Mhh … bestimmt in der Panik irgendwo sicher versteckt, aber wo? In dem Moment komme ich um eine Ecke und bleibe erschrocken stehen.

Kyrios steht da und dreht seinen Kopf langsam zu mir. Capo lässt sich nicht stören und pisst einfach weiter wie ein … ja … wie ein Pferd eben.

Entspannen … nix anmerken lassen … ihm höflich zunicken. Es fühlt sich so zittrig und ruckartig an, dass ich wohl eher wie ein verrosteter Roboter wirken muss. Kyrios erwidert die Begrüßung nicht und starrt mich nur weiter mit einem undefinierbaren Blick an. Ein Gedanke kriecht in mein Bewusstsein und fängt an, etwas zu flüstern.

„Ahnt er etwa was? Sein Blick. Guck ihn dir doch an! Er weiß es. Scheiße, er weiß es!!!", zischt es in meinem Kopf.

„Quark zum Mittag! STARK!!!", rufe ich aus. Hä? Warum?! Seine Augenbraue zieht sich nach oben. Doch dann wandert sein Blick links hinter mich.

„Dreck! Da bist du ja", höre ich Lin sprechen. Sie begrüßt Kyrios mit einem schlichten „Hallo" und einer Lockerheit, für die ich sie in diesem Moment unendlich bewundere. Sie nimmt meinen Arm und führt mich … nein … nicht doch … Nein, nicht auf ihn zu!!!

Wie meine Beine es schaffen, sich überhaupt zu bewegen, ist mir ein Rätsel. Der Weg zieht sich ewig hin und Kyrios starrt uns immer noch an. Mein Herz wummert und mein Atem ist unnatürlich laut. Kyrios muss es auch hören. Ja … er hört es. Ganz sicher!

Sein kräftiges Räuspern frisst sich in mein ohnehin löchriges Nervenkostüm und droht, es zu zerreißen.

„Was gibt's?", fragt er mit tiefer Stimme.

Er weiß es! Nichts wie weg! Doch ich kann mich nicht bewegen. Auch Lin bewegt sich nicht. Ich schaue sie hilfesuchend an. Sie schaut mich auch an und ich bin mir sicher, sie will mir irgendwas sagen. Ähh … aber was? Wenn ich es nicht besser wüsste, würde ich ihren Blick als Aufforderung deuten. Aber das kann … nein … sie kann unmöglich wollen, dass ich ihm antworte und alles erzähle, oder? Was mach ich nur?!

Blubb! Blubb! Blubberbläschen speien!!!

Konzentration Eddy! Lins Lippen bewegen sich. Jedoch unglaublich langsam. Wie in Zeitlupe setzen sich die Worte in meinem Kopf zusammen.

„Eddy, hast du dir etwa noch nichts überlegt? Pipi! Du wolltest doch vorhin raussuchen, was du heute zubereitest." Da dämmert es mir endlich und ich fasse mich wieder.

„Äh … ähhm … ja … ja klar! … Schokokaramelltorte … ähh … es wird Schokokaramelltorte geben … wenn's recht ist", bringe ich zu meinem eigenen Erstaunen heraus.

„Mhh", macht Kyrios nur und wendet sich ab. Lin zieht mich fort. Nach einer Weile dreht sie sich kurz um und verlangsamt ihre Schritte.

Dann wendet sie sich mir zu.

„Was hattest du vor, du Honk? Verdammt! Wolltest du dich tot stellen, bis er weggeht oder was?! Dreck! Reiß dich gefälligst zusammen!" Sie ist immer noch wütend. Naja … berechtigt … irgendwie. Aber immerhin ist sie hier. Sie hat sich sogar bei mir eingehakt und den Arm nicht weggezogen, sobald wir aus Kyrios' Sichtbereich raus waren. Mhh … vielleicht auch nur die Befürchtung, dass ich sonst umkippe. Aber auch das zeugt ja von einer gewissen Sorge um mich. Auf alle Fälle tut die körperliche Verbindung gut.

„Ähhm … tut mir … tut mir leid … wegen … und so", sage ich kleinlaut und lasse den Kopf hängen. Na gut, er hängt schon von alleine, aber so klingt es besser. „Hab wohl die Nerven verloren."

„Pupu! Man kann nicht verlieren, was man nie hatte", entgegnet Lin trocken.

Ach ja … Lin … verdammt, das Gift! Ich versuche, beiläufig zu klingen:

„Ähh … sag mal … weißt du zufällig, wo ich das … Giftfläschchen hingelegt hab?"

„Mist! Ach das hast du vorhin gesucht. Vollpfosten! Warum hast du das nicht gesagt?"

„Jaaa … also?"

Sie schüttelt den Kopf.

„Nein, tut mir leid. Dreck! Als du gestern wiederkamst, warst du kaum ansprechbar und hast auf alle meine Fragen nur ‚Morgen … morgen …' genuschelt."

„Ohh … ich … ich bin im Arsch. Wenn ich das Fläschchen nicht finde, dann … dann …"

Jaaa … was dann?

Lin stellt sich offenbar die gleiche Frage und reagiert prompt: „Kannst du dir die Pupu von diesem Monto nicht einfach noch mal neu holen?"

„Mhh … ja … ja, das wäre vielleicht möglich", murmele ich neue Hoffnung schöpfend. Total naheliegend … schließlich hab ich mit Monto keinen festen …

Lin stößt mir in die Seite. „Hey du Vogel! Denk bitte laut, damit ich auch was davon hab. Dreck! Was hast du mit ihm ausgemacht?" Mit erwartungsvoll hochgezogener Augenbraue sieht sie mich an.

Ich räuspere mich und schaue mich lieber noch ein paarmal um.

„Also … ich könnte mir von Monto neues Gift besorgen … denk ich. Wir haben keinen festen Zeitplan für … für die Sache ausgemacht.

Die Abmachung war, dass ich anrufe, wenn es so weit ist und dann nennt Monto einen Treffpunkt. Das heißt …"

„Wie?! Verdammte Pupu! Die holen uns hier nicht raus?!"

„Hää? … Wie? … Rausholen?"

„Dreck! Naja, eben mit Polizeitrupp, Kommandoteam, ja was weiß denn ich!!!" Sofort senkt sie die Stimme und flüstert: „Eddy, ab dem Moment, wo du den Kuchen ablieferst, schweben wir in höchster Gefahr. Verdammt, ich hätte wenigstens erwartet, dass diese Bazille mit Verstärkung am Ausgang auf uns wartet oder so was. Dreck! Und jetzt willst du mir weismachen, dass du in aller Seelenruhe das Stück Torte abgibst, dann Monto anrufst, um irgendeinen Treffpunkt auszumachen, zu dem du dann auch noch selber hinfährst und das alles ohne Aufsehen über die Bühne geht?!"

„Ähhh … ich … ähhh …" Verdammt, Lin hat recht. Auf was hab ich mich da eingelassen? Das ist ein hirnrissiger Plan. Monto hat nur meine Gefühlslage ausgenutzt!

„Pipi! Du rufst jetzt sofort an und verklickerst dem Kuttelgesicht, dass du jetzt die Ansagen machst. Du bestimmst, wann du den Kuchen ablieferst und er soll sich zu der Zeit hier irgendwo in der Nähe mit seiner Truppe bereithalten, um uns abzuholen!"

Nur langsam senkt sie ihren drohenden Zeigefinger.

„Du hast recht", sage ich und drücke ihren Arm etwas fester an mich. Schweigend gehen wir wieder ins Gebäude. In unserer Kammer angekommen sage ich: „Aber … ich will trotzdem erst noch mal nach dem Gift suchen. Es zu verlieren … naja …"

„Verdammter Mist! So wie es hier aussieht, hast du schon gründlich gesucht."

„Ähh … ja … sorry … ich war ziemlich durch den Wind. Aber irgendwo muss es doch sein!" Ich beginne wieder zu suchen. Lin schnalzt mit der Zunge.

„Dreck! Vergiss es, so findest du es nie. Komm, ich suche und du bereitest schon mal die Torte für heute zu."

Ohne Widerworte verlasse ich das Zimmer. Lin hat recht, ist vermutlich besser so.

Während der Zubereitung kreisen meine Gedanken immer wieder um Lucky. Hier hab ich ihn zum ersten Mal gesehen. Unwillkürlich muss ich lachen. Oh Mann … was für ein Typ. Ich versuche, den Schmerz zu verdrängen und schaue nach oben, an die vom jahrelangen Kochdunst schmierige Decke. Doch Lucky war nicht gläubig und ich bin es auch nicht, also senke ich den Blick wieder und schließe stattdessen einfach die Augen.

Wenn du mich hören kannst, Lucky, guck dir mal dieses Schlamassel an. Was für ein Spektakel, nicht wahr? Was für eine Geschichte. Wie eine von denen, die du so gerne erzählst. Also lehn dich zurück, falls du das noch kannst, und schau es dir an. Ich hoffe, es wird dir gefallen. Und … vielleicht hast du ja eine Hand frei und … naja … beschützt uns, wenn du kannst und wenn nicht … dann eben nicht. So oder so, genieß die Show.

Entschlossen setze ich das Karamell an. Und obwohl er eigentlich viel zu groß ist, um damit Karamell umzurühren, nehme ich den Holzkochlöffel, den Lucky sonst für fast alles verwendet hat. Ja … so ist er wenigstens auch irgendwie an der Racheaktion beteiligt. Ich höre die Küchentür hinter mir aufschwingen. Na endlich!

„Und? Wo war's?", frage ich beim Umdrehen. Jafar schaut mich an.

„Ohhh … ohh … ich … äh … dachte du … du …" Ich unterbreche mich selbst. Puhh … es nervt, dass man bei Jafar nie weiß, ob er einen mustert, eigenen Gedanken nachhängt oder ahnt, was sich im Kopf des Gegenübers abspielt. Undurchschaubar. Er räuspert sich. Mhh … das habe ich bei ihm glaube ich noch nie gehört. Er wirkt fast … irgendwie … aber das kann nicht …

„Ich suche dich schon seit gestern Abend."

Als ich nichts erwidere, fährt er fort und kommt dabei langsam auf mich zu.

„Ich habe das hier …", dabei zieht er ein kleines Fläschchen aus der Tasche und mein Herz steht still.

Es gibt viele tödliche Gifte. Die Natur ist hier wieder mal sehr kreativ gewesen.
Einige führen zur Lähmung der Muskeln und der Atemwege und oder des Nervensystems. Andere sorgen für Blutgerinnungsstörungen und oder zersetzen einfach direkt die Blutkörperchen und das Muskelgewebe. Die sind aber alle eher von der fixeren Sorte. Eine Vergiftung kann sich aber auch hinziehen und man bekommt mehr die Symptome einer „normalen" Erkrankung oder eines allergischen Schocks.
Brennen in Mund und Rachen, Übelkeit, Erbrechen, starke Kopfschmerzen … Enden tut das dann oft nach ein paar Tagen mit Kreislaufkollaps und oder der Schädigung diverser Organe. An viele Gifte ist gar nicht mal so schwer ranzukommen oder sie lassen sich selbst herstellen. Für einige gibt es leider immer noch kein Gegenmittel. Was blöd ist, wenn man es unbeabsichtigt einnimmt.

Ene, mene, muh und raus bist …

(Jafar) In Zeitlupe sehe ich, wie er die Gabel zum Mund führt. Er kaut. Er schluckt. Dann greift er sich plötzlich an den Hals und versucht hektisch, seine Krawatte zu lockern und den Kragenknopf seines Hemdes zu öffnen. Als wenn das etwas ändern würde. Er röchelt, die Augen treten hervor. Mit dem anderen Arm fuchtelte er unkontrolliert herum und räumt fast seinen ganzen Schreibtisch leer. Capo rennt wiehernd durchs Büro, stößt überall gegen und fällt immer wieder hin. Kyrios rutscht langsam vom Stuhl. Mit einem Arm auf dem Tisch hält er sich grade noch so fest. Dann taucht sein Kopf wieder zur Hälfte auf. Eine gefühlsverzerrte, sterbende Sonne über dem Schreibtischplattenhorizont. Nur ein rot unterlaufenes, hervorquellendes Auge schafft es knapp über die Platte und starrt mich an.

Ich grinse breit. Die Vorstellung gefällt mir.

Ich schaue auf das kleine harmlos aussehende Fläschchen in meiner Hand. Ich muss es riskieren. Kyrios ist endgültig durchgedreht. Die Szene gestern und sein Liebesgeständnis haben dem Ganzen nur die Krone aufgesetzt. So jemand kann die Organisation nicht führen. Auch wenn er nicht mehr viel mit der Führung zu tun hat, so hat der Chefsessel doch eine gewisse Bedeutung.

Ich schaue auf das zweite Fläschchen. Die Qual der Wahl. Die Wahl, ob Qual oder nicht. Der einäugige Jeff hat mir die Wirkweise der Gifte erklärt. Eigentlich hat er zwei funktionierende Augen, aber die eine Gesichtshälfte ist seit einem Selbstversuch gelähmt und sein Augenlid hängt herunter. Er versucht immer noch, den Spitznamen Twoface zu etablieren, ohne Erfolg. Das eine Gift wirkt augenblicklich. Einem Herzinfarkt gleich. Das andere lässt es wie eine langsame Krankheit aussehen. Beide sind nur zu entdecken, wenn das Blut genau auf diese Substanzen getestet wird. Ein plötzlicher Herzinfarkt bei Kyrios' Körpergewicht und Lebensstil wäre plausibel, trotzdem könnte der Verdacht einer Mordabsicht auf mich fallen. Vielen ist inzwischen klar, dass ich mich an die Spitze setzen will. Wer sollte mir denn die Führung streitig machen? Die Zwillinge? Beide sind loyale Befehlsempfänger und intelligent genug zu erkennen, dass das genau ihre Rolle bleiben sollte. Allen anderen muss ich lediglich schnell klar machen, wer der neue Boss ist und kurzen Prozess mit denen machen, die was dagegen haben.

Anderseits hätte ein kränkliches Dahinsiechen den Vorteil, dass der Übergang nicht so abrupt wäre. Kein unnötiger Aufstand, kein Mordverdacht. Kyrios würde mit Sicherheit mir die Geschäfte übertragen.

Mit Sicherheit? Kann ich mir sicher sein, was in ihm vorgeht? Wer weiß, auf welche kranken Ideen er in seinem Sterbebett kommt. Am Ende überträgt er Capo alles.

Die Frage ist eher, auf was für sinnvolle Ideen er kommen könnte. Er könnte dahinter kommen, dass ich dahinter stecke. So wahnsinnig er auch ist, er kann erstaunlich scharfsinnig sein.

Selbst wenn nichts davon passiert. Wer weiß, was er von mir verlangen würde, während er im Sterben liegt. Von dir, seinem „heißgeliebten Jafar".

Mir schaudert. Dann müsste ich ihn doch direkt töten. Also gleich das schnelle Gift?

Wenn ich meine Machtübernahme offen durchführe, wird das vielleicht sogar als Zeichen von Stärke gewertet. Ach, Schluss damit!

Ene, mene, muh und raus bist … Sehr gut. Jetzt muss ich nur noch Eddy finden.

Blut schmeckt seltsam. Es ist ein fremdartiger Geschmack, der einen zwar nicht zum Würgen bringt, aber auch nicht wirklich lecker ist. Also weder: „Ihh, Blut!", noch „Mhh lecker, Blut!" Eben eher eine recht neutrale Gaumenfreude. Zumindest das Eigene.
Wieder fährt die Zungenspitze über den Riss in der Lippe und ist sich ziemlich sicher: „Oh, Blut."

Zuckergussüberzogener Streik

(Lin) „Dreck! Rate mal, was ich gefunden hab", rufe ich etwas gehässig, während ich die Tür zur Küche aufstoße. Eddy blickt auf und grinst.

„Ahh … ach … weißt du … brauch ich nicht mehr, aber danke."

„Was?!" Verdammt! Wie soll ich denn das jetzt verstehen?!

„Wo war es denn?", fragt er etwas desinteressiert und wendet sich wieder der Arbeitsplatte zu. Pupu! So nicht! Schnell gehe ich zu ihm und drehe ihn zu mir um.

„Moment! Dreck! Was heißt, du brauchst es nicht mehr?!" Er scheint bestens gelaunt zu sein.

„Ohh … och, naja … ich hab ein Neues." Blitzschnell zieht er ein kleines Fläschchen aus der Tasche und hält es triumphierend vor sich. „Tadaa!", flötet er begeistert. Ich gebe ihm einen leichten Klaps auf den Kopf.

„Pupu! Und das hättest du Honk mir nicht vorher sagen können? Sei froh, dass ich nicht so lange suchen musste! Aber woher zum Teufel hast du das jetzt?" Wieder zieht sich ein breites Grinsen über sein Gesicht. Er kommt ein Stück näher und berichtet mit leiser aufgeregter Stimme wie Jafar vorhin zu ihm kam, ihm das Fläschchen gab und ihm befahl, es in Kyrios' Nachmittagskuchen zu mischen. Dreck! Er sagte nicht mal direkt, dass es Gift ist, schien aber darauf zu vertrauen, dass Eddy schon verstehen würde. Denn er versicherte Eddy auch noch, dass alles gut werden würde. Sogar besser als früher. Er könnte seine Arbeit in der Konditorei wieder aufnehmen, würde eine schicke Wohnung in der Nähe bekommen und ein anständiges Gehalt, plus Extras. Pupu! Und er benutzte die Formulierung: „In der neuen Organisation wirst du gut aufgehoben sein."

„Ist … ist das nicht irre?!", kommentiert Eddy die neue Fügung. Dreck!

„Verdammt! Aber du willst doch nicht bleiben … oder?", frage ich vorsichtig.

Eddy schüttelt heftig den Kopf und guckt mich empört an. „Ähh … nein! Aber dass Jafar Kyrios ebenfalls vergiften will, ist … also … das ist doch das Beste, was passieren konnte. Niemand wird Jagd auf uns machen und wir können mit Monto ganz in Ruhe unseren Ausstieg arrangieren."

„Aber was ist, wenn Jafar nicht gleich alle unter Kontrolle bekommt und sich doch Leute an dir rächen wollen oder alles außer Kontrolle gerät, bevor Jafar das Ruder übernimmt?"

Eddys Mimik trübt sich nur kurz. „Nein … ach … nein, quatsch! Wer sollte sich denn für Kyrios rächen wollen? Alle hassen ihn doch", winkt er leichtfertig ab.

„Und wir rufen Monto doch auch gleich danach an. Und … naja … mit etwas Glück bemerkt Jafar unser Verschwinden erst Tage später. Bei dem ganzen Trubel wird er bestimmt erst mal andere Sachen zu tun haben."

Pupu! Sind Eddys Paranoia und Angstzustände wegen den Überstunden und Doppelschichten der letzten Tage in Streik getreten oder was? Er redet nie so leichtfertig daher. Verdammt! Statt alle Bedenken zu verwerfen, würde der Eddy, den ich kenne, sich hundertmal mehr Szenarien ausdenken und noch viel schlimmer ausschmücken. Oder ist ihm bei dem Chaos der letzten Tage nun doch endgültig eine Sicherung durchgebrannt? Ich bin auf alle Fälle immer noch skeptisch. Andererseits sieht der Plan jetzt auch nicht großartig anders aus als vorher. Kyrios vergiften und abhauen.

„Dreck! Ich würde trotzdem vorher mit Monto unsere Abholung vereinbaren."

„Nee … ach … besser wir spielen nach seinen Regeln. Außerdem muss ich das hier noch fertigkriegen." Er deutet auf die Arbeitsplatte, auf der schon der zerteilte Schokobiskuitboden liegt, mehrere verschmierte halbvolle Schüsseln und andere Zutaten.

„Das wird … mein Meisterstück!" Schon wieder strahlt er so seltsam.

„Verdammt! Mir gefällt der Mist nicht! Ich möchte die Gewissheit, dass wir danach in Sicherheit sind!" Dreck! Aber wann waren wir schon mal in Sicherheit? Eddy reagiert nicht und hat sich schon wieder seinen Zutaten zugewandt.

Pupu! Wenn ich schon nicht mit Argumenten in seine zuckergussüberzogene Welt vordringen kann, muss ich meine Bedenken versüßen. Ich lege ihm von hinten die Hände auf die Brust, lasse eine langsam hinunter wandern und liebkose seinen Nacken mit Küssen. Jedem einzelnen Kuss folgt ein gehauchtes „Bitte".

Er fängt an zu kichern wie ein verliebter Schuljunge.

„Ohh … o.k. … o.k. Ich … ich ruf ihn gleich an." Dann dreht er sich um, nimmt meinen Kopf zwischen die Hände, schaut mir ungewöhnlich lange in die Augen, legt eine Hand mit sanftem Druck an meinen Hinterkopf und küsst mich leidenschaftlich.

Hoppla! Verdammt! Diese Seite des Zuckerguss-Eddys gefällt mir nun aber. Nach einer wunderschönen Ewigkeit lösen wir uns voneinander. Er lächelt mich an.

„Und … ähh … sagst du mir jetzt, wo das Fläschchen war?"

Meine Lippen verziehen sich zu einem gehässigen Grinsen.

Blutend liegt er vor ihm. Er hat ihn in einen der zahllosen kleinen ungenutzten Räume geschleift, die es in diesem verlassenen Gebäude gibt. Er fragt sich, was er nun mit ihm machen soll und denkt sich: „Wenn er doch nur mit diesem Gelaber aufhören würde." Er zückt seine Waffe und schießt ihm in die Wade. Was aber nicht hilft.

Über Moral in einer kriminellen Welt

(Monto) Was mach ich jetzt? Will ich mich ... Ahh, dieses ewige Nachdenken geht mir mächtig auf den Sack! Ich will einfach warten, bis Kyrios tot ist, und dann weitersehen. Deswegen habe ich Eddy ja befohlen mich erst zu kontaktieren, wenn alles erledigt ist. Und jetzt verlangt er ... Was für ein Dreck! Dahinter steckt doch bestimmt wieder diese blöde Hure. Fuck! Und zur Krönung soll die auch noch ...

„Was wollte er denn?" Ach ja, Frank hab ich ganz vergessen. Er ist in die Zentrale gekommen, um mir erneut ein schlechtes Gewissen wegen des Überfalls zu machen. Aber gleichzeitig gesteht er den Erfolg der Aktion ein.

„Ach! Der kleine todesdreiste Pisser will nach der Vergiftungsaktion gleich abgeholt werden, um sofort in Sicherheit zu sein."

„Was ist denn mit dir los? Irgendwie verständlich, findest du nicht? Was hattest du denn mit ihm ausgemacht?"

„Ich habe ihm gesagt, er soll sich melden, wenn die Tunte tot ist."

„Und was hattest du dann vor?"

„Jetzt hör endlich auf mich zu ... Keine Ahnung! Ich wollte es erst mal so weit kommen lassen. Vielleicht hat sich das Problem ja dann auch schon von selbst gelöst."

„Problem? Von selbst gelöst?" Seine linke Augenbraue wandert nach oben.

„Na ... ach ... Fuck! Er wird gekillt, geschnappt, was weiß ich!"

„Aber du hast ihm Schutz versprochen. Du kannst nicht einfach darauf hoffen, dass er getötet wird. Von den moralischen Bedenken mal abgesehen, was ist, wenn sie ihn verhören?"

„Ach, was soll der schon groß erzählen?! Und überhaupt, ich kann doch nicht jeden dahergelaufenen Kleinkriminellen beschützen!"

Frank sieht mich durchdringend an.

„Du hattest nie vor, ihn zu beschützen, oder?"

Ich funkele ihn böse an, sage aber nichts. Frank senkt den Blick und schüttelt enttäuscht den Kopf. „Was ist nur aus uns geworden?"

„Ach komm, jetzt tu mal nicht so scheinheilig! Wir sind im Krieg! Da wird es immer Opfer geben. Und schließlich war dieser Eddy voll am Drogengeschäft der Organisation beteiligt. Genau genommen hätte er es verdient!"

Als hätte er mich nicht gehört, fährt er mit derselben kack betroffenen Stimme fort: „Machst du dir nicht manchmal Gedanken, wie schwarz-weiß wir alles betrachten? Wir die Guten, die die Bösen. Betrachtet man jeden Gangster einzeln, seine Lebensgeschichte, und wie er da reingeraten ist, und warum er nun tut, was er tut, dann bin ich mir sicher, wird man feststellen, dass es so einfach nicht ist. Schau dir die Geschichte von diesem Eddy an. Willst du da ernsthaft behaupten ..." Ich haue mit beiden Fäusten auf den Tisch und springe auf.

„GENUG!!! Es gibt Gesetze! Und wer die bricht ... der ... der ..." Oaaahhh! Ich bin viel zu aufgebracht, um was Vernünftiges ... dieser scheiß Moralapostel!

Frank fährt ruhig fort: „Gesetze brechen? Und was machen wir d..." „Ich sagte genug!!! Verschon mich mit dem Scheiß, Frank!" Ich habe keinen Bock mehr zu diskutieren! Soll er doch aussteigen!

„Weswegen ich eigentlich hergekommen bin", sagt Frank ebenso ruhig wie vorher, allerdings spürbar frostiger. Er zieht einen dünnen Papphefter aus seiner Tasche und wirft ihn vor mir auf den Tisch. Ich schaue ihn nur an, weiterhin einem Wutausbruch nahe.

„Guck es dir bitte an", sagt Frank mit einem langsamen Nicken.

„Was ist das?!", blaffe ich zurück, ohne einen Finger zu rühren. Einige Sekunden hält er meinem Blick stand, dann schaut er weg, schüttelt fast unmerklich den Kopf und massiert sich mit einer Hand den Nasenrücken.

„Das, mein alter Freund, ist der Bericht der Spurensicherung von der Schießerei beim Punzer. Und von seiner Obduktion."

„Und was soll ich damit? Ich war dabei, schon vergessen? Außerdem wie bist du da rangekommen? Du arbeitest doch gar nicht an dem Fall."

„Richtig Monto, du warst dabei. Dann erklär mir doch bitte, wie es kommt, dass der Punzer mit einem Kaliber erschossen wurde, das dem deiner Waffe entspricht." Ich knirsche mit den Zähnen und versuche, es zu verbergen, dass ich gleich platze.

„Ein weitverbreitetes Kaliber, wie du sehr wohl weißt." „Ja! Aber das Zweite war ein anderes. So konnte man die Schützen klar auseinanderhalten." Seine Stimme ist ein gepresstes Zischen und auch er bebt jetzt sichtbar. Ich schlage erneut auf den Tisch und deute anklagend auf Frank. „Was willst du mir damit sagen, hä?! Ich hab dir doch gesagt, dass es da drunter und drüber ging!"

Auch Frank erhebt sich ruckartig und wird laut. „Ja! Und du hast mir auch gesagt, dass Jafar schon da war, als du zum Punzer kamst. Und wenn man das mit den Einschüssen vergleicht, warst du der Schütze im Vorraum und Jafar war drinnen! Hab ich nicht recht?! Der Punzer lag aber überhaupt nicht im Schussfeld und wurde eindeutig vom Vorraum aus erschossen. Aus deiner Position! Mit deiner Waffe! Verdammt noch mal Monto, was war da los?!"

Ich stütze mich auf den Tisch, beuge mich leicht hinüber. Er weicht kein Stück zurück, erhebt anklagend den Finger und öffnet wieder den Mund. Ich packe seinen Zeigefinger und breche ihn, dann stürze ich mich über den Tisch auf ihn und prügele ihm seine Moral aus der verfickten Fresse.

„Fuck!!! Du Bastard! Du hast mir ins Bein geschossen!!!"

„HÖR! ENDLICH! AUF! ZU REDEN!!!", brülle ich Frank an. Ich muss … Ach Scheiße noch mal! Schon wieder nachdenken! Ahhh!!!

Frank schnauft stark und drückt sich mit der gesunden Hand auf die Wade. Sein blutiges Gesicht beginnt anzuschwellen. In meinem Kopf will sich kein Gedanke bilden. In meinen Ohren rauscht es.

„Was hast du jetzt vor … mhh?", keucht Frank.

Ich trete ihn ein paarmal. Stille.

„Warum hast du mich nicht gleich umgebracht, Monto? Wie den Punzer. Oder wolltest du nur die Zentrale nicht schmutzig machen? Wenn du mich nicht umbringen willst, schlage ich vor, du verbindest mein Bein, bevor ich verblute."

Seine Stimme klingt verächtlich und er schaut mich auch so an. Ich gebe ihm noch einen Tritt. Diese verräterische Ratte! Für wen hält … Hab ich ihn nach Waffen durchsucht? Ja, oder? Ich muss ihn verbinden und einsperren.

„Du wartest hier!"

„Nein, ich werde wie der Blitz vor dir davonkriechen, so dass du mi…" Ich schlage ihm mehrmals mit dem Kolben der Waffe auf die Schläfe, bis er sich nicht mehr bewegt. Eigentlich rührt er sich schon nach dem ersten Schlag nicht mehr. Endlich Ruhe.

Ich hole Verbandszeug, Handschellen und Gaffertape. Die Hände und Füße verschließe ich jeweils mit Handschellen und zur Sicherheit umwickle ich sie auch noch mit Klebeband. Dann kette ich ihn mit einer dritten Handschelle am Heizungsrohr fest. Seinen Mund verklebe ich mit Gaffertape, das ich mehrmals um den Kopf wickele. Er ist immer noch bewusstlos. Sein Bein habe ich mit einem Druckverband verbunden.

Ich beseitige die Blutspuren aus dem Aufenthaltsraum und dem Flur bis zur Tür. Dann rufe ich die anderen für heute Nachmittag zusammen. Mal schauen, wer von denen noch auf meiner Seite ist.

Pferdchen reckt sich, leckt nicht.
Zunge streckt sich, schleckt nicht.
Sondern schaufelt auf und
wird eingezogen in den Mund.
Wie Jünglinge zum Bund.
Pferdchen fühlt sich bald
elend wie ein Schabrackentapir.

Zwergponyfutter

(Eddy) Uhhh … wie ich diese lilafarbene Tür hasse. Hoffentlich sehe ich sie zum letzten Mal. Der Teller klappert leise auf dem Tablett. Das Vierteltortenstück bebt, als wäre es aus Wackelpudding. O.k. … ganz ruhig Eddy, du schaffst das!

Verdammt! Wo ist nur meine Zuversicht von vorhin geblieben? Wuusaa … es kann nichts passieren. Jafar ist auf deiner Seite, du hast Monto grade angeklingelt und beide Fläschchen sind in der Torte verarbeitet. Ooo…ohhh Scheiße! Was ist, wenn jemand den Rest in der Küche findet und davon nascht? Ich … ich würde einen Unschuldigen töten. Gehetzt blicke ich mich um. Scheiße verdammt! So ein Mist! So ein …

„Zuckerikosaederhusten tut weh", entfleucht es mir.

Mhh … es ist schon kurz vor sechzehn Uhr, verdammt und Monto steht in viereinhalb Minuten vor dem Gebäude! Alles geht den Bach runter. Alles wird auffliegen! Ich schaff das nicht!!!

„Ahhh …" Reiß dich zusammen!

„A…Ansaugstutzen!" Ruhe! Alles dreht sich und meine Beine geben nach. Ich knicke ein und schaffe es grade noch so, das Tablett … Die Tür öffnet sich einen Spalt. Jafar blickt mich ausdruckslos an. Ohh nein … ohh … er hat mich verraten! Ganz sicher! Scheiße! Und drinnen wartet Kyrios nur darauf, Zwergponyfutter aus mir zu machen.

„Wir hörten das Klappern und dich fluchen. Ist was passiert?" Auch sein Blick fragt, ob alles in Ordnung ist. Ich nicke. Reiß dich zusammen, Eddy!

„Ähh … ich … ich …"

„So, du bist gestolpert. Nur gut, dass du das Tablett nicht fallengelassen hast", sagt er etwas lauter und blickt mich durchdringend an.

„Ja … ähm … ja." Hoffnungsvoll reiche ich ihm das Tablett. Sein

Blick verändert sich kein bisschen, als ich ihm damit die Bürde übertragen will. Er tritt lediglich einen Schritt zurück und hält mir die Tür auf. Es bleibt an mir hängen.

Ich hole tief Luft. Schaffe es aber nur, stoßweise die Luft einzuziehen, da meine Bauchmuskeln so zittern. Hää? Wie bitteschön können denn Bauchmuskeln zittern? Mein ganzer Körper verkrampft sich. Langsam setze ich einen Fuß vor den anderen, ich muss mich grade wirklich voll darauf konzentrieren. Ich bin mir sicher, dass ich dabei wie ein klappriger Greis aussehe.

Auffällig … viel zu auffällig! Er wird es bemerken! Ach … nix wird er bemerken! Einfach gehen … einen Schritt … und noch einen … Tausende wirre Gedanken schießen mir durch den Kopf. Zum Glück ist mein Kiefer zu stark zusammengepresst, um ungewollt welche davon auszusprechen. Woher kommt eigentlich … Konzentrier dich, verdammt! Mhh … ist das Zimmer größer geworden? Ich müsste doch schon längst am Schreibtisch sein.

Plötzlich ragt er vor mir auf. Riesig. Massiv. Bedrohlich. Dahinter Kyrios. Noch riesiger. Noch massiver. Noch bedrohlicher. Blickt er direkt in meinen Kopf und liest in diesem Moment meine Gedanken? Ha! Aus dem Chaos soll er mal schlau werden.

Nicht dran denken, dass die Torte vergiftet ist! Nicht dran denken, dass … Jafar war's!!! Es war alles seine Idee! Uhh … denk nicht an Monto! Nicht an die Flucht! Denk ni…

„Willst du das Tablett ewig festhalten oder es endlich abstellen?!", fährt Kyrios mich an. Ich zucke zusammen, der Teller klappert auf dem Tablett, ich halte es schief und der Teller rutscht. Schnell halte ich es wieder grade. Puhh … das ist ja grade noch mal …

„WAS SOLL DER ZIRKUS, VERDAMMT!!!", schreit Kyrios und haut mit beiden Fäusten auf den Tisch. Ich nehme meine eigenen Bewegungen wie in Zeitlupe wahr. Oder vielleicht ist es auch schon längst vorbei, ich hab's nur nicht mitgekriegt.

Meine Hände erheben sich. Der Teller erhebt sich, dreht sich. Ich versuche das Tablett unter den Teller zu halten und er landet genau auf der Kante. Verkehrt herum. Ein Teil des Tortenstücks fällt zu Boden, der Rest klebt auf dem Tablett. Zeitlupe Ende.

Schockiert blicke ich auf. Kyrios' Gesichtsmuskeln zucken wild durcheinander. Gleich wird er explodieren. Ein Geräusch und eine Bewegung im Augenwinkel lenken meinen Blick zu Seite. Capo kommt um den Schreibtisch getrabt. Ohh … nein.

Er steuert auf die am Boden liegende Torte zu. Nein!!!

Uhhh … wie ich diese lilafarbene Tür hasse. Hoffentlich sehe ich sie zum letzten Mal.

Und diesmal wirklich zum letzten Mal!

Ich zittere noch mehr als vorhin und der Teller klappert wieder auf dem Tablett. Ohh nein … bestimmt wartet Monto schon draußen und Lin macht sich furchtbare Sorgen.

Als sich meine Starre vorhin endlich gelöst hatte, bin ich wie der Blitz runter in die Küche gerannt, um ein neues Stück zu holen und hab die übrige Torte gleich im Mülleimer entsorgt. Mhh … aber was wenn ich sie noch mal …? Ohh nein … da … dann hab ich kein Ersatzstück mehr!

„Spiegelei hin oder her …", stelle ich fest. Holunderbüsche müssen flauschig sein!

Reiß dich zusammen Eddy!!! Jetzt geh da rein, stell das Tablett ab und dann nichts wie weg. Noch mal rettet mir Jafar sicher nicht den Arsch.

„Verschwinde und hol ein neues Stück!", hatte er mich angezischt. Kyrios war zum Glück mit Capo beschäftigt gewesen. Eins muss man ihm lassen, er hat das Vieh echt im Griff. „Aus!!! Hier her, Capo! Man isst nix vom Boden!!!"

Ohh Mann ... das hätte übel ausgehen können. Ich sah Capo schon den Tortenmatsch mit der Zunge berühren, einen Blitz durch seinen Körper fahren und stocksteif umkippen. O.k. … Schluss jetzt Eddy!

Ich klopfe und kurz darauf öffnet Jafar die Tür, mit … mit einem Blick … mhh … ist er etwa nervös? Oh nein … warum ist er nervös?! Was erwartet mich hinter der Tür?! Hat dieses Mistvieh doch was weggeleckt und alles ist aufgeflogen?

Mhh … ich kann immer noch Jafar die Schuld geben. Aber … aber würde mich das retten? Oder konnte Kyrios nicht widerstehen und hat selbst mal vom Boden genascht? Mhh … die Dosis wäre wahrscheinlich zu gering … Magenkrämpfe vielleicht … und … und er würde mich stinksauer wegpusten, bevor ich auch nur dazu komme, mich zu erklären.

„Wird's bald!", maßregelt mich Jafar. Oh Mann … er ist tatsächlich sehr angespannt.

Kyrios sitzt nach wie vor hinter seinem Schreibtisch. Keine Torte auf dem Boden.

„Komm endlich her mit dem verdammten Tablett!!!"

Ich setze mich automatisch in Bewegung. Als ich näher komme, sehe ich Capo neben ihm stehen. Kyrios krault ihm sanft den Kopf.

Schnell stelle ich das Tablett ab.

„Du hast Glück, Eddy! Glück, dass du so gut bist!" Ich begegne seinem Blick nicht, nicke eifrig und gehe schnellen Schrittes nach draußen. Jafar sehe ich ebenfalls nicht an.

„Warte!", ruft Kyrios mir hinterher. Ohh … jetzt ist es vorbei. Endgültig vorbei!

Ich drehe mich um. Er deutet mit der Gabel auf das Stück Torte.

„Was sagtest du, ist das für eine Sorte?" Der Kloß in meinem Hals ist so groß, dass ich eigentlich nicht damit rechne, überhaupt einen Ton rauszubekommen.

„Ähh … Sch… Sch… Schoko…Karamell…Sahne." Er brummt und ich drehe mich um. Als ich höre, wie Jafar die Tür hinter mir schließt, kann ich es einen Moment lang nicht glauben. Im nächsten renne ich schon. Im Vorraum blicken mich einige verdutzt an.

„Hab was vergessen!", rufe ich zerstreut. Der Hof ist menschenleer. Mhh … sollte ich wirklich mal Glück haben? Ich öffne das Tor und blicke mich um. Niemand zu sehen. Puhh … zum Glück … ach nee … Moment mal! Niemand zu sehen? Niemand?! Mein Herz sinkt mir in die Hose. Ich bin verloren.

„Pssst." Ich rucke herum in Richtung des Zischens. Lin lugt aus einem Hauseingang hervor. Bei ihr angekommen fängt sie sofort an, mich im Flüsterton anzuschreien: „Dreck! Wo warst du?! Ich warte hier schon seit … Pupu! Keine Ahnung! Zu lange! Wo ist die Bazille?! Was verdammt noch mal ist passiert?! Wie lief …" Ich presse ihr eine Hand auf den Mund. Ich … ich muss mich erst mal sammeln. Sie beißt leicht hinein. Nicht schmerzhaft, aber ich lasse trotzdem los. Zornig funkelt sie mich an.

Ich krame mein Handy raus. Seitdem ich Monto angeklingelt habe, sind gefühlte dreißig Minuten vergangen. In Wirklichkeit sind es … was? Nur acht?! Mhh … trotzdem … wo bleibt er?

„Dreck! Die Bazille müsste längst hier sein, hab ich recht?"

„Naja … vor drei Minuten", gebe ich zu. Scheiße! Das war alles viel zu knapp kalkuliert.

„Ruf ihn an, du Honk!"

„Warte noch", versuche ich sie zu beruhigen. Meine Stimme sackt ab vor Anspannung. Ich schaue auf die Straße und erwarte, dass jeden Moment ein Auto um die Ecke biegen oder aus der Ferne auftauchen könnte. Nichts.

„Da!", rufe ich. Erwartungsvoll blicken wir dem sich nähernden Fahrzeug entgegen.

Es fährt vorbei. War ja klar.

„Pupu! Hat der Rest wenigstens geklappt?“, fragt Lin.

„Ähh … ja … natürlich. Stände ich sonst hier?“, erwidere ich etwas grob und entschuldige mich sofort. Doch im Moment gibt es nun wirklich Wichtigeres. Außerdem hab ich wenig Lust, ihr jetzt alles im Detail zu erklären – ich will es nicht noch mal durchleben. Obwohl … eigentlich kommt es mir jetzt gar nicht mehr so schlimm vor. Jaaa … war eigentlich ganz leicht.

Ich schaue aufs Handy … zehn Minuten … und rufe ihn an.

Tuut … tuut … tuut …

Ein dumpfer Knall ertönt. Lin blickt mich erschrocken an.

„Mist verdammt! War das ein Schuss? Dreck! Klang als käme er aus dem Gebäude.“ Ich bin unfähig, etwas zu erwidern. Stehe einfach nur da, mit dem Handy am Ohr.

Tuut … tuut … tuut …

Wild wiehernd springt es durch die Gegend, gefolgt von dem großen bösen Mann. Schlussendlich brechen beide zusammen. Die Attacke hat ihre Wirkung nicht verfehlt.

Ein schlechter Film

(Jafar) Beinahe hätte dieser Idiot alles verdorben. Ich hätte aber auch daran denken müssen, wie nervös und ängstlich Eddy ist und ihm Beruhigungstabletten geben sollen.

Dabei tut er, was er immer tut, nur dass er eine Zutat mehr hinzufügt. Aber Eddy ist nicht so pragmatisch und das weiß ich. Ruhig. Es ist ja nichts passiert.

Ich wische die Torte auf und werfe die Tücher in den Mülleimer. Kyrios brabbelt Flüche vor sich hin und streichelt Capo. Beinahe hätte dieses Drecksvieh das runtergefallene Tortenstück aufgeschleckt. Dann wäre es aus gewesen mit ihm und mit meinem Plan.

Warum erschießt du Kyrios nicht einfach? Fehlt dir dazu der Schneid? Du hast ohnehin vor zuzugeben, dass du Kyrios für das Wohl der Organisation aus dem Weg geräumt hast. Abknallen oder Vergiften macht also keinen großen Unterschied. Nur die Schweinerei wäre größer. Aber es wäre nicht klug. Und sollte dir allzu großes Missfallen entgegenschlagen, bliebe so immer noch die Option, Eddy die Schuld zu geben. Als wenn dir das jemand abne…

Es klopft. Ich gehe zur Tür und öffne.

Eddy und das Tortenstück zittern um die Wette.

„Wird's bald!"

Er setzt zaghaft einen Fuß vor den anderen und Kyrios fixiert ihn dabei. Ich sehe Eddy schon zusammenbrechen.

Da brüllt Kyrios plötzlich los: „Komm endlich her mit dem verdammten Tablett!" Automatisch spannen sich meine Muskeln an, jederzeit bereit, das Tablett festzuhalten.

„Du hast Glück, Eddy! Glück, dass du so gut bist!", sagt Kyrios laut vernehmlich, als Eddy das Tablett vor ihm abgestellt hat. Eddy nickt nur, dreht sich um und eilt mit gesenktem Blick nach draußen.

Vielleicht zu offensichtlich.

„Warte!", schreit Kyrios. Eddy steht schon mit einem Bein im Flur. Man sieht ihm an, wie er mit sich hadert, ob er jetzt einfach losrennen soll oder nicht. Ich schaue Kyrios an. Ist ihm doch etwas aufgefallen? Nein, das kann nicht sein.

„Was sagtest du, ist das für eine Sorte?“

Ich hätte beinahe gelacht angesichts dieser banalen Frage.

„Ähh ... Sch... Sch... Schoko...Karamell...Sahne“, stottert Eddy. Dann schließe ich schnell die Tür hinter ihm. Von Kyrios ist nur ein vorfreudiges Seufzen zu vernehmen. Mit einem erwartungsfrohen Kribbeln, das ich so noch nie verspürt habe, setze ich mich auf die Couch. Alles perfekt im Blick. Endlich wird die dicke lila Tunte abdanken!

Meine Vorstellung wird zur Wirklichkeit. Langsam trennt er ein Stück Torte ab und schiebt es auf die Gabel. Ein riesiges Stück, das er grade so auf der Gabel balancieren kann.

Ja, du gieriger Bastard, nimm einen extragroßen Happen, für Papa.

Er führt die Gabel zum Mund. Alles spielt sich in unendlicher Langsamkeit ab. Das Stück wackelt. Nein! Doch es stabilisiert sich wieder und nähert sich unaufhaltsam seinem weit geöffneten Mund.

Wie beim Beobachten eines Films bin ich unfähig in die Szene einzugreifen, welche sich nun vor meinem Auge abspielt.

Capo springt an Kyrios' Seite hoch, eines seiner Vorderhufe reißt das Tablett vom Tisch und Kyrios lässt erschrocken das Stück von der Gabel fallen. Nein! Jetzt liegt die Torte schon wieder auf dem Boden und Capo ist drauf und dran ihn aufzulecken. Da stößt Kyrios einen markerschütternden Schrei aus und rammt Capo die Gabel mit voller Wucht in die Seite. Capo zuckt herum und wird ein Stück weggeschubst, kurz bevor er den Kopf ganz zur Torte senken kann. Sofort beginnt er, wild zu wiehern und durch den Raum zu rennen. Kyrios scheint das wieder zur Besinnung zu bringen, er springt auf und läuft ihm durch den Raum hinterher. Tränen stehen ihm in den Augen und er schluchzt.

„Das wollt ich nicht! Tut mir leid! Bleib doch stehen! Komm zu Papa! Komm her! Bitte verzeih mir!“ Capo stolpert und sackt kurz darauf in einer Ecke zusammen. Kyrios kniet sich heulend und voller genuschelter, verrotzter Entschuldigungen neben ihn. Plötzlich dreht er ruckartig den Kopf zu mir und schaut mich mit verquollenen Augen an.

„So tu doch was!!!“

Ich starre ihn an, unfähig mich zu bewegen oder etwas zu sagen. Er wendet sich wieder Capo zu und beginnt, ihn zärtlich zu streicheln. Als dabei seine Hand auf die Gabel stößt und das Tier vor Schmerzen aufschreit, zieht er sie ihm vorsichtig heraus. Sie steckte nicht besonders tief. Dabei redet er weiter beruhigend auf ihn ein.

Dieses Scheißvieh hat alles kaputtgemacht! Jetzt muss ich Eddy holen, damit er noch ein Stück bringt. Ich stehe auf, gehe zur Tür und sage: „Ich hole was zum Verbinden, was zum Saubermachen und ein neues Stück Torte.“ Kyrios beachtet mich gar nicht. Die Tür lasse ich offen, soll ruhig jemand vorbeikommen und sehen, wie bescheuert sich unser großer Boss aufführt.

Im Gang höre ich Kyrios undeutlich etwas sagen. Nach ein paar weiteren Schritten bleibe ich abrupt stehen.

Ähhm, du hast schon gehört, was er eben gesagt hat oder? Du weißt, was das bedeutet.

Mein Gehirn rekonstruiert Kyrios’ zärtlich geflüsterten Satz: „Hier, das wolltest du doch oder?“

Jetzt weiß sie, wie sich ein Toreroneuling fühlen muss, wenn das erste Mal ein Stier auf ihn zu rennt. In diesem Moment entscheidet sich, ob man das Zeug dazu hat. Nur leider ist hier kein erfahrener Torero anwesend, der aufpasst, dass einen die eventuell eintretende Schockstarre nicht das Leben kostet. Nur ein noch grünerer Torero neben ihr.
Der Stier brüllt und rennt auf sie zu. Schockstarre. Er nimmt beide auf die Hörner.

Keinen Dank für die Blumen!

(Lin) Verdammte Pupu! Ich frier mir hier noch die Brüste ab!

Viele Autos fahren hier zwar nicht, trotzdem haben schon zwei Dreckskerle mit ihrer Karre am Bordstein gehalten und mich zu sich gewunken. Ein böser Blick und ein Mittelfinger haben jedoch ausgereicht, um sie wieder zu verscheuchen. Dreck! Sehe ich wirklich so aus? Vermutlich ist es einfach das Bild einer frierenden Frau in einer Gasse, in der schäbigsten Gegend der Stadt. Kann ja nur 'ne Prostituierte sein. Dreck! Wo zum Teufel bleibt er denn?!

„Wa… wa… warte draußen auf mich, das ist sicherer." Pipi! Als würde er aus einem billigen Film zitieren. Zuerst hab ich natürlich widersprochen, aber es ist vermutlich einfacher, alleine aus dem Gebäude zu fliehen und falls Eddy sich verspätet, könnte ich Monto so lange hinhalten. Aber verdammt noch mal, diese Warterei!

Was für ein seltsamer Zufall, dass Jafar plötzlich auch Kyrios vergiften lassen wollte. Oder hat er das von vorneherein geplant und nur deshalb Eddy als Leibkonditor ins Spiel gebracht? Dreck! Wenigstens konnte Eddy jetzt gleich die doppelte Giftmenge verwenden. Ich muss auflachen. Verdammte Pupu! Wie verzweifelt er das Giftfläschchen gesucht hat. Dabei stand es die ganze Zeit direkt auf der Ablage unterm Spiegel. Gut sichtbar und sogar doppelt, wenn man das Spiegelbild dazu zählt. Dreck! So ist das, wenn man was sucht, fällt einem das Offensichtliche nie auf. Aber so wie Eddy sich gefühlt hat, ist das allerdings auch …

Ich höre das Tor quietschen und spähe vorsichtig um die Ecke. Schnell locke ich ihn zu mir und lasse meiner Anspannung in einem Wust von Fragen freien Lauf:

„Dreck! Wo warst du?! Ich warte hier schon seit … Pupu! Keine Ahnung! Zu lange! Wo ist die Bazille?! Was verdammt noch mal ist passiert?! Wie lief …" Er hält mir den Mund zu und schaut sich nervös um. Dreckskerl! Ich kneife ihn mit den Zähnen.

Er schaut auf sein Handy. Dreck! Wusste ich doch, dass ich nicht nur das Gefühl hatte, hier schon eine Ewigkeit zu stehen.

„Dreck! Die Bazille müsste längst hier sein, hab ich recht?“

„Naja … vor drei Minuten“, gibt er zerknirscht zu. Verdammte Pupu!

„Ruf ihn an, du Honk!“

„Warte noch.“ Es klingt nicht sehr zuversichtlich. Plötzlich reißt er den Arm nach oben.

„Da!“ Pipi! Das ist doch nie und nimmer unser Taxi. Ich gebe Eddy einen Moment, um sich zu beruhigen. Dreck! Als wenn da ein Moment reichen würde. Dann frage ich ihn, ob alles geklappt hat.

Er erwiderte patzig: „Stände ich sonst hier?“ Offenbar erschrocken über sich selbst, murmelt er verlegen ein „Tschuldigung“. Schweigend stehen wir da. Er schaut wieder auf sein Handy. Dann ruft er endlich an. Ein gedämpfter Schuss lässt mich erschrocken herumfahren. Ich schaue Eddy ängstlich an.

„Mist verdammt! War das ein Schuss? Dreck! Klang, als käme er aus dem Gebäude.“

Dreck! Zwischen den Häuserschluchten könnte ich mich natürlich auch in der Richtung irren. Eddys Mut sinkt sichtlich mit jeder Sekunde, in der er das Telefon weiter ans Ohr presst. Schließlich lässt er die Hand langsam sinken.

„Mailbox“, sagt er mit tonloser Stimme. Pupu noch mal! Er lehnt sich vor, hält sich an meinen Schultern fest und vergräbt den Kopf zwischen meinen Brüsten. Er brabbelt irgendwas hinein, was wie eine Menge verdammter Entschuldigungen klingt und beginnt zu schluchzen. Na toll! Dieser …

„Hey“, versuche ich ihn mit sanfter Stimme zu beruhigen, wobei mir grad gar nicht danach ist. Zusätzlich tätschele ich ihm den Kopf. Dreck! Ich sitze in der Pupu und hab ein großes nutzloses Baby am Busen hängen. Gut, Plan B. Dazu muss sich Eddy aber erst mal wieder zusammenreißen, also tröste ich ihn weiter. Ob ihn nun die Wärme meiner Brust oder meine Stimme beruhigt, weiß ich nicht. Aber einige Sekunden später richtet er sich wieder auf und hält zumindest genug Körperspannung, um von alleine zu stehen.

„Ihh … w… wir … wir sind im Arsch“, stellt er trocken fest.

„Verdammt noch mal! So nicht, Eddy! Stell dir vor, Lucky würde uns so sehen! Was er jetzt dazu sagen würde! Dreck! Du erinnerst dich doch daran, was er uns mal über die Unwahrscheinlichkeit des Lebens erzählt hat oder?“ Etwas abgeschmackt, aber er scheint sich zu erinnern ...

„Ja … danach hatte ich noch mehr Angst, Kinder in die Welt zu setzen … und konnte mir neun Tage keinen runterholen." Aha … so viel dazu. Verdammt! Das war aber auch wirklich die seltsamste lebensbejahende Rede, die ich je gehört habe.

Der Abend, an dem Lucky Eddy überredet hatte, Haschbrownies zu backen. „Eine lustige kleine Verschnaufpause", wie er es nannte. Später, als unser sehr philosophisches Gespräch unweigerlich in die depressive Leben-Welt-und-überhaupt-alles-Scheiße-Richtung abzugleiten drohte, hatte Lucky den philosophischen Vogel abgeschossen: „Wisst ihr eigentlich, warum ich lebensfroh bin und ihr nicht? Ich meine, schaut mich an. Schaut euch mein Leben an. Ich sag's euch. Alles Einstellungssache! Feiert euer Leben. Jeden Tag! Klar, mal gelingt mir das mehr, mal weniger. Aber eines vergesse ich dabei nie: Nämlich, wie unwahrscheinlich es ist, überhaupt zu leben. Mal abgesehen von dem ganzen metaphysischen Kram, von dem Ich-Bewusstsein, das ausgerechnet hier auf dieser Welt inkarniert …"

„Dreck! Verschon uns damit!", hatte ich gebrüllt.

„Ja ja ja … Ich wollte auch eher darauf hinaus, wie viele Millionen Eizellen unbenutzt und unbefruchtet bleiben und wie viele Spermien das Tageslicht oder das Licht des Computerbildschirms erblicken. Oder im Taschentuch elendig verrecken oder in einem Gummi. Oder an Verhütungsmitteln scheitern. Aber trotzdem finden sich immer wieder zwei Menschen, die biologischen Eltern, zur Kopulation zusammen, verhüten nicht oder es klappt nicht. Meist braucht es ja etliche Anläufe, das bedeutet für die Spermien jedes Mal eine Reise durch eine lebensfeindliche Umgebung. Die meisten sterben auf dem Weg, wenige sind wirklich zur richtigen Zeit am richtigen Ort, noch weniger davon schaffen es in eine Eizelle, noch weniger, in den befruchteten Eizellen zu überleben. Und dann gibt es am Ende doch eine, eine die es schafft, sich einzunisten und länger als ein paar Tage zu überleben. Ich meine, wie unwahrscheinlich ist alleine das schon?! Und da ist der Kampf ja noch lange nicht vorbei. So viele Sachen können noch schiefgehen. Äußere Einflusse und Krankheiten, die dem Fötus schaden oder ihn sogar töten können. Ja, ein Fötus kann auch einfach so sterben, manchmal verknöchert einer und schwimmt dann noch jahrelang …"

„Ohh Pupu! Lucky, bitte!", unterbrach ich ihn wieder. Stoppen konnte man Lucky in dem Zustand nie, aber um Eddy und mir eine kurze Atempause zu gönnen, reichte es.

„O.k., lassen wir das … aber auch während der Geburt kann noch 'ne Menge passieren: Herzaussetzer, die Nabelschnur wird irgendwie abgedrückt, Todgeburt oder der Atemreflex setzt zu früh ein und die Kleinen atmen Fruchtwasser mit allem, was da so drin rumschwimmt. Problematisch sind dabei vor allem die eigene Pisse und Fäkalien, die sie kurz vorher oder während der Geburt ins Fruchtwasser absondern, dadurch kann sich dann eine lebensgefährliche Lungenentzündung bilden und …"

„Uhh … Bitte! Mir wird schlecht", rief Eddy. Doch Lucky ließ sich nicht beirren.

„Nein, so was muss man wissen! Der Uterus kann auch reißen und hab ich schon erwähnt, dass sich die Nabelschnur um den Hals schlingen kann und das Baby sich dann an der eigenen Nabelschnur erhängt?" Er schaute uns erwartungsvoll an. Wir ihn nicht.

„Bestimmt hab ich noch einiges vergessen, aber eins sollte klargeworden sein: Schon während des Prozesses, bei dem sich ein Mensch entwickelt und dann auf die Welt kommt, kann viel passieren. Und im Grunde ist die Wahrscheinlichkeit so winzig klein, überhaupt ins Erwachsenenalter zu kommen, dass es einem Wunder gleichkommt. Was danach im Leben noch alles schief gehen kann und es vorzeitig oder rechtzeitig, wie man's nimmt, beendet, brauch ich ja wohl nicht auch noch anzuführen. Also sollten wir alle verdammt noch mal verflucht dankbar sein, dass wir heute hier sitzen, leben, miteinander reden und uns Haschbrownies reinpfeifen können! Halleluja!!!"

Ach, Lucky … Dreck! Ich warte noch etwas und drücke Eddy weiter an mich. Aber verdammt! Es wird auch langsam mal Zeit. Also Plan B.

„Komm mit", sage ich nur und nehme ihn bei der Hand. Er folgt mir willenlos. Wir biegen um die nächste Ecke in eine weitere Gasse und ich kann es mir nicht verkneifen „Et Voilà!" zu rufen. Um ihn aufzuheitern, präsentiere ich ihm den lilafarbenen Roller wie ein Ausstellungsstück auf einer Automesse und lehne mich aufreizend lasziv, mit durchgedrücktem Rücken und rausgestreckter Brust, dagegen. Der Roller kippt um und ich falle, weniger aufreizend, mit den Armen rudernd darüber. Eddy beginnt unwillkürlich zu lachen. Pupu! Du mieser kleiner … Naja, immerhin hab ich ihn aus seiner Lethargie gerissen. Ich kann das Ding nämlich nicht fahren. Dreck! Aua, mein armer Steiß.

„Ähh … woher …"

„Hab den Schlüssel beim Suchen in deinen Sachen gefunden und den Roller auf dem Hof entdeckt. Hab der Bazille eh nicht getraut und dachte mir: „Dreck! Sicher ist sicher!“ Eddy starrt mich fassungslos an, dann kommt er auf mich zu, nimmt meinen Kopf und drückt mir einen Schmatzer auf die Stirn. Sofort wird die Stelle kalt von seinem feuchten Schmatzer. Pipi! Trotzdem irgendwie süß.

„Ohh … du … du … du bist …“

„Einfach unglaublich, ich weiß. Aber verdammt! Wir haben keine Zeit, also los!“

„Ähh … ja … aber …“ Schon wieder erschallen Schüsse.

Ich schubse ihn Richtung Roller. „Pupuegal! Hauptsache erst mal weg!“ Eddy beeilt sich, den Roller aufzurichten und sieht nicht besonders zuversichtlich aus. Dreck! Vermutlich ist es diesem verfluchten Karma zu verdanken, dass der Roller erst beim fünften Startversuch anspringt. Ich setze mich hinter ihn. Verdammt! Mein Steißbein schmerzt bei jedem Huckel.

Nach ein paar Minuten Fahrt stelle ich die deprimierende Frage, was wir jetzt machen sollen, denn ich weiß es nicht. Er schüttelt nur den Kopf und so fahren wir einfach weiter.

Als wir an einem Spielplatz vorbeikommen, fährt Eddy plötzlich mit seinem Kopf hoch, mit Schwung gegen meine Lippe. Dreck! Ich fluche ihn an und kneife ihm in den Bauch. Pupu! Am liebsten hätte ich ihm ja wild auf Rücken und Hinterkopf geprügelt. Aber dann würde er entweder die Kontrolle verlieren oder ich runterfallen. Und da meine Hände sowieso an seinem Bauch sind, blieb mir nur eine Möglichkeit, mich abzureagieren: die Waffe der kleinen Gören, Kneifen.

„Ohh … sorry, hat's weh getan?!“, ruft er mir sehr laut zu, um den röhrenden Motor zu übertönen. Verdammt! Ich glaube meine Lippe ist aufgeplatzt. Ich riskiere es, eine Hand nach oben wandern zu lassen, um ihn in die linke Brustwarze zu kneifen.

„Hey! Lass das! Ich … ich hab doch gesagt, es tut mir leid! Aber mir ist jetzt eingefallen, wo wir hinfahren könnten! Monto hat mir gestern ausversehen die Adresse von seinem Revier verraten!“

Dreck! So glorreich find ich die Idee jetzt nicht. Aber einen besseren Vorschlag hab ich auch nicht. „Wo zum Teufel ist das?!“

„Ähh … irgendwas mit 'ner Blume, glaub ich …“

„Es gibt ein Blumenviertel, nicht weit von hier! Hab da mal … gearbeitet!“

Aber Pupu! Das ist 'ne ziemliche Drecksgegend! Ich glaube nicht, dass die da 'n Polizeirevier eröffnet haben.

„Ähhh … ok … wo lang?!“

„Irgendwo links von uns! Sobald mir was bekannt vorkommt, sag ich Bescheid“, brülle ich und Eddie nickt. „Und du guckst auf die verdammten Straßenschilder!“

Nachdem wir eine Weile rumgefahren sind, kommen wir tatsächlich in eine Gegend, die mir leider sofort wieder sehr bekannt vorkommt. Pupu! Hier sieht es noch dreckiger aus als damals. Zum Glück reißt mich Eddy einen Augenblick später wieder in die Gegenwart zurück.

„Da!!! Da! Stiefmütterchenstraße! Jaa … ich … ich glaub, das war sie! Ja … ja, ganz sicher! Fünfun… nee … sechsundfünfzig! Ja genau sechsundfünfzig! Jetzt weiß ich's wieder! Jehuuuuuu!!!“, heult er in den Fahrtwind.

Dreck! Was ist denn mit dem auf einmal los? Hoffentlich täuscht er sich nicht!

Als wir die Hausnummer sechsundfünfzig an einer verwitterten Häuserfront entdecken, bleiben wir mit laufendem Motor stehen.

„Dreck! Hier soll eine Polizeiwache sein?!“, frage ich skeptisch.

„Mhhh … vielleicht … ähhh … auf dem Hof? Wer weiß, vielleicht kommt es in dieser Gegend nicht so gut, wenn die sofort als Polizeiwache zu erkennen ist oder sie ist undercover wie Montos Truppe.“

Wir fahren in den Hof.

Das Gaffer unachtsam über Mund und leider auch Nase geklebt, wird der ohnehin schon schwache Atem erheblich beeinträchtigt. Aber nach wie vor ohnmächtig kriegt er die Probleme, die sein Atem da hat, gar nicht mit, so sehr der auch versucht, ihn wegen seines akuten Notstands aufzuwecken. Er träumt von Lederpeitschen, Luft, die ihm abgeschnürt wird, um seinen Orgasmus zu steigern und anderem Schweinkram.

Ole, Ole!

(Monto) Ich sitze hier mit meinem Gehirn allein. Das ist nicht gut. Es ist schon nach sechszehn Uhr. Eigentlich habe ich die anderen extra für diese Zeit einbestellt, um gerade nicht darüber nachdenken … Eddy hat bereits vor einigen Minuten angeklingelt. Das heißt, Kyrios ist tot. Ha! Endlich! Die dicke lila Tunte hat die Bühne verlassen. Aber wie soll …? Ahh, ich hasse das! Ich haue meinen Kopf auf die Tischplatte, bis ein blutiger Fleck entsteht. Ich spüre nichts. Natürlich nicht! Ich bin tot, verdammt noch mal! Tot!!!

Ich gehe zum Waschbecken und betrachte den Schnitt auf meiner Stirn im Spiegel. Immer dieses Blut. Wieso kommt es nach wie … Es reicht zu wissen, dass ich untot bin. Aber ich weiß nie, wie weit ich … und wann die Schmerzen … Ich fasse an die Stelle kurz unter meiner Arschbacke, wo mich die Kugel getroffen hat. Ich fixiere die Stirnwunde im Spiegel so angestrengt, dass alles ringsumher verschwimmt. War da was? Ich drücke mit dem Zeigefinger in die Wunde. Nix. Blut läuft mir über die Hand in den Ärmel. Meine linke Augenbraue ist bereits ganz rot und das Blut läuft weiter über die Wange herunter. Ich wasche mir das Gesicht und die Hand, reiße einige Lagen von der Küchenrolle und drücke sie auf die Wunde. Viel zu fest. Ja, ich will den Schmerz provozieren. Endlich wieder was …

Mein Handy vibriert. Vermutlich wollen sie sich für ihr Zuspätkommen … „Nerv“ steht blinkend auf dem Display. Also lebt er noch. Ich lasse es klingeln. Ich bin todmüde.

Endlich erklingen Motorengeräusche von draußen. Klingt nach Patrice' Motorrad. Ein paar Augenblicke später öffnet sie die Tür.

„Was ist denn mit dir passiert?“

„Hab mir nur den Kopf gestoßen, alles bestens.“

„Und? Weshalb das Treffen? Hat unser Überfall auf die Konditorei was gebracht?“

„Ich will auf die andern warten, dann muss ich nicht alles doppelt erzählen." Sie setzt sich auf einen der Klappstühle am Tisch.

„Warum ist da ein Blutfleck auf dem Tisch?"

„Oh, da hab ich wohl gekleckert." Ich grinse verlegen, nehme das Tuch vom Kopf und wische damit auf. Das ist allerdings so blutig, dass ich es nur noch schlimmer mache.

„Aua, sieht übel aus. Wie hast du das denn geschafft?"

„Schrank, Kopf … lassen wir das."

„Soll ich's nähen?" Ich winke ab.

„Monto, das sieht aber so aus, als …" Erneut Geräusche von draußen.

„Hallöchen!", ruft Jim und zieht mit schmerzverzerrtem Gesicht scharf die Luft ein.

„Au! Wer hat dir denn das Ding verpasst?"

„Ich selbst, egal, setzt dich, wir warten noch auf Jan, dann können wir anfangen."

„Was ist mit Frank? Schon wieder Schicht?", fragt Jim. Ich kann das Zähneknirschen nicht verhindern, weshalb meine Worte auch eher gepresst rauskommen:

„Hat … abgesagt … schon wieder."

„Hey, reg dich nicht auf. Kann er doch nichts für, wenn seine Schichten zufällig immer so ungünstig liegen. Waren ja viele Spontanaktionen in letzter Zeit", erwidert Jim mit nervend beschwichtigender Stimme. Ich reiße mich zusammen.

„Ich näh das jetzt", sagt Patrice entschlossen. Fuck! Soll sie doch. Ist eh egal. Obwohl, meine Schusswunde ist ja auch normal verheilt. Aber die tat … Ahhh, es ist zum Verrücktwerden! Ich presse die Augen fest zu, bis ich viele funkelnde Lichter sehe.

„Alles klar, Monto?", fragt Jim besorgt. Ich öffne die Augen und sehe die Lichter langsam verschwinden. Er hat mir eine Hand auf die Schulter gelegt. Hab ich gar nicht gemerkt. Toll, nicht mal Berührungen merke ich noch.

Patrice klappt einen Koffer auf und hält mir die geschwungene Nadel vors Gesicht.

„Bereit?" Werde ich nervös? Ich winke nur lässig mit der Hand. Die Nadel nähert sich meiner Stirn. Nichts. Ich sehe nur die Bewegung ihrer …

FUCK!!! Unzählige Stiche malträtieren mein Gehirn und es fühlt sich so an, als würde mein Schädel innerlich brennen. Ich stoße keuchend die Luft aus und mir wird schwarz vor Augen.

Manchmal atme ich, manchmal nicht. Was soll … was ist überhaupt …?

Patrice schaut mich besorgt an.

„Alles klar? Ich kann auch aufhören, wenn du willst. Aber die zwei Stiche kann ich jetzt auch noch fertig machen." Ach ja richtig, sie näht meine Stirnwunde. Da sie nichts in der Hand hält, steckt die Nadel wohl noch. Ich spüre nichts.

„Alles o.k., mach weiter." Sie fummelt noch etwas rum. Ich spüre nichts.

„So fertig, jetzt siehst du wieder genauso scheiße aus wie vorher." Sie kichert.

„Danke", erwidere ich trocken. Draußen ertönt wieder ein Motor. Die Tür öffnet sich und Eddy tritt ein, dicht gefolgt von dieser Tussi.

„Was zum Teufel machst du denn hier?!", entfährt es mir, während ich aufspringe. Patrice und Jim, die beide instinktiv die Hand zur Waffe geführt haben, sehen mich nun entgeistert an.

„Du kennst die?", fragt Jim verblüfft.

„Ich … ja … aber …", mehr bringe ich vorerst nicht heraus.

Eddys Blick flitzt von einem zum andern und bleibt schließlich auf mir hängen. Sehe ich da etwa so was wie Wut in seinen Augen? Lin tritt an ihm vorbei und zeigt anklagend mit dem Finger auf mich. Nicht schon wieder! Dann kreischt sie los:

„Du Drecksbazille!!! Du hast uns verraten! Verdammte Pupu! Du hast uns sitzenlassen!" Eddy legt ihr einen Arm um die Schulter und drückt mit dem anderen sanft ihre Hand nach unten. Besser so. Dann sieht er mich wieder an.

„W… wir … ich … wir hatten … hatten eine Vereinbarung, Monto!"

„Was wollen die?", meldet sich diesmal Patrice und dreht den Kopf fragend zwischen mir und Eddy hin und her. Fuck! Ich hätte ihm … Scheiße!

„Verschwindet!", schreie ich sie an. Daraufhin lacht Eddy bitter auf und fährt mich weiter an, wobei ihm anzumerken ist, dass er noch immer mit unterschiedlichen Emotionen zu kämpfen hat. Es verleiht seiner Stimme einen sehr lächerlichen und hysterischen Klang:

„Wir … wir denken nicht dran! Wir haben deinen Auftrag erfüllt und … und die Drecksarbeit gemacht! Und … und nun … nun erfüllst du deinen Teil! Was ist das hier überhaupt? Ich dachte, das wäre 'ne Polizeiwache." Eddy schaut sich im Raum um. Seine Freundin fixiert mich nach wie vor mit ihrem Todesblick. Todesblick … Blicke, die töten … vielleicht … Es gibt da doch dieses Voodoo … Vielleicht ist das meine Schwachstelle und …

Ich wende mich etwas von ihr ab und stehe nun Patrice zugewandt.

Sie scheint das als Einladung zu verstehen, sich auch noch zu Wort zu melden:

„Was hat das zu bedeuten, Monto? Wer sind diese Leute?", fragt sie und beäugt mich dabei misstrauisch.

„Dreck! Ich sag Ihnen, was verdammt noch mal das zu bedeuten hat! Das Kuttelgesicht da hat uns schamlos ausgenutzt! Pipi! Und das als Polizist, falls er überhaupt einer ist. Dieser …" Eddy bedeutet ihr ruhig zu sein und macht ein nachdenkliches Gesicht.

„Ähm … Gehört ihr mit zu der Spezialeinheit?", fragt er plötzlich und wendet sich abwechselnd Jim und Patrice zu. Jim nickt etwas verdutzt. Patrice rührt sich gar nicht.

„Ahh … aber … warum wisst ihr dann nichts davon, dass … dass Monto mich seit Wochen als Spitzel bei der Organisation ausnutzt und … und mir gestern den Auftrag … den Auftrag gab, Kyrios zu vergiften?" Seine Stimme ist nun deutlich fester. Er wartet nicht mal eine Antwort ab:

„Dafür hat er uns Polizeischutz versprochen, sich … sich aber nicht daran gehalten." Den beiden entgleisen vor Erstaunen die Gesichtszüge. Jim fasst sich als Erster wieder.

„Dann musst du Eddy sein. Aber … aber warum …"

Dann unterbricht ihn Patrice, indem sie mich scharfzüngig fragt: „Ist das wahr, Monto? Warum wussten wir davon nichts?"

Ich blicke zu Boden. Nicht aus Verlegenheit, sondern weil ich nach wie vor versuche, mein Gedankenchaos zu ordnen. Aber da ist nur ein verquerer Wust, der sich fast körperlich spürbar durch meine Synapsen frisst. Mit beiden Händen am Kopf stürme ich schreiend auf die beiden zu. Starr vor Schreck bewegen sie sich nicht vom Fleck.

Es gibt Videos im Internet, in denen Ausschnitte aus Horrorfilmen, beziehungsweise Splattermovies, zeigen, wie Menschen der Kopf explodiert. Er fühlt sich an eine schnell ablaufende Compilation dieser Ausschnitte erinnert.

Ein sicheres Versteck

(Eddy) Ahh … wo bin ich? Ich sehe nichts. Schmerz überall. Nur mit starker Konzentration kann ich Nase und Kopf als Ursache ausmachen. Aua. Mhh … aber das erklärt nicht, warum ich nix sehe. Ahh … na klar, ich hab die Augen zu. Ich öffne sie langsam. Ahh … mein Kopf!

Oha … hören kann ich ebenfalls nix. Sofort nach diesem Gedanken setzt leises Pfeifen ein, das langsam lauter wird. Dumpfe Geräusche lösen das Pfeifen nach und nach ab.

„… dich! Und beruhig dich endlich!" Aha … offenbar soll ich mich beruhigen … mhh. Aus der Farb-Kontur-Suppe vor meinen Augen schärft sich langsam ein Bild. Puhh … und jetzt fällt mir auch wieder ein, wo ich bin. Nur hat sich meine Position verändert. Ich lehne an der Wand etwas von der Tür entfernt, fast schon in der Ecke. Irgendwas liegt mir schwer auf der Schulter. Als ich meinen Kopf drehe, kehren das Fiepen und der Nebel kurz zurück.

Lins Kopf liegt auf meiner Schulter. Mhh … sie scheint bewusstlos zu sein. Ich rüttele sie. Ohh … nein … ist sie …? Doch ihre Körperwärme beruhigt mich sofort. Aber … kühlt der Körper überhaupt so schnell ab, nach … Hör auf damit! Ich würde es doch wohl merken, wenn sie tot ist … glaube ich. Plötzlich muss ich an den armen erdrosselten Herb denken. Zufällig hab ich sogar gerade seine Hose an. Oder … vielleicht … doch nicht zufällig … mehr schicksalhaft, weil … weil … Ich schüttele den Gedanken ab und sehe mich im Raum um. Der Nebel ist verschwunden.

Monto steht mit dem anderen Typen und dieser Frau in der Nähe vom Tisch. Alle scheinen sehr angespannt zu sein. Der Typ hält eine Waffe in der Hand, zielt aber auf niemanden. Er und die Frau stehen nebeneinander und mustern Monto skeptisch. Der mich seinerseits sehr wütend fixiert. Er atmet heftig. Ich starre zurück.

Erst jetzt fällt mir auf, dass meine Nase nicht nur höllisch weh tut, sondern, dass ich auch keine Luft mehr dadurch bekomme. Panik überkommt mich, bis ich mir wieder bewusst werde, dass man auch durch den Mund atmen kann.

Also … wenn ich meine Erinnerungen und momentane Verfassung richtig kombiniere, dann hat Monto bei seinem Wutanfall wohl meine Nase erwischt. Er kam ja wie eine Dampfwalze auf mich zugestürmt. Mhh … hab ich es eigentlich geschafft, mich zu wehren?

Mein Steiß tut weh, der Boden ist hart. Um mich aufzurichten, löse ich mich behutsam von Lin und versuche, sie an die Wand zu lehnen. Anscheinend hat sie was aufs Auge bekommen, die rechte Seite ist zumindest knallrot und bereits etwas geschwollen. Oh Mann … ihre Lippe haben sie auch blutig … Ach nein … das war ja ich.

Von der Bewegung geweckt kommt auch sie wieder zu sich.

„Ähh … alles klar?", bringe ich leise hervor. Sie schaut an mir vorbei und zumindest ihre ungeschwollene linke Gesichtshälfte sieht ziemlich finster drein.

„Du dreckige Bazille!", schleudert sie Monto entgegen. Mhh … dafür, dass sie gerade noch bewusstlos war, ist ihre Stimme erstaunlich kräftig. Das Poltern hinter mir lässt mich herumfahren und ich sehe wie die beiden Monto festhalten müssen, da er uns offenbar schon wieder anfallen will. Spätestens jetzt bin ich mir sicher, dass in seinem Kopf was verkehrt läuft.

„Lasst mich los! Fuck! Lasst mich los! Das ist ein Befehl!!!"

Seine Kollegen sehen sich abwechselnd mit traurigen und fragenden Blicken an. Offenbar wissen sie nicht so recht, wie sie mit der Situation umgehen sollen. Na, wenigstens lassen sie nicht los.

Die Frau schaut uns beide abwechselnd an, dann haftet ihr Blick auf mir. „Warum bist du hier und wie bist du auf das Versteck gekommen?"

„Ich … na … ähh … ich sagte doch schon … Monto hat uns Schutz versprochen. Ich sollte ihn anklingeln, kurz bevor ich die Torte zu Kyrios bringe und es war vereinbart, dass er uns fünf Minuten später vor dem Gebäude einsackt. Und da …"

Mit vor Wut überschlagender Stimme unterbricht mich Monto:

„Duuu!!! Du wolltest, dass ich dich abhole! Nicht ich!!!"

„Dreck! Und du hast zugestimmt!", zischt Lin. Einige Sekunden bleibt alles ruhig, lediglich Montos leises Gebrabbel ist zu hören. Dann fahre ich fort: „Also … naja … warteten wir. Doch als er auch nach zehn Mi…"

Plötzlich springt die Tür einen Spalt weit auf. Die beiden Beamten blicken zur Öffnung und ihre Augen weiten sich. Die Waffenhand des Mannes zuckt kurz, hebt sich dann aber doch nicht. Monto schaut auf den Boden und sein Blick wandert unkontrolliert hin und her. Er brabbelt immer noch wie ein Geisteskranker. Doch dann erwacht er scheinbar und schaut ebenfalls in Richtung Tür. Langsam schiebt sich der Lauf einer Waffe aus der Türöffnung, eine Hand und dann der dazugehörige Arm. Mit behutsamen Schritten tritt ein Mann in den Raum. Wer ist das?

Der Typ, der Monto nur noch halbherzig festhält, bringt als Erster einen Ton heraus.

„Was soll das?!"

„Steckt ihr da etwa auch mit drin?", fragt der Mann ruhig und mit deutlicher Schärfe in der Stimme. Dabei lässt er seine Waffe von einem zum anderen wandern.

„Wir haben auch grade erst davon erfahren und jetzt nimm die Waffe runter", versucht ihn die Frau zu beschwichtigen. Der Mann ignoriert sie und beäugt die drei weiterhin misstrauisch. Dann haftet sein Blick auf Monto. Seine Augen funkeln.

„Wie konntest du nur?"

Wer ist der Typ? Und was hat er mit der Sache zu tun?

Monto blickt ihn nur zornig an. Hoffentlich knallt ihn der Kerl ab. Geschieht dir nur recht!

„Wo ist er?", fragt der Neuankömmling und die Frau zeigt langsam auf mich. Der Mann schaut uns mit großen Augen an, die Waffe immer noch auf die anderen gerichtet. Seine Gesichtszüge entgleisen vollends und er wendet sich wieder den anderen zu:

„Wer zum Teufel sind die denn?!"

Hääă? Die anderen sehen mindestens genauso verdutzt aus wie ich. Sogar Monto beäugt den Mann nun misstrauisch.

Die Frau beginnt verwirrt zu stottern: „Wie? … ich dachte … du … Das ist Eddy, der Spitzel von Monto, der…"

Der Mann schneidet ihr, mit einer wegwischenden Geste seiner Waffenhand, das Wort ab: „Verarscht mich nicht! Wo ist Frank?!"

„Der … der hat Dienst", erwidert die Frau verwirrt. Mhh … der Mann scheint angestrengt zu überlegen, jedoch offenbar ohne Ergebnis. Ratlos schaut er von einem zum anderen. Dann fuchtelt er mit seiner Waffe wild herum und schreit: „Ich weiß, dass er hier ist, also verarscht mich nicht! Wo ist er?!"

„Jan, beruhig dich", versucht es der andere Typ ruhig und beschwichtigend. „Frank ist wirklich nicht da. Außerdem haben wir hier grade ein …"

„Blödsinn!!!", schreit dieser Jan und fuchtelt so sehr mit seiner Waffe herum, dass der Typ und die Frau vor Schreck beruhigende Gesten machen.

„Ganz ruhig, Jan", sagt die Frau. „Wir sind grade alle etwas durch den Wind, aber … aber wir müssen …"

„Halt die Fresse, Patrice!!! Ich weiß, dass Frank hier irgendwo sein muss. Ich habe sein Notsignal empfangen und die Aufnahme gehört. Wo hast du ihn hingebracht?!", keift er in Montos Richtung. Seine Waffe zittert heftig.

Vor meinem geistigen Auge läuft bereits Montos explodierender Kopf in Endlosschleife. Jaa … tu es! Tu es einfach! Montos Gesicht hat sich jetzt wieder in ein zorniges verwandelt. Die anderen beiden gucken zwischen Monto und diesem Jan hin und her.

„Fuck! Was soll das alles?! Jan? Monto?", fragt der andere Typ vollends von der Rolle.

Dieser Jan betrachtet die anderen beiden und kauft ihnen nach kurzer Überlegung offenbar ihre ratlosen Mienen ab. Trotzdem scheint er misstrauisch zu sein: „Also steckt ihr da nicht mit drin?"

„Wo drin?!", fährt ihn der andere nun etwas gereizter an. Mhh … scheinbar ist ihm das alles zu viel. Verständlich. Ich bin auch komplett verwirrt. Naja … aber uns bleibt ja eh nicht viel übrig, außer zu beobachten. Ich schaue Lin an. Wir tauschen Blicke aus.

Lin schaut auffordernd zur Tür.

Ich nicke, aber wohl nicht überzeugt genug.

Wieder schaut sie auffordernd zur Tür.

Ich schaue sie nervös an, dann auf die drei Bullen, dann wieder sie.

Lin funkelt mich böse an, schaut auf die Waffe und dann wieder zur Tür.

Ich wende den Blick ab. Mhh … vielleicht hab ich den Ausdruck auch falsch gedeutet, aber für mich ist an Flucht grade nicht zu denken. Noch halte ich an meiner Hoffnung fest, dass diese Leute hier wenigstens *irgendwas* mit der Polizei zu tun haben. Also … zumindest diese Patrice und der andere Kerl scheinen recht vernünftig zu sein. Und auch wenn die Situation grade sehr angespannt ist, fühle ich mich hier immer noch sicherer als draußen auf der Straße. Puhh … vermutlich sucht man uns schon überall. Was allerdings hier läuft, ist mir ein Rätsel.

Nachdem der Mann namens Jan die anderen eine Weile weiter misstrauisch beäugt hat, scheint er zu einem Entschluss gekommen zu sein.

„Vorhin habe ich einen Hilferuf auf meinem Handy erhalten. Durch ein System, das ich von verdeckten Einsätzen habe, funktioniert es wie so eine Art besserer Notfallknopf. Eine Software auf dem Handy ruft eine Mailbox mit der Freisprechfunktion an. Das Handy sieht ausgeschaltet aus und gibt keinen Ton von sich. Die Software reagiert dann nur noch auf Sprachsteuerung. Zum Beispiel: Die Aufnahme abschließen und einen Hilferuf an vorher definierte Nummern senden mit Standort und der Mailboxnummer. Ich wusste, dass sie von Frank kam, den Standort kannte ich nur zu gut und die Mailboxaufnahme verriet mir in etwa, was hier vorgefallen war." Während des Vortrages ruhen seine Augen nur auf Monto.

Mhh … irgendwie komme ich mir vor wie in einer Fernsehserie. Ich spüre die Spannung, aber ohne Angst selbst am Geschehen teilzuhaben.

„Monto hatte einen Streit mit Frank, dann viel Tumult, eine Schlägerei offenbar, weiterer Streit und später fiel ein Schuss, man hörte Franks Schmerzensschreie, dann schrien sie sich wieder gegenseitig an, viel Geraschel und ganz leise sagte Frank ‚Nudelpesto', vermutlich sein Codewort für den Hilferuf. Also wo ist er?"

Monto und dieser Jan liefern sich ein Blickduell. Die anderen beiden schauen verdutzt drein, entfernen sich aber langsam von Monto. Der andere Typ richtet halbherzig seine Waffe auf ihn und Patrice lässt ebenfalls unentschlossen die Hand zu ihrer sinken.

„Was war da los?", fragt der andere Mann.

Monto blickt ihn heftig an und blafft los:

„Frank wollte mich verraten! Uns verraten!!! Er hat das Ziel gefährdet!"

„Ach! Und seit wann ermorden wir Unschuldige für unser Ziel!?!", brüllt Jan ihn an. Als er die Blicke der andern beiden bemerkt, fügte er etwas ruhiger hinzu: „Ich habe den Streit auf der Aufnahme nicht ganz verstanden. Erst ging es um die Vergiftung von Kyrios, die nun doch stattfinden sollte und Monto hatte diesem Typ Schutz versprochen, den er aber nie vorhatte zu geben. Er hoffte einfach, er würde bei der Aktion draufgehen. Danach ging es um einen ‚Punzer', den Monto offenbar kaltblütig erschossen hat. Danach fing die Schlägerei an."

He… hey, da ging es ja um mich! Der Gedanke blieb allein und relativ unbeachtet in meinem leeren Kopf.

Dann fällt der Groschen und Patrice platzt der Kragen: „Was ist bloß los mit dir?!"

Auch der andere sieht inzwischen reichlich wütend aus. Er greift Monto an die Jacke und hält ihm die Pistole auf die Brust.

„Wo ist Frank? Und was hast du mit ihm angestellt?", zischt er mit hochrotem Kopf.

Dieser Jan geht jetzt zum Tisch, die Waffe nach wie vor auf Monto gerichtet.

Der andere schüttelt ihn inzwischen, reißt an seiner Jacke und brüllt ihn an: „Wo zur Hölle ist er?! Raus damit oder …"

Die Tür fliegt erneut auf und alle wenden sich abrupt um.

Gehirnfetzen kühlen an der frischen Luft schnell ab. Wie wohl alles, was sich vorher im sechsunddreißig Grad warmen Körper befand und dann gewollt oder ungewollt einer kälteren Umgebungstemperatur ausgesetzt wird. Denn bekanntlich kühlen heiße Dinge schneller ab. Hinzu kommt noch die sogenannte Verdunstungskälte beim Trocknen feuchter Dinge. Und ein Gehirn ist definitiv sehr feucht.

Bemehlt, erschossen & eine Performance mit roten Ballettschuhen

(Jafar) Ich drehe mich ruckartig um und nehme die paar Meter bis zur lila Tür mit wenigen großen Sätzen. Doch da hält Kyrios Capo bereits seine Hand hin und der schlabbert genüsslich daran herum. Sie ist voller Tortenmatsch. Nein, das darf nicht sein. Mit seiner großen Zunge hat er innerhalb von Sekunden die ganze Hand abgeschleckt. Einen Augenblick später beginnt sich, sein Körper zu verkrampfen. Ich drehe mich wieder in den Gang und lehne mich mit dem Rücken gegen die Wand neben der Tür. Mein Herz pumpt wie wild. Was mache ich jetzt? Ich höre Kyrios' zaghafte Stimme.

„Was ist mit dir? Capo? Sag doch was!" Es würde mich nicht wundern, wenn in Kyrios' Phantasie Capo vorher mit ihm gesprochen hat. Aber jetzt sagt er ihm garantiert nichts mehr, nie wieder. Nach einigen Sekunden Stille höre ich, wie er sich aufrichtet. Meine Hand wandert unters Jackett und ich umschließe den Griff der Waffe. Der markerschütternde Schrei lässt mich zusammenzucken. Hätte ich den Finger schon am Abzug gehabt, hätte ich mir mindestens ein Loch ins Jackett geschossen. Kyrios kommt aus dem Büro gestürmt, direkt an mir vorbei, ohne mich zu beachten.

Jetzt! Das ist deine Chance!

Ich bewege mich keinen Millimeter. Gebannt schaue ich der Dampfwalze hinterher und löse mich erst aus meiner Starre, als er die Treppe zur Halle heruntertrampelt. Sein wutverzerrtes „Mitkommen!!!" hallt durch den Raum und ich sehe ihn grade noch im linken Flur verschwinden. Wie vermutet, will er zur Küche. Manche der Anwesenden folgen ihm eilig, die Schlaueren nicht. Die Angst steht jedoch allen im Gesicht.

Ich sehe Eddy schon vor mir, wie er drauf losplappert: „Es war Jafar!!! Jafar wollte, dass ich den Kuchen vergifte!" Hoffentlich schlägt Kyrios ihn in seiner Wut vorher bewusstlos oder tot. Schnell folge ich der Meute aus circa zehn Männern durch den Gang und drängele mich an ihnen vorbei in den Raum. Mitten in der Küche steht Kyrios, mit dem Rücken zur Tür, geballten Fäusten und schnauft wie wild. Kein Eddy in Sicht.

Plötzlich setzt er sich in Bewegung und rennt durch die einzige andere Tür im Raum ins Lager. Dem Krach nach zu urteilen, konzeptioniert er grade das Lagersystem neu. Einen Augenblick später kommt er wieder daraus hervor, hinter ihm quillt eine weiße Staubwolke. Kyrios ist komplett voller Mehlstaub und sein Anzugärmel ist links etwas aufgerissen.

Ich verziehe mich in eine Ecke, in einigem Abstand zu den Männern. Die haben sich in einer Traube am Eingang versammelt und schauen die dicke bemehlte Tunte nun ängstlich an.

Es sieht so aus, als wäre er in eine mystische neblige Aura gehüllt.

„Findet ihn!!! Bringt ihn zu mir!!! Lebend!!!", schreit Kyrios stoßweise.

„Wen?", fragt einer aus der Traube. Sein Gehirn bespritzt die hinter und um ihn stehenden Männer. Einer davon greift sich röchelnd an den Hals, zwischen seinen Fingern läuft Blut hindurch.

„Eddy! Den Konditor! Wen denn sonst?!", schreit Kyrios und fuchtelt mit seinem riesigen Revolver in ihre Richtung. Die Meute rennt sich, bei dem Versuch möglichst schnell den Raum zu verlassen, gegenseitig über den Haufen. Als alle, bis auf den Toten und den Verblutenden, draußen sind, deutet er mit dem Lauf der Waffe auf mich.

„DU!!!"

Jetzt die Hand unter mein Jackett zu bewegen, wäre mein Ende, also lasse ich es. Kyrios' Hand zittert stark. Absolute Stille wäre jetzt angemessen. Doch im ganzen Gebäude hört man die Männer nach Eddy suchen und im Hintergrund röchelt der Typ mit dem Halsschuss leise vor sich hin. Schnell durchschreitet Kyrios die Küche. Meine Hand huscht unters Jackett, doch kurz bevor er bei mir ist, lässt er seine Waffe sinken. Seine Wut fällt von ihm ab und seine Mimik wird weich. Dann fällt er mir um den Hals und bricht in Tränen aus. Die Heftigkeit seiner Umarmung raubt mir den Atem. Der Mehlstaub trägt sein Übriges dazu bei. Und das Mir-um-den-Hals-Fallen bei Kyrios' Statur bedeutet, dass mein Hals in etwa auf Höhe seines Solarplexus ist.

„Bitte! Finde ihn für mich!", schluchzt er.

„Natürlich." Mit großer Anstrengung löse ich mich aus seiner Umklammerung. Ja, ich muss Eddy finden. Um ihn zu töten. Oder ich breche ihm den Kiefer. Dafür lässt sich einfacher eine Begründung finden und Kyrios kann sich dann an ihm auslassen.

Siehst du! Du bist doch zu feige, Kyrios zu töten!

Schnauze. Im Gehen begriffen, bleibe ich an der Tür kurz noch mal stehen. Der Typ mit der Halswunde lehnt an der Wand daneben und schaut mich mit großen Augen an. Ich ziehe meine Waffe und verpasse ihm zwei Kugeln in die Brust. Was sich eben abgespielt hat, sollte nicht weitergetratscht werden. Er hätte eh nicht überlebt, aber sicher ist sicher. Dieser Vorfall würde quasi alle Gerüchte über meine sexuelle Beziehung mit Kyrios und meine dadurch erlangte Position bestätigen. Oder ihnen zumindest neues Feuer geben. Und noch ein Brandherd ist jetzt das Letzte, was ich brauche. Kyrios hat nicht mal aufgeschaut. Ganz in seiner Trauer versunken. Trotzdem sage ich laut:

„Der wäre sowieso draufgegangen." Und ich verschwinde schnell Richtung Ausgang. Die Männer stellen immer noch das Gebäude auf den Kopf. Als wenn Eddy so blöd wäre, hierzubleiben.

Ich laufe auf die Straße und sehe grade noch ein lila Moped aus einer Gasse schießen. Schnell steige ich in meinen Wagen, finde sie ein paar Straßen weiter wieder und folge ihnen in gebührendem Abstand.

Du solltest sie einfach über den Haufen fahren! Schließlich sitzt du im geschützten Auto und die zwei haben nicht mal Helme auf. Aber das würde mein Auto beschädigen und Eddy könnte dabei draufgehen. *Ein Unfall während einer Verfolgungsjagd ist doch eine passable Ausrede für dich.*

Ich folge den beiden, bis sie vor einem heruntergekommenen Häuserblock stehenbleiben. In einiger Entfernung halte ich an. Sie schauen die Straße entlang. Auf die Entfernung ist es unwahrscheinlich, dass sie mein Auto erkennen. Sie verschwinden im Hauseingang.

Ich steige aus und renne los, ziehe meine Waffe. Ich verlangsame erst meine Schritte, als ich bei dem Häuserblock ankomme. Die letzten Meter lege ich vorsichtig und leise zurück und werfe einen Blick in die Toreinfahrt. Im Hinterhof ist nichts zu sehen, außer noch einem Tor. Ich schleiche mich an und schaue in den zweiten Hinterhof. Dort stehen ein Motorrad, ein Fahrrad und der Roller. Die Hälfte des Hofes ist von einem Flachbau ausgefüllt. Vorsichtig werfe ich einen Blick durch eines der Fenster. Dieser Wichser!

Ich brauche die Zwillinge. Aber heute ist Donnerstag. Das heißt, die beiden sind heute beim „Impro-Tanztheater". Ich rufe sie trotzdem an. Wie zu erwarten war, geht keiner von beiden ans Telefon. Dann muss ich sie wohl abholen. Peinlich für sie, „die harten Gangster beim

Improvisationstanz." Zum Glück ist das Theater nur ein paar Minuten von hier. Ich starte den Wagen und fahre los.

Fuck! Verdammte Scheiße! Alles geht schief und du weißt nicht, was hier gespielt wird! Ruhig. Die genauen Hintergründe sind jetzt unwichtig. Die beiden haben sich zur Polizei geflüchtet oder vielleicht ist es auch irgendeine verdeckt ermittelnde Einheit. Zumindest ihre Alltagskleidung und das Gebäude lassen darauf schließen. Vielleicht spielen sogar Eddy und Lin ein doppeltes Spiel. Aber noch ist alles im kontrollierbaren Bereich.

Als ich beim Theater ankomme, ist der Zuschauerraum fast leer. Niemand bemerkt mein Erscheinen. Auf der Bühne hampeln zwölf Menschen wild durcheinander. Von einem unverständlichen Gebrabbel begleitet, führen sie ihr Stück auf. Die Bezeichnung „Stück" finde ich bei Improvisationstanz allerdings nicht angebracht. Aber eine Probe kann es nicht sein, denn wie will man ein improvisiertes Stück proben. Ich schaue mir das Ganze eine Minute an, gehe den Mittelgang entlang und fange laut an zu klatschen. Alle drehen sich erschrocken um. Applaus sind sie wohl nicht gewohnt. Den Zwillingen fallen bei meinem Anblick fast die Augen aus dem Kopf. Ich rufe begeistert:

„Bravo! Bravissimo! Was für eine riesige Scheiße!" Dabei setze ich mein breitestes Lächeln auf und lasse es fast augenblicklich wieder verschwinden.

Deine Anspannung bricht sich wohl doch langsam Bahn, wie?

„Los ihr zwei, mitkommen!" Die beiden senken verlegen und mit hochrotem Kopf den Blick. Daraufhin starren sie alle an. Zipp fasst sich als Erstes wieder.

„Woher? … Wie …?"

„Unwichtig. Seid froh, dass nur ich hergekommen bin und niemanden geschickt habe. Das hätte peinlich für euch werden können. Und jetzt hopphopp, wir haben keine Zeit." Das ‚Hopphopp' unterstreiche ich mit zwei Klatschern. Ich hoffe, sie haben meine subtile Drohung verstanden und es gleichzeitig als Versprechen, es nicht weiter zu sagen, gewertet, wenn sie nach meiner Pfeife tanzen und endlich „Ballett machen".

Die beiden laufen peinlich berührt zum Bühnenrand und holen ihre Sachen.

„Nun hören Sie mal! Für wen halten Sie sich? Sie können doch hier nicht einfach während einer Vorstellung reinplatzen und unsere Protagonisten mitnehmen!", ruft einer aus der Gruppe. Ich ziehe eine Augenbraue hoch und gucke ihn an. Vielleicht der Leiter. Er sollte sich lieber nicht einmischen. Einige andere Teilnehmer schauen ihn entsetzt an. Zu Recht, ich bin in dieser Stadt schließlich kein Unbekannter. Ich strecke den Rücken durch und nehme eine pikierte Gestik und Sprache an: „Sooo? Kann ich nicht?"

Er wird hochrot und schreit mich wütend fuchtelnd an: „Können Sie nicht! Wir machen Theater, Herrgott! Improvisation! Kunst! Nur weil Sie davon nichts verstehen, dürfen Sie sich das noch lange nicht erlauben! Sie Banause!"

„Sooo? Ich verstehe davon nichts?"

Oh nein, das hast du nicht wirklich vor? Drehen dir jetzt langsam die Sicherungen …

Im nächsten Moment tänzele ich mit großen Ballettsprüngen nach vorne, gehe fließend in einen Walzer mit imaginärer Partnerin über und bewege mich im Walzerschritt zur Seite der Bühne. Dort angelangt gleite ich im Gleichtakt und mit den Armen wie eine ägyptische Darstellung eines Pharaos die Treppe rauf, schwinge mich anschließend mit drei Pirouetten in die Mitte der Bühne, lande perfekt mit einem Knicks vor dem Mann, ziehe mit einer fließenden Bewegung meine Waffe, schieße ihm in den Fuß, stecke sie weg, mache dann einen Pirouettensprung, breite die Arme in einer pompösen Landung aus und rufe: „Tada!!!"

Er wälzt sich schreiend und heulend auf dem Boden. Der wird nie wieder tanzen. Ist vielleicht auch besser so. Durch das viele Blut ist sein Ballettschuh rot geworden. Soll er doch drei Mal mit den Hacken zusammenschlagen und sich 'nen neuen Fuß wünschen.

Fühlst du dich jetzt besser? Das war sehr unüberlegt von dir!

Improvisation halt. Und im Hinblick auf die Zukunft ist es vielleicht gar nicht verkehrt die Leute daran zu erinnern, wer ich bin. Auch wenn ich jetzt wohlmöglich als etwas verrückter gelte als bisher. Was soll's. Ich winke die Zwillinge zum Ausgang.

„Los, genug improvisiert für heute."

Kyrios wartet mit vier Männern bereits an der Straßenecke, die ich ihnen genannt habe. Die richtige Adresse hatte ich erstens nicht genau im Kopf und zweitens wollte ich nicht, dass Kyrios übereilt zuschlägt, bevor wir eintreffen. Kyrios, der sonst so auf Sauberkeit bedacht ist, hat immer noch denselben Anzug an.

Mit der Begründung, hier den Dreck nicht wegmachen zu müssen, sondern das Haus niederbrennen zu können, konnte ich ihn überzeugen, sich persönlich rauszutrauen. Nicht besonders elegant, aber die

Wut vernebelt ihm auch immer noch das Hirn.

Vorhin hatte ich drei Leute gezählt. Abzüglich Eddy und Lin, die nicht als Bedrohung zählen. Kyrios ausgenommen, steht es also drei gegen sieben. Das ist o.k.

Die Zwillinge habe ich auf der Fahrt schnell ins Vertrauen gezogen und ihrem Grinsen nach zu urteilen, sind sie schon ganz heiß darauf.

Wir gehen geschlossen zum Haus und durch die Eingänge in den zweiten Innenhof. Kyrios wird von uns eingekreist, ich bleibe etwas im Hintergrund. Ein Motorrad ist hinzugekommen. Das bedeutet höchstens zwei weitere Bullen. Egal. Ich habe schließlich den Joker. Den dicken lila Joker.

Ich ziehe meine Waffe, noch bevor die anderen ihre ziehen können, halte sie Kyrios an den Hinterkopf und zische ihm ins Ohr:

„Dreh dich ganz langsam zu mir um oder du folgst deinem scheiß Capo in die Hölle!" Die Zwillinge beruhigen schnell die anderen. Es haben zwar noch nicht alle realisiert, was hier passiert, aber sicher ist sicher. Deshalb brauchte ich unbedingt die Zwillinge, sie haben den besten Draht zu den Männern. Und wenn sie sagen „Das gehört zum Plan", vertrauen sie ihnen.

„Los, jetzt langsam rückwärts zur Tür gehen und öffnen." Den Lauf drücke ich fester auf seine Stirn, um meinen geflüsterten Worten mehr Nachdruck zu verleihen. Langsam bewegt er sich und greift mit einer Hand hinter seinen Rücken. Aber seine Augen … was zum … Er wird doch nicht etwa wieder?

Ich frage mich, was heute noch so alles passieren wird. Der Tag fing eigentlich ganz entspannt an, aber dann wurde er immer beschissener. Die Seite tut mir inzwischen ganz schön weh vom ständigen Aufgestoßenwerden und Ungebremst-gegen-die-Wand-Donnern. Meine Angeln sind auch schon ganz taub. Warum kann keiner, der heute hier rein stürmt, meine Klinke festhalten? Ist das denn wirklich so schwer?!
Da! Schon wieder. Müssen Menschen ihre Launen denn immer an armen, unschuldigen Gegenständen auslassen? Na, super! War ja klar. Jetzt werd ich auch noch beschossen.

Grosser dicker lila Teddybär

(Lin) Ein breiter Rücken schiebt sich langsam durch die Tür. Inzwischen sehe ich zwar fast nur noch durchs linke Auge, aber verdammt! Diese Silhouette würde ich selbst im tiefsten Nebel wiedererkennen.

Pupu! Mein Steiß, meine Lippe, mein Auge, mein Kopf ... Und mir ist kalt. Ich nehme ja sonst sehr viel hin, aber im Moment will ich nur weit, weit weg. Aber Dreck! Jetzt könnte es für eine Flucht zu spät sein. Eddy denkt wahrscheinlich an nichts anderes. Ich denke, am Denken mangelt es bei ihm generell nie. Nur an der Umsetzung. Pupu! Also eigentlich sind meine Gedanken recht klar und ich fühle mich auch gar nicht so benommen. Vielleicht liegt es auch an der unwirklichen Situation. Dreck! Ob ich lebe oder sterbe, wen interessiert's? Und ein Ende ist immerhin ein Ende. Lieber gar keine verfluchte Fortsetzung, als dass es so weiter geht wie bisher. Andererseits Eddy … tja … in gewisser Weise bin ich zwar von mir selbst überrascht aber, Mist! Er wäre wirklich ein Grund für eine Fortsetzung.

Der riesige Rücken schiebt sich langsam weiter in den Raum. Hinter ihm her der dazugehörige Mann: Die dicke lila Tunte! Dreck! Der ganze Mist war umsonst, er lebt. Doch das wird nicht mehr lange so bleiben. Alle Anwesenden, sogar Monto, haben mittlerweile ihre Waffen auf die Tür gerichtet. Verdammt! Drückt doch einfach ab!

Kyrios' Gesicht kommt in mein Blickfeld. Er sieht … Dreck! Weint er etwa?! Vielleicht bedeutet es bei ihm auch etwas ganz anderes, aber zumindest habe ich diesen traurigen Ausdruck bei ihm noch nie gesehen. Die Augen sind verquollen. Tränen laufen seine Wangen hinab. Sämtliche Härte ist aus seinem Gesicht gewichen. Ein völlig anderer Mensch. Pipi! Hätte man ihn in diesem Moment zum ersten Mal gesehen, würde man ihn für einen großen, dicken, lila Teddybär halten. Obwohl das Lila seines Samtanzugs kaum auszumachen ist, so schmutzig ist er. Unwillkürlich bekomme ich den Drang aufzustehen und ihn abzurubbeln.

Ein Pistolenlauf zeigt auf Kyrios' Stirn, und als der Abzug mit einem schwarzen Finger daran in Sicht kommt, ist mir klar, welcher Mann da gleich folgen wird. Jafar betritt den Raum. Mehrere Männer und die Zwillinge folgen ihm und verteilen sich. Alle bereits ihre Waffen im Anschlag. Flipp, der mir nun am nächsten steht, wirft mir einen kurzen Blick zu und dann noch einen hinter mich. Seine Waffe bewegt sich dabei keinen Zentimeter von den Bullen weg. Verdammt! Ich hätte ein dämliches Grinsen von ihm erwartet, aber selbst ihm scheint klar zu sein, wie heikel diese Pattsituation ist. Dreck verflucht! Eine Berührung an der Schulter lässt mich zusammenfahren. Doch dann begreife ich und rutsche, ohne meinen Blick von der Szenerie abzuwenden, nach hinten, bis ich an die Wand stoße. Eddy kauert neben mir und schaut sich offenbar nach einer besseren Deckung um. Die gibt es aber nicht. Der Raum ist völlig kahl in der näheren Umgebung und die nächsten Türen sind erst weiter hinten. Pupu! Nicht mal ein Fenster gibt es auf dieser Seite des Zimmers. Links von der Tür gibt es eins, aber da stehen ein paar Leute mit Waffen und nervösen Zeigefingern im Weg. An der linken Raumwand gib es eine Küchennische. In der Mitte des Raumes steht der Tisch mit den Stühlen und ein L-förmiges Sofa etwas weiter rechts davor, das wäre noch am Nächsten, trotzdem quasi unerreichbar für uns. Dreck! Außerdem wäre es wenig sinnvoll, sich quasi mitten im Raum zu verschanzen. Im hinteren Teil stehen ein paar Schränke und von der Rückwand gehen mehrere Türen ab. Damit haben wir uns also die von uns aus beste Deckung ausgesucht: eine Wand, an der wir uns anlehnen können. Na Prima. Wir können ja mal fragen, ob sie noch kurz damit warten, sich gegenseitig über den Haufen zu ballern, damit wir abhauen können. Ich sehe uns schon unter den gestreckten Waffenarmen hindurchducken und einige vorsichtig wie Drehkreuze beiseiteschieben. „Entschuldigung … Danke … Dürften wir mal? … Vielen Dank … Entschuldigung bitte … Dankeschön …"

„Umdrehen!", zischt Jafar Kyrios zu. Als der nicht reagiert, dreht Jafar ihn mit einer Hand um und hält ihm die Waffe an den Hinterkopf.

„Sieh an, sieh an. Die Zwergenzwillinge, welcher Zirkus hat euch denn rausgelassen?", fragt der eine Mann gespielt gelassen. Flipp verzieht die Lippen zu einem grimmigen Lächeln und Zipp antwortet: „Sieh an, sieh an. Der korrupte Jim. Haben sie dich bei den Bullen jetzt doch rausgeworfen?"

„Was soll das?", unterbricht der Mann namens Jan scharf ihr Geplänkel. Jafar schaut seitlich an Kyrios vorbei. Trotzdem hat er immer noch die beste Deckung von allen hier im Raum. Seine Stimme ist ruhig wie immer:

„Nun, wie Sie sicher wissen, gehören wir zur Organisation. Ich beobachtete, wie unsere Mitarbeiter zu Ihnen fahren. Ich wollte nun von Ihnen wissen, was hier gespielt wird." In der darauffolgenden Stille hört man ein leises Schluchzen. Dreck! Kyrios heult immer noch. Haben die ihn unter Drogen gesetzt? Pupu! Vielleicht hat ihm das Gift auch das Gehirn zerfressen. Weil niemand was sagt, redet Jafar weiter: „Mit ihm hatte ich ja schon ein kleines Stelldichein beim Punzer", er deutet mit der freien Hand auf Monto, „und ich weiß, dass zumindest er offiziell Polizist ist und bei dir Jim wissen wir es ebenfalls. Ich nehme also an, der Rest dieser illustren Gesellschaft hat ebenfalls die Aufgabe, uns das Leben schwerzumachen. Fragt sich nur: Was tun Sie hier, alle in Zivil und warum flüchten unsere Mitarbeiter ausgerechnet zu Ihnen und nicht zu irgendeiner beliebigen Polizeiwache?" Dreck! Eddy hebt doch tatsächlich zaghaft den Arm, als wolle er sich melden, um einem Lehrer etwas zu beichten, bevor der seinen angedrohten Klassentadel in die Tat umsetzt. Ich knuffe ihn in die Seite. Er sieht mich an und nimmt den Arm sofort runter.

„Wieso sollten wir euch irgendwas erzählen?", fragt die Frau. Man merkt deutlich, dass sie ihrer Stimme einen festen Klang geben will.

„Nun, ich denke, wir haben etwas, das ihr wollt", erwidert Jafar und schubst Kyrios ein Stück. Der zeigt keinerlei Reaktion, außer dass er von dem Schubser ein Stück nach vorne und wieder zurück schwingt.

„Wer soll das sein?!", blafft Monto. Ach zur Hölle! Der ist auch noch wach?

„Das ist, was man in euren Kreisen einen *dicken Fisch* nennt. Äußerst wertvoll für die Kriminalitätsbekämpfung. Für jeden von euch wäre sicherlich mindestens eine Beförderung drin." Dieser Jim bekommt immer größere Augen, entweder hat er richtig kombiniert oder ihn inzwischen doch erkannt. Der Rest sieht immer noch verdutzt aus.

Jafar bemerkt das wohl ebenfalls und spricht weiter: „Das, meine verehrten Damen und Herren, ist Kyrios. Die. Dicke. Lila. Tunte." Bei jedem Wort des Spitznamens tippt er Kyrios mit dem Lauf der Waffe an den Hinterkopf. Schlagartig verwandelt sich die Traurigkeit in Kyrios' Gesicht in Wut. Man sieht förmlich, wie er sämtliche Muskeln anspannt. Oh, oh. Dreck! Das war …

Ein Schuss durchschneidet die Stille.

Oh! Oh! Oh! Ja, gleich geht's los! Freude!!!
PENG
Jehu!!!
WUSCH!!!
Jeronimoooooooo!!! Hahaha!!!
Oh was ist das?
Aua!!! Ahh, mein Kopf ... naja, aber war ja gar nicht so schlimm. Weiter geht's!!!
Mann, ist das dunkel hier drin und so feucht. Au!!! Ahh, schon wieder voll auf die Omme!
Oh es ist wieder hell! Jucheeee!!! Jippie!!! Hallo Tür!

Der lang ersehnte Riesenkürbis

(Monto) Da ist dieser verfluchte Jafar. Ich hab dich im Visier, du Wichser! Wenn nur dieser Riese nicht im Weg stehen würde.

„Nun, ich denke, wir haben etwas, das ihr wollt!"

Was ist das für ein verweichlichtes Riesenbaby? Bauernopfer!

„Wer soll das sein?", höre ich mich fragen. Jafar spricht ...

Hat er grade gesagt, dass da wäre die Tunte? Die ist doch tot. Vergiftet. Kyrios ist tot. Oder ...? Körperfülle würde passen und der Anzug ... Erst jetzt fällt mir unter dem weißen Staub das Dunkellila auf. Und plötzlich steht da ein völlig anderer Mensch als noch grade eben. Dieser Mann da platzt gleich vor Wut und sein Gesicht strahlt eine ungeahnte Brutalität aus. Es ist die dicke lila Tunte! Endlich!

Genüsslich spanne ich den Abzug, seinen dicken Kürbiskopf direkt im Visier. Der Knall hallt von den Wänden wieder und das leise Flatschen der eintretenden Kugel, gefolgt von dem lauteren beim Wiederaustritt der Kugel, klingt wie Musik in ... Da stimmt ... Fuck! Nein, da stimmt was ganz und gar nicht!!!

Ich bin wie Schrödingers Katze.
Solange ich die Augen nicht öffne, bin ich nicht tot. Aber auch nicht lebendig.
Oder beides? Tot und lebendig?
Wirre Gedanken.

Uncut Version

(Eddy) Ahh … die Welt bricht über mir zusammen … ich … ich will einfach nur noch weg!

Unzählbare Schüsse. Ebenso wenig zu zählen wie das Geschrei und das Stöhnen.

Ich … werde sterben. Verdammt, ich … werde sterben! Scheiße, ich … ich werde sterben!!!

„Nein!!! Mein Brusthaarsammelalbum ist noch nicht voll!" Ach, hör auf damit, Eddy! Ähh … immerhin hattest du ein erfülltes Leben. Also die letzten Wochen waren doch nicht schlecht. Naja … bis das alles aus dem Ruder lief. Die Konditorei … Lucky … die Vergiftung … Ich kann die Bilder nicht aufhalten. Warum kann ich nicht einfach an die glücklichen Momente denken? Wenn schon das Leben wie ein Film ablaufen muss, warum setzt sich da vorher keiner ran und schneidet den Scheiß?! Man macht doch auch kein Fotoalbum von den schlechten Erinnerungen … Also echt … auf diese Szenen kann man gut verzichten. Mhh … bin ich eigentlich schon tot? Und … das mit dem Film des Lebens … passiert das eigentlich davor oder danach?

Meine Sinne versinken im Chaos. Meine Augen sind geschlossen. Ich traue mich nämlich immer noch nicht, sie zu öffnen. Diese Ungewissheit. Ahh … Schluss damit Eddy!

Vorsichtig öffne ich ein Auge.

Alles Schwarz.

Sagt die eine Synapse zur anderen: „Hey, weißt du, was los ist?"
„Nö. Warte, ich frage mal Nummer 42.146.313.729. Hey 42.146 … Ey, Alter! 42.146.313.729 is' weg!"
„Mhh, komische Sache das. Meine andern Nachbarn antworten auch nich.'"
…
„Sach mal, is' dir auch so kalt?"
„Jaaa … schon. Bisschen zugig hier."

Gehirnfetzenträger

(Jafar) Was? Wie? Warum?

Für Antworten bleibt dir keine Zeit, verdammt!

Nicht mal Zeit, mir übers Gesicht zu wischen und danach fassungslos meine blutigen Hände anzustarren?

Nein und jetzt runter, du verdammter Narr!

Stuntshows. Kennt man ja. Oder?
Diese künstlichen Explosionen. Wie doll man da trotzdem die Druckwelle spürt, obwohl es doch nur ein bisschen stoßweise gezündetes Gasgemisch ist.
So ähnlich. Nur wesentlich lauter und heißer.

Ein wahrhaftes Tohuwabohu

(Lin) Eddy hält die Arme über den Kopf und kauert dicht neben mir. Ich betrachte die Szene immer noch, als wäre ich unbeteiligt. Dreck! Die ganze Situation ist allerdings auch kein bisschen wirklicher geworden. Es passiert zu viel.

Dieser Jim springt nach links in Richtung Küchennische und feuert dabei. Verdammt! Ich hätte nicht gedacht, dass man so was in echt macht. Einige der Organisationsmänner haben sich hingehockt. Zipp, der links von Kyrios und Jafar steht, hat sich hinter einen seiner Leute gestellt und feuert an ihm vorbei. Dreckskerl! Fast im selben Moment, wo ich das erfasse, knickt diese Deckung plötzlich ein. Zipp wird offenbar ebenfalls von einer Kugel getroffen und nach hinten geschleudert, raus aus meinem Blickfeld, das nun von Jafar und Kyrios verdeckt wird. Jafar hat kurz nach dem Startschuss versucht, Kyrios als Schutzschild vor sich zu halten. Dafür blieb ihm allerdings nur eine Hand und dieser leblose Fleischsack ist bestimmt verdammt schwer. Er schaffte es immerhin, während die Leiche nach hinten kippte wie ein gefällter Baum, sich hinter ihm zu halten und gleichzeitig zu ducken. So sitzt er nun zusammengekauert hinter Kyrios' Rücken und hat es immerhin geschafft, diesen mit der Schulter so zu stützen, dass er aufrecht sitzenbleibt. Auch Jafar feuert nach Leibeskräften in die andere Gruppe.

Flipp hockt zusammen mit einem anderen Kerl da und schießt. Neben ihnen liegt noch einer, offenbar schon tot oder vielleicht stellt er sich auch nur tot. Wäre eine schlaue Idee bei einer solchen aussichtslosen Schießerei ohne Deckung. Dann bleibt nur noch die Gefahr durch Querschläger oder, dass man als Schutzschild verwendet wird. Aber Organisationsmänner sind nicht schlau, also ist er tot.

Das andere Lager bietet da schon mehr Deckung. Diese Patrice hat es hinter die Couch geschafft und feuert von dort aus. Jan hat es nicht dorthin geschafft und liegt davor. Sein Hemd ist blutgetränkt. Aber er lebt noch und schießt weiter. Monto steht immer noch an derselben

Stelle wie vorhin, lediglich den Tisch vor sich, den er nicht mal umgekippt hat, um ihn als Deckung zu benutzen. Dreck! Die Bazille ist echt geisteskrank. Wenn ich seine Zielrichtung und seinen starren wutentbrannten Blick richtig deute, schießt er nur in Jafars Richtung. Was auch die Zuckungen von Kyrios' Leiche erklären würde.

So viel Blut überall. Das kriegt man nie wieder s... Der Gedanke geht so schnell, wie er gekommen ist.

Dass Monto noch steht, ist überraschend. Schließlich bietet er ein gutes Ziel. Ich kann auch keine Verletzungen erkennen. Mist! Offenbar hat er mehr Glück als Ver… Oh, doch nicht. Eine Kugel trifft ihn in den Bauch. Doch außer einem kurzen Zusammenkrampfen zeigt er keinerlei Regung. Er wechselt sogar blitzschnell sein Magazin und pumpt weiter Blei in den leblosen Körper von Kyrios.

Dieser Jim hat es offenbar unverletzt in die Küche geschafft und schießt an die Wand gelehnt um die Ecke. Auf der anderen Seite kniet noch das ehemalige Schutzschild von Zipp, mit einem Beinschuss auf dem Boden und leistet beharrlich Widerstand.

Jafar feuert weiter an Kyrios vorbei und hat offenbar nur Monto im Visier. Flipp hält sich die Brust und blutet stark, beschießt aber nach wie vor die Couch. Jan liegt inzwischen leblos davor und Patrice seh ich grade nicht.

Der Typ neben Flipp hat aufgehört, zu feuern und kriecht grade in Richtung Ausgang. Offenbar ist er noch unverletzt und hat beschlossen, diesen Zustand beizubehalten.

Monto hat nun doch etwas Schräglage und stützt sich mit einer Hand am Tisch ab. Dann knickt er abrupt ein. Feuert aber trotzdem ab und zu noch einen Schuss unter dem Tisch ab.

Jafar kauert nach wie vor hinter Kyrios und senkt grade die Waffe. Plötzlich verdunkelt sich mein Blickfeld und ich spüre, wie sich jemand auf mich wirft.

Im Leben sollte man immer wieder unbekannte Pfade beschreiten.
Grade wenn sich ein neuer Weg auftut, sollte man nie davor zurückschrecken, auch mal ins Unbekannte zu gehen. No risk, no fun!
„Be water, my friend", sagte Bruce Lee. Dabei sollte man es aber nicht dem Fluss gleichtun und immer in den gleichen Bahnen fließen. Es gehört viel Mut dazu, die vorgegebenen Bahnen zu verlassen. Doch da draußen wartet so viel, was es zu entdecken gibt.
Das dachte sich auch das Blut und floss unbekümmert die ihm unbekannten Wege, die sich grade neu aufgetan hatten. Hinaus in eine unbekannte Welt.

Kartusche nicht in der Nähe einer offenen Flamme wechseln!

(Monto) Wo ist der Rückstoß geblieben? Und es lastet immer noch Druck ... Ich hab noch gar nicht ... Nein!!! Wer hat geschossen? Verdammt noch mal, wer hat ...

Instinktiv schaue ich nach rechts und im selben Moment bin ich mir sicher, dass von dort der Schuss kam. Ich sehe nur, wie Jim durch die Luft in Richtung Küchennische fliegt. Ich will schon die Waffe herumreißen, da ... Alle beginnen, zu feuern. Ich schieße, bevor ich überhaupt den Kopf wieder ganz klar habe.

Jafar. Dich erwisch ich!

Ich sehe, wie er die Leiche von Kyrios nach hinten kippt und sich dahinter verkriecht. Du feiger Wurm! Mit leidenschaftlicher Genugtuung pumpe ich eine Kugel nach der anderen in den leblosen Körper.

Die dicke lila Tunte, endlich tot. Und wenn ich seinen Leichnam erst mit meinen Kugeln zerfetzen muss, um ... Ich spüre einen Ruck im Bauch. Mit höhnischer Genugtuung registriere ich, dass mir die Schusswunde nicht weh tut.

Jaaa! Ich bin unbesiegbar! Hahaha!!!

Mein Lachen hallt in meinem Kopf wieder. Schießen. Nachladen. Plötzlich breitet sich Wärme in meinem Bauch aus. Etwas scheint darin zu wachsen. Es breitet sich aus und macht mich zunehmend schwerer. Mit was wurde ich da getroffen?

Ich schieße weiter, muss mich aber wegen des rapide zunehmenden Gewichtes am Tisch abstützen. Dann zieht es mir das Bein weg und ich lande unter dem Tisch. Kurz muss ich mich neu orientieren, dann schieße ich weiter, unter dem Tisch hindurch.

Jafar sehe ich nicht mehr. Aber da die Tuntenleiche immer noch aufrecht sitzt, muss er sich noch von hinten dagegenlehnen. Der Brustkorb ist komplett zerschossen. Ein einziger blutiger Matsch. Er sitzt mit leicht gespreizten Beinen da. Wenn der Rest nicht wäre, könnte er so auch gemütlich an einem Baum … Konzentration!

Ich ziele knapp über den Boden auf seine Weichteile. Vielleicht ist dort der Widerstand nicht so groß und ich erwische Jafars Füße oder Beine. Allerdings muss die Kugel natürlich durch Kyrios' fetten Arsch durch, bevor …

Von rechts höre ich plötzlich keine Schüsse mehr und auch links hat das Feuer aufgehört. Ich drehe mich erst nach links und sehe, wie Patrice hinter der Couch lehnt und mit äußerst fahrigen Bewegungen ein neues Magazin einlegt. Jan liegt mit weit aufgerissen Augen vor der Couch. Penner …

Krach von rechts. Jim kramt in der Küche etwas aus einem Regal. Er läuft damit bis zur Ecke und feuert wieder einige Schüsse ab. Dann wirft er es und feuert im Flug darauf. Ahh, gar keine schlechte Idee. Wir haben zwar ein Mikrowellenofen, aber Frank, dieser kack Spießer, hat eine Antipathie gegen alles Fertigfutter und hat mal diesen Campingkocher angeschleppt. Die Gaskartusche fliegt im hohen Bogen Richtung Tür. Jemand schreit etwas, dass ich nicht ganz verstehe. Flamingos?

Das „Bum" oder auch „Bumm":
Eine sogenannte Interjektion oder noch verschwurbelter ausgedrückt: ein Onomatopoetikum, eine sprachliche Nachahmung von außersprachlichen Schallereignissen, hier für einen dumpfen Schlag oder Schuss o.Ä. Ursprünglich aus dem Comicgenre stammend, inzwischen auch häufig in der Literatur verwendet, um allerdings ziemlich inadäquat eine Explosion zu beschreiben.

Da sehe ich schwarz

(Eddy) Ähh … Schwärze? Ich bin irritiert und meinen Zustand kenne ich jetzt immer noch nicht. Tot oder … ohh … das Rauschen hat aufgehört. Aber auf das Brüllen, Knallen und Splittern könnte ich stattdessen gut verzichten. Ahh … so langsam bekomme ich auch wieder ein Gefühl für meinen Körper. O.k. … zusammengekauert auf dem Boden … wie überraschend.

Die Schüsse werden weniger, das Geschrei und Gestöhne dafür mehr. Naja … vielleicht höre ich es jetzt auch nur besser. Mhh … wo ist meine Angst hin?

Ich spüre die Wärme von Lins Körper neben mir. Lin. Ohh … Eddy … du erbärmlicher Feigling! Ich sollte sie beschützen, statt hier zu versuchen, einen Igel nachzuahmen.

Ich hebe leicht den Kopf und öffne damit eine kleine Lücke zwischen meinen Armen, die vorher mein Blickfeld verdeckt hatten. Mir wird sofort schlecht beim Anblick der Leichen und … und … so viel Blut. Meine Aufmerksamkeit konzentriert sich instinktiv auf etwas, das grade durch die Luft auf Jafar zufliegt.

„Granate!!!"

„Steppende Flamingos!!!"

Ein bisschen, als würde man mit dem Rücken am Sandsack stehen, während jemand von der anderen Seite dagegen schlägt. Nur viel weicher. Irgendwie ein schwer zu beschreibendes Gefühl. Und dann kommt plötzlich der Hulk und zeigt dem Sandsack mal, was ein rechter Hacken ist.

„Wird schon irgendwie“ ist auch eine Lebenseinstellung

(Jafar) Was hast du dir nur dabei gedacht, hier herzukommen? Das hast du jetzt davon!

Das bringt jetzt auch nichts mehr. Immerhin Kyrios ist tot. Allerdings auch die Hälfte der Jungs und ich vermutlich auch bald.

Ach Quatsch, das mein ich nicht. Komm, du kriegst das hin! Wie du es immer hinkriegst.

Ich habe diesen Monto schon mindestens zweimal getroffen, aber der feuert immer noch. Vermutlich vollgepumpt mit irgendwas. Hätte nicht gedacht, dass mir Kyrios' Statur irgendwann noch mal das Leben rettet. O.k., zumindest verlängert.

Ich schieße ab und zu über Kyrios' Schulter und überlege, wie ich hier rauskomme. Verhandeln bringt nichts. Wer auch immer die sind, verhandeln tun sie nicht. Vielleicht hängen die sogar mit den Überfällen zusammen. Aber müßig, jetzt darüber nachzudenken.

Kyrios' Körper mit mir zu schleifen, um mich so geschützt Richtung Tür zu bewegen, kommt nicht in Frage. Viel zu schwer. Wenn ich mich von ihm abstütze, springe und mich ein paarmal abrolle, müsste ich es eigentlich durch die offene Tür nach draußen schaffen. Mit viel Glück trifft mich dabei keine Kugel. Großartig andere Möglichkeiten habe ich nicht und besser jetzt, bevor unser Mann, der da grade zur Tür kriecht, mir den Weg versperrt. Oder ich warte, bis er da ist, lande vor oder auf ihm, rolle mich drüber und benutze ihn als Schutzschild. Allerdings scheint er unverletzt zu sein und ein sich noch nach Leibeskräften wehrendes Schutzschild ist auch nicht …

Intuitiv drehe ich mich in die Richtung des klackenden Geräuschs und sehe etwas auf mich zuschlittern. Ich ziehe die Arme über den Kopf und setze zum Sprung Richtung Tür an.

Die Waffe in den zitternden Händen und dieses verhasste Gesicht ist das Letzte, was man sieht.
Dazu bleibt die letzte Tat unausgeführt.
Kein schöner Abgang.

Spontane philosophische Fragestellungen über das Leben, das Sein, das Universum im Allgemeinen und überhaupt und so, während extremer Gefahrensituationen

(Lin) Pupu! Jetzt ernsthaft?

Ein guter Stuhl ist schon die halbe Miete. Das wird Ihnen jeder Arzt bestätigen. Nur Ihr Vermieter wird da was dagegen haben. Aber darum geht es hier gar nicht.
Stühle, mit denen man Stuhltanz spielt, müssen eine ganze Menge aushalten, da man sich bei diesem Spiel oft richtig darauf fallenlässt. Im Kindergarten mögen die Anforderungen an solche Stühle ja noch nicht so groß sein, sofern nicht der neue bärtige, leicht übergewichtige Erzieher mitspielt oder die eine Erzieherin, die selbst auf dem Hof immer nur von der Bank aus den Kindern Ermahnungen zuruft, aus Unlust sich zu bewegen. Aber später, wenn bei Partys oder Hochzeiten irgendjemand im Vollsuff auf die glorreiche Idee kommt, Stuhltanz zu spielen, wird man schnell feststellen, dass Klappstühle oder irgendwelche dünnbeinigen Stapelstühle dafür nur bedingt geeignet sind.
Wie es der verrückte Zufall so will, hatte dieser Stuhl hier schon Jahrzehnte lang seinen Dienst getan. Wurde dabei von etlichen Schülern der 5b der Heidekrautgrundschule bekippelt und hat währenddessen eine beachtliche Kaugummisammlung angelegt. Danach ausgesondert in einem Gemeindehaus viele Menschen stundenlang getragen, darunter waren zweihundertdreiundfünfzig mit mittlerem, hundertsiebzehn mit starkem Übergewicht und drei wirklich hochgradig adipöse Menschen. Bei den Letzteren unterstützten aber noch andere Stühle zum Ausgleich. Wohl einer pro Pobacke. Deshalb zählen die also eigentlich nur als mittleres Übergewicht. Weiter hat er unter vielem anderem besagte neun Stuhltänze überstanden, bei dreien war er Vorletzter und bei zweien Letzter. Bevor er hier herkam, stand er zudem zwei Jahre Wind, Wetter, Katzenpisse, Pennern und … naja lassen wir das, er stand zwei Jahre im Innenhof. Seine Lehne wurde während der ganzen Zeit nur zweimal geklebt und der Sitz einmal gewechselt, aber das Grundgestell und vor allem seine Beine sind noch so massiv und hölzern wie eh und je. Auch das hier wird er überleben.

Tyrannei vorbei

(Monto) Entweder trifft Jim nicht oder man kann so eine Kartusche gar nicht ... Sie landet auf dem Boden und kullert, bis sie an Kyrios' Beinen stoppt. Ich ziele und drücke ab.

Bumm

Kurz nach der Explosion springe ich auf und mein linkes Bein knickt weg. Ich schaue an mir herunter und sehe die Schussverletzungen am Bauch und im Bein. Egal. Ich nehme einen der Holzstühle und benutze ihn als Krücke. Langsam kehrt mein Gehör zurück.

Kyrios' linkes Bein fehlt vollends und der Rest ist auch ziemlich zerfetzt. Jafar hat es offenbar weggeschleudert, zumindest liegt er auf dem Bauch und hängt halb aus der Eingangstür. Er bewegt sich nicht. Gut. Ich humpele zu ihm, richte meine Waffe auf ihn.

Klick, klick, klick. Leer. Scheiße! Ich verlagere mein Gewicht auf das unlädierte Bein und steche ihm mit zwei Stuhlbeinen mehrmals heftig in den Rücken. Er bewegt sich nicht. Ich fühle seinen Puls. Nichts. Wichser! Stirbt einfach so! Naja, immerhin hab ich die Patrone zur Explosion gebracht. So gesehen hab ich ihn umgelegt.

Links von mir zuckt noch jemand halb benommen. Ich humpele hin, stelle ihm ein Stuhlbein auf den Kopf und lasse mich auf den Stuhl plumpsen. Ahh, das tat gut.

Einer der Zwillinge rührt sich auch noch. Meine Krücke steckt ein wenig fest. Ein Ruck, dann gehe ich zu dem Zwilling. Der ist hin. Er registriert ja nicht mal mehr, dass ich vor ihm stehe. Ich fuchtele ihm vorm Gesicht rum. Nichts. Seine Waffe schiebe ich von ihm weg. Soll er seinen Todeskampf ausfechten.

Sooo, das war's? Ich grinse. Das war sie? Die große Organisation? Die mächtige und furchteinflößende dicke lila Tunte? Der Tyrann der Stadt? Lächerlich!

Ich drehe mich um. Patrice fühlt mit Tränen in den Augen Jans Puls. Als ob sein Tod nicht schon offensichtlich wäre. Tut mir trotz… War ein guter Mann.

Jim hockt bei Eddy und der Frau. Ich horche in mich hinein. Mein Ärger ist verflogen. Ich empfinde sogar Verständnis. Was ich getan habe, war in gewisser Weise falsch, wenn auch irgendwie notwendig. Vielleicht sollte ich mich trotzdem entschuldigen.

Ich hebe die Hand zum Gruß und versuche ein versöhnliches Lächeln aufzusetzen.

Plötzlich hat Eddy eine Waffe in der Hand und zielt auf mich. Der Lauf schlackert so sehr hin und her, dass er mich selbst bei der kurzen Entfernung vermutlich verfehlen würde, vorausgesetzt, er traut sich überhaupt zu schießen. Trotzdem bleibe ich stehen. Er schreit irgendwas Unverständliches. Reumütig schaue ich ihm in die Augen.

„Es tut mir wirklich, wirklich …" Zwei Schüsse. Jim grinst mich bösartig an. Ich drehe mich um. Patrice steht mit verquollenen Augen da, die Waffe auf mich gerichtet. Dann kippt sie um. Noch ein Schuss. Ich spüre dumpf einen Einschuss. Als wenn mein linkes Bein nicht schon genug malträtiert wäre. Jetzt auch noch der Oberschenkel. Schon wieder. Ich schaue mich verwirrt im Raum um. Von wo? Auf jeden Fall nicht von Eddy, der ist ja hinter mir und das passt weder zum Schall noch zum Einschusswinkel. Eher von irgendwo bei der Tür, aber dort ist keine Bewegung auszumachen. Der Einzige, der dort noch eine Waffe in der Hand hat, ist der andere Zwilling, aber der hängt zusammengesackt an der Wand und sieht eher weniger lebendig aus. Letzte Zuckungen vielleicht? Liegt Jafar anders …? Nein, das bilde ich mir ein. Und dem einen Zwilling hab ich die Waffe doch weggekickt und den Kampf mit dem Tod scheint er … Fuck! Hier liegen einfach zu viele Menschen rum! Ich sollte mir schnell ein neues Magazin holen und jeder Leiche noch mal ein paar Kugeln verpassen.

Jim ist mittlerweile bei Patrice und hält sie im Arm. Erschlafft hängt sie darin mit offenem Mund und aufgerissen Augen. Ob sie mich töten oder mich ebenfalls nur in Schach halten wollte? Sie war 'ne Zicke, trotzdem hat sie es nicht verdient, hinterhältig erschossen … Eddy ist ja noch … Langsam drehe ich mich um. Als er das bemerkt, nimmt er die Hände vom Kopf und richtet die Waffe wieder auf mich. Er zittert immer noch fürchterlich. Diesmal hebe ich sogar die Hände, um ihm … Mein linkes Bein knickt ein, mit dem rechten Fuß rutsche ich weg und kippe seitlich um. Unfassbarer Schmerz explodiert in meinem Kopf. Es brennt. Das muss die Hölle sein.

Schmerz. Kalter Schweiß.
Das Atmen fällt zunehmend schwer.
Und zurück bleibt nur ein blutiger Fleck.

Die letzte Reise des Eddy Edward Edison

(Eddy) Meine eigenen Worte ziehen sich in meinen Gedanken in die Länge: *G-R-A-N-A-T-E!!!*

S-T-E-P-P-E-N-D-E F-L-A-M-I-N-G-O-S!!!

Ich sehe, wie sich das Ding filmreif in Zeitlupe durch die Luft schraubt und die Schüsse hallen unfassbar laut in meinen Ohren nach. Blitzschnell drehe ich mich zur Seite und werfe mich schützend auf Lin. Schüsse. Klappern. Stille. Ein Schuss. Ich spüre die Explosion im Rücken und stelle erleichtert fest, dass sich nicht noch der Schmerz durch irgendwelche Splitter dazugesellt, welche sich mir in den Rücken bohren. In meinen Ohren pfeift es. Ich halte Lin fest umklammert, bis sie sich schließlich von mir wegdrückt. Mhh … sieht verärgert aus. Durch das Pfeifen höre ich ihre Stimme.

„Dreck! Etwas spät, findest du nicht? Vollpfosten!"

Alle Entschuldigungen würden absolut lächerlich wirken, also kratze ich mich lediglich verlegen am Kopf, wende den Blick ab und betrachte den Raum. Schnell drehe ich mich wieder weg, auch um zu vermeiden, dass ich mich selbst vollkotze. Ihh … dieser … Um mich von der Übelkeit und dem Geschmack nach Erbrochenem abzulenken, schaue ich mich weiter um und versuche dabei den zerfetzten … Einfach ausblenden!

Blubb! Blubb! Blubberbläschen speien!

Ausblenden!!! Atmen! Ausblenden! Atmen! Atmen. Puhh … o.k.

Diese Patrice hebt vorsichtig den Kopf übers Sofa, die Waffe im Anschlag. Ein Keuchen lässt mich herumfahren. Flipp lehnt an der Wand und seine Augen rollen unkontrolliert herum. Ich wende mich ab, um den erneuten Brechreiz diesmal niederzukämpfen.

Monto steht schon wieder, wenn auch auf einen Stuhl gestützt und schaut sich die Szene an. Mhh … dass er überhaupt noch steht. Er blutet sehr stark aus dem Bauch.

Der andere Mann kommt auf uns zu. Im Laufen wirft er einen kurzen grimmigen Blick zu Monto, scheint ihn aber für keine unmittelbare Gefahr zu halten.

Vermutlich ist der Streit von vorhin mit diesem kleinen Intermezzo vorerst beigelegt. Mhh … ob Monto wohl seine gerechte Strafe bekommen wird? In dieser ungerechten Welt vermutlich nicht.

„Alles o.k. bei euch?", fragt der Typ, als er bei uns ist. Ich nicke nur, was Lin macht, kann ich nicht sehen. Ein lautes Klacken ertönt und ich schaue ruckartig an ihm vorbei. Aber es ist nur Monto, der auf den Stuhl gestützt zu Jafar humpelt und über ihm stehenbleibt. Ob er noch lebt, ist nicht zu erkennen. Der Typ schnipst vor meinem Gesicht herum.

„Hey! Bleibt erst mal hier und verhaltet euch ruhig, klar?!"

„Wa… wa… was ist mit ihm?", frage ich leise und zeige auf Monto, der gerade seine Waffe senkt. Mhh … ich hab gar keine Schüsse gehört. Der Typ sieht auch zu Monto, der nun Jafar den Stuhl in den Rücken rammt. Ohh … offenbar tot. Dann schaut er wieder zurück.

„Weiß noch nicht. Hoffentlich ist er jetzt zurechnungsfähig genug, um mir zu sagen, was mit meinem Partner passiert ist." Sein Mienenspiel lässt erahnen, dass er das bezweifelt.

Ein seltsames Geräusch lässt mich wieder aufblicken und würgen. Der Typ schaut auch auf, verzieht aber nur schief den Mund. Uhh … wieder zurechnungsfähig? Schau ihn dir doch an, Mann!!! Jedoch bringe ich keinen Ton heraus, da ich mich davon abhalten muss zu kotzen. Aber er scheint mich auch so zu verstehen.

„Ich rede mit ihm", zischt er verärgert. Wie … das ist alles? Immer noch nur ein kleiner Ausrutscher, weil er nicht zurechnungsfähig ist?! Was denkt der?! Monto hat uns übel auflaufen lassen, sein Team beschissen und anscheinend diesen anderen Typen gekillt! Von der völlig überflüssigen Aktion gerade ganz zu schweigen! Ich frage ihn, was er nun mit seinem völlig wahnsinnigen Boss zu tun gedenkt und er will Käffchen aufsetzen und das in Ruhe mit ihm besprechen?! Am Arsch!!!

Ich funkele ihn böse an. Doch er schaut nur traurig zurück. Ich höre wieder das Klacken und sehe Monto auf uns zu humpeln. Auch sein Kollege dreht sich um und … da … da ist sie … seine … Waffe. In seinem Brusthalfter. Direkt vor mir. Zum Greifen nah.

Plötzlich habe ich die Pistole in der Hand und ziele damit auf Monto.

Ähh … was machst du?!

Ich knall die Ratte ab!!!

Meine Hand zittert.

„Mein linker Zehnagel spielt Klavier!", schreie ich ihn an. Mhh … warum weiß ich nicht.

Ich wende den Blick keinen Moment von Monto ab. Aus dem Augenwinkel nehme ich wahr, wie der Typ zwischen mir und Monto hin- und herschaut. Eigentlich wäre doch jetzt der Zeitpunkt im Film, wo er mir die Waffe wieder entreißen sollte. Dabei würde sich ein Schuss lösen und die Schuld würde nicht so schwer auf mir lasten. Aber er tut nichts.

Monto hebt die rechte Hand, mit der anderen stützt er sich auf die Stuhllehne.

Drück ab!

Aber … warum guckt er mich so komisch an?

Ich schaff das nicht. Scheiße, ich … ich schaff das nicht!

Mit ruhiger Stimme beginnt er, auf mich einzureden:

„Es tut mir wirklich, wirklich …" Erneut dröhnen Schüsse durch den Raum. Ich werfe die Arme schützend über den Kopf und knalle mir den Pistolenknauf dabei mit Schwung an die Schläfe. Dabei werden mir meine schmerzende Nase und die Stirn wieder unangenehm bewusst.

Diese Patrice hält plötzlich die Waffe auf Monto gerichtet. Der hat sich mit dem Oberkörper halb zu ihr umgewandt. Dann bricht sie zusammen und noch ein Schuss erschallt. Wo …? Wie …? Was zur Hölle?!

Der Mann neben mir springt auf, um zu seiner Partnerin zu laufen. Doch die Bewegung von Monto lässt mich ihn wieder fixieren. Schnell hebe ich die Waffe.

Leider kann ich keine neuen Einschusslöcher bei ihm erkennen. Wie kann so jemand nur so viel Glück haben? Das … das ist nicht fair!

Monto sieht mich wieder wie ein unschuldiger Hund an, setzt ein leichtes Lächeln auf und hebt die Hände. Es geht fast zu schnell, um es genau zu realisieren.

Ohne Stütze verliert er offenbar den Halt, kippt leicht nach links und rutscht mit dem rechten Fuß auf seinem eigenen Blut aus. Er schlägt mit dem Hals genau auf der Stuhllehne auf und es ertönt ein markerschütterndes Knacken. Der Stuhl ist noch ganz. Monto bleibt reglos am Boden liegen.

Ich halte die Waffe auf die Stelle gerichtet, wo er eben noch stand. Lin erscheint neben mir und drückt sanft meinen Arm nach unten. Dann geht sie auf ihn zu. Nein! Nicht!!!

Ich springe schnell an ihre Seite. Den Lauf auf Monto gerichtet, betrachte ich ihn. Seine Kopfstellung sieht definitiv nicht gesund aus. Mund und Augen weit aufgerissen, er sieht ziemlich schockiert aus.

Mhh … Ich suche nach Freude und Erleichterung, finde aber nichts davon. Mhh … vielleicht Mitleid? Nein … auch nicht.

„I… ist … ist er … tot?", hauche ich. Lin sagt nichts und blickt nur grimmig auf den Körper hinab. Der andere kommt zu uns, betrachtet Monto und beugt sich herunter.

„Er atmet noch, wenn auch sehr schwach", stellt er emotionslos fest.

Mein Finger zuckt. Doch ich bringe es nicht über mich, den Abzug vollständig durchzudrücken. Der Mann nimmt mir vorsichtig die Waffe aus der Hand.

„Ihr haut jetzt besser ab", sagt er nur. Lin fährt herum.

„Dreck! Und was ist mit ihm?!", zischt sie ihn wütend an. Der Mann seufzt, kneift die Augen zusammen und massiert sich mit der freien Hand die Schläfe. In der anderen hält er immer noch die Waffe. Ohh … kacke … zum ersten Mal wird mir bewusst, dass dieses Massaker hier nur stattgefunden hat, weil wir die anderen hierher gelotst haben. Wegen uns sind seine Kollegen oder sogar Freunde gestorben. Ich fasse Lins Arm. Bitte tu jetzt nichts Unüberlegtes. Bang blicke ich ihn an. Du bitte auch nicht.

Er macht die Augen wieder auf und sieht sehr traurig aus. Seiner Stimme hingegen fehlt nach wie vor jede Betonung.

„Er hat zwei Schüsse im Bein und einen Bauchschuss. Selbst wenn er den Sturz überlebt hat, wird er vermutlich verbluten. Es sei denn, man hilft ihm schnell, dann wird er vielleicht nur querschnittsgelähmt sein." Das Lächeln, was seine Lippen bei dem letzten Satz umspielt, lässt mich frösteln. Er fixiert uns wieder und der Ausdruck verschwindet. „Aber das kann euch egal sein. Verschwindet jetzt. Ich kümmere mich hier um alles."

„Pipi! Aber …", beginnt Lin, wobei ich ihren Arm so fest drücke, wie ich kann. Doch er schneidet ihr schon das Wort ab, diesmal mit deutlicher Schärfe:

„Das war keine Bitte!" Seine Gesichtsmuskeln zucken. Zumindest mir legt das nahe, sich ihm jetzt nicht zu widersetzen. Wobei mir auch die Waffe in seiner Hand noch mal deutlich bewusst wird. Ich ziehe Lin mit nach draußen, die sich zum Glück ohne ein weiteres Wort fügt.

Wir steigen über Jafar hinweg raus auf den Hof. Ich setze mich auf den Roller und …

„Pupu! Vergiss den Drecksroller!", ruft Lin. Sie versucht, die Tür eines der Autos zu öffnen. Dann läuft sie zu dem anderen, öffnet die Tür, steigt ein und winkt mich zu sich.

Sie rutscht auf den Beifahrersitz, ich steige ein und … oh Mann … wie lange bin ich schon nicht mehr Auto gefahren? Ich greife ins Nichts.

„Kein Zündschlüssel."

„Dreck! Dann schließ ihn kurz, du Honk!", erwidert sie nur.

„Ähhm … woher soll ich denn bitte schön wissen, wie man ein Auto kurzschließt?"

„Mist! Ich geh auf jeden Fall nicht wieder rein, um nach dem Schlüssel zu fragen."

„A… aber wie …"

Aus dem Gebäude dringt erneut ein Schuss und Lin schreit mich an: „Pupu! Jetzt mach schon verdammt! Los!!!"

Ich lehne mit der Stirn an der kalten Scheibe. Die Kälte tut gut. Sorgt für klare Gedanken. Eine kostbare Seltenheit in den letzten Stunden und Tagen.

„Ähh … können Sie sich das denn nicht aufschreiben?", frage ich genervt.

„Oder … naja … wenigstens das Gespräch mitschneiden oder so was?", setze ich hinterher.

„Das wird sowieso mitgeschnitten", antwortet sie schnippisch.

„Hää? Und warum haben Sie mich dann unterbrochen?"

„Nicht in diesem Ton, bitte!", schallt es aus dem Hörer.

„Gut … gut o.k. … also noch mal", beginne ich meine letzte Ausführung zu wiederholen. Es gelingt mir jedoch nicht, die Genervtheit vollständig aus meiner Stimme zu entfernen.

„In der Wohnung steht ein Aquarium. Im Schlafzimmer, das ist gleich … So hören Sie mir doch bitte einfach zu! … Also Fred … Ich meine das Tier in dem Aquarium … Weil es Fred heißt, deswegen! Und nun lassen Sie mich bitte … Ja … jaaa … Also das Tier geben Sie bitte an einen Zoo oder Tierpark ab, irgendwo, wo es gut aufgehoben ist … Mir doch egal, ob … Ja aber … Tun Sie einfach, was Sie können, bitte!

Und die Bücher spenden Sie irgendwo hin, wo sie gebraucht werden … Ja … ich sag's ja nur! Ist doch toll, wenn Sie das sowieso ma… Ja, das war's … Nein, ich werde Ihnen jetzt nicht meinen Namen verraten! … Mir doch egal, was ich vorhin versprochen habe! Ich habe mit der Sache nichts mehr … Danke Tschüss!" Ich hänge schnell auf, bevor mir die anstrengende Beamtin noch mehr Fragen stellen kann. Schließlich habe ich ihr wirklich alles gesagt, was ich weiß. Über die Organisation, Montos Gruppe, alle Namen, die ich noch weiß, alle Vorfälle, alles über die Konditorei, alles, was heute passiert ist und Luckys Nachlassregelung. Soll sich die richtige Polizei doch um den ganzen Kram kümmern.

Stöhnend nehme ich meinen Kopf von der Scheibe. Er klebt leicht daran. Ich atme tief durch den Mund ein. Meine Nase werde ich wohl erst richten lassen müssen, bevor ich damit wieder tief einatmen kann.

Ich horche in mich hinein. Mhh … die Angst ist größtenteils weg. Erstaunlich. Schön. Vielleicht hatte das Ganze doch etwas Gutes. Wer so was durchlebt, der lässt sich von nichts mehr so leicht aus der Ruhe bringen. Also, warum jetzt noch Angst vor den ganz gewöhnlichen Gefahren des alltäglichen Lebens haben?

Was jetzt kommt, werde ich schon irgendwie hinkriegen. Alles werde ich ab jetzt hin … Ich erschrecke furchtbar, als jemand gegen die Tür der Telefonzelle hämmert.

Ich drehe mich um und Lin sieht mich von draußen ziemlich nervös an. Sie schwitzt leicht. Panik steigt in mir auf und ich blicke mich angespannt nach allen Seiten um.

Doch ich sehe niemanden. Nur die verlassene Dorfstraße und leblos wirkende Einfamilienhäuser. Ich öffne die Tür und sie kommt rein.

„Wa… was ist los?"

„Ich hab schon seit heut Früh keine Tablette mehr genommen und auch keine bei."

Ich nehme sie in den Arm. „Ach … das wird schon. Wenn's sein muss, können wir ja morgen irgendwo welche holen." Sie legt den Kopf auf meine Schulter und seufzt mir ins Ohr.

„Ach Dreck! Vielleicht geht's ja auch so."

Ich schließe die Augen und genieße einfach nur das Gefühl ihrer Nähe und die Geborgenheit, die mir das vermittelt. Ein paar Sekunden stehen wir nur so da.

Dann halte ich es nicht mehr aus und öffne die Augen, um wieder auf die Straße zu blicken. Mhh … stand dieser Wagen vorhin auch schon da?

Lin nimmt einen Arm von meinem Rücken. Ich spüre ruckartige Bewegungen und löse mich leicht von ihr, um zu gucken, was sie da macht. Mit ausgestrecktem Arm und konzentriertem Blick wischt sie meinen Blutfleck mit dem Ärmel von der Scheibe, was ihn aber eher noch mehr verschmiert. Ich nehm sie wieder ganz in den Arm. Sie hält mich mit einem Arm weiter umschlungen, der andere wischt immer noch.

„Weißt du was?“, will ich sie ablenken, „Eigentlich heiße ich Edison.“

Sie hält inne. Dann fängt sie leise an zu kichern und geht immer mehr in schallendes Gelächter über. Toll. Doch auch ich kann mir ein leichtes Lächeln nicht verkneifen.

„Ähm … sagst du mir, warum du dich fast nie traust, Scheiße oder Pisse zu sagen?“ Sie hört auf zu lachen und schaut mir lange in die Augen.

„Dreck! Vater hat viel geflucht und Mutter hat ihn immer geschlagen, wenn er richtige Flüche benutzte. Und als er weg war, übertrug sie die verdammte Methode auf uns.“ Mhhh … sie sieht traurig aus, auch wenn sie versucht, wieder zu lächeln.

„Ähh … komm lass uns weiterfahren“, sage ich und öffne die Tür der Telefonzelle.

Wir fahren weiter auf der Landstraße.

Wohin?

Egal. Hauptsache erst mal weit weg.

Der Fahrtwind rauscht mir in den Ohren. Mittlerweile habe ich mich daran gewöhnt. Vermittelt ja auch irgendwie ein Gefühl von Freiheit.

Mööööööömööööööööööööömöööööööööööööööööööööööö ööööööööööööööööööööö …

Der Sinn des Lebens ist so eine Sache.
Vielleicht ist der Sinn zu leben.

Epilog

Ich lebe.

Marien Loha

Marien Loha wurde gar nicht so weit vor dem Mauerfall in Berlin geboren. Er arbeitet als selbständiger Fachinformatiker für Systemintegration und IT-Systemadministrator.
Dazu im krassen Gegensatz ist er künstlerisch ein absolutes Spielkind. Erste Schritte auf die Bühnen der Welt (also Berlins) wagte er 2010, zunächst auf Poetry Slams.
Sein erster Roman "Waschbär im Schlafrock" erschien 2014 bei Periplaneta. Inzwischen ist Marien Loha festes Mitglied der Berliner Lesebühne OWUL.

WWW.MARIENLOHA.DE

Edition Totengraeber

Krimi, Psycho, Thriller bei Periplaneta

Die Edition Totengräber umfasst, ganz im Zeichen des heiligen Nicrophorus, Kriminalromane, Thriller und blutige Bücher. Auch hier setzt sich Periplaneta gern zwischen die Genres und hegt eine Vorliebe für die zynisch- sarkastischen Werke. Einige dieser Bücher verlangen schwarzen Humor, andere offenbaren uns die Welt nicht immer so, wie wir sie gern sehen wollen.

JULIANE BEER: „SELBST GERÄCHT"

Ein Gentrifizierungskrimi
Softcover, 114 S., ISBN: 978-3-95996-051-9

Vier Frauen wollen gegen die kriminellen Machenschaften korrupter Immobiliengesellschaften angehen. Nachts suchen sie sich besonders böse Immobilienmakler und hängen sie kopfüber im Park auf. Die Opfer können stets schnell gerettet werden und so werden die Parkhenkerinnen zunächst nur belächelt. Doch dann hängt eines Morgens ein Miethai tot im Baum …

Trotz des ernsten Themas ist „Selbst gerächt" ein durchaus humorvoller Kurzkrimi, der dafür sorgt, dass man inmitten horrend steigender Mieten, künstlicher Wohnraumverknappung, Zwangsräumungen und Verdrängung noch etwas zu lachen hat.

STEPHAN HÄHNEL „GEFALLEN AUF DEM FELD DER EHE"

Mordsgeschichten
Klappenbroschur, 182 S., ISBN: 978-3-95996-022-9

Menschen heiraten aus Liebe. Zumindest glauben sie das im Moment der Eheschließung. Schade, dass dieser Zustand nicht immer von Dauer ist. Scheidung wäre zwar eine Option, doch sind die Protagonisten in den Kurzgeschichten von Krimiautor Stephan Hähnel weitaus kreativer. So entledigen sie sich ihrer Ehepartner lieber auf unkonventionelle Weise, manchmal blutig, auch mal unbeabsichtigt, aber stets endgültig. Traurig möchte man meinen, wenn es dabei nicht so unterhaltsam wäre.

Inhalt

Unglückshose & Kaugummis ... 5
Der arme schwarze Junge ... 14
Sie sind überall ... 19
Der Tote ... 24
Leichentetris & Backe, backe, lila ... 25
Schluckreflex & Die Einweisung ... 37
Teilchenphysik ... 41
Der Tote – Teil 2 ... 43
Wenn zwei sich streiten & Der Morgen danach ... 47
Bound to take your life ... 55
Pferdedalmatiner ... 60
(Zu(r))Stoßzeit ... 65
Stummfilmklassiker neu interpretiert ... 75
In roten Pfützen spielt man nicht ... 82
Ressourcenschonung ... 89
Du hast wohl den Arsch offen! ... 98
Eingeengt ... 104
Wohltätigkeitsorganisation ... 109
Blut ist dicker als Wasser & geht auch schwerer weg ... 115
Der Kopf auf dem Tisch & Schöne neue Welt ... 118
BWL ... 126
Baking Bad ... 134
Eine Insel ohne Berge im großen, beschissenen (nicht blauen!) Meer ... 137
Mit Bohrer ohne Bohraufsatz ist schlecht bohren ... 141
Dampfbremsfolienhosen & Löffelchenstellung ... 148
Lieber Leichen im Keller als Untote auf dem Dach ... 154
Im Massagekreis der skurrilen Geschichten ... 155
Ein Fingerzeig ins Auge ... 161
Lebendfutter & hochwertiges Konditorhasch ... 167
Ökonomie, systemrelevante Kriminalität, Eigentumsrecht & Erleuchtung ... 173
Ein lauter Stein der Ruhe & zwei Abschlussballteenies ... 179
Manch einer macht große Augen ... 184
Endgültig wegblasen ... 192
Die Lederinfiltration ... 198
Errorkot ... 202

Das Gesetz der Trägheit ... 206
Fütterung der gutbürgerlichen Mittelschicht ... 209
Die weiße Frau, die schwarz war ... 217
Das Monster ist tot ... 220
Stiefmütterchenstraße 56 ... 225
Wer suchet, der ... Ach, wer glaubt schon an so was? ... 227
Ene, mene, muh und raus bist 234
Zuckergussüberzogener Streik ... 236
Über Moral in einer kriminellen Welt ... 239
Zwergponyfutter ... 243
Ein schlechter Film ... 248
Keinen Dank für die Blumen! ... 251
Ole, Ole! ... 257
Ein sicheres Versteck ... 261
Bemehlt, erschossen & eine Performance mit roten Ballettschuhen ... 267
Großer dicker lila Teddybär ... 273
Der lang ersehnte Riesenkürbis ... 276
Uncut Version ... 277
Gehirnfetzenträger ... 278
Ein wahrhaftes Tohuwabohu ... 279
Kartusche nicht in der Nähe einer offenen Flamme wechseln! ... 281
Da sehe ich schwarz ... 283
„Wird schon irgendwie" ist auch eine Lebenseinstellung ... 284
Spontane philosophische Fragestellungen über das Leben, das Sein, das Universum im Allgemeinen und überhaupt und so, während extremer Gefahrensituationen ... 285
Tyrannei vorbei ... 286
Die letzte Reise des Eddy Edward Edison ... 289
Epilog ... 296

WWW.PERIPLANETA.COM